Georg von Giycki

Die Ethik David Humes in ihrer geschichtlichen Stellung

Georg von Giycki

Die Ethik David Humes in ihrer geschichtlichen Stellung

ISBN/EAN: 9783743642010

Hergestellt in Europa, USA, Kanada, Australien, Japan

Cover: Foto ©ninafisch / pixelio.de

Weitere Bücher finden Sie auf **www.hansebooks.com**

DIE ETHIK DAVID HUME'S.

DIE
ETHIK DAVID HUME'S

IN IHRER GESCHICHTLICHEN STELLUNG.

NEBST EINEM ANHANG

ÜBER DIE UNIVERSELLE GLÜCKSELIGKEIT ALS OBERSTES MORALPRINCIP.

VON

DR. GEORG VON GIŻYCKI.

BRESLAU

LOUIS KOEHLER'S  HOFBUCHHANDLUNG.

1878.

The Happiness of Mankind, as well as of all other rational creatures, seems to have been the original purpose intended by the Author of Nature when he brought them into existence. No other end seems worthy of that supreme wisdom and divine benignity which we necessarily ascribe to him; and this opinion, which we are led to by the abstract consideration of his infinite perfections, is still more confirmed by the examination of the works of Nature, which seem all intended to promote happiness, and to guard against misery. But, by acting according to the dictates of our moral faculties, we necessarily pursue the most effectual means for promoting the happiness of mankind, and may therefore be said, in some sense, to co-operate with the Deity, and to advance, as far as in our power, the plan of providence.

Das Glück der Menschheit sowohl als aller anderen vernünftigen Wesen scheint der Urendzweck gewesen zu sein, den der Urheber der Natur beabsichtigte, als er sie in's Dasein rief. Kein anderes Ziel scheint jener höchsten Weisheit und göttlichen Güte würdig, die wir ihm nothwendig zuschreiben; und diese Meinung, zu der uns schon die abstracte Betrachtung seiner unendlichen Vollkommenheiten leitet, wird durch die Untersuchung der Werke der Natur noch mehr bestätigt, die alle das Ziel zu haben scheinen, Glück zu verbreiten und Elend zu verhüten. Aber indem wir den Vorschriften unsers Moralvermögens gemäss handeln, wenden wir die wirksamsten Mittel zur Beförderung des Glückes der Menschheit an; und man kann dann also gewissermassen von uns sagen, dass wir Mitarbeiter der Gottheit sind und den Plan der Vorsehung, so weit wir es vermögen, befördern.

ADAM SMITH.

VORREDE.

> *Il faudrait préférer dans les écoles l'étude de la morale à toute autre connaissance... Je voudrais que les philosophes, moins appliqués à des recherches aussi curieux que vaines, exerçassent davantage leurs talents sur la morale.*
>
> FRIEDRICH DER GROSSE.
> (*Oeuvres* IX, 97.)

DAVID HUME sagt in seiner Autobiographie: „Im Jahre 1751 erschien in London meine *‚Untersuchung über die Principien der Moral‘*; welche, nach meiner eigenen Ansicht, *von allen meinen Schriften,* den historischen sowohl als den philosophischen und litterarischen, *ohne Vergleich die beste ist.* Sie kam unbeachtet und unbemerkt zur Welt." Seitdem hat dieses Werk bei den Engländern allerdings hohe Anerkennung gefunden und wird von dem, der Zeit wie auch noch immer dem Range nach, ersten Historiker der englischen Ethik, von Mackintosh, als eine der glänzendsten Zierden derselben, in eine Linie gestellt mit Shaftesbury's *‚Untersuchung über die Tugend‘*, Butler's *‚Sermonen‘* und Smith's *‚Theorie der moralischen Gefühle‘*. Im Auslande dagegen ist dieses hervorragende Werk bisher fast „unbeachtet und unbemerkt" geblieben. Cousin z. B. übergeht in seiner ‚Geschichte der Moralphilosophie des achtzehnten Jahrhunderts‘ Hume gänzlich, während er weit weniger bedeutende Moralisten wie Ferguson und Reid weitläufig behandelt. Auch bei uns ist Hume, obgleich von allen englischen Philosophen gegenwärtig am meisten gelesen, als Ethiker noch wenig bekannt; wir studiren in der Regel nur seine erkenntnisstheoretischen Schriften, welche einst unsern grössten Denker „aus dem dogmatischen Schlummer geweckt" haben; — die Darstellungen seiner Moral von Seiten entschiedenster Gegner aber waren, wie leicht begreiflich, wenig dazu angethan, zu einer gerechten Würdigung derselben in Deutschland beizutragen.

Freilich theilt Hume als *Ethiker* das Schicksal, auf deutschem Boden vernachlässigt zu werden, mit den englischen Moralphilosophen überhaupt. Schon Herbart klagte mit Recht über deren „unverdiente Zurücksetzung": und heutigen Tages haben wir wahrlich nicht weniger Grund zu dieser Klage. Und doch hat gerade diese Nation im vorigen Jahrhundert ein ganz specifisches Genie für ethische Forschungen bewiesen; in Beziehung auf *moralpsychologische* Untersuchungen darf man sie sogar als Meister und Muster bezeichnen. Und dies ist auch erklärlich. Wie die beiden grossen Culturvölker des Alterthums, so hat auch das Englische, durch Charaktertüchtigkeit nicht weniger als durch Verstandesschärfe und feine Beobachtungsgabe ausgezeichnet, schon seit zwei Jahrhunderten ein reges politisches Leben und eine hohe nationale Machtstellung. Moralphilosophische Untersuchungen fanden im Publicum das lebhafteste Interesse und wurden, durch Errichtung besonderer Professuren speciell für diese Disciplin, auch vom Staate gefördert. Nur in England finden wir unter den Neueren eine ganze Reihe hervorragender Talente, welche das Nachdenken ihres ganzen Lebens und ihre volle Kraft der Hauptsache nach ungeschmälert auf dieses eine Gebiet concentrirten und ebendadurch Bedeutendes zu schaffen vermochten: — eine Arbeitstheilung, deren Werth die Deutschen in diesem Puncte bisher noch nicht genügend erkannt haben. „Alle Gewerbe, Handwerke und Künste," sagt Kant, „haben durch die Vertheilung der Arbeiten gewonnen, da nämlich nicht Einer Alles macht, sondern Jeder sich auf gewisse Arbeit, die sich ihrer Behandlungsweise nach von andern merklich unterscheidet, einschränkt, um sie in der grössten Vollkommenheit und mit mehrerer Leichtigkeit leisten zu können. Wo die Arbeiten so nicht unterschieden und vertheilt werden, wo Jeder ein Tausendkünstler ist, da liegen die Gewerbe noch in der grössten Barbarei."

Müsste es denn, nach Alledem, nicht wahrhaft wunderbar zugegangen sein, wenn durch die unausgesetzte Arbeit der edelsten Denker eines ganzen Jahrhunderts in einem intellectuell und moralisch hochstehenden Volke keine positiv werthvollen, endgültig gesicherten Resultate sollten gewonnen, keine eines gründlichen Studiums würdigen Werke sollten geschaffen worden sein?: wie einige unsrer Schriftsteller versichert haben — welche freilich in ihren eigenen Bemerkungen über die englische Ethik kaum verriethen, dass sie dieselbe nicht bloss nach Berichten aus zweiter und dritter Hand, sondern direct aus den Quellen kennen gelernt hatten.

Forschen wir nun nach dem Grunde dieser auffallenden Vernachlässigung der englischen Moralwissenschaft in Deutschland, so werden wir in der That nicht weit darnach zu suchen haben. Denn jene Vernachlässigung trifft ja bei uns nicht nur die *englische* Ethik, sondern leider schon längst die *Ethik* überhaupt. Bei den Alten war die Moralphilosophie die *Philosophie* κατ' ἐξοχήν; seit Sokrates, dem *parens philosophiae*, wie ihn ebendarum Cicero nennt, war sie fast stets der Centralpunct aller ihrer Untersuchungen und Meditationen. Und dies war auch in der Natur und dem Werthe der Sache begründet. Ist doch „die *Moral die eigentliche Wissenschaft und Sache der Menschheit im Allgemeinen*," wie Locke so richtig sagt; ist sie doch „*dasjenige, was Jedermann nothwendig interessirt*" — interessiren *sollte*, wenigstens! Auch jetzt noch fehlt es zwar keineswegs an feierlichen, formellen und s. z. s. officiellen Betheuerungen, dass sie in Wahrheit der allerwichtigste Theil der gesammten Philosophie sei: — mit dieser Betheuerung glaubt man jedoch meist schon genug gethan und sich mit der Ethik abgefunden zu haben; erforderlichen Falls aber beruft man sich noch ein für allemal und zwar unbedingt auf einen grossen Philosophen, auf dessen Worte man getrost schwören kann, und der uns somit der lästigen Mühe überhebt, selbst zu denken und selbst zu forschen auf einem Gebiete, für das man nun doch einmal kein Interesse in sich verspürt. So ist Kant's ehrwürdiger Name denn das Ruhepolster geworden, das die allgemeine Interesselosigkeit bequem sich untergeschoben hat, um in der so behaglichen Trägheit nicht gestört zu werden. Denn dass diese sehr bedauernswerthe Theilnahmlosigkeit der eigentliche, innere und geheimere Grund ist, weshalb noch immer so Viele, blindlings und in Bausch und Bogen, auf die ethische Doctrin jenes grossen Mannes schwören, mit der thatsächlich noch **keiner** der späteren selbstständigeren Ethiker sich hat einverstanden erklären können, ist unschwer zu erkennen.

Wenn auch in der Philosophie *die Geschichte das Weltgericht* sein sollte, dann wäre das Urtheil über die Ethik des grossen Denkers von Königsberg offenbar nicht zu seinen Gunsten ausgefallen. Denn weit davon entfernt, dass diese Disciplin seitdem *„den sicheren Gang einer Wissenschaft"* bei uns gehabt hätte, sehen wir vielmehr in der deutschen Ethik *nach Kant*, wie auch von Andern mehrfach schon bemerkt worden ist, eine weit grössere Unsicherheit, anarchische Zerfahrenheit und private Willkür hervortreten, als je zuvor; und wir gewahren gleichzeitig, wie das Interesse an moralphilosophischen Untersuchungen überhaupt in immer steigendem Maasse abnimmt. Blättern wir nun schliesslich noch in den wenigen ethischen Abhandlungen des letzten Jahrzehnts, unter denen wir, was für unsre Zeit der philosophirenden Naturforscher charakteristisch ist, auch solche finden, welche von *Zoologen* verfasst, aber gar nicht *human* ausgefallen sind; so wird der Eindruck, den wir davon empfangen, auch nicht eben erfreulich sein können. Denn auf der einen Seite macht sich wieder die Moral des egoistischen Interesses in ihrer allergröbsten Gestalt geltend; auf der andern — und zwar, was bezeichnend ist, an Kant anknüpfend und sich auf ihn berufend — der haltungsloseste Subjectivismus und Skepticismus und der extremste Nominalismus nach Art eines Hobbes. Keine gemeinsame Arbeit und Verständigung durch Berufung auf allgemein anerkannte objective Normen und Kriterien, keine allgemein geltenden höchsten Principien. So steht es denn mit der Ethik in Deutschland gegenwärtig in der That sehr trübe.

Phasen in der Entwicklung einer philosophischen Wissenschaft, wie die eben charakterisirte gegenwärtige in der deutschen Ethik, signalisiren, nach der bisherigen geschichtlichen Erfahrung, entweder deren völliges Absterben in dem in Frage stehenden Lande, oder aber den Eintritt einer veränderten Richtung des Forschens und Denkens: es sind entweder Endpuncte der Auflösung oder Uebergangspuncte der Gährung im Entwicklungsprocesse der Wissenschaft.

Ein im kräftigsten nationalen und politischen Aufstreben begriffenes Volk, dessen wissenschaftliche Thätigkeit auf den übrigen Gebieten von keiner andern Nation übertroffen wird, ein Volk, zu dessen eigenthümlichen Vorzügen praktischer Idealismus und speculativer Tiefsinn gehören, hat wahrlich nicht zu fürchten, dass die Cardinalwissenschaft des Menschenlebens bei ihm bereits im Stadium des *marasmus senilis* angelangt sei: sondern jene auffälligen Phänomene können nur als Anzeichen eines Wendepuncts im Entwicklungsgange der Disciplin betrachtet werden.

Aber unsre Nation hat auch in der That noch zu keiner Zeit der Pflege der Moralwissenschaft nöthiger bedurft (deren Einfluss auf die öffentliche Meinung und das praktische Leben nur zum Schaden ebendieses Lebens selbst unterschätzt werden könnte) — noch zu keiner Zeit hat ihr innerer Zustand eine allgemeine Verständigung unter den wissenschaftlichen Pflegern der Moral, ein gemeinsames Anerkennen derselben ethischen Principien, Kriterien und Normen dringender gefordert, — als gerade in der Gegenwart: wo durch den Widerstreit einander befehdender politischer, socialer und religiöser Parteien und vollends durch die Umtriebe vaterlandsloser, ja vaterlandsfeindlicher Coterien die Fundamente eines einmüthigen moralischen Volksbewusstseins, eines gemeinsamen Gewissens tief erschüttert sind und die Idee einer *„beseelten Gesellschaft"* von ihrer Realisirung so fern ist.

Die Entwicklung unsrer Wissenschaft ist an einem Wendepuncte angelangt: Welches nun aber die in ihr fortan einzuschlagende Richtung sei, wird kaum noch einem Zweifel unterliegen können. Denn sowohl die letzten bedeutenderen Erscheinungen in der Ethik, als auch die gegenwärtigen Bestrebungen in der Philosophie überhaupt tendiren nach einem gemeinsamen Ziele: der Gewinnung einer adäquaten Welt- und Lebensanschauung auf Grund einer allseitigen Erforschung des Wirklichen.

Herbart und Schopenhauer sind die beiden letzten unter den orgineIleren Ethikern Deutschlands: und wenn irgendwo, so möchte gerade für die Ethik jene mehrfach ausgesprochene, mit einem Grundsatz der Hegelschen Geschichtsphilosophie auch ganz übereinstimmende Ansicht gelten: dass sich ihre Lehren beiderseitig ergänzen. Sie haben hier aber das Gemeinsame, dass sie sich, gleichzeitig, jedoch von verschiedener Seite aus, beide der englischen Ethik annähern, um aus dieser realistischere Elemente zu gewinnen, als die Kant-Fichtische Ethik ihnen darbot. Und auch an einigen späteren, weniger namhaften deutschen Ethikern lässt sich dieselbe Richtung kaum verkennen.

Wir glauben nicht zu irren, wenn wir dieses Factum für einen Wink und eine Weisung ansehen, welche uns die Geschichte der Ethik selbst giebt: für die Weisung nämlich, den ethischen Forschungen der stammverwandten Nation jenseits des Canals eine grössere Beachtung zu schenken als bisher, und nicht in jene so schädliche Meinung zu verfallen, als ob die Wissenschaft durch nationale Isolirung und durch Ignorirung aller fremden Leistungen gefördert werden könne. Vielmehr ist auch in der Wissenschaft internationaler Verkehr die Bedingung alles wahren Gedeihens und Fortschritts; und gerade die Vereinigung Deutscher und Englischer Philosophie, bez. die Schlichtung ihrer differenten, in ihrer Vereinzelung einseitigen Standpuncte durch Combination derselben, hat der Wissenschaft schon mehr als einmal zum Segen gereicht.

In der Theorie der Erkenntniss hat KANT'S *Kriticismus* diese Vereinigung und Schlichtung versucht, und dieser Versuch war von Erfolg; nicht so aber in der Theorie der Moral. Man hat behauptet, dass, wie Kant's „*Kritik der reinen Vernunft*" durch Hume's „*Untersuchung über den menschlichen Verstand*" angeregt worden ist, so die „*Kritik der praktischen Vernunft*" durch Hume's „*Untersuchung über die Principien der Moral*." Aber im Gegentheil ist es höchst wahrscheinlich, dass Kant das letztere Werk gar nicht gelesen hat: denn auch in der Kritik der praktischen Vernunft erörtert er zwar wiederholt die theoretischen Lehren des genialen Schotten; jedoch findet sich keine einzige Andeutung, die speciell auf dessen Ethik ginge; sondern Kant scheint von den Engländern nur Hutcheson näher gekannt und in seiner Polemik besonders im Auge gehabt zu haben. (Nur an einer einzigen Stelle, unsers Wissens, führt Kant Hume als Moralphilosophen mit Namen an: in der Anzeige seiner Vorlesungen für das Winterhalbjahr 1765/66. WW. hg. v. Hart. 1867. II. Bd. S. 319.) Vielmehr ist Kant's Ethik, — weit davon entfernt, die doch wenigstens relative Wahrheit der verschiedenen ethischen Standpuncte zur bedingungsweisen Anerkennung zu bringen, universalistisch in sich zu vereinigen und dieselben durch einander sich ergänzen zu lassen, — selbst ein in hohem Grade einseitiges System.

Kant wollte der „*Newton der Erkenntniss*" werden; und in seiner Kritik der reinen Vernunft ging er, wie Liebmann sehr richtig bemerkt, „mit derselben Grundüberzeugung an die Erforschung der Intelligenz, wie der Naturforscher an die Erforschung des materiellen Universums: mit der Grundüberzeugung nämlich, dass der Process, den er untersuchte, von höchsten, allgemeinsten und letzten *Gesetzen* beherrscht sei. Sein Forschen nach den *Erkenntnissen a priori* war nichts andres als ein Suchen nach den höchsten Gesetzen des erkennenden Bewusstseins. Er bediente sich dabei im Gebiete der Geisteswissenschaft derselben Methode, wie Newton, sein grosser Lehrer und Vorbild, in der Sphäre der Naturwissenschaften. Er verfuhr analytisch, schloss vom gegebenen Bedingten auf die höheren Bedingungen zurück. Er nahm unsre Erkenntniss, die Mathematik, Erfahrung, Metaphysik, als intellectuelles Factum an, wie Newton das Getriebe der kosmischen Bewegungen als physikalisches Factum. Und wie Newton durch regressive Schlüsse zur Gravitation gelangte, von der alle kosmische Bewegung ermöglicht wird, so Kant zu den reinen Erkenntnissformen *a priori*, von denen alle wirkliche und scheinbare Erkenntniss ermöglicht wird."

Auch der Newton der Moral wollte Kant werden, wie sich besonders aus dem Schluss der Kritik der praktischen Vernunft ergiebt: aber wie konnte er dieser werden, da er die ächte Newtonische Methode hier geradezu perhorrescirte! Newton hat die *Gravitation* nicht *a priori* deducirt, sondern als ein allgemeines Factum, eine empirische Wirklichkeit inducirt: seine Theorie des Himmels ist in der That weniger abstract mathematisch, als die Cartesianische. Newton's Methode ist die Methode der *denkenden* Erfahrung: und so hätte Kant nur in dem Falle der wahre „Newton der Moral" werden können, wenn er in derselben, *neben der Denknothwendigkeit, die Erfahrung* zu ihrem Rechte gebracht hätte. „So wie Newton's Methode in der Naturwissenschaft die Ungebundenheit der physischen Hypothesen in ein sicheres Verfahren *nach Erfahrung* und Geometrie veränderte" (um mit Kant's eigenen Worten zu reden): so würde Kant auch die Ethik *durch dieselbe Methode* in den „sicheren Gang der *Wissenschaft*" gebracht und über das Stadium der blossen *Privatsysteme* hinausgeführt haben. Denn „die *ächte* Methode der Metaphysik ist," wie er ja selbst sagt, „mit derjenigen im Grunde *einerlei*, die Newton in die Naturwissenschaft einführte, und die daselbst von so nutzbaren Folgen war. Man soll, heisst es daselbst, *durch sichere Erfahrungen*, allenfalls mit Hülfe der Geometrie, die Regeln aufsuchen, nach welchen gewisse Erscheinungen der Natur vorgehen." (Untersuchung über die Deutlichkeit der Grundsätze der natürlichen Theologie und Moral. 1764. Einl. u. § 4.) Der Geometrie aber entspricht in der Moral die *Denknothwendigkeit* überhaupt.

Wird nun die Mechanik des Himmels dadurch zu einer blossen beliebigen Privathypothese, dass man ein nicht *a priori* deducirbares Element in ihr antrifft? Wenn man sagt, die Heilkunst hänge von den empirischen Wissenschaften der Anatomie und Physiologie, von *Beobachtung* und *Erfahrung* ab: macht man sie dann irgendwie von Willkür, Laune und Mode abhängig? Verliert sie dadurch an Werth? — Und wenn man inductiv nachweist, dass den sämmtlichen Bestimmungen aller Moral eine *Tendenz* gemeinsam ist, welche gleichsam für die Handlungen empfindender Wesen das ist, was für die Bewegungen der Körper Newton's Gravitation: macht man die Moral dann zu einer willkürlichen Satzung? Wenn man sagt, die Ethik hänge von den empirischen Wissenschaften der „*Anatomie und Physiologie des fühlenden und wirkenden Geistes*" ab, von der Erkenntniss der wirklichen Triebkräfte und Bedürfnisse der Natur des Menschen: macht man sie dann irgendwie von blossem Belieben, von Laune, Willkür und Mode abhängig? Verliert sie dadurch an Werth?

Vor Kant schon wollte der grosse schottische Philosoph der „*Newton der Moral*" werden: David Hume; von dem Kant in der „*theoretischen*" Philosophie nach seinem eigenen Bekenntniss so viel gelernt hat: und von dem er auch in der „*praktischen*" Philosophie so viel hätte lernen *können*. Und dieser wahre Newton der Moral ist Hume geworden: weil er die ächte Newtonische Methode in ihr zur Anwendung gebracht hat. Wie der erhabene Gründer der Ethik, wie SOKRATES ging HUME von einer umfasssenden *Induction* aus. Er in der That ging in seinen *Principien der Moral* mit derselben Grundüberzeugung an die Erforschung der moralischen Welt, wie der Naturforscher an die Erforschung des materiellen Universums; mit der Grundüberzeugung nämlich, dass der Process, den er untersuchte, von höchsten, allgemeinsten und letzten *Gesetzen* beherrscht sei. Sein Forschen nach den *Principien* war nichts andres als ein Suchen nach den höchsten Gesetzen des sittlichen Bewusstseins. Er bediente sich dabei im Gebiete der Moralwissenschaft derselben Methode, wie NEWTON, sein grosses Vorbild, in der Sphäre der Naturwissenschaften. Er verfuhr analytisch, schloss vom gegebenen Bedingten auf die höheren Bedingungen zurück. Er nahm unser moralisches Bewusstsein, das moralische Unterscheiden im Leben aller Völker, als Factum an, wie Newton das Getriebe der kosmischen Bewegungen als physikalisches Factum. Und wie Newton durch regressive Schlüsse zur *Gravitation* gelangte, von der alle kosmische Bewegung ermöglicht wird: so Hume zur *Tendenz zum allgemeinen Wohl*, welche sich als der gemeinsame letzte Grund der Unterscheidung aller guten oder gut scheinenden Eigenschaften oder Handlungen des Geistes von den entgegengesetzten ergiebt.

Die vorliegende Schrift nun hat die Aufgabe, das *Grundprincip* dieses Newton's der Moral auch in Deutschland nach Vermögen zur Anerkennung zu bringen, und zu einer gerechten Würdigung und einem wahren geschichtlichen Verständniss seiner Ethik beizutragen. Da in dem Einleitungs- und dem Schlusscapitel alle bedeutenderen Moralphilosophen Englands vor und nach Hume behandelt worden sind, so wird man sich aus dem Buche einigermassen über die gesammte englische Ethik orientiren können. Durch eingehende kritische Erörterung der ethischen Theoreme unsers Denkers ist versucht worden, das wahrhaft Werth- und Gehaltvolle in seinem Gedankenkreise vom Mindergelungenen und Verfehlten zu sondern; in welcher Hinsicht auf die Berichtigung der Humischen Gerechtigkeitstheorie an der Hand Adam Smith's noch besonders aufmerksam zu machen vergönnt sei. Die Parallelisirung der Ansichten Hume's und anderer englischer Ethiker mit denen continentaler Denker, wo sie am Platze war, wird, schien es, sowohl auf die Ansichten der englischen als auch auf die der letzteren Philosophen einiges Licht werfen können. Der angehängte Essay endlich besitzt eine relative Selbstständigkeit und steht mit der Hauptabhandlung nur in einem losen Zusammenhange; sodass er, wenn er einige Zusätze und unwesentliche formelle Abänderungen erfahren hätte, recht wohl auch für sich hätte erscheinen können. Allein der Verfasser wollte nicht jenes grosse Grundprincip in der Ethik der meisten englischen Philosophen befürworten, ohne zugleich seine nähere Begründung und Auffassung desselben mit einiger Ausführlichkeit zu entwickeln: um so mehr, als von vielen der sog. *Utilitarier* Ansichten aufgestellt worden sind, als deren Vertreter er durchaus nicht erscheinen möchte. Und so wird aus dem Essay auch hervorgehen, dass er sich, wie von Hume, so auch von der Mehrzahl der *Utilitarier* durch eine *teleologische Weltansicht* und den Versuch einer (im rationellen Sinne) *metaphysischen* oder *ontologischen* Begründung der Ethik unterscheidet. Der Mangel an einer *Teleologie der Affecte* und die Nichtanerkennung der Bedeutung der Kategorie des *Zweckes* für das ganze Gebiet der Moral ist, wie Vf. glaubt, einer der allerwesentlichsten Fehler der bisherigen deutschen Ethik; und Kant ist es, der durch gewisse seiner Lehren das Möglichste gethan hat, diesen Fehler zu perpetuiren. Und so muss man denn auf den Vorwurf (wenn es ein Vorwurf ist) gefasst sein, dass diese teleologische Betrachtung so wenig der Kantischen wie der jetzigen Modephilosophie entspreche, ja dass sie altmodisch sei. Allein das Modische ist nicht immer das Beste; und dass ein grosser Mann gegen einen kleinen Mann jedesmal im Rechte sein müsse, ist auch kein Grundsatz *a priori*.

Der Verfasser ist mit Zeller vollkommen einverstanden, wenn dieser Philosoph erklärt, „*dass eine systematische Ausbildung der Ethik ohne metaphysische und psychologische Grundlegung unmöglich ist.*" „Wir hören Leute oft sagen," bemerkt Whewell treffend, „dass sie vor der Metaphysik keine Achtung hätten und alles metaphysische Raisonnement meiden würden:

und dies ist gewöhnlich das Präludium zu einem Specimen *sehr schlechter* Metaphysik." Wenn nicht eine philosophische, so wird sich meist irgend eine Popular-Metaphysik in der Moral zur Geltung bringen. Ein metaphysischer Hinter- und Untergrund kann der Moral nützen, wie er ihr schaden kann: es wird eben auf die Beschaffenheit dieses Grundes ankommen. Das moralische Leben der Menschheit geht aus dem allgemeinen Grunde der Dinge hervor; und da jenes für unsre Erkenntniss das Frühere ist, so wird man von diesem Leben auszugehen und daraus auf jenen Grund regressiv zurückzuschliessen haben: die Wirkung wird uns die Ursache charakterisiren müssen, und die Ethik wird die „Physik" verklären: denn *eine* Wahrheit wirft ja auf alle anderen Licht, und der Gipfelpunct einer Entwicklung wird auch deren Basis adäquater erkennen lehren. Und wenn man so das moralische Leben als das uns zu erst Bekannte ansieht und dieses selbst demzufolge als das Hauptgebiet auffasst, aus dessen Erforschung und Ergründung sich rationelle metaphysische oder ontologische Einsichten gewinnen lassen: dann werden, scheint es, alle die Bedenken von selbst in Wegfall kommen, welche Herbart gegen jede Begründung der Ethik auf Metaphysik aussprach. Die Behauptung aber, dass Ethik und Metaphysik durchaus unverbunden zu lassen seien, möchte im Grunde wohl stets nur eine, freilich unbeabsichtigte, *Selbstkritik* des bezüglichen Gedankenkreises enthalten: das indirecte Eingeständniss nämlich, dass in diesem ein innerer Zwiespalt herrsche, indem in ihm Metaphysik und Ethik einander widerstreiten. Eine *einheitliche* Welt- und Lebensanschauung zu gewähren, ist aber eine Hauptanforderung, die man an jedes philosophische *System* stellen muss: denn der Menschengeist ist ja selbst systematisch-einheitlich angelegt, und unmittelbar in dieser unsrer geistigen Grundverfassung liegt die Nöthigung, nach einem einheitlichen Gedankensystem zu trachten und keine *disjecta membra* zu dulden. Die Isolirung der Ethik aber von der „Physik" ist auch so schädlich, wie sie unnatürlich ist, da man damit in Wahrheit einen Lebensnerv der Ethik tödtet.

SHAFTESBURY, der Leibniz der Moral, stellte am Anfang des vorigen Jahrhunderts ein universalistisch angelegtes und naturgemässes Moralsystem auf: er hatte die Lehren der gesammten früheren Ethik geprüft und das Gute behalten — noch freilich nicht alles Gute. Und in der That würde die Wissenschaft der Moral jetzt weiter sein, wenn jeder Ethiker, ehe er „*ein neues System*" aufstellte, sich für verpflichtet gehalten hätte, zuvor die Methoden und Ergebnisse des ganzen bisherigen ethischen Forschens, und zwar womöglich überall unmittelbar aus den Quellen, kennen zu lernen: anstatt, „die Gedankenarbeit zweier Jahrtausende gelassen zum Fenster hinauswerfend," sich lediglich mit seinem Specialingenium zu begnügen und ausschliesslich aus reinen Privatmitteln zu philosophiren: als ob Jeder die Wissenschaft erst wieder ganz von vorn anzufangen hätte und vor ihm noch nichts Erhebliches geleistet worden sei. Denn dass das zweijahrtausendlange Nachdenken der erlesensten Geister — nicht über Himmel und Hölle sondern — über das Menschenleben und des Menschen Thun und Lassen sicherlich Ergebnisse gehabt haben müsse, die es wohl werth sein würden, sich darnach zu erkundigen: davon musste er doch im voraus überzeugt sein. In der That macht ja, Alles in Allem, kein Theil der Geschichte der Philosophie einen befriedigenderen Eindruck, kein Theil der Philosophie, die Logik allein ausgenommen, hat in jeder Phase seiner Entwicklung mehr wahres Wissen aufzuweisen, als gerade die Moralphilosophie: Ein jeder der grossen Ethiker gründete seine Theorie doch auf das eine oder das andere natürliche Princip und hatte daher, wie Adam Smith sehr richtig sagt, insofern immer wenigstens theilweise Recht: sein Fehler war fast stets nur seine *Einseitigkeit*. „Es steht aber noch nicht schlimm mit einer Wissenschaft, so lange ihre grössten Fehler sich auf Einseitigkeiten zurückführen lassen," sagen wir mit Herbart. Um so lohnender also, sollte man meinen, müsste ein gründliches Studium der ganzen bisherigen Ethik sein, zumal wenn man dabei die Maxime festhält, die Systeme nicht bloss geschichtlich, sondern auch wahrhaft kritisch zu würdigen, d. h. letzten Endes stets auf Wahrheit, auf persönliche Ueberzeugung und positives Wissen, nicht bloss auf historische Kunde auszuschauen; damit nicht, um mit Seneca zu reden, was *Philosophie* war, *Philologie* werde, und nicht jene blasirte Gleichgültigkeit gegen die Sache selbst Platz greife, welche heutigen Tages gar nicht so ungewöhnlich ist. Und eben weil der Fehler der Systeme meist nur in ihrer Einseitigkeit lag und sie sich mithin weniger ausschliessen, als vielmehr gegenseitig ergänzen und vervollständigen, so müsste man wieder mit dem conciliatorischen Geiste eines Shaftesbury an die Moralsysteme herantreten: und gerade hier würde ein universalistisches Streben sich segensreich erweisen — sofern nur die Activität und Gestaltungskraft des eignen Geistes mächtig genug bliebe, um allen principlosen, mosaikartigen Eklekticismus zu vermeiden.

Seit Shaftesbury, mit seinem dem Hellenischen congenialen Geiste, die unbefangene, freie und grossartige Auffassungsweise der Alten, die universalistische Weite ihres Blickes in der neueren Ethik zu erst zum Ausdruck brachte, hat diese besonders in seinem Vaterlande sehr wesentliche Bereicherungen erfahren, durch feine Beobachtungen und gründliche Specialforschungen. Aber neben der Analyse trat die Synthese dort mehr und mehr zurück. Der Deutsche Geist ist seiner Natur nach ungleich mehr als der Englische auf die Synthese angelegt, und er hat ungleich mehr Sinn und Trieb für eine metaphysisch vertiefte Weltanschauung: der Deutsche Geist daher erscheint geeigneter dazu, jene grosse Aufgabe zu lösen.

Aber bei Alledem ist immer vorausgesetzt, was bisher leider gerade fehlte: neben der Kraft und dem Vermögen der gute Wille, und das hohe Interesse, welches allerdings erforderlich ist, wenn man das Nachdenken über das Wollen und Sollen des Menschen zu einer Hauptaufgabe, wenn nicht zu *dem* Hauptzwecke seines Lebens machen soll. Denn so nebenbei lässt sich jenes Werk freilich nicht vollbringen.

Hoffen wir, dass die Ethik im neuen Deutschen Reich unter günstigeren Auspicien stehe, als bisher!

Berlin, im Mai 1878.

GEORG V. GIŻYCKI.

INHALT.

EINLEITUNG.
DIE ENGLISCHE ETHIK VOR HUME.

	Seite
Bacon	1
Hobbes	4
Cudworth, Clarke, Wollaston	6
Cumberland	7
Locke	9
Shaftesbury	11
Butler	20
Hutcheson	25

HUME'S ETHIK.

Hume's ethische Werke	31

THEORIE DER AFFECTE.

Verwandtschaft mit der Spinozischen	34
Determinismus	35
Lust und Leid, Gut und Uebel	39
Freude und Kummer, Furcht und Hoffnung	39
Hume's Vernachlässigung des Vergeltungstriebes	40
Stolz und Kleinmuth, Liebe und Hass	40
Associationen der Affecte	41
Sympathie	41
Affecte der Thiere	44
Theorie der Willensentschlüsse	45
Kritik der Humischen Affectentheorie	49

MORALPHILOSOPHIE.

Zurückweisung des Moralskepticismus	52
Ob Gefühl oder Vernunft das Fundament der Moral sei	53
Ueber die in der Ethik zu befolgende Methode	55

Die Tugenden sind:

A. Nützlich:
 I. Anderen nützlich:
  1. Wohlwollen.   Seite
   Nachweis von dessen Wirklichkeit und uninteressirter Natur   56
   Verdienst und Nutzen desselben   62
  2. Gerechtigkeit.
   Eine künstliche Tugend, ihr einziges Verdienst ihre Nützlichkeit   64
   Kritik   76
   Unterschied zwischen Wohlwollen und Gerechtigkeit . . .   84
   Weshalb wir die Anderen nützlichen Tugenden billigen:
    nicht nur weil so erzogen   87
    nicht aus Eigeninteresse   89
    sondern aus Sympathie mit Andrer Wohl   91
   Kritik   93
 II. Uns selbst nützlich:
   Auch die intellectuellen Vorzüge sind moralische oder Tugenden 108
   Grund der Billigung der dem Individuum selbst nützlichen Eigenschaften die Sympathie 110

B. Unmittelbar angenehm.
 I. Anderen unmittelbar angenehm.
 II. Dem sie besitzenden Individuum selbst angenehm.
   Gebilligt aus Sympathie 112
   Kritik 115
Schluss der Principien und Recapitulation 129
Persönliches Verdienst 130
Liebe zum Ruhm 132
Tugend und Interesse 134
Verpflichtung, zum allgemeinen Wohle zu handeln 138
Antheil des moralischen Gefühls und der Vernunft an den moralischen Urtheilen 143
Tugend wird selbst Endzweck durch das moralische Gefühl . . . 148
Dialog über die nach Zeit und Ort beträchtliche Verschiedenheit unter den moralischen Urtheilen der Menschen und über die dabei stets zu Grunde liegenden gemeinsamen Principien, und Erklärung dieser Differenzen 152
Die moralischen *Essays:*
Ueber die Feinheit des Geschmacks und die Reizbarkeit der Leidenschaft 164
Ueber die Menschenwürde 165
Ueber die Polygamie 167
Der Epikureer 171
Der Stoiker 173

	Seite
Der Platoniker	177
Der Skeptiker	179
Schlussurtheil	195

SCHLUSS.
SPÄTERE ERGÄNZUNGEN UND FORTBILDUNGEN DER ETHIK HUME'S IN ENGLAND.

Smith	197
Hartley	222
Mackintosh	225
Bentham	227
Mill	231
Darwin	232
Schlusswort	242

ANHANG.
ÜBER DIE UNIVERSELLE GLÜCKSELIGKEIT ALS OBERSTES MORALPRINCIP.

Argumente für dieses Princip:
 1. Aus dem comparativen Studium der Moral und Moralwissenschaft (moral-inductiver Beweis) 245
 2. Aus dem Begriffe eines letzten Princips einer Wissenschaft: cartesianisches Argument (moral-axiomatischer Beweis) . . . 255
 3. Aus der Grundverfassung des Willens (affectentheoretischer Beweis) 264
 4. Aus allgemeinen naturphilosophischen Erwägungen (kosmologischer Beweis) 270

Ueber die Benennung dieses Princips 302
Was die Glückseligkeit ist 316
Warum die Wissenschaft beim blossen Pflichtgefühl nicht stehen bleiben kann 325
Vertheidigung des Princips gegen Missverständnisse und Einwendungen wider dasselbe 339

EINLEITUNG.

DIE ENGLISCHE ETHIK VOR HUME.

Hominem, sociale animal, communi bono genitum videri volumus.
SENECA
(de clementia I. 3, 2.)

Um ein geschichtliches Verständniss der Humischen Ethik zu gewinnen, müssen wir auf die englische Moralphilosophie vor Hume einen Blick werfen; wobei wir uns aber, damit diese Einleitung nicht zu einer vollständigen Abhandlung über die Ethik der Engländer anwachse, auf das für jenen Zweck Wichtigste zu beschränken haben. —

FRANCIS BACON Lord VERULAM[1], von dem man die moderne Philosophie zu datiren pflegt, brachte den Grundsatz zur Anerkennung, dass Beobachtung und Erfahrung das einzige Mittel zur Erlangung einer wahrhaften Welterkenntniss ist. Die Methode der Induction sei anzuwenden: *„damit endlich, nach so vielen Jahrhunderten, Philosophie und Wissenschaft nicht länger in der Luft schweben, sondern auf dem soliden Fundament einer Alles umfassenden und wohl durchdachten Erfahrung ruhen."*[2] Auch auf dem Gebiete der Ethik, fordert er,[3] soll diese exacte Methode zur Anwendung kommen. Dieser Mahnung ist die ganze Reihe der englischen Moralphilosophen gefolgt: daher die Ge-

---

[1] 1561—1626.
[2] *ut tandem post tot mundi aetates philosophia et scientiae non sint amplius pensiles et aëreae, sed solidis experientiae omnigenae ejusdemque bene pensitae nitantur fundamentis.* (*Novum organum scientiarum*, am Schlusse der Dedication.)
[3] *das. lib. I. aphorismus 127.*

diegenheit, die Solidität, die Gründlichkeit der „anglicanischen Schule," ihre Sicherstellung positiver wissenschaftlicher Erkenntnisse, ihr relativ einheitlicher Zusammenhang. Sie wussten, was sie wollten: Erkenntniss unsrer Pflicht: auf Grund eines allseitigen Verständnisses der thatsächlich vorliegenden moralischen Phänomene in Gegenwart und Vergangenheit des menschlichen Gesammtlebens. Sie brachten die Ethik *in den sicheren Gang einer Wissenschaft.*

Und so erklärt auch I. H. Fichte[1]: „Der Entwicklung der englisch-schottischen Moralphilosophie ist die grösste Aufmerksamkeit zu widmen. *Sie kann nämlich als ein merkwürdiges und mustergültiges Beispiel dienen, wie durch eine stetige Folge und bewusste Anknüpfung der einzelnen Forscher in ihren Untersuchungen eben so feste als allgemein anerkannte Resultate erzielt werden* ... Der Deutsche, in dem seltsamen Irrwahn, stets mit durchaus Neuem hervortreten zu müssen, das alles Bisherige auf den Kopf stellt, giebt sogleich ganze weltumschaffende Systeme: der Engländer, des zunächst Erreichbaren sich klar bewusst, widmet einer abgegrenzten Aufgabe mit Umsicht und Benutzung aller vorausgegebenen Hülfsmittel einen gründlichen Fleiss. Dadurch hat er bewirkt, dass die englische Philosophie, freilich im engern Bereiche ihrer beinahe nur psychologisch-ethischen Untersuchungen, *ein fest anerkanntes Ergebniss und wirkliche Uebereinstimmung aufzuweisen hat*, die ihr auch kein fernerer sogenannter Systemwechsel entreissen kann. Denn es zeigt sich, *dass sie in allem Wesentlichen dieser Ergebnisse Recht hat*. So verhält es sich insbesondere mit ihren ethischen Untersuchungen.

Was Bacon selbst in seinem grossen Werke „*über die Würde und die Vermehrung der Wissenschaften*"[2] für die Ethik leistete, beschränkt sich, da seine Neigung vorzugsweise auf Erforschung der äusseren Natur gerichtet war, im wesentlichen allerdings nur auf einige Winke und Andeutungen; die aber, ein glänzendes Zeugniss für das Genie des erstaunlichen Mannes ablegend,

---

[1] Imanuel Hermann Fichte, Die philosophischen Lehren von Recht, Staat und Sitte in Deutschland, Frankreich und England. (System der Ethik. I. Bd.) Leipzig, 1850. S. 11.

[2] *De dignitate et augmentis scientiarum. lib. VII.*

von hohem Werthe sind und zum Theil auf die ganze weitere Entwicklung der Moralwissenschaft Englands bestimmend eingewirkt haben. Er definirt die Ethik als die Wissenschaft, welche den **menschlichen Willen** betrachtet und behandelt. Der antiken Moral (der er übrigens nicht gerecht wird) wirft er Mangel an wissenschaftlicher Bestimmtheit vor. Man hätte die Natur der Dinge tiefer untersuchen und bis auf die *„Quellen"* und *„Wurzeln"* der moralischen Bestimmungen eindringen sollen. Dadurch würde man sowohl eine tiefere als auch klarere Einsicht in die moralische Welt erworben haben. Die Ethik müsse im Zusammenhang mit der Physik bleiben, die Moralphilosophie mit der Naturphilosophie, so aus starken Wurzeln Saft und Kraft ziehend; und es sei kein Wunder, dass sie, *von ihren Wurzeln abgerissen*, nicht zugenommen habe.[1] Zwei Begriffe seien von hoher Bedeutung für die Moral: das individuelle Wohl oder Gut *(bonum individuale, sive suitatis)* und das Gut oder Wohl der Gemeinschaft, des ganzen Systems, von dem das Individuum nur ein Theil ist *(bonum communionis)*. Das Wohl der allgemeinen Form, der Gemeinschaft, hat, wie überall in der Natur, so ganz vornehmlich im Menschenleben, stets den Vorzug: und der Mensch zieht es in der That dem particulären Interesse vor, wenn er nicht entartet ist *(si non degeneravit)*. Nie aber gab es eine Philosophie oder Secte oder Religion oder Vorschrift oder Lehre, welche das Wohl der Gemeinschaft so hoch erhob gegen das des Individuums, wie das Christenthum. Diese Bestimmung, dass das allgemeine Wohl dem individuellen stets vorgehe, einmal festgesetzt, sodass sie unbewegt und unerschütterlich bleibe, bringt viele der wichtigsten moralphilosophischen Controversen zu endgültiger Entscheidung.[2] So z. B., gegen Aristoteles' Urtheil, die Frage: ob ein Leben der Betrachtung einem handelnden vorzuziehen sei. Denn alle Gründe, die dieser für das contemplative Leben angeführt hat, berücksichtigen nur das Privatwohl, die eigne Lust und Freude. „Ein blosses Leben der Betrachtung als solches, das ganz in sich selbst endige und keine Strahlen der Wärme oder des Lichts

---

[1] *Novum organum. I. aph. 80.*

[2] *Hoc positum, ita ut immotum maneat et inconcussum, nonnullis ex gravissimis in morali philosophia controversiis finem imponit.*

in die menschliche Gesellschaft sende," habe aber keinen moralischen Werth. In Uebereinstimmung mit Aristoteles aber hebt unser Philosoph die moralische Bedeutung der **Gewöhnung** nachdrücklich hervor.

So nimmt, sehen wir, schon in Bacon die moderne wissenschaftliche Ethik, unter dem Einfluss des Christenthums, jene charakteristische Wendung, die sie, als Ganzes betrachtet, von der antiken so wesentlich und auffallend unterscheidet: die neuere Moral hat, mit wenigen Ausnahmen, eine *universalistische* oder eine „*altruistische*" Haltung; während die *antike* eine *individualistische* oder *egoistische* (der wissenschaftlichen Form nach wenigstens) hatte: indem das *summum bonum*, nach dem sie forschte, stets das des einzelnen Individuums war.[1]

Diese „*altruistische*" Wendung, welche die Moral schon in Bacon zu nehmen im Begriff war, fand in dessen jüngerem Freunde, in Thomas Hobbes von Malmesbury[2], keinen Vertreter; obwohl sich dieser mit besonderer Vorliebe der Erforschung des Menschenlebens zuwandte, welche ihm die Materialien zur Grundlegung eines Systems der Politik als Wissenschaft liefern sollte. Dieser ausserordentliche Mann ist nicht nur als Schriftsteller ausgezeichnet, als ein in seiner Art unübertroffener Meister philosophischen Styls; sondern er ist auch ein in hohem Grade origineller und tiefdringender Denker. Schon Leibniz rühmte sein *profundum ingenium*. Wie ungemein viel ihm Locke zu verdanken hat, erkennen die Engländer mehr und mehr; aber auch Spinoza zeigt sich nicht nur in seiner Politik, sondern auch in seiner Ethik von ihm abhängig: was noch nicht genügend gewürdigt ist. Trotz seiner eminenten Begabung ist jedoch Hobbes, aus mehrfachem Grunde, in der Erkenntniss der speciell *moralischen* Menschennatur nicht glücklich gewesen. Er verkannte den Unterschied zwischen dem berechnenden Denken und dem, seinen eigenen Gesetzen folgenden Getriebe der Affecte. Die für die Moral allerwesentlichsten Gefühle und Leidenschaften wurden von ihm in ihrer Bedeutung unterschätzt,

---

[1] Am Schlusse dieser Abhandlung kommen wir hierauf noch einmal zurück.

[2] 1588—1679. Von seinen Werken sind besonders hervorzuheben: *Leviathan (1651), De cive (1647), De homine (1658), Tripos (1650: Human Nature, De corpore politico, Of Liberty and Necessity)*.

schief aufgefasst oder ganz ignorirt. Davon war die Folge, dass er für Recht und Gerechtigkeit und überhaupt für die moralischen Unterschiede keine Wurzel in der Natur der Dinge fand; sondern ihren Grund gänzlich in den positiven Gesetzen der Staatsgewalt sah, welcher die Menschen sich unterworfen hatten, um dem im Naturzustande, ihm zu Folge, unvermeidlichen „*Kriege Aller gegen Alle*" zu entgehen. Unrecht ist nach ihm einfach das, was der Souverain verbietet; Recht ist das, was er erlaubt.

Hobbes' Werke, durch welche die Moral bis in ihre Grundfesten erschüttert schien, riefen in England, und nicht bloss in England, eine ungeheure Aufregung unter den Gelehrten und eine Fluth von Gegenschriften hervor; und der Eifer, mit dem fortan moralphilosophische Studien getrieben wurden, ist, wenn nicht direct, so doch indirect, nicht zum kleinsten Theile dem aufrüttelnden Anstoss seines kühnen Geistes zuzuschreiben. Cumberland, Cudworth und Clarke sind unter seinen Gegnern die bedeutendsten.[1]

Nicht nur bei den Theologen rief seine Lehre die grösste Erbitterung hervor, sagt Adam Smith in seiner Kritik der

---

[1] Zu den werthvollsten Puncten seiner Lehre gehören seine deterministischen Erörterungen, die auf Spinoza und Leibniz den mächtigsten Einfluss ausgeübt haben. Er war der erste neuere Philosoph, der das Causalitätsgesetz mit voller Bestimmtheit aufstellte. Von seinen Argumenten möge nur eines hier erwähnt werden: „Der Satz, dass ein Mensch sich nicht einbilden kann, dass etwas *ohne eine Ursache* beginne, kann auf keine andere Weise erkannt werden, als dadurch, dass man versucht, wie man sich das einbilden kann. Aber wenn man das versucht, wird man finden, dass man, wenn keine Ursache des Dinges da ist, eben so viel Grund hat, zu denken, dass es zu dieser, wie dass es zu einer andern Zeit beginnt, sodass man gleich viel Grund hat, zu denken, es würde zu allen Zeiten beginnen, welches unmöglich ist; und man muss daher denken, dass es eine besondere Ursache gab, warum es gerade damals begann, anstatt früher oder später, oder aber dass es niemals begann, sondern ewig war." Dieselbe *Denknothwendigkeit* bestimmt uns auch, alle menschlichen Willensacte als aus *zureichenden Ursachen* (*sufficient causes*) determinirt aufzufassen. — Aber dürfen wir dann einen Dieb *strafen*? fragten ihn seine Gegner. „Schreckt diese Strafe nicht Andere vom Diebstahl ab?" antwortet der Philosoph: „Ist sie nicht die *Ursache, dass Andere nicht stehlen*? Bildet und *gestaltet* sie nicht ihren Willen zur Gerechtigkeit? Das *Gesetz* machen, heisst eine *Ursache* der *Gerechtigkeit* machen und Gerechtigkeit *necessitiren*; und daher ist es keine Ungerechtigkeit, ein solches Gesetz zu machen.

moralphilosophischen Systeme¹; sondern sie war auch „allen gesunden Moralisten anstössig: da sie voraussetzte, dass zwischen Recht und Unrecht kein natürlicher Unterschied wäre und sie von der blossen Willkür der bürgerlichen Obrigkeit abhingen... Um eine so verhasste Lehre zu widerlegen, musste man beweisen, dass vor allem Gesetz und vor aller positiven Verordnung, der Geist von Natur mit einem Vermögen begabt wäre, in gewissen Handlungen und Affecten die Eigenschaften: *recht, löblich, tugendhaft*, und in andern jene: *unrecht, tadelnswerth, lasterhaft* zu unterscheiden.... Daraus schien nothwendig zu folgen, dass der Geist diese Begriffe aus der Vernunft herleite, welche den Unterschied zwischen *recht* und *unrecht* in derselben Weise wie zwischen *wahr* und *falsch* bestimmte; und dieser Schluss, welcher zwar in einigen Hinsichten richtig, in andern aber ziemlich vorschnell ist, wurde bereitwilliger zu einer Zeit angenommen, wo die abstracte Wissenschaft der menschlichen Natur erst in ihrer Kindheit war, und die einzelnen Verrichtungen und Kräfte der verschiedenen Vermögen der menschlichen Seele noch nicht sorgfältig von einander geschieden worden waren."

CUDWORTH ¹ und CLARKE ², die Gründer dieser „*rationalistischen*

Die Absicht des Gesetzes ist nicht, den Deliquenten zu schädigen wegen dessen, was vergangen und nicht ungeschehen zu machen ist: sondern ihn und Andere *gerecht* zu machen, was sie andernfalls nicht werden würden; und sie geht nicht auf das vergangene Uebel, sondern auf das künftige Gut." (*Of Liberty and Necessity. The English Works of* THOMAS HOBBES. *Vol. IV.* pp. 253. 276.) Mit anderen Worten: Nicht darum strafen wir, weil die Handlungen der Menschen *nicht* stets durch Motive determinirt sind; sondern im Gegentheil, gerade *weil* sie es sind, strafen wir: indem wir dadurch die künftigen Handlungen der Menschen nach einer bestimmten Richtung hin *determiniren*. Gerade wenn die Handlungen der Menschen *nicht* aus zureichenden Ursachen, bestimmten erforschbaren Gesetzen gemäss, erfolgten und es daher *nicht* constant wirkende *Gegenmotive* gegen die Handlungen gäbe, würde die Strafe zur Ungerechtigkeit, weil zweckloser Grausamkeit. Die Strafgerechtigkeit setzt also die Wahrheit des Determinismus zu ihrer Begründung voraus.

¹ ADAM SMITH, *The Theory of Moral Sentiments. part VII. sect 3. chap 2.*

² 1617—1688. Sein Hauptwerk ist das *Intellectual System of the Universe*; erst 43 Jahre nach seinem Tode erschien sein *Treatise concerning Eternal and Immutable Morality.*

³ 1675—1725. *A Discourse concerning the Unchangeable Obligations of Natural Religion, and the Truth and Certainty of the Christian Revelation. 1706.*

Schule" in England, waren in jener charakteristischen Confundirung der Operationen des „Kopfes" und des „Herzens," welche doch schon die Weisheit der Volkssprache so wohl zu unterscheiden weiss, nicht weniger befangen, als ihr Gegner Hobbes. Als den folgerichtigsten, wenn auch freilich nicht begabtesten Denker dieser Schule darf man vielleicht WOLLASTON[1] nennen. Eine unmoralische Handlung drückt nach ihm die Läugnung eines wahren Satzes aus; z. B. einen Reisenden berauben, heisst läugnen, dass, was man ihm nimmt, ihm gehöre. Unter die Begriffe von *wahr* und *falsch* gehören auch alle moralischen. Hume spricht sich nicht eben mit sonderlicher Achtung über „dies wunderliche System" aus, welches „das gute Glück gehabt habe, einigen Ruf zu erlangen", und weist mit Witz und Scharfsinn die Künsteleien und Cirkelschlüsse in demselben nach.[2] Es bringt, wie Stephen sagt,[3] den „*nugatorischen Charakter*" des Clark'ischen Systems besonders klar zu Tage. Allein Wollaston's Lehre hat doch das relative Verdienst, mit naiver Unbefangenheit die eigentliche Consequenz dieser ganzen Richtung zum Ausdruck gebracht zu haben; Künsteleien aber und Cirkelschlüsse sind in den anderen Systemen dieser Richtung kaum weniger anzutreffen.

Von grösserer Bedeutung für die spätere Entwicklung der englischen Ethik als diese Männer ist Bischof CUMBERLAND.[4] Sein 1672 erschienenes, voluminöses Werk, „*Philosophische Untersuchung über die Naturgesetze*,"[5] in dem, wie der Titel anzeigt, „die Elemente der Hobbianischen Philosophie erwogen und widerlegt werden," ist zwar eine keineswegs kurzweilige Lectüre: sondern, mit seiner ermüdenden Weitschweifigkeit und den beständigen Wiederholungen, das wahre Widerspiel gegen

---

[1] 1659—1724. *The Religion of Nature delineated.* Das Werk erlebte sechs (1738) oder noch mehr Auflagen.

[2] bald am Anfange des dritten Buchs seines *Treatise, of Morals*.

[3] LESLIE STEPHEN, *History of English Thought in the Eighteenth Century.* London, 1876. Vol. II. p. 7. Ueber die „*Intellectual-Schule*" vgl. das. pp. 3—15.

[4] 1632—1718.

[5] *De legibus naturae disquisitio philosophica.* „Gesetz der Natur" ist das Gesetz, welches die Natur selbst vorschreibt. — Die Bedeutung von „Gesetz" ist hier also die von „Vorschrift," wie beim bürgerlichen oder beim Moral-Gesetz.

den prägnanten Lapidarstyl seines überlegenen Gegners. Aber es enthält, zum Theil an Hobbes' Zeitgenossen Hugo Grotius sich anlehnend, gesunde Ansichten und ist unläugbar von philosophischem Gehalt. Auch Cumberland, die Winke des grossen Bacon gewissenhaft beachtend, geht von Beobachtung und Erfahrung aus und benutzt nicht selten physikalische und physiologische Analogien zur Erläuterung seiner Lehre.[1] Wie Hobbes vor ihm und nach ihm besonders Shaftesbury und Hume, und wie schon im Alterthum Stoiker sowohl als Epikureer, beruft er sich auch auf das Thierleben. Mit Recht: denn bis zu einem gewissen Grade hat Hume's Wort volle Wahrheit: „Alles wird durch Gründe und Principien regiert, die dem Menschen oder irgend einer besonderen Gattung animaler Wesen nicht allein zugehören."[2]

„Das Bestreben, so weit wir es vermögen, das allgemeine Wohl des ganzen Systems vernünftiger Wesen zu befördern, führt, so viel an uns ist, zum Wohle der einzelnen Theile desselben, in dem unsre eigne Glückseligkeit, als die eines dieser Theile, enthalten ist; die diesem Streben aber entgegengesetzten Handlungen führen auch entgegengesetzte Wirkungen herbei, unser eigenes sowohl als Andrer Unglück." Oder in einer anderen Fassung: „Das grösste Wohlwollen aller einzelnen vernünftigen Wesen gegen alle andern gründet den, so weit er von ihnen abhängt, glücklichsten Zustand aller einzelnen Wohlwollenden, so wie der Gesammtheit, und ist zur Erlangung der ihnen möglichen höchsten Glückseligkeit nothwendig erforderlich. *Das allgemeine Wohl* wird also *das oberste Gesetz* sein."[3]

---

[1] Als besonders gelungen wird man seine Parallelisirung der selbstischen und der socialen Affecte mit den physiologischen Processen der Ernährung und Fortpflanzung auszeichnen dürfen. Er führt dabei Harweigh an. (a. a. O. cap. 2. § 20.)

[2] *Treatise of Human Nature, Vol. II. part. II. sect. 12: Every thing is conducted by springs and principles, which are not peculiar to man, or any one species of animals.*

[3] a. a. O. Prolegomena, § 9: *Leges Naturae ad unicam generalissimam reduci posse: Studium, quoad possumus, communis boni totius systematis agentium rationalium conducit, quantum in nobis est, ad bonum singularum ejus partium, quo nostra velut partis unius continetur felicitas; actus autem huic studio oppositi effectus etiam secum ducunt oppositos, nostramque adeo inter alia miseria.*
— Cap. I. § 4: *Unicum dictamen, omnium legum naturalium parens, ita se*

Dies ist nach Cumberland *„das allgemeinste Naturgesetz."* Das einzige Zeichen, dass ein Gesetz von Gott sei, bestehe darin, dass dessen Beobachtung das Glück der Menschheit fördere: allein aus diesem Grunde konnte es von Ihm gegeben werden, dessen Wesen die Liebe ist. Dass, wie unser Philosoph lehrt, aus dem Streben nach dem allgemeinen Wohle das eigene Wohl nothwendig hervorgehe, sei das Werk des allgütigen Schöpfers.

So ward also schon von Cumberland das, von den späteren Ethikern meist festgehaltene, oberste *Moralprincip* mit voller Bestimmtheit aufgestellt: *„Das allgemeine Wohl ist das höchste Gesetz."* Was aber das *„Fundament"* der Moral anbelangt, d. h. die subjective moralische Triebfeder zur Realisirung dieses Zieles, so ist bei ihm der Name besser, als die bezeichnete Sache. Denn das *„universelle Wohlwollen,"* die *benevolentia universalis*, welche, ihm zu Folge, das Fundament der Moral ausmacht, ist nach seiner Darstellung ein höchst schwankender und zweideutiger Begriff. Er fasst es in der That so „universell" auf, dass es überhaupt das Streben nach „Wohl aller Art" umfasst, und auch das eigne Selbst zum Objecte hat, ja dieses vorzugsweise. Denn eben nur darin, dass aus dem Streben nach dem allgemeinen Wohle das eigne Wohl resultirt, liege die Verpflichtung, jenem gemäss zu handeln.[1] Es zeigt sich also, dass Cumberland noch viel zu viel mit seinem Antagonisten gemein hat.

Ganz auf Hobbes' nominalistischem Standpuncte in der Moral steht im wesentlichen der grosse brittische Nationalphilosoph JOHN LOCKE[2]; wobei es nur eine untergeordnete Differenz ist, dass er mehr noch, als auf das bürgerliche Gesetz, auf das der positiven Religion und Offenbarung recurrirt. „Moralisch-Gutes und -Böses ist nur die Uebereinstimmung oder Nichtübereinstimmung unsrer freiwilligen Handlungen mit einem Gesetze, wodurch auf uns Gutes oder Uebles durch den Willen und die Macht des Gesetzgebers fällt;

---

habet: Benevolentia maxima singulorum agentium rationalium erga omnes statum constituit singulorum, omniumque benevolorum, quantum fieri ab ipsis potest, felicissimum; et ad statum eorum, quem possunt assequi, felicissimum necessario requiritur: ac proinde, COMMUNE BONUM ERIT SUPREMA LEX.

[1] Vgl. u. a. cap. 2. § 9 u. cap. 5. § 6: φιλανθρωπία, cujus particula tantum φιλαυτία.

[2] 1632—1704.

welches Gut und Uebel, Lust oder Leid, unserer Befolgung oder Verletzung des Gesetzes nach dem Beschlusse des Gesetzgebers folgend, das ist, was wir Lohn und Strafe nennen. Von diesen moralischen Regeln oder Gesetzen, auf welche sich die Menschen allgemein berufen, und durch welche sie über die Rechtschaffenheit oder Verderbtheit ihrer Handlungen urtheilen, scheint es mir drei Arten zu geben, mit ihren drei verschiedenen Einschärfungen, oder Belohnungen und Strafen. Denn da es völlig vergeblich sein würde, eine den freien Handlungen des Menschen gesetzte Richtschnur anzunehmen, ohne derselben das Nachdrucksmittel Wohl oder Wehe zur Bestimmung seines Willens anzuhängen; so müssen wir überall, wo wir ein Gesetz annehmen, auch irgend eine diesem Gesetz anhängende Belohnung annehmen. Es würde bei einem intelligenten Wesen ganz vergeblich sein, für die Handlungen eines anderen ein Gesetz aufzustellen, wenn es nicht in seiner Macht stände, die Befolgung desselben zu belohnen und dessen Verletzung zu bestrafen durch irgend ein Gut oder Uebel, das nicht die natürliche Wirkung und Folge der Handlung selbst ist. Denn dies, als eine natürliche Annehmlichkeit oder Unannehmlichkeit, würde von selbst wirken, ohne ein Gesetz. — Die Gesetze, auf welche die Menschen im allgemeinen ihre Handlungen beziehen, um zu urtheilen, ob sie recht oder unrecht sind, scheinen mir diese drei zu sein: 1. Das göttliche Gesetz. 2. Das bürgerliche Gesetz. 3. Das Gesetz der Meinung oder des Rufs, wenn ich so sagen darf. Durch das Verhältniss, das ihre Handlungen zum ersten derselben haben, urtheilen die Menschen darüber, ob dieselbe Pflicht oder Sünde, durch das zweite, ob sie verbrecherisch oder unschuldig, und durch das dritte, ob sie Tugenden oder Laster sind. . . . Das göttliche Gesetz ist der einzige wahre Prüfstein des moralisch Rechten; und indem die Menschen ihre Handlungen mit diesem Gesetz vergleichen, urtheilen sie über das bedeutendste moralische Gut oder Uebel ihrer Handlungen: das heisst, ob sie, als Pflicht oder Sünde, ihnen Glückseligkeit oder Elend aus der Hand des Allmächtigen zuziehen werden."[1] „Der wahre Grund

---

[1] JOHN LOCKE, *An Essay concerning Human Unerstanding*. Book II. chap. 28. sect. 5—8. (Die in dieser Abhandlung angeführten Stellen aus englischen Moralwerken gebe ich stets in eigener Uebersetzung wieder, wo nicht das Gegentheil bemerkt ist.)

der Moral kann nur Wille und Gesetz eines Gottes sein, der die Menschen im Finstern sieht und Lohn und Strafe in seiner Hand und Macht genug hat, den trotzigsten Missethäter zur Rechenschaft zu ziehen." „Was Pflicht ist, kann ohne ein Gesetz nicht verstanden werden, noch ein Gesetz erkannt oder angenommen werden ohne einen Gesetzgeber, oder ohne Lohn und Strafe... Strafe bis zu einem solchen Grade, dass sie die Uebertretung des Gesetzes zu einem sehr schlimmen Handel für den Schuldigen mache."[1]

Diese Sätze, mit denen gewisse Ansichten eines hochberühmten deutschen Moralphilosophen im Grunde eine nur allzu nahe Verwandtschaft haben, charakterisiren den Standpunct Locke's in der Ethik. — Der Mensch wird nicht nur zu jeder Handlung durch das momentan am meisten sollicitirende Gefühl des Mangels, der Unruhe, der Unlust[2] bestimmt; sondern er hat auch bei jeder Handlung seinen eigenen Vortheil ausdrücklich *im Auge* — er ist, um es so auszudrücken, nicht nur stets das [empfindende] Subject, sondern stets auch in letzter Hinsicht das [gedachte] Object seines Handelns.[3] — Endlich sucht er, besonders durch Anführung von Berichten aus den verschiedensten Geschichts- und Reisebeschreibungen über die, nach Zeit und Ort, enormen Abweichungen in den moralischen Anschauungen der Menschen, nachzuweisen, dass es, so wenig wie theoretische, *„keine angeborenen praktischen Ideen"* gebe.

Der unter Locke's Leitung erzogene Graf von SHAFTESBURY[4]

---

[1] das. book *I. chap. 3. sect. 6. 12. 13.* Vgl. *chap. 4. sect. 8.*

[2] Der zuerst von Locke in die Wissenschaft eingeführte Begriff der *uneasiness*, für den sich weder im Deutschen noch im Französischen ein völlig entsprechendes Wort findet, ist von hoher Wichtigkeit für die Theorie der Willensacte: *c'est un point capital, où cet auteur (Locke) montre particulièrement son esprit pénétrant et profond*, urtheilt darüber unser grosser LEIBNIZ (dessen Parallelbemerkungen auch zu Locke's ethischen Theorien man mit grossem Gewinn studiren wird.) Ueber *uneasiness* handelt Locke besonders *book II. chap. 20. sect. 6. chap. 21. sect. 29—40. 64.*

[3] Der Raum verstattet es nicht, näher auf dieses Problem hier einzugehen; es kann daher nur auf die Erörterungen in des Vfs. „Philosophie Shaftesbury's," S. 80. ff. Bezug genommen werden.

[4] 1671—1713. Seine Werke wurden von ihm zusammen herausgegeben unter dem Titel: „Charakteristiken von Menschen. Sitten, Meinungen, Zeiten" (*Characteristics of Men, Manners, Opinions, Times*), in drei Bänden. Die

erinnert durch sein ganzes Wesen vielleicht am meisten unter allen neueren Ethikern an die Moralphilosophen des Alterthums.

---

den zweiten Band beginnende „Untersuchung über Tugend und Verdienst" (*Inquiry concerning Virtue and Merit*), 1709 erschienen, ist sein ethisches Hauptwerk. Dasselbe wurde 1745 von D. D. (Denis Diderot) in freier Uebersetzung, bez. Bearbeitung, herausgegeben unter dem Titel: *Principes de la Philosophie Morale, ou Essai de M. S. sur le Mérite et la Vertu*, und ist auch in Diderot's Werken mit aufgenommen worden.

Eingehend ist Shaftesbury's Moraltheorie dargestellt in des Vfs. „Philosophie Shaftesbury's" (Leipzig, 1876) SS. 63—157. Derselbe möchte diese Gelegenheit nicht vorübergehen lassen, ohne auf das Referat über diese Schrift in der *Westminster Review* (*No. 211, January 1877, p. 227 f.*) einiges zu erwiedern. Denn obwohl es, im Allgemeinen, eine sehr empfehlenswerthe Maxime ist, das Publicum mit Repliken auf unliebsame Recensionen gänzlich zu verschonen, so lange dieselben gegen den Verfasser allein gerichtet sind; so ist doch hier der Fall anders: da die Spitze jenes Referats einer so angesehenen Zeitschrift gegen die philosophische Bedeutung Shaftesbury's gerichtet ist. Zudem möchte es überhaupt angemessen sein, über die jetzt in England beliebte Zurücksetzung dieses grossen Moralisten noch ein Wort zu sagen. — Vf. hat Shaftesbury nirgends als „den Philosophen der Zukunft," „den Philosophen *par excellence*" bezeichnet, wie Referent angiebt; sondern nur als einen solchen, der „die *Elemente* einer Religionsphilosophie und zumal einer *Ethik* geliefert hat, die in den Rahmen einer ächt wissenschaftlichen Weltanschauung passen." Ref. meint ferner, Shaftesbury's Lehre sei ein werthvoller Protest gegen den Rationalismus Clarke's gewesen:" was aber eine völlig neue Entdeckung ist, deren Bewahrheitung schwer halten wird. Denn dieser, einige Jahre jüngere Zeitgenosse Shaftesbury's hielt die Predigten, die Ref. nur im Auge haben kann, erst 1704—5: als Shaftesbury sein ethisches Hauptwerk im ersten Entwurf längst ausgearbeitet hatte. Auch findet sich in Shaftesbury's sämmtlichen Werken auch nicht die leiseste Andeutung, die sich als ein solcher „*Protest*" auffassen liesse. Der Mann, gegen dessen Lehre Shaftesbury Protest einlegte, war sein grosser Lehrer Locke, und nächst diesem war es Hobbes. Clarke dagegen, sein jüngerer Zeitgenosse, würde Shaftesbury als Ethiker wohl schwerlich bedeutend genug erschienen sein, um gegen dessen System zu „protestiren." Was Kant in seiner „Grundlegung zur Metaphysik der Sitten" (WW. 2. Ausg. v. Hartenstein. IV. Bd. S. 291) gegen den „ontologischen Begriff der Vollkommenheit" sagt, passt, *mutatis mutandis*, auch auf Clarke's *fitness of the things, aptitudo rerum*: „. . . So leer, so unbestimmt, mithin so unbrauchbar ist er, um in dem unermesslichen Felde möglicher Realität die für uns schickliche grösste Summe auszufinden; so sehr hat er, um die Realität, von der hier die Rede ist, specifisch von jeder andern zu unterscheiden, einen unvermeidlichen Hang, sich im Kreise zu drehen, und kann die Sittlichkeit, die er erklären will, insgeheim vorauszusetzen nicht vermeiden . . ." Dem Ref. war es wohl selbst auch nicht

Und in der That hat er, neben dem Einflusse des schönsten Gedankens des Christenthums, jenen sein Bestes zu verdanken.

Ernst, als er meinte, dass Vf. Shaftesbury mit Clarke, nicht mit Kant hätte vergleichen sollen: da doch dieser seit Whewell's Zeiten auch in England ungleich mehr Einfluss ausübt, als jener Schüler Newton's. Vf. hielt sich eben nur deswegen, weil „von ethischen Systemen heutigen Tages in Deutschland die Kantische und die im wesentlichen von dieser abhängige Moralphilosophie das meiste Ansehen geniesst, für verpflichtet, bevor er die Darstellung der Shaftesbury'schen Ethik, *als jener vorzuziehen*, begänne, die Gründe anzugeben, die ihn wider das Kantische Moralsystem bestimmten." (S. 46.) Mit Irgendwem den grossen Moralisten zu vergleichen, war gar nicht seine Absicht. Dazu kommt noch, dass in dem berühmten Programm seiner Philosophie sich Kant ja selbst schon Shaftesbury und seiner Schule sehr schroff gegenübergestellt hat. „Da die Moralphilosophie," erklärt er, „die ersten Principien des Urtheilens an die Hand giebt, so wird sie nur durch den reinen Verstand erkannt und gehört selbst zur reinen Philosophie; und Epikur, welcher ihre Kriterien zur Empfindung der Lust oder des Ekels hingezerrt hat, wird mit grösstem Rechte getadelt, zugleich mit einigen Neueren, die ihm aus der Ferne bis zu einem gewissen Puncte gefolgt sind, wie Shaftesbury und seine Anhänger." (*De mundi sensibilis atque intelligibilis forma et principiis.* § 9. WW. hg. v. Hartenstein. 1867. II. Bd. S. 403: *Philosophia moralis, quatenus principia dijudicandi prima suppeditat, non cognoscitur, nisi per intellectum purum et pertinet ipsa ad philosophiam puram; quique ipsius criteria ad sensum voluptatis aut taedii protraxit, summo jure reprehenditur* EPICURUS, *una cum neotericis quibusdam, ipsum e longinquo quadamtenus secutis, ut* SHAFTESBURY *et asseclae*.)

Zum Schluss beruft sich Ref. auf STEPHEN, welcher (so viel mir erinnerlich, in seinen *Essays on Freethinking and Plainspeaking, London 1873*) erklärt: „Harmonie ist Shaftesbury's Stichwort, und die ganze Ausdrucksweise der *Characteristics* implicirt mehr ein künstlerisches als ein wissenschaftliches System der Ethik." Nun ist Stephen allerdings ein guter Schriftsteller, von Witz und Geschmack; allein ob er gerade in der Kritik der ethischen Systeme stets ein besonders treffendes Urtheil gezeigt habe, dürfte noch eine andere Frage sein. In dem genannten Werke lässt er dem *poor Shaftesbury*, dem „armen Shaftesbury" (wie er sich einmal auszudrücken beliebt) recht wenig Gerechtigkeit widerfahren; und auch in seinem neuesten Werke, der *History of English Thought in the Eighteenth Century (London 1876)* wird dieser Ethiker nicht nach Verdienst gewürdigt; obwohl das Urtheil über ihn hier schon merklich weniger abfällig lautet, als in der erstgenannten Schrift. Die künstlerische Seite, so viel wollen wir ja gern zugeben, tritt in Shaftesbury's Lehre *zu sehr* hervor. *Künstlerisch* ist aber zunächst immer noch besser, als *künstlich*: was so viele Moralsysteme sind. Aber dieser, bei den Engländern, wie es scheint, besonders verhasste, *künstlerische* Zug am Shaftesbury ist auch gerade das, was Vf. im Auge hatte, wenn er dessen Lehre als seinen Landsleuten nicht recht congenial,

Man kann ihn den Leibniz der Moral nennen. Denn Shaftesbury hat auf dem von ihm bearbeiteten Felde, der Ethik, eine

weil viel zu platonisch-idealistisch, bezeichnete. Wer indessen einen nicht allzu niedrigen Begriff vom System der Dinge hat, wird glauben, dass dieses in der That gewisse Seiten an sich habe, die für völlig nüchterne Prosa-Seelen freilich nicht vorhanden sind, wohl aber dem Auge des einigermassen Künstlerisch-Begabten sich offenbaren: weil dieser eben ein Organ der Auffassung mehr hat. Man muss jedoch überhaupt fürchten, dass unter jenem „Künstlerischen, nicht Wissenschaftlichen", was man an Shaftesbury tadelt, auch gerade ein Element mitgemeint ist, das wir für eminent philosophisch und wissenschaftlich halten; obwohl es, nach Shaftesbury, Butler und Smith, allerdings mehr und mehr in der englischen Philosophie zurückgetreten ist: wir meinen den Begriff eines „Systems", einer „zweckmässigen Structur" des Geistes, einer „Oekonomie der Affecte", eine teleologische Auffassung derselben — kurz, alle jene universelleren Gesichtspuncte einer metaphysisch vertieften Ethik, wie sie bei den Alten, besonders durch Plato, Aristoteles und die Stoiker, vertreten war.

Aber bezeichnend ist allerdings die ausgesuchte Zurücksetzung eines Moralisten von der Grösse SHAFTESBURY'S in England zu einer Zeit, wo PALEY'S Moralwerk Dutzende von Auflagen erlebt — das Werk mit der berufenen *„Definition der Tugend,"* als *„den Menschen wohl thun, im Gehorsam gegen Gottes Willen, und zur Erlangung der ewigen Seligkeit"* (wobei, wie noch ausdrücklich hervorgehoben wird, die „ewige Seligkeit als *das Motiv* der menschlichen Tugend" dargestellt wird) und der kaum minder auffallenden Definition der *Pflicht*: „Man sagt, dass ein Mensch *verpflichtet* ist, wenn er *durch ein heftiges Motiv angetrieben wird, das aus dem Befehl eines Andern ensteht.*" (VIRTUE is *'the doing good to mankind, in obedience to the will of God, and for the sake of everlasting happiness.'* ... *Everlasting happiness the motive of human virtue. — A man is said to be* OBLIGED, *'when he is urged by a violent motive resulting from the command of another.'* PALEY'S *Moral Philosophy. Book I. chap. 7. Book II. chap 2. Ed. by Archbishop Whately. London, 1859. pp. 43. 57.*) HUME, der, wie Mackintosh, gewiss mit Recht, sagt, „nicht verschwenderisch mit dem Lobe war," bezeichnete SHAFTESBURY als einen „ausgezeichneten," „eleganten," „eminenten" Schriftsteller. (*'An excellent author:' Essay VI. Of the independency of parliament. Philosophical Works. Edinburgh 1826. Vol. III. p. 42. 'The elegant Lord Shaftesbury:' Principles of morals, bald am Anfange; in derselben Ausgabe der Werke Vol. IV. p. 239. 'An eminent writer:' Essay XII. Of civil liberty. Vol. III. p. 101.*) Er nannte ihn, an einer Stelle, wo er gegen ihn polemisirte, „einen grossen Geist" (*'a great genius:' Treatise of human nature. Book I. IV, 6. Phil. Works. Vol. I. p. 324*) und ein andres Mal einen „grossen Moralisten," der mit den gewichtigsten Gründen und der kraftvollsten Beredtsamkeit die Macht der socialen Leidenschaften behandelt habe. (... *'that the social passions are by far the most powerful of any, and that even all the other passions receive from them their chief force* ähnliche Universalität des Geistes, eine ähnliche Brennpunctnatur, wenn man so sagen darf, gezeigt, wie Leibniz auf dem

and influence. Whoever desires to see this question treated at large with the greatest force of argument and eloquence, may consult my Lord Shaftesbury's Enquiry concerning virtue:' Essay XI. Of the dignity or meanness of human nature. Vol. III. p. 95.) Er empfiehlt zur Charakterbildung das häufige Lesen guter Moralisten: „Nehmt eure Zuflucht (sagt er) zu der Gelehrsamkeit Plutarch's, der Phantasie Lucian's, der Beredtsamkeit Cicero's, dem Witze Seneca's, dem Frohsinn Montaigne's, der Erhabenheit Shaftesbury's" (*'the sublimity of Shaftesbury:' Essay XVIII. The Sceptic. Vol. III. p. 203*): Von allen Engländern nennt er diesen allein! Ueberhaupt hat sich Hume vielleicht auf keinen Neueren so oft und mit dem Ausdruck solcher Achtung berufen, wie auf Shaftesbury. — Und noch MACKINTOSH führte Shaftesbury's *Inquiry* unter den ersten Werken der englischen Ethik mit an: und doch hatte er ihn noch viel zu wenig gewürdigt, da Vieles, was er Butler zuschreibt, in Wahrheit schon Shaftesbury angehört. Aber in dem jetzt in England viel benutzten Compendium BAIN'S (*Mental and Moral Science, Part II*) wird Shaftesbury mit einem paar Anmerkungszeilen abgefertigt und ist im Index gar nicht anzutreffen: während Mackintosh z. B. über neun Seiten Text erhält. Diese Ausführlichkeit im Vergleich zu Shaftesbury würde der edle Mann aber wahrscheinlich selbst nicht gutgeheissen haben! Und Shaftesbury's Schüler Butler und Hutcheson werden sieben, bez. dreizehn Seiten gewidmet: — ein bahnbrechender Geist gilt nichts gegen sein Gefolge, falls dieses nur, in einzelnen Puncten, seine Principien mit grösserer Breite ausgeführt hat! ein Leibniz gilt nichts gegen einen Wolff! Aber freilich ist auch sonst BAIN'S Werthschätzung, wie sie sich in dem, jedem Moralisten gewährten Raum ausspricht, bisweilen etwas wunderlich: Wolff's, Rousseau's und Comte's Namen kommen überhaupt nicht vor; Spinoza's und Leibnizens *Namen* werden allerdings wohl einmal gelegentlich erwähnt, aber auch nicht mehr als dieses; Helvetius erhält sieben Zeilen; Victor Cousin sechs Seiten, Dugald Stewart desgleichen! (Dass von Bain die Nachkantischen Deutschen Ethiker gar nicht berücksichtigt werden, wollen wir ihm nicht so sehr verübeln, da deren Werke wohl noch nicht in's Englische übersetzt sind.) Ob nun dieser, doch sonst so verdiente, Denker nicht vielleicht in einer späteren Auflage seines Werkes (das auf grössere Vollständigkeit, als die übrigen derartigen Darstellungen der Engländer angelegt ist) dem *Suum Cuique* etwas mehr Geltung verschaffen möchte, als bisher?

In Deutschland ist man gegen Shaftesbury im ganzen immer noch gerechter gewesen, als in England. Als HERDER in der „Adrastea" seine beiden schönen Aufsätze über ihn erscheinen liess, dankte ihm WIELAND dafür im „Neuen Teutschen Merkur" (1802. I. S. 297.) öffentlich: „Vor Allem kann ich mir's nicht versagen (erklärte er), Adrasteen meinen wärmsten Dank öffentlich darzubringen für die herrliche Charakteristik des liebenswürdigsten aller neueren Schriftsteller, der seine Bildung mehr als seinigen, der Logik und Physik (im antiken Sinne). Eine solche Natur ist aber gerade in der Ethik — auf welchem Gebiete vorzugsweise sich Leibnizens Ausspruch als zutreffend bewährt: dass die Fehler der Systeme weniger in dem zu liegen pflegen, was sie positiv enthalten, als vielmehr in dem, was ihnen mangelt, m. a. W. in ihrer Einseitigkeit, — gerade hier ist sie die *conditio sine qua non* einer allseitig befriedigenden Lehre. „Man sieht," sagt I. H. Fichte, am Schlusse seiner Darstellung der Lehre unseres Ethikers,[1] „dass dieser vortreffliche Schriftsteller alles berührt hat, was Gutes und Tiefes in der Moral gedacht worden ist." Auch Shaftesbury bewies in dem Herausfühlen des eigentlich und wahrhaft Bedeutenden in den Ueberliefe-

---

irgend ein Andrer, den ich kenne, dem frühen Studium der Griechen, besonders der Sokratischen Schule zu verdanken hatte, und aus dessen Werken überall ihr dem seinigen congenialischer Geist, ihre reine Humanität und alle ihre Grazien athmen — des Grafen Anton von Shaftesbury, welchem ich selbst einen so grossen Theil meiner eigenen Bildung in meinen frühern Jahren schuldig bin, und der stärker auf mich gewirkt hat, als ich ohne Beschämung sagen kann, da ich dem ungeachtet so weit hinter ihm zurückgeblieben bin. Dank, herzlicher Dank sei Adrasteen für die Gerechtigkeit, welche sie diesem Edeln und Einzigen widerfahren liess, in welchem Platon's hoher Idealismus mit Xenophon's Sokratischer Kalokagathie und Sophrosyne und Horazens weisem Frohsinn und lieblich um die *praecordia* der Leser spielenden geistvollen Scherz so schön vereinigt war! Dank für die vortreffliche Apologie dieses, zu ihrer Schmach, von so vielen Britten noch immer verkannten, so oft schief und hämisch beurtheilten Wiederherstellers der reinen Sokratischen Lehre gegen seine eigenen Landsleute und ihre Nachhaller unter den unsrigen! Dank endlich für die zartschonende Billigkeit, womit sie die wenigen Blössen bedeckt, wodurch er selbst, nach der höchsten Strenge beurtheilt, zu den Missverständnissen seiner Tadler und Verläumder Gelegenheit gegeben haben mag!" — SCHLEIERMACHER verfuhr mit Shaftesbury zwar sehr unbillig, versagte ihm jedoch nicht die Anerkennung als Gründer der ganzen „anglicanischen Schule"; und sein Schüler RITTER stellte Shaftesbury's Lehre als das unzweifelhaft bedeutendste aller englischen Moralsysteme, von diesen sogar allein in seiner grossen „Geschichte der Philosophie" mit einiger Ausführlichkeit dar. Und (um die Urtheile der Historiker zu übergehen, die schon in der in Rede stehenden Monographie angeführt worden sind) auch ZELLER (dessen Vorlesungen Verf. die erste Anregung zum eingehenderen Studium der Werke Shaftesbury's zu verdanken hat) nennt ihn als „den Mann, welcher der englischen Moralphilosophie bis auf unsere Zeiten herab ihren Weg vorgezeichnet hat." (Geschichte der deutschen Philosophie. S. 394 der 1. Aufl. v. 1873.)

[1] I. H. FICHTE, System der Ethik. I. Thl. S. 541.

rungen des Alterthums einen höchst glücklichen Tact, ein höchst treffendes Urtheil. Zur Schärfung desselben trug nicht wenig seine reiche Kenntniss von Welt und Menschenleben bei; wozu er nicht nur in seinem Kopfe, sondern auch in seinem Herzen den Schlüssel bei sich trug: denn Gleiches wird nur durch Gleiches erkannt: und wo in der Gefühlsbesaitung der Seele gewisse Saiten fehlen, da kann deren Stimme auch bei den herrlichsten Melodien nicht sympathisch mittönen. „So kann er denn als der bewährteste Zeuge dienen über die wahre Beschaffenheit des menschlichen Willens und seiner innersten Regungen." (Fichte.)

Allerdings muss man, gegen Pfleiderer,[1] behaupten, dass in der Ethik dem Humischen „ein Hauptsystem vorangeht." Dies ist das Shaftesbury'sche: ja man darf sagen, dass dieses das Hauptsystem der englischen Moral überhaupt ist, indem alle späteren dasselbe im wesentlichen nur in einzelnen Puncten ergänzt und fortgebildet haben, ohne aber je wieder seine grossartige Universalität zu erreichen: und das besonders darum nicht, weil sie mehr und mehr versäumt haben, den Geist der antiken Moral in sich aufzunehmen.

Shaftesbury sieht das Menschenleben an als die höchste Potenz, als die höchste Entwicklungsstufe des Naturlebens. Vernunft und Ordnung, die er in der ganzen Welt walten sieht, erkennt er auch in der Verfassung und Einrichtung der Menschennatur. Diese fasst er als ein System auf, in dem jeder Theil seine ganz bestimmte Function und sein, nach Art und Grad ganz bestimmt abgemessenes Verhältniss zu den anderen Theilen hat — und nicht blos zu den anderen Theilen desselben individuellen Systems, sondern auch zu anderen ähnlichen Einzel-Systemen: welche zusammen, durch diese sie verbindenden Fäden, in ein allgemeineres System vereinigt werden. Von der Analogie der animalen Triebe ausgehend, in denen sich eine doppelte Beziehung, auf Eigenleben (Hunger und Durst) und Gattungsleben (Geschlechtstrieb), findet, weist er auch in den Leidenschaften der lebendigen Wesen einen entsprechenden Grundunterschied nach: den zwischen den selbstischen, die eigne Erhaltung und Förderung zum Zweck habenden Affecten, und den socialen, welche in Anderen, kurz,

---

[1] E. PFLEIDERER, Empirismus und Skepsis in Dav. Hume's Philosophie. Berlin, 1874. S. 262.

im Gattungsleben Ziel und Schwerpunct haben. Letztere (z. B. Mitleid, Mitfreude, Liebe zur Nachkommenschaft) sind in besonders hohem Grade in der Menschenwelt entwickelt und in jedem normalen Individuum anzutreffen. Sie gehören wesentlich zum Charakter der Tugend. Jedoch auch jene selbstischen Neigungen sind in der „*Oekonomie der Affecte*" durchaus erforderlich und gehören als ein wesentlicher Bestandtheil in die „*innere Structur*" eines gesunden Geistes.[1] Ueber diesen „*sinnlichen Affecten*", wie er sie nennt, weil sie vorzugsweise auf Anschauliches, nach Raum und Zeit Gegenwärtiges ansprechen oder ausgelöst werden (wenn der Ausdruck erlaubt ist), erhebt sich eine specifischmenschliche, weil Vernunft als ihre Bedingung voraussetzende Classe von Affecten: die *rationalen* oder *Reflexions-Affecte*: der Achtung und Verachtung, des Rechten oder Unrechten, des Moralisch-Schönen oder -Hässlichen; welche man sonst gewöhnlich, sofern sie sich auf das eigene Selbst beziehen, unter dem Namen „Gewissen" befasst. Diese Gemüthsbewegungen haben zu ihrem einzigen Object die menschlichen Handlungen, oder genauer, die diesen zu Grunde liegenden Gesinnungen, und sind von ganz eigenthümlicher, eine gewisse Würde in sich tragender, Empfindungsqualität: als *emotions sui generis*, wie sie ein neuerer englischer Moralist nennt. Und es sind, so zu sagen, rüstige Affecte: keine blossen Urtheile, auch nicht blosse Gefühlsurtheile; sondern selbst treibende Mächte, mit einer ganz eigenen, unmittelbar gefühlten, verpflichtenden Kraft — selbst Quellen des Handelns, nicht blosse Zuschauer, nicht blosse Beurtheiler: zum Beweise wofür man nur an die geschärfte Selbstbeobachtung eines Jeden zu appelliren braucht. Diese *rationalen Affecte* sämmtlich in einer, zur Willensbestimmung hinlänglichen Kraft und auf die angemessenen Gegenstände gerichtet zu haben, ist das Hauptkennzeichen des sittlich trefflichen Charakters.[2] Ein solcher aber geht nicht fertig geboren aus dem Schoose der allgemeinen

---

[1] „Jede ursprüngliche Neigung ist nach Shaftesbury gut: das Tiefsinnigste beinahe, was je ein englischer Philosoph gesagt hat." (I. H. FICHTE.)

[2] Vgl. *Characteristics. II, 31. 36 ff.* Diese *reflex affections*, deren Gruppe Shaftesbury auch *moral sense* nennt: die specifisch-menschlichen Affecte der Achtung, der Verehrung, der Begeisterung stellt unser Philosoph als die regierenden Principien dar (wenn auch noch nicht ganz so nachdrucksvoll wie sein Schüler Butler); und er erklärt die blossen unmittelbaren *sympa-*

Natur hervor; sondern ist, allerdings auf Grund von Naturanlagen, durch sittliche Cultur und Gewöhnung allmählich zu erwerben: dem Menschheitsideal, dem Ideal vollkommener moralischer Gesundheit und Schönheit soll man sich durch eigne Kraft zu nähern suchen. Jene angemessenen Gegenstände der Reflexionsaffecte sind die, ihrer Natur nach *zum allgemeinen Wohle tendirenden Affecte*. Denn die allgemeine menschliche Glückseligkeit ist auch nach Shaftesbury das oberste Moralprincip. *Tugend* ist also, in eine kurze Formel gefasst, *die auf das allgemeine Wohl gerichtete Verfassung der Affecte*. Und eine solche Gemüthsverfassung ist die Bedingung und die nie versiegende Quelle des reinsten Glücks: die Tugend ist des Lohnes weder bedürftig noch fähig. „Für sie kann es keine Belohnung geben, ausser von derselben Art wie sie selbst: Nichts kann zu ihr noch hinzugefügt werden. Und selbst der Himmel kann nur Gnade *zu* Gnade, Tugend *zu* Tugend, Wissen *zu* Wissen hinzufügen."

Gegen Locke (zu dem Shaftesbury, obwohl er ihn aus Pietät in den von ihm veröffentlichten Schriften nie nennt, eine ähnliche antagonistische Stellung einnimmt, wie Cumberland, Cudworth und Clarke gegen Hobbes) geht er auf das Angeborne im Menschen oder vielmehr auf das aller Willkür Entzogene zurück. Aehnlich wie Leibniz, sucht er zu zeigen, dass, trotz der relativen Berechtigung jener Läugnung „angeborner *Ideen*," damit doch gar nichts über den eigentlich entscheidenden Punct ausgesagt sei: ob es nicht in der Natur des Menschen gewisse *Principien* gebe, *aus denen* jene Ideen, ob früh oder spät, nothwendig hervorgehen. Und gegen Locke's und Anderer häufige Anführung wunderbarer Berichte von Reisenden aller Art richtet er die feine Bemerkung:[1] Er habe oft beobachtet, dass die als ungläubig verschrieenen Leute oft recht glaubensvoll seien, nur nach einer andern Richtung hin, als die Gläubigen gewöhnlichen Styls. „Wenn ihnen auch der wahre israelitische Glaube abgeht, so haben sie doch dafür einen chinesischen

---

thischen Affecte als unzureichend zur Realisirung des Tugendbegriffs: was gewissen Missverständnissen seiner Lehre gegenüber nochmals hervorgehoben werden muss.

[1] *Characteristics. Vol. I. p. 345 ff.*

oder indianischen." „Geschichten über Incas und Irokesen, von Missionären, Mönchen, Piraten und Renegaten, Seecapitänen und, natürlich redlichen, Reisenden gelten für authentische Berichte und sind canonisch. Obgleich ihnen die Christlichen Wunder nicht so gut behagen, so verweilen sie doch bei den Wundern im Mohrenlande mit grosser Befriedigung." Und in der That sei ja die grösste Verwandtschaft zwischen der Leidenschaft für Superstitionen und der für wunderbare Reisegeschichten: in beiden wird die menschliche Neigung, in Aufregung, Verwunderung und Erstaunen gesetzt zu werden, in vollem Maasse befriedigt. Daher gehen so viele Reisende über die Züge schöner Menschlichkeit, treuer Anhänglichkeit, tiefen Gerechtigkeitsgefühls, eiserner Festigkeit und Selbstbeherrschung, welche verständige Reisende so vielfach bei den Naturvölkern gefunden haben, einfach hinweg und erzählen nur, was ihnen etwa Auffallendes und Ungeheuerliches vorgekommen ist: „Das sind nur *gewöhnliche* Geschichten — man braucht nicht nach Indien zu reisen wegen solcher Vorkommnisse, die wir jeden Tag in Europa sehen."

Noch ist Shaftesbury's Ansicht über das Fundament der Gerechtigkeit zu erwähnen. Dies Fundament ist ihm zu Folge eine, in der „Oekonomie der Affecte" höchst bedeutsame und nicht nur auf die Selbsterhaltung, sondern auch auf die Erhaltung der Gattung abzielende Leidenschaft, der Ahndungstrieb, das Ressentiment.[1] Meistens führt er diesen Trieb als zur Classe der „selbstischen Affecte" gehörig auf[2]; an einer, eben darum interessanten, Stelle aber als Reflexionsaffect:[3] „den allen Menschen natürlichen Sinn des Unrechts und den Trieb, dieses Unrecht, es koste, was es wolle, zu verfolgen: Nicht für ihre eigne Sache, da sie selbst ihr Leben ihm opfern; sondern aus Hass gegen das vorgestellte Unrecht und aus einer gewissen Liebe zur Gerechtigkeit." —

Unter Shaftesbury's Schülern ist Bischof BUTLER,[4] in

---

[1] *Ressentiment* — wofür wir im Deutschen keinen adäquaten Ausdruck besitzen, da *Rache*, *Rachegefühl* bereits einen zu hohen und darum fehlerhaften Grad dieses Affects bezeichnet.

[2] *Characteristics*. Vol. II. pp. 94. 139 f. 144 f.

[3] Das. p. 419 f.

[4] 1692—1752. Das bekannteste Werk JOSEPH BUTLER'S ist *The Analogy of Religion, Natural and Revealed, to the Constitution and Course of*

Deutschland als Ethiker leider so gut wie unbekannt, derjenige, welcher dem Grundcharakter des Shaftesbury'schen Systems in einigen Puncten am treusten geblieben ist. Er hat die Lehre seines Meisters[1] aber nicht bloss reproducirt, sondern auch theilweise verbessert und ergänzt; andere, sehr wesentliche und werthvolle Theile freilich hat er nicht in sein System mitaufgenommen (so nicht die höchst wesentliche Bestimmung, dass das äussere Kennzeichen aller moralisch werthvollen Handlungen ihre Tendenz zum allgemeinen Wohle ist); und überhaupt hat der ganze Gedankenkreis unsers Bischofs nicht jene Unbefangenheit und jene umfassende Weite, welche den Shaftesbury's auszeichnet.

Ganz wie sein Vorgänger behandelt er den Begriff eines *„Systems"* und einer *„Oekonomie der Affecte."* Im Begriffe des *„Systems"* liege es schon, dass nicht blos Nebenordnung, sondern auch Ueber- und Unterordnung unter seinen Theilen herrsche: und nicht bloss ein Unterschied der Stärke und des Grades, sondern auch der Art und des Ranges. Diese bestimmte *Relation* der Theile, nicht bloss die Theile selbst, nicht ihre blosse Summe, sei das Wesentliche bei einem *System*. Unter diesen Principien der Menschennatur gebe es nun eines, welches das Merkmal der *„Autorität"*, der *„Oberhoheit"* über alle übrigen

---

Nature. Mackintosh nennt es (womit sich freilich der Deutsche schwerlich wird einverstanden erklären können) „das originellste und tiefsinnigste, das in irgend einer Sprache über die Religionsphilosophie vorhanden ist."

[1] Sir JAMES MACKINTOSH zeigt in seinem vorzüglichen Werke *On the Progress of Ethical Philosophy, chiefly during the XVIIth and XVIIIth centuries (ed. by William Whewell. 4th Ed. Edinburgh. 1872. pp. 113 ff.)* eine grosse und allerdings gerechtfertigte Vorliebe für diesen Denker. Aber er überschätzt ihn doch, und zwar auf Unkosten Shaftesbury's, in dessen Werken, wie leicht nachgewiesen werden kann, sich schon die meisten Lehren Butler's finden, welche Mackintosh als dessen Entdeckungen darstellt. Wenn letzterer daher (S. 115) erklärt: „Butler verdanke Lord Shaftesbury mehr, als sämmtlichen anderen Schriftstellern;" so muss man hinzusetzen: und mehr noch, als Mackintosh meint.

Butler's ethisches Hauptwerk sind die, 1726 veröffentlichten „Funfzehn Predigten über die menschliche Natur, oder den Menschen als ein moralisches Wesen" (*Fifteen SERMONS upon Human Nature, or Man considered as a Moral Agent*). Ausser diesen ist auch die zweite der beiden, seiner *Analogy of Religion* angehängten „Dissertationen" („von der Natur der Tugend") moralphilosophischen Inhalts.

inneren Principien unmittelbar in sich selbst tragen: das „Gewissen" oder das „Princip der Reflexion." Dies „*Praerogativ*", dies „*natürliche Suprematʼ*" gehöre geradezu zu seinem Wesen: es sei von Natur bestimmt zur „*Oberaufsicht*" und zum „*Richter*" über alle anderen Affecte. Denn man habe zwischen *blosser Macht* und *Autorität* zu unterscheiden: freilich könne eine Leidenschaft durch ihre Stärke den Menschen zum Handeln bestimmen wider das Gebot des Gewissens: aber dies sei „*blosse Usurpation*": das Gewissen bleibt in diesem innern Aufruhr, wie bei der monarchischen Staatsverfassung in einer Rebellion der König, dennoch der heilige Oberherr. Denn in diesem Conflicte der Motive stehen sich die Forderungen der Leidenschaften und die des Gewissens nicht auf gleichem Fusse gegenüber, sondern wie die des zum Herrschen und die des zum Gehorchen Geborenen. „Hätte das Gewissen Kraft, wie es Recht hat; hätte es Macht, wie es offenbare Autorität hat: so würde es absolut die Welt regieren."[1] Die Function dieses Vermögens in der Oeconomie der Affecte ist also, um eine moderne Metapher zu gebrauchen, die eines „Regulators der Lebensäusserungen", und zwar im höchsten Sinne. — „Dass diese Autorität, welche in der Idee der Billigung oder Missbilligung liegt, nicht berücksichtigt ist, erscheint als ein wesentlicher Mangel in Lord Shaftesbury's Untersuchung über die Tugend," erklärt Butler.[2] Aber wenn auch eingeräumt werden muss, dass dieser den in Rede stehenden Gedanken klarer und nachdrücklicher ausgesprochen hat; so ist derselbe doch seinem Vorgänger, wie besonders auch die anderen Werke desselben beweisen, keineswegs fremd.

Dies „moralische Vermögen," „ob es nun Gewissen, moralische Vernunft, Moralsinn oder göttliche Vernunft genannt werde, ob es als ein Urtheil des Verstandes oder als eine Empfindung des Herzens betrachtet werden möge, oder, was das Wahre scheint, als beides in sich schliessend," — dieses Vermögen „hat Handlungen zum Gegenstande; unter welchem

---

[1] *Sermon II.* „Ueber die menschliche Natur." (In der Londoner Ausgabe der *Analogy and Sermons* von 1876 S. 406.) Man denke an KANT'S Ausdruck: „*Kategorischer Imperativ.*"
[2] S. 377.

Namen wir active oder praktische Principien befassen: jene Principien, vermöge deren die Menschen handeln würden, wenn Gelegenheit und Umstände ihnen die Macht dazu gäben, und welche wir, wenn sie in einer Person fixirt und zur Gewohnheit geworden sind, seinen Charakter nennen." Diese inneren Principien sind „der einzige Gegenstand des Vermögens des Billigens und Missbilligens: Handlungen und Betragen, abgesehen von dem, was factisch und eventualiter die Folge davon ist, sind an sich der natürliche Gegenstand des moralischen Unterscheidungsvermögens."[1] „Wir sind so construirt, dass wir Falschheit, Ungerechtigkeit, Verletzung ohne Anreizung verdammen, Wohlwollen gegen Einige mehr als gegen Andere billigen: abgesehen von allen Erwägungen, welche Handlungsweise wahrscheinlich mehr Glück oder mehr Elend hervorbringen werde. Und wenn sich daher auch der Schöpfer der Natur nichts zum Ziele setzen möge, als Glückseligkeit zu schaffen, wenn Sein ganzer moralischer Charakter auch gänzlich der des Wohlwollens wäre: so doch nicht der unsrige." Zu diesem gehört eben, neben jenem, das, in seinem Wesen soeben gekennzeichnete, Gewissen. Aber, so fügt Butler hinzu, der Grund dafür, dass unsre moralische Natur so eingerichtet ist, dass wir nicht in allem unserm Denken bloss auf die Hervorbringung von Glückseligkeit sehen, sondern zunächst darauf, dass den Geboten des Gewissens unbedingt Folge geleistet werde, kann doch nur der sein: dass unser Schöpfer voraussah, „diese Constitution unserer Natur werde mehr Glück zur Wirkung haben, als wenn er uns mit einer Verfassung blossen allgemeinen Wohlwollens gebildet hätte."[2] Alle möglichen Folgen vorauszusehen, vermöchten wir nicht: — nie dürften wir daher gegen Wahrheit und Gerechtigkeit handeln, auch wenn uns dies mehr Glück als Elend herbeizuführen scheine.

Sehr wichtig für die Theorie der Affecte ist seine Unterscheidung der *„particulären Leidenschaften"* von der eigentlichen *„Selbstliebe"* oder dem *„Interesse,"*[1] wodurch er, einigen tiefsin-

---

[1] „Dissertation über die Tugend." S. 335 f.
[2] das. S. 341; ähnlich *Sermons*. S. 510.
[3] Vgl. *Sermons*, besonders pp. 380—384. 390. 394. 405. 485—487. 493 f.

nigen Andeutungen Shaftesbury's[1] folgend, dessen System wesentlich fortentwickelte. Wir werden sehen, dass Hume ähnliches lehrte. Auch für die, von Shaftesbury gegründete *Teleologie der Affecte* hat er sehr schätzenswerthe Beiträge geliefert. Einen Beweis für das treffende Urtheil dieses denkenden Theologen liefert seine Ansicht über Werth und Bedeutung der Gemüthsbewegungen: Sie sind uns, **neben der Vernunft**, so nöthig wie **Sinn und Trieb**; so wenig wie diese sind sie eine „Schwäche": sondern im Gegentheil wäre es dieselbe Verletzung unserer Natur, wenn wir unsere Affecte, als wenn wir unsere Sinne ausrotten wollten.[2] Und so vermag er auch, wie Shaftesbury, das Gefühl gegen Verletzungen, den Trieb nach Ahndung, das *Resentment* als eine naturgemässe und wohlthätige Function des Geistesorganismus zu würdigen. Zwei Arten desselben unterscheidet er: die plötzliche Zornaufwallung und das „gesetzte und bedächtige" *Resentment* — jene ein zur sofortigen Selbstvertheidigung und Abwehr bestimmter „Instinct", mit dem Augenblinzeln zu vergleichen; dieses, die *Indignation*, ein zur Unterdrückung der Ungerechtigkeit und Bestrafung des Schuldigen bestimmtes Gefühl. Er hätte sagen können, dass dieses die moralisch cultivirte und disciplinirte Form des Ahndungstriebes ist. „Es ist eines der allgemeinen Bindemittel der Gesellschaft;" „es ist als eine Waffe anzusehen, von der Natur in unsre Hand gelegt gegen Ungerechtigkeit, Verletzung und Grausamkeit." Indignation gegen Bosheit und Niedertracht ist ein nothwendiges Gegengewicht gegen das, der Ausübung der Gerechtigkeit sich leicht entgegenstellende Mitleid.[3] So ist denn, nächst Shaftesbury, Butler der Erste unter den Neueren,[4] der die Bedeutung, welche dem „zornartigen Element" (θυμοειδές) schon Plato und sodann Aristoteles zuerkannt hatten, zu fassen wusste. —

---

[1] Besonders *Characteristics*, Vol. I. p. 116 ff. (*An Essay on the Freedom of Wit and Humour*, part. 3. sect. 3.)

[2] *Sermonn V.* „Ueber das Mitleid." p. 428 f.

[3] *Sermon VIII.* „Ueber das Resentment." pp. 454. 460.

[4] Auch LEIBNIZ wusste für die Gerechtigkeit keine andere Wurzel zu finden, als das (allzu weiche) Wohlwollen: *Justitia est charitas sapientis; charitas est benevolentia generalis: benevolentia est habitus amoris: amare alicuem est ejus felicitate delectari.* (*Definitiones ethicae. Opera philos. ed. Erdmann.* p. 670.)

Francis Hutcheson,[3] der andere unmittelbare Schüler Shaftesbury's, ist in Deutschland von allen englischen Ethikern am meisten bekannt. Welcher von beiden, ob Butler oder Hutcheson, der bedeutendere ist, lässt sich schwer entscheiden; denn jeder von ihnen ist dem anderen in gewisser Beziehung vorzuziehen, in anderer nachzustellen. Hutcheson hat zunächst einen Hauptpunct in der Lehre seines Meisters, die Lehre von den Vernunft- oder Reflexionsaffecten, nicht — dem wahren Zuge des Shaftesbury'schen Denkens, wie hierin Butler, folgend — verbessert, durch Hervorhebung des *energischen* Charakters dieser Affecten-Gruppe; sondern er liess sich die, von Shaftesbury für diese einige Male gebrauchte, metaphorische Bezeichnung „*Moralsinn*", „*Moral Sense*", zum Verhängniss werden und *aesthetisirte* diese Affecte noch mehr, als schon sein Vorgänger gethan hatte — er stellte dieselben mit dem *Schönheitssinn* in noch engere Parallele. In der That muss ja eingeräumt werden, dass dieses (uninteressirte) Gefühl für Recht und Unrecht, Gut und Böse noch die meiste Aehnlichkeit mit dem

---

[3] 1694—1747. — Seine Hauptwerke sind die, 1725 veröffentlichte „Untersuchung über den Ursprung unserer Ideen von der Schönheit und Tugend" (*An Inquiry into the Original of our Ideas of Beauty and Virtue*) und das posthume „System der Moralphilosophie" (*A System of Moral Philosophy*). 1755. — Victor Cousin sagt (in seiner *Philosophie Écossaise* IV. Ed. Paris, 1864. p. 25), Hutcheson habe seine Philosophie von Shaftesbury entlehnt; er habe „Shaftesbury gewissermassen nach Schottland und auf ein Universitäts-Katheder gebracht." Allein damit vindicirt er ihm einerseits zu viel und andrerseits zu wenig. Denn es wird sich zeigen, dass Hutcheson Shaftesbury's Lehre gerade in einem Hauptpuncte einseitig aufgefasst, in anderen Theilen aber corrigirt und erweitert hat. Aber in so fern Cousin das Schülerverhältniss Hutcheson's zu Shaftesbury betonen will, hat er allerdings vollkommen Recht: und wie wir oben Shaftesbury den „Leibniz der Moral" nannten, so möchten wir Hutcheson als den Wolff dieses Leibniz bezeichnen. Hutcheson machte ja auch kein Hehl aus seiner Bewunderung jenes Mannes. „Lord Shaftesbury's Schriften zu empfehlen," erklärt er in der Vorrede seines Hauptwerkes (*Inquiry*. p. XX), „wäre ein sehr unnöthiger Versuch: man wird sie hochschätzen, so lange unter den Menschen das Denken verbleibt." Und in dem Titel der ersten Ausgabe desselben bezog er sich ausdrücklich auf Shaftesbury: *An inquiry into the original of our ideas of beauty and virtue, in two treatises, in which the principles of the late* Earl of Shaftesbury *against the author of the fable of the bees, and the ideas of moral good and evil are established according to the sentiments of the ancient moralists. With an attempt to introduce a mathematical calculation in subjects of morality.*

Schönheitssinn hat: daher denn auch die alten Meister der Moral, die Griechen, diese Verwandtschaft mit Recht stets hervorgehoben haben. Aber dennoch ist ein, freilich nur zu oft übersehener, sehr wesentlicher Unterschied zwischen ihnen: die moralischen Affecte sind keineswegs, nach der Analogie der höhern *Sinne*, blosse Betrachter, blosse „Zuschauer;" sondern haben, nach Analogie der *Triebe*, ein transitives, actives, bez. reactives, zum *Handeln* anspornendes Element in sich: ein Element des Vergeltungstriebes, im Guten wie im Bösen: der Dankbarkeit oder des Ressentiments. Schon Shaftesbury hatte den ästhetischen Charakter der Moralaffecte zu stark hervortreten lassen; seine Lehre trug aber die Correctur dazu in sich; daher denn auch oben Butler's Fassung derselben als die wahre Consequenz des Shaftesbury'schen Systems bezeichnet wurde. Hutcheson's Fassung dagegen war ein entschiedener Missgriff.

Da Hutcheson den *Moral Sense* seiner Activität beraubt hatte, so blieb ihm von den moralischen Principien des Handelns nur das „*Wohlwollen*" übrig; dieses nun aber hat er rein und unverfälscht, d. h. als einen durchaus uninteressirten Affect dargestellt: und in dieser entschiedenen Geltendmachung der „*Uninteressirtheit der Tugend*" liegt, gewissen Concessionen gegenüber, die Shaftesbury und auch Butler[1] der „*selbstischen Schule*" gemacht hatten, sein grosses Verdienst. „Wohlwollen," erklärt er,[2] „ist ein Wort, das im allgemeinen passend genug ist, die innere Quelle der Tugend zu bezeichnen, wie es auch Bischof Cumberland stets anwendet. Aber um dies genauer zu verstehen, ist es höchst nöthig zu bemerken, dass unter diesem Namen sehr verschiedene Dispositionen der Seele zusammengefasst sind. Zuweilen bezeichnet es eine ruhige, ausgebreitete Neigung,[3] oder guten Willen gegen alle des Glücks oder Unglücks fähige Wesen; zuweilen 2. eine ruhige, überlegte Neigung der Seele gegen das Glück gewisser kleinerer Systeme von Individuen, wie Patriotismus oder Vaterlandsliebe, Freundschaft, Elternliebe; oder 3. die verschiedenen particulären wohlwollenden

---

[1] Vgl. *Sermons*, besonders p. 496.
[2] *Inquiry. Treatise II*. sect. 3. §. 6; 5 th ed. London, 1753, p. 179.
[3] *Affection* hat bei Hutcheson fast immer dieselbe Bedeutung wie unser Wort *Neigung*, während z. B. bei Shaftesbury und Smith häufig, bei Hume sogar meist, die allgemeinere: *Affect, Gemüthsbewegung*.

Leidenschaften der Liebe, des Mitleids, der Mitfreude, der Sympathie." Diese Unterscheidung zwischen den „*ruhigen Neigungen*" und den „*stürmischen Leidenschaften*"[1] sowohl unter den selbstischen als den socialen Affecten berührt sich mit einer oben erwähnten Butler'schen. Je „ruhiger" und „ausgebreiteter" eine Neigung ist, um so mehr hat sie moralischen Werth.[2] „Dies universelle Wohlwollen gegen alle Menschen können wir mit dem Princip der Gravitation vergleichen, das sich vielleicht auf alle Körper des Universums ausdehnt, aber in demselben Maasse, wie sich der Abstand vermindert, zunimmt und am stärksten ist, wenn sich die Körper berühren. Nun, diese Verstärkung bei grösserer Annäherung ist eben so nothwendig, als dass es überhaupt eine Anziehungskraft geben sollte. Denn eine allgemeine, bei allen Abständen gleiche Attraction würde, wegen des Widerstreit einer solchen Menge gleicher Kräfte, aller regelmässigen Bewegung, und vielleicht aller Bewegung überhaupt, ein Ende machen. Ausser dieser allgemeinen Attraction zeigen uns die Gelehrten eine Menge anderer Attractionen zwischen den verschiedenen Arten der Körper: gewissen particulären, aus be-

---

[1] *calm affections and turbulent passions.* Vgl. *System of Moral Philosophy.* I. 1. §§. 6 u. 7. Noch eingehender wird dieser Gegenstand erörtert in seinem *Treatise on the Passions.*

[2] Hutcheson's Bestimmungen erinnern an das schöne Wort CICERO'S: „In allem Moralischen ist nichts so hervorleuchtend noch von so weitem Umfange, als die Verbindung der Menschen unter einander und gleichsam das gesellschaftliche Bündniss und die Mittheilung gegenseitiger Vortheile: und die *Liebe zum Menschengeschlechte* selbst: welche, *entstanden zugleich mit der Zeugung, vermöge welcher die Kinder von ihren Erzeugern geliebt werden,* und das ganze Haus durch Ehe und Nachkommenschaft verbunden wird, sich ganz allmählich nach aussen verbreitet, zuerst durch Blutsverwandtschaft, dann durch Verschwägerung, darauf durch Freundschaft, später durch Nachbarschaft, dann durch Mitbürger und die, welche im öffentlichen Leben unsre Genossen und Freunde sind: *sodann durch den Zusammenhang des ganzen Menschengeschlechts.*" (*In omni autem honesto nihil est tam illustre, nec quod latius pateat, quam conjunctio inter homines hominum, et quasi quaedam societas, et communicatio utilitatum, et ipsa* CARITAS GENERIS HUMANI: *quae nata a primo satu, quo a procreatoribus nati diliguntur, et tota domus conjugio, et stirpe conjungitur, serpit sensim foras cognationibus primum, tum affinitatibus, deinde amicitiis: post vicinitatibus: tum civibus, et iis, qui publice socii atque amici sunt: deinde totius complexu gentis humanae.* CICERO, *De finibus bonorum et malorum.* Lib. V. cap. 22.)

sonderen Ursachen entstehenden Leidenschaften entsprechend. Und jene Attraction oder Kraft, wodurch die Theile jedes Körpers cohäriren, mag die Selbstliebe jedes Individuums repräsentiren."[1] — Unsere ganze Einrichtung, dies ist das Resultat seiner wiederholten teleologischen Betrachtungen, „ist ein offenbarer Beweis von der Weisheit und Güte unsers Schöpfers."

Das *Fundament* der Moral ist also nach Hutcheson das *Wohlwollen*: dieses ist die einzige Wurzel aller moralischen Eigenschaften. Von den letzteren unterscheidet er die „natürlichen Fähigkeiten oder Anlagen" *(natural abilities)*, wie z. B. gutes Gedächtniss, durchdringenden Verstand, Erfindungsgabe, Ausdauer; an denen wir zwar auch ein natürliches Wohlgefallen *(natural relish)* haben, das aber von der moralischen Billigung *(moral approbation)* ganz verschieden ist. „Wenn wir sie zu bösen Zwecken angewandt sehen, so machen sie den Handelnden noch verabscheuenswürdiger."[2]

Das *Princip* der Moral ist auch nach ihm das *allgemeine Wohl;* und er hat die Consequenzen dieses Princips weit eingehender im Einzelnen verfolgt, als seine Vorgänger. Eine Handlung ist, nach ihren Folgen beurtheilt, um so werthvoller, je glücklicher die davon betroffenen Personen dadurch werden und je mehr deren sind; und sie ist um so verwerflicher, je höher der Grad des aus ihr resultirenden Unglücks und je grösser die Anzahl der Leidenden ist: „so dass diejenige Handlung die beste ist, die *das grösste Glück der grössten Anzahl* verschafft: und diejenige die schlechteste, welche auf gleiche Weise Elend hervorbringt."[3] Alle Controversen über, in Politik oder Moral, streitige Puncte werden daher durch die Bestimmung des Einflusses der betreffenden Handlungsweise auf das allgemeine Wohl entschieden. „In unsern letzten Debatten über passiven Gehorsam und das Recht des Widerstandes in der Vertheidigung von Privilegien war der zwischen verständigen Männern disputirte Punct

---

[1] *Inquiry. II. sect.* 5. §. 2. *p.* 226.
[2] *Inquiry. pp.* 190, 204; vgl. *System of Moral Philosophy.* I., 1. §. 8.
[3] *That action is best, which procures* THE GREATEST HAPPINESS FOR THE GREATEST NUMBERS: *and that worst, which, in like manner, occasions misery.* (*Inquiry. II. sect.* 3. §. 8. *p. 184 f.*): eine fast wörtliche Uebereinstimmung mit BENTHAM.

nur der: ob allgemeine Unterwerfung wahrscheinlich mit grösseren Uebeln verknüpft sein würde, als zeitweilige Insurrection, wenn Privilegien angetastet sind; und nicht: ob, was im Ganzen zum allgemeinen Wohl tendire, auch moralisch gut wäre."[1]

Der Mensch handelt nie ohne irgend einen Wunsch, einen Affect, einen Trieb. Unsre *letzten Zwecke* werden uns durch ein Gefühl, entspringend unmittelbar aus der Einrichtung und Determination unsrer Seele, gegeben, vor allem Raisonnement; die Vernunft urtheilt nur über die *Mittel* zu deren Erreichung.[2] Die kalte *Vernunft* oder das *Wissen* eines wahren Satzes allein ist nicht vermögend, uns zum *Handeln* zu bewegen, sofern nicht durch irgend eine *Neigung* ein zu erreichender Zweck festgesetzt ist. Er erinnert an Aristoteles' Wort, dass zur Tugend nicht bloss das wahre Wissen, sondern auch der rechte Wille erforderlich sei. Es bleibe aber genug für die Vernunft zu schaffen übrig: Rechte, Gesetze, Verfassungen, Erfindungen u. s. w. „Vernunft ist erforderlich, um die geeigneten *Mittel* ausfindig zu machen, und zwar eben so wohl bei der Verfolgung des allgemeinen wie des eigenen Wohls."[3]

Dass die moralischen Urtheile bei den verschiedenen Völkern in manchen Puncten von einander so abweichend sind, ist nach ihm zum Theil eine Folge der Irrthümer in Betreff dessen, was dem allgemeinen Wohl entspreche. Solchen Irrthümern sei man ja auch eben so gut in Bezug auf das eigne wahre Wohl ausgesetzt: und Niemand folgere daraus, dass wir ohne Selbstliebe seien. Jene Erfahrung beweise also auch gar nichts gegen das Vorhandensein wohlwollender Neigungen und eines Moralsinns in der Menschennatur, dessen einzige Function eben darin bestehe, das *Wohlwollen* zu billigen, wo immer es sich zeige, und das Gegentheil zu verabscheuen. Man spreche doch dem Menschen auch die *Vernunft* nicht ab, trotz aller Irrthümer und Verkehrtheiten: und doch wolle man gerade aus dem, was eine Folge der mangelhaften Operationen dieser *Vernunft* sei, schliessen, dass die Menschen keinen Moralsinn haben. Alle jene Argumente beweisen aber noch weit eher, dass die Menschen keine Vernunft,

---

[1] p. 171. Vgl. pp. 304. 203.
[2] *System.* I, 3. §§. 1. 3. 4.
[3] pp. 199 f. 298.

als dass sie dieses natürliche Gefühl für Recht und Unrecht nicht haben. Andre Gründe für jene Diversität der moralischen Urtheile seien die verschiedenen Meinungen über das menschliche Glück und die erfolgreichsten Mittel zu dessen Beförderung; ferner die Verschiedenheit der, umfassenderen oder beschränkteren, Systeme, auf die man seine Blicke richtet; endlich die falschen Meinungen von dem Willen der Gottheit.[1]

Zum Schluss ist noch zu erwähnen, dass Hutcheson das Eigenthumsrecht daraus ableitet, dass die Menschen zu ihrem Bestehen jezt der Arbeit und Industrie bedürfen; und es daher eine Forderung des allgemeinen Wohles sei, Jedem den Besitz der Erzeugnisse seiner Thätigkeit sicher zu stellen, damit derselben nicht ihr Hauptmotiv, das des eigenen Interesses, genommen werde.[2] — Dem Begriffe der Gerechtigkeit hat er seine besondere Aufmerksamkeit nicht zugewendet.[3] —

Dies sind, im allgemeinsten Umriss, die wichtigsten Lehren der englischen Moralphilosophie vor HUME; zur Darstellung von dessen Ethik wir nun übergehen können.

---

[1] *Inquiry*, II. sect. 4. §§. 2—7. pp. 205—221. *System*, Book I, chap. 5, §.7 f.

[2] *Inquiry*, II. sect. 7. §. 8. p. 289 ff.

[3] Hutcheson's Lehre von der Verpflichtung zur Tugend werden wir weiter unten erwähnen.

HUME'S ETHIK.

Hoc nempe ab homine exigitur, ut prosit hominibus, si fieri potest, multis; si minus, paucis; si minus, proximis; si minus, sibi.

SENECA.
(*De otio sapientis.* XXX., 5.)

David Hume's[1] moralphilosophisches Hauptwerk liegt (wie sein philosophisches System überhaupt) in zwei Bearbeitungen vor. Die erste, „Von der Moral," bildet den dritten Band seines genialen Jugendwerkes, der „Abhandlung über die menschliche Natur;"[2] die zweite, die elf Jahre später erschienene „Untersuchung über die Principien der Moral," den dritten Band seiner „Essays."[3] Diese letztere, wahrhaft classische Schrift darf man ohne Bedenken als das in künstlerischer Hinsicht vollendetste Werk der gesammten neueren Ethik bezeichnen; und wie es ja überhaupt unserm Denker in der lichtvollen und fesselnden Behandlung abstracter Probleme kaum Einer gleich gethan hat, so offenbart sich gerade in dieser Schrift dies Talent vielleicht im hervorragendsten Maasse. Die

---

[1] geb. 26. April 1711 zu Edinburg, gest. das. 25. August 1776.

[2] DAVID HUME, *A Treatise of Human Nature: being an attempt to introduce the experimental method of reasoning into moral subjects.* Book III. Of Morals. London, 1740. — „Die Methode des erfahrungsmässigen Raisonnements in Gegenstände der Moral einzuführen," ist aber freilich ein „Versuch," der, wie wir gesehen haben, nicht erst unserm Philosophen vorbehalten war: Darin waren so ziemlich alle englischen Moralisten nach Bacon mit diesem einig, vor Allen die Hobbes, Cumberland, Shaftesbury, Butler, Hutcheson.

[3] *Essays and Treatises on several subjects.* Vol. III. An Inquiry concerning the Principles of Morals. London, 1751.

einschmeichelnde Sprache, die geistreiche Eleganz der Darstellung, die reichen Illustrationen seiner Lehren durch Bilder aus dem Leben des Individuums wie der Gattung, die Macht, die er beweist, in der Brust des Lesers die Bewegungen hervorzurufen, deren Untersuchung ihm gerade obliegt, — alle diese glänzenden Vorzüge machen sein Werk zu einer höchst erfreulichen Lectüre: die man daher besonders auch Solchen empfehlen kann, welche für das Studium der Ethik erst gewonnen werden wollen, und denen ein im Schultalar einherrauschender Sermon nicht behagt. Unsrer Darstellung der Humischen Moraltheorie werden wir dieses Werk zu Grunde legen; nicht allein darum, weil man wohl überhaupt schon aus Pietät verpflichtet ist, die spätere Darstellung des Gedankenkreises eines Philosophen als maassgebend zu respectiren; sondern auch, weil dasselbe, neben der Schönheit des Vortrags, sich durch eine natürlichere Anordnung des Stoffes und eine, der Bedeutung der zu analysirenden moralischen Phänomene auch durch den ihnen jedesmal gewidmeten Raum mehr entsprechende Behandlungsweise vor jener früheren Bearbeitung auszeichnet; während in dieser das Bestreben des Philosophen, das Neue, ihm Eigenthümliche auch durch Stellung und durch Breite der Ausführung besonders hervortreten zu lassen, sich allzusehr geltend machte. Dagegen dürfen wir es nicht verschweigen, dass Hume in dem späteren Werke der grösseren Fasslichkeit und Gemeinverständlichkeit die frühere Gründlichkeit und logische Genauigkeit zuweilen zum Opfer gebracht hat. Unter den anderen „überflüssigen Speculationen," welche man in seinen Untersuchungen vermeiden müsse, wenn man sie „zur Fassungskraft eines Jeden herabbringen" will, wie er sich einmal in jener Untersuchung bezeichnend ausdrückt,[1] sind leider auch zum Theil die auf den tiefsten psychologischen Grund ein-

---

[1] „Diese Wissenschaften sind nur zu sehr geeignet, gewöhnlichen Lesern abstract zu erscheinen, selbst bei allen den Vorsichtsmaassregeln die wir nehmen können, sie von überflüssigen Speculationen zu reinigen, und sie zur Fassungskraft eines Jeden herabzubringen." (*Appendix IV; or Section VI, part I. Phil. Works 1826: Vol. IV. p. 402: These sciences are but too apt to appear abstract to common readers, even with all the precautions which we can take to clear them from superfluous speculations, and bring them down to every capacity.*)

dringenden Forschungen des *Treatise* zum Wegfall gekommen. Er trat in jenem Werke von dem zu fixirenden Gegenstande gleichsam weiter ab, da eine zu nahe, etwa gar mikroskopische Betrachtung „immer etwas Kleinliches, ja Hässliches" an sich habe: wovor er sich aber in seinem ersten Werke nicht gescheut hatte. Aus diesem Grunde werden wir also auch dieses zu berücksichtigen haben. Bemerkenswerth ist es, dass in den, zwischen der ersten und der zweiten Bearbeitung seiner Moraltheorie liegenden, zehn Jahren des vielseitigsten Verkehrs mit Welt und Menschen, im In- und Auslande, als Diplomat wie als Privatmann, ja überhaupt in seinem ganzen späteren Leben sich seine philosophischen Ansichten in keinem Hauptpuncte wesentlich verändert und nur in wenigen weiter entwickelt haben. Und schon in jenem ersten Werke ist, wie Hume's Biograph[1] bemerkt, „der Scharfblick, welchen der einsame Metaphysiker bewies, sobald er sich der Betrachtung des Menschenlebens zuwandte, nicht die am wenigsten interessirende Seite seines Buchs. Dass er viele Menschen gesehen haben konnte, da doch sein Leben noch kurz und sein Verkehr mit Büchern gross gewesen war, ist nicht wahrscheinlich; und doch beobachteten Chesterfield und Rochefoucauld die Menschen nicht klarer und wahrer, wenn auch in weiterem Umfange." Die zweite Bearbeitung seines Moralwerks unterscheidet sich vielleicht mehr, als die seines verstandestheoretischen Hauptwerks, von der ersten; allein die Verschiedenheit derselben ist doch nicht so beträchtlich, wie man es zuweilen dargestellt hat, und beschränkt sich grossentheils auf die Vermeidung aller unnützen Anstössigkeiten und Paradoxien, und gewisse, schon erwähnte, Weglassungen. Ausser diesen beiden Werken sind auch die moralphilosophischen Einzeluntersuchungen im ersten Bande seiner Essays von wissenschaftlicher Bedeutung.[2]

---

[1] JOHN HILL BURTON, *Life and Correspondence of David Hume.* *Edinburgh, 1846. Vol. I. p. 104.*

[2] *Essays and Treatises on several subjects. Vol. I. containing Essays, Moral and Political. London, 1742.* Besonders die Essays: *1. of the delicacy of taste and passion; 3. of impudence and modesty; 14. of the dignity or meanness of human nature; 18. the Epicurean; 19. the Stoic; 20. the Platonist; 21. the Sceptic; 22. of polygamy and divorces.*

THEORIE DER AFFECTE.

No passion God hath endued us with can be in itself evil.

BUTLER.[1]

Ehe wir uns Hume's eigentlicher Moraltheorie zuwenden, müssen wir einen Ueberblick über seine Lehre von den Affecten geben, welche in sehr eingehender Behandlung den zweiten Band seines *Treatise*, „Von den Leidenschaften" *(Of the Passions)*, ausmacht; in einer zweiten (und, weil kaum auf den fünften Theil des früheren Umfangs reducirten,[2] fast ein blosser Auszug zu nennenden) Bearbeitung liegt sie als eine der, 1757 erschienenen, „Vier Dissertationen" vor: zwar, wie gesagt, allzu gekürzt, aber, wie gleichfalls die spätere Darstellung seines Moralsystems, natürlicher angeordnet. Die Bekanntschaft mit diesem Theile seines Systems wird uns das Verständniss und die Beurtheilung seiner Ethik wesentlich erleichtern.

HUME'S Phänomenologie der Affecte (wie man seine Theorie wohl bezeichnen darf) hat mit der Spinozischen[3] manche Aehnlichkeit; sie ist dieser in einigen Beziehungen, sogar auch wegen einer grösseren Consequenz, vorzuziehen, in

---

[1] „Keine Leidenschaft, mit der uns Gott ausgestattet hat, kann an sich selbst böse sein." *Sermon VIII.*

[2] Dabei ist freilich zu berücksichtigen, dass zwei Abschnitte aus der Abhandlung „über die Leidenschaften" in die „Untersuchung über den menschlichen Verstand" verwiesen worden sind, die Abschnitte „über Wissbegierde oder Liebe zur Wahrheit" und „über Freiheit und Nothwendigkeit."

[3] „Die Lehre von den menschlichen Leidenschaften ist das Meisterstück Spinoza's," sagt KUNO FISCHER mit vollem Recht. (Geschichte der neuern Philosophie. I. Bd. II. Thl. 2. Aufl. Heidelberg, 1865. S. 347.)

anderen aber und überhaupt im Allgemeinen nachzustellen, und hat endlich gewisse Einseitigkeiten und Unzulänglichkeiten mit derselben gemein: dennoch aber gehören diese Untersuchungen der beiden Philosophen zu dem Gründlichsten und Werthvollsten, was die Litteratur über diesen Gegenstand enthält. Jene Aehnlichkeit ist sicherlich keine bloss zufällige, und ist auch nicht allein darin begründet, dass beide den Hobbes und Descartes benutzt haben: sondern Hume hat ohne Zweifel auch Spinoza's **Affectenlehre** gekannt — dessen Metaphysik er ja, im ersten Bande seines *Treatise*,[1] in mehreren Puncten erörtert hat.

Auch Hume fasst die menschlichen Gemüthsbewegungen und Leidenschaften[2] unbefangen als Naturerscheinungen, bez. Naturmächte auf, deren Gesetze sich eben so gut erforschen lassen wie die, welche das scheinbar regellose und schwer im voraus zu bestimmende Spiel von Wind und Wetter beherrschen; und Analogien aus der Mechanik, Optik, Chemie, Anatomie dienen ihm häufig zur Erläuterung seines Gegenstandes. Hume ist also ausgesprochener **Determinist**; wodurch er sich nicht nur vor seinem, hierbei haltungslos in Halbheiten und Widersprüche verfallenden Vorgänger Locke, sondern auch überhaupt vor seinen sämmtlichen englischen Vorgängern, mit Ausnahme von Hobbes, und seinen meisten Nachfolgern sehr vortheilhaft auszeichnet: als welche meist nur *implicite* Deterministen waren, oder, wie Hutcheson mit den Scholastikern, ausdrücklich erklärten: *de libertate ardua est questio*. Ob es gerechtfertigt war, dass Hume die bezüglichen Untersuchungen aus der, seiner Moraltheorie gleichsam zur Einleitung dienenden, Abhandlung „über die Leidenschaften" in die spätere Ausgabe seines erkenntnisstheoretischen Werkes verwies, lässt sich billig bezweifeln. Denn in der That „kommt auf die Lehre von der ‚Freiheit' in der Sittenlehre Alles an:" was hier aber in etwas anderem Sinne, als bei unserm grossen, an diesem Orte aber keineswegs

---

[1] *Part IV, sect. 5.*

[2] *Passions* hat bei Hume eine ganz allgemeine Bedeutung, da er alle Triebe, Leidenschaften, Gemüthsregungen und Neigungen, kurz die ganze „emotionale" Seite des Menschen darunter befasst: wie ja dieser Mangel an Unterscheidungen und diese, über den üblichen Gebrauch der Wortzeichen weit hinausgehende Anwendung derselben überhaupt eine Eigenheit dieses (und nicht nur dieses) Humischen Werkes ist.

consequenten, FICHTE¹ gemeint ist: in so fern es sich nämlich hier entscheidet, ob es, wie der, das Causalitätsgesetz auch hier als gültig anerkennende „*Determinismus*" behauptet, überhaupt Moral-*Wissenschaften* giebt — oder nicht: welches letztere aus der, die Geltung des Causalitätsgesetzes auf dem Gebiete der Moral läugnenden, Ansicht des „*Indifferentismus*" unvermeidlich folgen würde.² Denn Wissenschaft setzt „Allgemeinheit und Nothwendigkeit" voraus: aber wirkliche und wahrhaftige — nicht bloss jene „Vel-Quasi"-Nothwendigkeit der Moralregeln, des Sollens; welchen Wortmissbrauchs sich besonders Kant und seine Nachfolger schuldig gemacht haben. FICHTE sagt, auf seinem Standpuncte sehr richtig: „In einer Reihe von ‚Freiheits'-Bestimmungen lässt keines sich erklären; denn jedes ist ein Erstes und Absolutes." „Einen Act der ‚Freiheit' begreifen wollen, ist absolut widersprechend: eben wenn sie es begreifen könnten, wäre es nicht ‚Freiheit':³" Welches man doch ehrlich und ohne Umschweife reden heisst!

---

[1] I. G. FICHTE, Werke, 4. Bd. S. 226.

[2] Man erwäge die Worte eines Logikers von Ruf, der auch in der Geschichte der Moralphilosophie einen ehrenvollen Platz einnimmt, JOHN STUART MILL'S (System der deductiven und inductiven Logik. Uebers. v. Schiel. 4. Aufl. Braunschweig, 1877. II. Thl. S. 448): „An der Schwelle dieser Untersuchung (ob Geisteswissenschaften existiren) begegnen wir einem Einwurf, der dem Versuch, die menschlichen Handlungen als Gegenstand der Wissenschaft zu nehmen, verhängnissvoll werden kann. Sind die Handlungen menschlicher Wesen, wie alle anderen Vorgänge, unveränderlichen Gesetzen unterworfen? Jene Beständigkeit der Verursachung, welche das Fundament einer jeden wissenschaftlichen Theorie successiver Erscheinungen ist, besteht sie wirklich zwischen diesen Handlungen? Es wird dies oft geläugnet, und die Frage sollte, der systematischen Vollständigkeit wegen, wenn auch nicht aus sonst einer sehr dringenden praktischen Nothwendigkeit, an diesem Orte eine wohl überlegte Antwort erhalten."

[3] a. a. O. SS. 134. 182. — Das Wort ‚*Freiheit*' in den Fichtischen Sätzen habe ich mir mit Anführungsstrichen zu versehen erlaubt, um anzudeuten, dass damit jenes zauber- und wunderhafte, weil ursachlose Geschehen gemeint ist, welches die Scholastiker und Spätere ‚*Freiheit*' zu nennen beliebt haben. Während man, wie Hume sehr richtig sagt, unter Freiheit im eigentlichen Sinne „nur ein Vermögen meint, zu handeln oder nicht zu handeln, gemäss der Bestimmung des Willens; das heisst: wenn wir ruhig bleiben wollen, so können wir es; wenn wir uns bewegen wollen, so können wir es auch. Diese Freiheit wird allgemein Jedermann zugesprochen, der nicht ein Gefangener und in Ketten ist."

Ein besonders feiner Zug in der Humischen Abhandlung „über Freiheit und Nothwendigkeit"[1] ist der höchst gelungene Nachweis, wie *implicite* Jedermann in seinen Ueberlegungen und Handlungen beweist, dass er gut deterministisch denkt, und der fernere Nachweis, wie viel doch bei all' den endlosen Discussionen blosser Wortstreit ist. Mit ehernen und stählernen Gründen (um von Plato ein Wort zu borgen) beweist er ferner, dass die deterministische Lehre nicht bloss mit der Moral verträglich, „sondern sogar zu ihrer Aufrechterhaltung absolut wesentlich sei."[2] Seine Fassung des Nothwendigkeitsbegriffs ist zwar, seiner erkenntnisstheoretischen Lehre entsprechend, eine von der der rationalistischen Logik nicht unwesentlich verschiedene, in so fern er denselben nur auf die beobachtete Constanz und Gleichförmigkeit der Aufeinanderfolge und Verbindung der betreffenden Erscheinungen und auf die subjective Nöthigung des Uebergangs von der einen Begebenheit zur andern, auf die gewohnheitsmässige Folgerung zurückführt; aber da seine Demonstration ebendarauf ausgeht, *dieselbe* Art von Causalität im Menschenleben wie bei allen übrigen Vorgängen in der Natur nachzuweisen, so behält sie ihre volle Kraft: da auch der rationalistische Determinist nicht mehr als dieses behauptet.[3]

---

[1] Dieselbe bildet den achten Essay der „Untersuchung über den menschlichen Verstand," welches Werk ja in mehreren lesbaren deutschen Uebersetzungen vorhanden ist: daher Niemand, der sich für jene Fragen interessirt, dieses Capitel ungelesen lassen sollte. Im zweiten Bande des *Treatise* nimmt unser Gegenstand die zwei ersten Abschnitte des dritten Theils ein.

[2] Es ist in der That wunderbar, dass Manche noch immer das Gegentheil versichern und in der wüsten Ursach- und Gesetzlosigkeit (denn das ist auch nach Kant und Fichte ihre sogenannte „*Freiheit*") ein Fundament der Moral erblicken können; während diese Lehre in Wahrheit alle moralische Erziehung, ja alle moralischen Unterschiede unter den Menschen und alle moralische Bedeutsamkeit des Handelns aufhebt, kurz die ganze Moral untergräbt und vernichtet. — Die Epikureer bekannten sich zu jener Species von „*Freiheit*; die Stoiker verwarfen sie. Waren jene bessere Moralisten?

[3] Durch KANTS und seiner Nachfolger „transscendentale Freiheitslehre" wird die Sache übrigens, wenn man genauer zusieht, auch nicht anders: da nicht bloss dem Menschen, sondern jedem Dinge ein „Metaphysisches" zum Grunde liegt, auf das die Verstandeskategorien und somit auch der Causalitätsbegriff keine Anwendung haben sollen. — In des Vfs.

Zum Schluss dieser Erörterung möge eine der Humischen Illustrationen unsres Gegenstandes hier folgen: „In der That, wenn wir erwägen, wie eng physische und moralische Evidenz mit einander verbunden sind und nur eine Beweiskette bilden; so werden wir nicht Bedenken tragen, zuzugeben, dass sie von derselben Natur, und von denselben Principien abgeleitet sind. Ein Gefangener, der weder Geld noch Einfluss hat, findet die Unmöglichkeit zu entkommen eben so wohl in der Hartnäckigkeit des Gefangenwärters, als in den Mauern und Riegeln um ihn her; und bei allen seinen Versuchen, sich in Freiheit zu setzen, arbeitet er weit eher an Stein und Eisen der einen, als an der unbeugsamen Natur des andern. Derselbe Gefangene sieht, wenn er zum Schaffot geführt wird, seinen Tod eben so sicher aus der Entschlossenheit und Treue seiner Wache voraus, als aus der Wirkung des Beils oder Rades. Sein Geist durchläuft eine gewisse Reihe von Vorstellungen: die Weigerung der Soldaten, ihn entkommen zu lassen; die Action des Scharfrichters; die Trennung des Hauptes vom Körper; das Bluten, convulsivische Zuckungen, und Tod. Hier ist eine zusammenhängende Kette von physischen Ursachen und Willenshandlungen; aber der Geist findet keinen Unterschied zwischen ihnen, wenn er von dem einen Gliede der Kette zum andern übergeht, und ist des künftigen Erfolges nicht weniger gewiss, als wenn derselbe mit den, dem Sinn oder Gedächtniss gegenwärtigen Objecten durch eine solche Reihe von Ursachen verbunden wäre, welche durch das, was man *physische* Nothwendigkeit zu nennen für gut befunden hat, zusammengehalten wird. Die nämliche erfahrungsmässige Vereinigung hat auf den Geist die nämliche Wirkung, ob nun die vereinigten Objecte Motive, Willensacte und Handlungen, oder Figur und Bewegung seien. Wir können die Namen der Dinge verändern, nie aber ihre Natur und ihre Wirkung auf den Verstand." —

„Einige Gegenstände," so beginnt Hume's Theorie der Affecte,[1] der wir uns nun zuwenden, „einige Gegenstände bringen

---

Philosophischen Consequenzen der Lamarck-Darwin'schen Entwicklungstheorie (Leipzig, 1876) SS. 43—58 ist über die *Freiheit* eingehend gehandelt worden.

[1] In der erwähnten „Dissertation", deren Anordnung des Stoffes wir hier folgen.

unmittelbar, vermöge der ursprünglichen Structur unserer Organe, eine angenehme Empfindung hervor und werden deswegen Gut genannt; wie andere wegen ihrer unmittelbaren unangenehmen Empfindung die Benennung Uebel erhalten. So ist mässige Wärme angenehm und gut, übermässige Wärme schmerzhaft und übel. Andre Gegenstände wieder erregen, weil sie von Natur der Leidenschaft gemäss oder entgegen sind, eine angenehme oder schmerzhafte Empfindung und werden deswegen Gut oder Uebel genannt. Die Bestrafung eines Widersachers ist gut, weil sie die Rache befriedigt; die Krankheit eines Gefährten ist übel, weil sie der Freundschaft nahe geht. Alles Gut und Uebel, woher es auch entstehe, veranlasst mannichfache Leidenschaften und Affecte, gemäss dem Lichte, in dem man es erblickt. Wenn das Gut sicher oder sehr wahrscheinlich ist, so bringt es Freude hervor; wenn Uebel in derselben Lage ist, so bewirkt es Kummer oder Sorge. Wenn das Gut oder das Uebel ungewiss ist, so entsteht daraus Furcht oder Hoffnung, gemäss dem Grade der Ungewissheit auf der einen oder der andern Seite. Wunsch geht hervor aus dem Gut, einfach als solches betrachtet, Abscheu aus dem Uebel. Der Wille tritt in Thätigkeit, wenn die Gegenwart des Guts oder die Abwesenheit des Uebels durch irgend eine Handlung des Geistes oder Körpers erreicht werden kann. — Keine dieser Leidenschaften scheint irgend etwas Besonderes oder Bemerkenswerthes zu enthalten, ausser Furcht und Hoffnung, welche, aus der Wahrscheinlichkeit irgend eines Guts oder Uebels entspringend, gemischte Leidenschaften sind, welche unsre Aufmerksamkeit verdienen."

Diese letzteren Affecte unterwirft er nun einer eingehenden, sehr schätzbaren, vielfach an Spinoza erinnernden Untersuchung, welche weiter zu verfolgen, hier jedoch zu weit führen würde. Aber auf eine Stelle in obigen Sätzen müssen wir noch zurückkommen. Einige Gegenstände, erklärt er, „erregen, weil sie von Natur *der Leidenschaft* gemäss oder entgegen sind, eine angenehme oder schmerzhafte Empfindung."[1] Welche Leidenschaft kann er hier meinen? Wie es scheint, die Leidenschaften,

---

[1] *Some objects, by being naturally conformable or contrary to passion, excite an agreeable or painful sensation.*

denen die folgenden Capitel gewidmet sind, überhaupt. Aber obiger Satz der späteren Bearbeitung entspricht einer höchst merkwürdigen Stelle im vorletzten Abschnitt des „Tractats über die Leidenschaften":[1] „Ausser aus Gut und Uebel, oder mit anderen Worten, Schmerz und Lust, entstehen die directen Leidenschaften häufig aus einem natürlichen Impuls oder Instinct, der völlig unerklärbar ist. Der Art ist der Wunsch *(desire)* nach Bestrafung unsrer Feinde und nach dem Glück unsrer Freunde; Hunger, Geschlechtstrieb und einige andre körperliche Triebe. Diese Leidenschaften bringen, eigentlich zu reden, Gut und Uebel hervor und entstehen nicht aus ihnen, wie die andern Affecte." Hier werden also von Hume ganz beiläufig, in gleicher Linie mit den animalen Grundtrieben, zwei „unerklärbare" *(unaccountable),* d. h. auf nichts Einfacheres zurückzuführende, ursprüngliche Affecte erwähnt und auch nur erwähnt, da nichts Besonderes oder Bemerkenswerthes enthaltend: „der Wunsch nach Bestrafung unsrer Feinde und nach dem Glück unsrer Freunde." Weit genauer und tiefgehender wäre es aber gewesen, die diesen beiden „Wünschen" zu Grunde liegenden, ursprünglichen Affecte an dieser Stelle zu erwähnen: den [sogar schon im Thierreich, besonders in seiner negativen Form, hervortretenden] Vergeltungstrieb in beiderlei Gestalt, als Dankbarkeit und als Rache: welche Affecte, obgleich für die Moral und für das Verständniss der moralischen Erscheinungen von der eminentesten Wichtigkeit, von ihm nie gewürdigt und nur gelegentlich einmal kühl erwähnt werden! Dieser, kaum begreifliche, Mangel seiner Affectenlehre hat sich, wie wir sehen werden, in seiner Moraltheorie schwer gerächt.

Nach den Affecten der Freude und Trauer, der Furcht und Hoffnung erörtert Hume die Gruppe der das Selbstbewusstsein steigernden und erhebenden, oder dasselbe niederdrückenden und mindernden Gemüthszustände, welche er mit den, in sehr weiter Bedeutung genommenen und alle Arten der Selbstbefriedigung und ihres Gegentheils umfassenden, Ausdrücken „Stolz" und „Kleinmuth" *(Pride and Humility)* bezeichnet. Diese affectiven

---

[1] Im *Vol. II.* der *Philosophical Works of David Hume, ed. by Green and Grose,* London 1874, auf p. 215. In der Edinburger Ausgabe von 1826: Vol. II. p. 197.

Zustände entstehen, wenn die Gegenstände, welche Lust oder Unlust irgend einer Art erregen, mit unserm Selbst in engerer Beziehung stehen, und haben dieses zu ihrem Object. Daran schliesst er die Zergliederung der, den letzteren in gewisser Hinsicht ähnlichen, als „Liebe" und „Hass" (im allgemeinsten Sinne) von ihm bezeichneten Classe von Affecten, welche andere gleichartige Wesen zu ihrem Gegenstande haben und aus deren Vorzügen oder Fehlern irgend welcher Art entstehen. „Stolz" und „Liebe" haben eine angenehme und befriedigte Empfindung, „Kleinmuth" und „Hass" ein lästiges und schmerzliches Gefühl zu eigen. „Die Leidenschaft der Liebe und des Hasses sind immer gefolgt von Wohlwollen und Uebelwollen, oder vielmehr mit ihnen verknüpft. Diese Verknüpfung ist es, welche besonders diese Leidenschaften von Stolz und Kleinmuth unterscheidet. Denn Stolz und Kleinmuth sind reine Gemüthsbewegungen, sie werden von keinem Verlangen begleitet und reizen uns nicht unmittelbar zu Handlungen. Aber Liebe und Hass sind nicht in sich selbst vollendet und ruhen nicht in der Gemüthsbewegung, die sie hervorrufen, sondern treiben das Gemüth noch zu etwas Anderm an. Liebe wird immer von dem Verlangen nach dem Glück der geliebten Person und einem Abscheu vor ihrem Unglück gefolgt; so wie andrerseits Hass ein Verlangen nach dem Unglück und einen Abscheu vor dem Glück der gehassten Person hervorbringt." Alle Schattirungen der „Achtung" und „Verachtung" rechnet er zum Begriffe „Liebe" und „Hass".

Bei diesem Gegenstande handelt Hume auch über die Associationen der Affecte *[associations of impressions or emotions]* und der Ideen mit den Affecten; worin ihm schon SPINOZA[1], und sogar zum Theil mit noch grösserer Ausführlichkeit, vorangegangen war. In der That darf man behaupten, dass der blosse Associationsmechanismus in der Sphäre der Leidenschaften noch weit mehr zur Geltung kommt, als auf dem Gebiete der Verstandesoperationen. Aber noch wichtiger sind seine Untersuchungen über Wesen und Wirken der Sympathie; denn obwohl auch diese Erscheinung von SHAFTESBURY und HUTCHESON erörtert und, unter dem Namen *affectuum imitatio*, auch von SPINOZA berührt worden war; so sind HUME'S Untersuchungen

---

[1] im 2. u. 3. Theil seiner Ethik.

doch bei weitem gründlicher und wissenschaftlich bestimmter: daher man vielleicht nicht zu viel sagt, wenn man ihn den *wissenschaftlichen Entdecker* dieses Princips nennt. Seinem zwölf Jahre jüngeren Freunde, ADAM SMITH, hat Hume in der That sehr beträchtlich vorgearbeitet. Und wenn auch zugegeben werden muss, dass dieser die Bedeutung und den Wirkungskreis der Sympathie umfassender zu würdigen gewusst hat; so ist andrerseits doch auch nicht zu läugnen, dass Hume das in Rede stehende Phänomen selbst vielleicht schärfer und unzweideutiger dargestellt hat, als Smith; bei dem der relativ einfache, psychologische Begriff der „Sympathie" sehr oft in den der moralischen Billigung hinüberschillert, ja beide Begriffe häufig genug miteinander verwechselt werden; wodurch seine Moraltheorie gerade in dem Hauptpuncte ihr Ziel verfehlt, so ausgezeichnet und bewunderungswürdig auch ihre Leistungen in einzelnen Partien sind.

„Die Seelen aller Menschen sind in ihren Gefühlen und Operationen einander ähnlich; und es kann kein Mensch von irgend einer Leidenschaft bewegt werden, deren nicht alle andern auch in einigem Grade fähig wären. Wie sich bei gleichgespannten Saiten die Bewegung der einen den übrigen mittheilt, so gehen alle Affecte von der einen Person leicht zur andern über und veranlassen übereinstimmende Gemüthsbewegungen in jedem menschlichen Wesen. Wenn ich die Wirkungen der Leidenschaft in Stimme und Geberde einer Person sehe, so geht mein Geist unmittelbar von diesen Wirkungen zu ihren Ursachen über und bildet sich eine so lebhafte Vorstellung von der Leidenschaft, dass dieselbe alsbald in die Leidenschaft selbst übergeht. Auf gleiche Weise wird, wenn ich die Ursachen einer Gemüthsbewegung wahrnehme, mein Geist zu den Wirkungen übergeführt und wird von einer gleichen Regung afficirt."[1] Die Bedingung der Sympathie ist aber stets die zu Grunde liegende Aehnlichkeit und erstreckt sich nicht weiter als diese. „Ein Mann von mildem Charakter kann sich keinen Begriff von eingewurzelter Rachsucht und Grausamkeit machen, noch kann ein selbstsüchtiges Herz so leicht die Erhabenheit der Freundschaft und des Edelmuths fassen."[2]

---

[1] *Treatise III. III. 1.* (*Ph. Works. Edinburgh 1826:* p. 362. *London 1874:* p. 335.)
[2] *Inquiry concerning human understanding. II.*

Die Sympathie zeigt, wie Hume erkennt, ihre **Macht** in der ganzen animalen Schöpfung. „In allen Geschöpfen, die nicht andre zur Beute machen und nicht von heftigen Leidenschaften bewegt werden, offenbart sich ein merkwürdiges Verlangen nach Gesellschaft, welches sie mit einander verbindet, ohne Absicht auf die Vortheile, die sie etwa aus ihrer Vereinigung ernten könnten. Dies ist noch sichtbarer beim Menschen, als welcher dasjenige Geschöpf des Universums ist, welches das heisseste Verlangen nach Gesellschaft hat und für dieselbe auf das Vortheilhafteste eingerichtet ist. Wir können keinen Wunsch haben, der nicht eine Beziehung auf die Gesellschaft hätte. Eine vollkommene Einsamkeit ist vielleicht die grösste Strafe, die wir erdulden können. Jedes Vergnügen wird matt, wenn man es getrennt von der Gesellschaft geniesst, und jeder Schmerz wird grausamer und unerträglicher. Was auch für andre Leidenschaften uns bewegen mögen, Stolz, Ehrgeiz, Habsucht, Wissbegierde, Rache oder Wollust: die Seele, das belebende Princip von ihnen allen ist die Sympathie; und sie würden keine Kraft haben, wenn wir von den Gedanken und Gefühlen Andrer gänzlich abstrahiren sollten. Lasst sich alle Kräfte und Elemente der Natur vereinigen, Einem Menschen zu dienen und zu gehorchen; lasst die Sonne nach seinem Befehle auf- und untergehen; die Seen und Flüsse sollen sich bewegen, wie er will; und die Erde gebe ihm freiwillig, was ihm nur immer nützlich und angenehm sein kann: so wird er dennoch elend sein, bis ihr ihm wenigstens Einen Menschen gebt, mit dem er sein Glück theilen und dessen Achtung und Freundschaft er geniessen kann."[1] „Der Menschen Gemüther sind einander Spiegel, nicht nur, weil sie sich einen Reflex ihrer Regungen mittheilen, sondern auch weil jene Strahlen der Leidenschaften, Gefühle und Meinungen oft wieder zurückgeworfen werden und so durch unmerkliche Grade nach und nach verschwinden."[2] — Aus den Wirkungen der Sympathie erklärt Hume, mehr oder minder glücklich, die verschiedensten Erscheinungen im Menschenleben; z. B. um nur Eines zu erwähnen, die Art von Achtung, die erfahrungsgemäss dem Reichthum und Range gezollt wird; wie später Smith.

---

[1] *Treatise*, II. II, 5. (*Ph. W. Edinb.* p. 108. Lond. 150.)
[2] Das. p. 110. (152.)

Das eigentliche Mitleid *(pity, compassion)* ist nur eine Form der Sympathie, zu der sich hier ein Verlangen zu helfen gesellt. Denn ein Zuschauer eines Trauerspiels z. B. „geht durch eine lange Reihe von Sorge, Schreck, Indignation und anderen Affecten hindurch, welche der Dichter in den eingeführten Personen darstellt. Da nun viele Tragödien glücklich endigen und kein vorzügliches ohne einigen Glückswechsel verfasst werden kann; so muss der Zuschauer mit allen diesen Veränderungen sympathisiren und die erdichtete Freude ebensowohl als jede andere Leidenschaft annehmen. Wenn daher nicht behauptet werden soll, dass jede besondere Leidenschaft durch eine besondere ursprüngliche Qualität mitgetheilt wird und nicht aus dem allgemeinen Princip der oben erläuterten[1] Sympathie abgeleitet ist; so muss man zugeben, dass sie alle aus diesem Princip entstehen. Eine im besondern auszunehmen, müsste höchst ungereimt erscheinen. ... Man erwäge dabei noch, dass Mitleid in hohem Grade von der Nähe und sogar vom Anblick des Gegenstandes abhängt; was ein Beweis ist, dass es aus der Einbildungskraft *(imagination)* entspringt: nicht zu erwähnen, dass Weiber und Kinder dem Mitleid am meisten unterworfen sind, als welche durch jenes Vermögen am meisten geleitet werden."[2]

---

[1] „Sympathie ist nichts als die Verwandlung einer Vorstellung in einen (lebhaften) Eindruck durch die Macht der Einbildungskraft." *(Sympathy is nothing but the conversion of an idea into an impression by the force of imagination.)* p. 183. (p. 205.) Unter „Eindrücken" *(impressions)* versteht Hume unsre stärkeren Perceptionen, wie unsre Sinnesempfindungen, Affecte und Gefühle, und unter „Vorstellungen" *(ideas)* die schwächeren Perceptionen oder die Copien derselben im Erinnerungsvermögen oder der Einbildungskraft.

[2] *Treatise*, II. II, 7. London: *p. 155 f. Edinburgh: p. 115.* — Den ersten sowie den zweiten Theil dieses Tractats über die Leidenschaften beschliesst Hume mit einem Capitel über die analogen Erscheinungen in der Thierwelt („über Stolz und Kleinmuth der Thiere," und „über Liebe und Hass der Thiere"), denen auch im verstandestheoretischen Theile des Werkes ein Abschnitt eingeräumt ist (*Treatise, Book I. Of the Understanding. Part III. sect. 16. Inquiry concerning Human Understanding, Essay IX: „Von der Vernunft der Thiere"*). Dass Hume in der Berücksichtigung eines Gebietes, das, wie er mit Recht sagt, sich als ein wahrer Probierstein der philosophischen Systeme erweist (man denke nur an Kant und Fichte!), nicht ohne Vorgänger in England ist, wurde schon früher erwähnt;

Zum Beschluss dieses kurzen und nur einige Hauptpuncte berührenden Referats über Hume's Lehre von den Affecten möge noch seine Theorie der Willensentschlüsse folgen; und da die betreffende Stelle in der „Dissertation"[1] nicht lang ist, wollen wir Hume selbst redend einführen.

„Es scheint evident zu sein, dass Vernunft, im eigentlichen Sinne, als das Urtheil über Wahr und Falsch bedeutend, nie von selbst irgend ein Willensmotiv sein kann und nur insoweit einen Einfluss ausübt, als sie irgend eine Leidenschaft oder Neigung berührt. Abstracte Vorstellungsverhältnisse sind der Gegenstand der Wissbegierde, nicht des Wollens. Und Thatsachen, wenn sie weder gut noch schlimm sind, weder ein Begehren noch ein Verabscheuen hervorrufen, sind gänzlich gleichgültig; und können, ob sie bekannt oder unbekannt, richtig oder falsch aufgefasst sein mögen, nicht als irgend ein Motiv zum Handeln betrachtet werden.[2]

---

jedoch hat keiner derselben diesen Gegenstand auch nur annähernd so eingehend behandelt, wie er. Diese Humischen drei Capitel zur Thierseelenkunde sind (obwohl er, der sonstigen Neigung der Philosophen entgegen, den Thieren eher zu viel als zu wenig zuschreibt), neben den bezüglichen Untersuchungen Schopenhauer's, ohne Zweifel mit die besten und am meisten philosophisch gehaltenen Beiträge zu diesem, noch recht dürftigen Theile der Psychologie, die in der betreffenden Litteratur überhaupt vorhanden sind. Nur eine Stelle aus Hume's Erörterungen erlaube man hier zum Beweise anzuführen, wie fein er zu beobachten und das Beobachtete denkend zu durchdringen weiss: „Es ist bemerkenswerth, dass, obgleich fast alle Thiere sich im Spiele derselben Glieder bedienen und fast eben so geberden wie im Kampfe — ein Löwe, ein Tiger, eine Katze ihre Klauen gebrauchen, ein Ochse seine Hörner, ein Hund seine Zähne, ein Pferd seine Hufe: — sie dennoch es höchst sorgfältig vermeiden, ihren Spielgenossen zu verletzen, selbst wenn sie nichts von seiner Rache zu fürchten haben; was ein evidenter Beweis davon ist, dass die Thiere eine Empfindung von Schmerz und Lust der andern Thiere haben müssen." *Treatise. II, II, 12.* (Ausg. Edinb. p. 149. Lond. p. 180.)

[1] *Sect. V. (Ph. W. Edinburgh 1826: Vol. IV. p. 226.)*

[2] Man erinnere sich hierbei der berühmten Sätze der Spinozischen Affectentheorie: „Ein Affect kann nur durch einen solchen Affect gezügelt und eingeschränkt oder aufgehoben werden, der entgegengesetzt und stärker als der einzuschränkende Affect ist." „Eine wahre Erkenntniss des Guten und Bösen kann, sofern sie blos wahr ist, keinen Affect im Zaume halten; sondern nur, insofern sie als Affect betrachtet wird." (*Ethica. Pars IV, propos. 7 et 14: Affectus nec coërceri nec tolli potest, nisi per affe-*

„Was gewöhnlich, in einem populären Sinne, „*Vernunft*" genannt wird und in den Reden der Moral so sehr empfohlen wird, ist nichts als ein allgemeiner und ruhiger **Affect**, der seinen Gegenstand umfassender und von entfernterem Standpuncte aus in's Gesicht fasst und den Willen antreibt, ohne eine merkliche Bewegung hervorzurufen. Ein Mensch, sagen wir, ist aus Vernunft in seinem Berufe fleissig: das heisst, aus einem ruhigen Verlangen nach Reichthum und Vermögen. Ein Mann hängt der Gerechtigkeit aus Vernunft an: das heisst, aus einer ruhigen Achtung vor einem Charakter bei sich und Andern.

„Dieselben Gegenstände, welche sich der ,*Vernunft*' in diesem Sinne des Wortes empfehlen, sind auch die Gegenstände des ,*Leidenschaft*' genannten Vermögens, wenn sie uns nahe gebracht werden und einige andere Vortheile, der äusseren Lage oder der Zusammenstimmung mit unserm Gemüthszustande, erlangen und dadurch einen merklichen und heftigen Affect erregen. Sehr entferntes Uebel wird, sagen wir, aus Vernunft vermieden: naheliegendes Uebel bringt Abscheu, Schreck, Furcht hervor und ist Gegenstand der Leidenschaft.

„Der gewöhnliche Irrthum der Metaphysiker hat darin gelegen, dass sie die Lenkung des Willens gänzlich dem einen dieser Principien zuschrieben und annahmen, dass das andere keinen Einfluss hätte. Die Menschen handeln oft wissentlich gegen ihr Interesse: es ist daher nicht die Aussicht auf das grösstmögliche Gut, welches sie immer beeinflusst. Die Menschen handeln bei der Verfolgung ihrer entfernteren Interessen und Absichten oft einer heftigen Leidenschaft zuwider: es ist daher die gegenwärtige Unruhe (*uneasiness*) nicht allein, die sie determinirt.[1] Im allgemeinen können wir bemerken, dass diese

---

ctum contrarium et fortiorem affectu coërcendo. — Vera boni et mali cognitio, quatenus vera, nullum affectum coërcere potest; sed tantum quatenus ut affectus consideratur.) Und Hume sagt, in fast wörtlicher Uebereinstimmung mit Spinoza: „Nichts kann dem Impuls der Leidenschaft widerstehen oder ihn aufhalten, als ein entgegengesetzter Impuls." (*Nothing can oppose or retard the impulse of passion, but a contrary impulse. Treatise of Human Nature. Book II. Part III. Sect. III.*: „Von den influirenden Motiven des Willens.") Vgl. auch die guten Bemerkungen STEPHEN'S (a. a. O. Vol. II p. 68) über diesen Lehrsatz Hume's.

[1] Man gestatte hier noch die Aufführung der entsprechenden, eingehenderen Stelle im *Treatise of the passions* (*Part III. sect. 4 u. 5. London:*

beiden Principien auf den Willen wirken; und dass, wenn sie einander entgegengesetzt sind, eines von ihnen das Uebergewicht erhält, gemäss dem allgemeinen Charakter oder der gegenwärtigen Verfassung des Menschen. Was wir Kraft des Geistes nennen (*strength of mind*), schliesst das Uebergewicht der ruhigen Leidenschaften über die heftigen in sich; obwohl wir leicht bemerken können, dass Niemand diese Tugend so beständig besitzt, dass er nie, bei keiner Gelegenheit, den Anreizungen der heftigen Leidenschaften und Begierden unterliegen sollte. Aus dieser Verschiedenheit der Gemüthsverfassung rührt die grosse Schwierigkeit der Entscheidung über die künftigen Handlungen und Entschlüsse der Menschen her, bei denen irgend ein Widerstreit von Motiven und Leidenschaften vorhanden ist."[1] — —

p. *198* u. *201*. *Edinburgh*: p. *173* u. *177*.) „Es ist offenbar, dass die Leidenschaften den Willen nicht im Verhältniss zu ihrer Heftigkeit und der Verwirrung, die sie im Gemüthe verursachen, bestimmen, sondern dass im Gegentheil, wenn einmal eine Leidenschaft ein stetiges Princip des Handelns und die herrschende Neigung der Seele geworden ist, sie gewöhnlich nicht mehr eine merkliche Bewegung im Gemüth hervorbringt. Da öftere Gewohnheit und ihre eigene Stärke ihr schon alles unterworfen haben, so lenkt sie unser Thun und Handeln ohne jenen Widerstand und jene Gemüthsbewegung, die jeden momentanen Ausbruch einer Leidenschaft so natürlich begleitet. Wir müssen daher zwischen einer ruhigen und einer schwachen Leidenschaft, zwischen einer heftigen und einer starken unterscheiden." „Nichts hat eine grössere Kraft, unsere Leidenschaften sowohl zu stärken als auch zu schwächen, Lust in Unlust und Unlust in Lust zu verwandeln, als Gewohnheit und Wiederholung. Die Gewohnheit hat zwei ursprüngliche Wirkungen auf das Gemüth, indem sie demselben eine Leichtigkeit in der Vollführung einer Handlung und der Vorstellung eines Gegenstandes, und sodann eine Tendenz oder Neigung darnach giebt." (Vgl. MILL, *Utilitarianism*. p. 59. *f*.)

[1] „*Vernunft*" gehört zu jenen vieldeutigen Ausdrücken, die in der Philosophie schon viel Verwirrung angerichtet haben, eben weil nicht Jeder denselben Gedanken mit dem Worte verbindet. Vergessen wir jedoch nie, dass Worte, wie Hobbes sagt, für die Weisen nur Rechenpfennige sind, für die Thoren aber Münzen. Wenn daher Hume sagt, dass die „*Vernunft*" keinen directen Einfluss auf das Handeln ausübe; so hat man wohl zu beachten, was er mit jenem Worte meint: und darüber hat er sich klar und unzweideutig ausgelassen. Seine Gegner haben nichtsdestoweniger aber jenes, auch in philosophischen Controversen leider nur zu sehr beliebte, Operiren mit *Schlagworten* gegen ihn oft nicht verschmäht und laut verkündigt, Hume's Morallehre ein „unvernünftiges" Handeln, und was der-

Hume sagt selbst am Schlusse seiner „Dissertation:" „Ich behaupte nicht, diesen Gegenstand hier erschöpft zu haben. Es genügt für meinen Zweck, wenn ich dargethan habe, dass es im Erzeugen und Wirken der Leidenschaften einen regelrechten **Mechanismus** giebt, der einer eben so genauen Untersuchung fähig ist, wie die Gesetze der Bewegung, der Optik, Hydrostatik oder irgend eines Theiles der Naturwissenschaft." In der That hat unser Philosoph auch in dem so sehr viel umfangreicheren „Tractat" unsern Gegenstand keineswegs erschöpft:

---

gleichen mehr ist. Hume lehrt nur, dass blosses Denken, abstractes Raisonnement, Verstandesprocesse an sich keine Quellen des Handelns sind; sondern dass ein Antrieb, ein Affect, ein („ruhiges" oder „heftiges") *emotionales* Element irgend welcher Art angeregt werden muss, wenn die blosse Ideenwelt verlassen und in den wirklichen Lauf der Dinge handelnd eingegriffen werden soll — dass m. a. W. zu den abstracten Vorstellungen (dem *intellectuellen* Element) „Empfänglichkeit" (ein *emotionales* Element) hinzukommen muss, als das bewegende Agens, wenn sie zu wirklichen *Motiven* werden sollen. Diese „Empfänglichkeit für abstracte Motive" ist aber gerade das, was im gewöhnlichen Leben und auch in der Terminologie mancher Moralsysteme *„Vernunft"* („praktische *Vernunft"*) genannt wird: und den Einfluss, die moralische Wichtigkeit der „praktischen Vernunft" *in diesem Sinne des Wortes* zu läugnen, ist Hume nicht in den Sinn gekommen. Vielmehr soll sie auch nach seinem Systeme die Leitung haben. — Um sich den *Unterschied* dieser beiden Bedeutungen des Wortes *Vernunft* recht klar zu machen, braucht man sich nur an die Beispiele aus dem Leben oder der Geschichte zu erinnern, wo entschieden hervorragende Denkkraft, also grosse („theoretische") *Vernunft* mit grosser Leidenschaftlichkeit, Unbesonnenheit, Bestimmbarkeit durch den sinnlichen Eindruck des Augenblicks, also mit grosser („praktischer") *Unvernunft* vereint war. — Leibniz illustrirt diesen Gegensatz zwischen vernünftigem und unvernünftigem Willen durch ein treffendes Gleichniss: *Les appétitions* (erklärt er) *sont comme la tendance de la pierre, qui va le plus droit mais non pas toujours le meilleur chemin vers le centre de la terre, ne pouvant pas prévoir qu'elle rencontrera des rochers où elle brisera; au lieu qu'elle se seroit approchée d'avantage de son but, si elle avoit eu l'esprit et le moyen de s'en détourner. C'est ainsi qu'allant droit vers le présent plaisir nous tombons quelques fois dans le précipice de la misère..... Le bonheur est pour ainsi dire un chemin par des plaisirs; et le plaisir n'est qu'un pas et un avancement vers le bonheur, le plus court qui se peut faire suivant les présentes impressions, mais non pas toujours le meilleur. On peut manquer le vrai chemin, en voulant suivre le plus court, comme la pierre allant droit peut rencontrer trop tôt des obstacles, qui l'empêchent d'avancer assez vers le centre de la terre.* (*Nouveaux Essais. liv. II. chap. 21. §§. 36. 40. Erdm. pp. 259. 261.*)

und dies wird ja auch Niemand von einem Denker, und wenn er der grösste wäre, verlangen. Aber das konnte erwartet werden, dass alle bedeutenden Vorarbeiten allseitig berücksichtigt, und besonders nicht ganze Kategorien der Auffassung, die ihre Fruchtbarkeit schon bewiesen hatten, unbenutzt gelassen würden. Dies ist jedoch in der Humischen Affectentheorie der Fall: die Kategorie des Zweckes ist derselben gänzlich fremd; eine Anerkennung der Affecte als natürliche Functionen zu einem gewissen Ziele, mit andern Worten, eine Teleologie der Affecte ist nicht darin zu finden. Aber ganz abgesehen davon, ob man der Zweckbeziehung zuletzt eine metaphysische Bedeutung beilegt; so hat man doch jedenfalls zu constatiren, dass, wie in der anatomischen und physiologischen Structur des Menschen, so auch in der psychischen sich gewisse Beziehungen finden, welche sich ungezwungen unter der Kategorie von Mittel und Zweck auffassen lassen, ja, bei denen dem unbefangenen Gedankengange diese Betrachtung unabweisbar ist. Hume braucht im letzterwähnten Satze den Ausdruck „Mechanismus:" einem solchen ist aber nicht allein das Wirken mit „mechanischer" Nothwendigkeit — sondern auch zu einem bestimmten Zwecke eigen. Als einen solchen Mechanismus hatten schon Shaftesbury, Butler und Hutcheson das System der Affecte dargestellt, als von Natur auf das Wohl des Individuums wie der Gattung gerichtet; und Hume hat doch im übrigen ihre Werke durchaus nicht unbenutzt gelassen.[1] Daher ist dieses grundsätzliche Verschmähen der Kategorie des Zweckes wohl überlegt: es ist eine Folge seiner „theoretischen" Philosophie, seiner gesammten Weltanschauung (soweit man von einer solchen bei ihm noch reden kann[2]): eben so wie die gleiche Unzulänglichkeit in Spinoza's Lehre. Und so erklärt

---

[1] Hutcheson's und Butler's Namen hat übrigens Hume, so viel wir wissen, in seinen Werken überhaupt nur einmal genannt: in einer Anmerkung der ersten beiden Auflagen der *Philosophical Essays concerning Human Understanding* (Sect. I. gegen Ende), welche in den späteren Auflagen weggelassen ist. (*Philosophical Works Edinburgh 1826. Vol. IV.* p. 13. f.)

[2] Denn nach ihm ist „die menschliche Natur die einzige Wissenschaft des Menschen." (*Human Nature is the only science of man. Treatise I*, gegen Ende.)

Hume auch in dem höchst interessanten Briefe an Hutcheson, der in Burton's Biographie des ersteren abgedruckt ist, die Finalbetrachtung für „ziemlich unsicher und unphilosophisch." Schon ADAM SMITH aber brachte dieselbe in seiner, acht Jahre nach Hume's moralphilosophischem Hauptwerk erschienenen, „Theorie der moralischen Gefühle," dem ausgezeichnetsten Werke der englischen Ethik nach Hume, wieder zu Ehren.

Ein zweiter wesentlicher Mangel seiner Affectentheorie, den er gleichfalls hätte vermeiden können, wenn er die früheren Untersuchungen, besonders die des Hobbes, mehr berücksichtigt hätte, ist seine Unterschätzung und sein zum Theil völliges Ignoriren des *intellectuellen Processes*, der die *Bedingung* (freilich aber nicht die *Ursache*) des Entstehens gewisser Classen von Leidenschaften ist, besonders der Gruppe von „*Stolz* und *Kleinmuth*" und einer *erweiterten* „*Sympathie.*" Die emotionale und die rein-intellectuelle Seite des menschlichen Geistes lassen sich nur in der Abstraction scharf von einander sondern; in Wirklichkeit stehen sie in den verwickeltsten Beziehungen und in der innigsten Verbindung. „Ich glaube," bemerkt Hume[1] mit Recht, und ganz in Uebereinstimmung mit Leibniz[2]: „es kann mit Sicherheit als ein allgemeiner Grundsatz aufgestellt werden, dass sich kein Object den Sinnen darstellt und kein Bild in der Phantasie gebildet wird, das nicht von einer entsprechenden *Emotion* oder Gemüthsbewegung begleitet ist; und wie sehr uns auch die Gewohnheit diese Empfindung unmerklich machen und uns dieselbe mit dem Object oder der blossen Vorstellung verwechseln lassen möge; so wird es doch durch sorgfältige und genaue Experimente leicht sein, sie zu sondern und zu unterscheiden." Zum Beweise dafür beruft er sich, wie gleichfalls Leibniz, auf die sehr merkliche Gemüthserregung, die sehr *grosse* Objecte, wie z. B. der Ocean oder ein hohes Gebirge, in uns hervorrufen; welcher Affect stärker oder schwächer wird, entsprechend der grösseren oder geringeren Extension des Gegenstandes: woraus er folgert, dass dieser Affect ein Summationsphänomen aus kleineren und einzeln unmerklichen Erregungen ist. Aber andrerseits impliciren auch viele *emotionale* Processe

---

[1] *Treatise* II. II, 7.
[2] *Nouveaux essais. Opera philos.* ed. Erdmann. p. 246.

ohne Zweifel ein *intellectuelles* oder selbst *rationales* Element — und diese Bestimmung, die Hobbes bis zur Einseitigkeit geltend gemacht hatte, vernachlässigt Hume, indem er die *affectionale* Seite des Menschen in eine zu grosse Unabhängigkeit von der *intellectuellen* setzt. Manche Affecte setzen sogar eigentliches *Denken* voraus, nicht bloss die Operationen der Phantasie oder „*Imagination*," auf welche sich Hume als höchstes beruft. Auch dieser Mangel seiner Lehre von den Affecten ist eine Folge seiner verstandestheoretischen Philosophie. —

Es hat sich schon hier, auf der Schwelle zur Ethik, gezeigt, dass Hume's Arbeit durchaus nicht als „*Abschluss*" der früheren bezeichnet werden darf, wie behauptet worden ist; wie andrerseits in seinem unbeugsamen Determinismus und seiner naturwissenschaftlichen Untersuchungsweise der Affecte überhaupt auch nichts „*Skeptisch-Zersetzendes*" zu finden war. Dieses Urtheil werden wir auch über seine Theorie der Moral auszusprechen berechtigt sein: was, wie wir hoffen, deren nachfolgende Darstellung ausser Zweifel setzen wird.

MORALPHILOSOPHIE.

*Juncta est privata et publica utilitas,
tam mehercules, quam inseparabile est
laudandum petendumque.*
SENECA.
(*Epist. 66, 10.*)

Die „*Untersuchung über die Principien der Moral*"[1] beginnt mit der energischen Zurückweisung der Moralskeptiker als „unredlicher Disputanten"; da sie selbst nicht glauben könnten, was sie mit ihren Sophismen und Trugschlüssen leidenschaftlich verfechten, um ihren Witz und ihren Scharfsinn bewundern zu lassen. „Es ist nicht denkbar," erklärt Hume,[2] „dass irgend ein menschliches Wesen jemals ernstlich glauben könnte, alle Charaktere und Handlungen hätten gleicher Weise auf die Liebe und Achtung eines Jeden Anspruch. Der Unterschied, den die Natur zwischen einem Menschen und dem andern gemacht hat, ist so weit, und dieser Unterschied wird durch Erziehung, Beispiel und Gewohnheit noch so sehr erweitert, dass, wenn die entgegengesetzten Extreme zugleich unter unsern Begriff fallen,

---

[1] *Inquiry concerning the Principles of Morals. 1751.*

[2] Vf. wird auch im Folgenden nach dem wohl erwogenen Grundsatz verfahren, die Lehre des Philosophen, zumal bei den Hauptpuncten, in dessen eigenen, möglichst getreu übertragenen Worten zu geben, wo ein kurzes Resumé nicht ausreichend erscheint; und dieses Verfahren wird hier um so mehr angebracht sein, als seit den (dem Vf. nicht in die Hand gekommenen, also auch in Bezug auf ihre Zuverlässigkeit nicht geprüften) Uebersetzungen dieser Humischen Schrift von Pistorius (1755?) und von Tennemann (?1793?) keine fernere erschienen ist, und diese doch den wenigsten der einer Uebersetzung bedürftigen Leser noch zugänglich sind.

kein Skepticismus so bedenklich und kein Glaube so zuversichtlich ist, um alle Verschiedenheit zwischen ihnen gänzlich zu läugnen."

„Eine weit mehr der Untersuchung würdige Streitfrage ist unlängst auf die Bahn gebracht worden in Betreff des allgemeinen Fundaments der Moral: ob diese aus der Vernunft oder aus der Empfindung *(sentiment)* entspringe; ob wir ihre Erkenntniss durch eine Beweis- und Deductionskette, oder durch ein unmittelbares Gefühl, einen feineren innern Sinn erlangen."

„Die alten Philosophen scheinen, obwohl sie oft versichern, dass Tugend nichts anderes als das der Vernunft Gemässe sei, im allgemeinen doch die Moral als aus Geschmack und Gefühl *(taste and sentiment)* entspringend anzusehen. Unsre neueren Forscher dagegen haben, wenn sie auch viel von der Schönheit der Tugend und der Hässlichkeit des Lasters reden, doch gewöhnlich die Unterscheidungen durch metaphysisches Raisonnement und durch Deductionen aus den abstractesten Principien des menschlichen Verstandes zu erklären versucht. Solche Verwirrung zeigte sich bei diesem Gegenstande, dass ein höchst bedeutender Widerstreit zwischen einem System und dem andern, und selbst in den Theilen fast eines jeden einzelnen Systems unter einander herrschen konnte: und dennoch Niemand, bis ganz vor Kurzem, denselben je bemerkte. Der elegante und erhabene Lord SHAFTESBURY, der zu erst die Veranlassung gab, diese Unterscheidung zu bemerken, und der, im allgemeinen, den Principien der Alten anhing, ist selbst von dieser Verwirrung nicht gänzlich frei."

„Man muss zugeben, dass sich für beide Seiten unsrer Frage sehr scheinbare Argumente anführen lassen. Moralische Unterschiede, so kann man sagen, sind durch reine Vernunft erkennbar: woher sonst das viele Disputiren, das über diesen Gegenstand herrscht, im gemeinen Leben sowohl als in Philosophie? ... Wahrheit ist disputirbar, nicht so Geschmack. .. Geometrische Sätze können bewiesen, physikalische Systeme bestritten werden; aber die Harmonie des Verses, die Zärtlichkeit der Leidenschaft, der Glanz des Witzes muss unmittelbar Lust gewähren. Niemand raisonnirt über eines Andern Schönheit, aber oft über die Gerechtigkeit oder Ungerechtigkeit seiner Handlungen. . . Auf der andern Seite können die, welche alle *Moral*-Bestimmungen in *Gefühl (sentiment)* auflösen wollen, zu zeigen versuchen, dass es der Vernunft unmöglich ist, jemals Schlüsse *dieser* Art zu ziehen. Der Tugend, sagen sie, gehört es zu, *liebenswürdig*, dem Laster, *hassenswürdig* zu sein. Dies macht gerade ihre Natur, ihr Wesen aus. Kann aber Vernunft oder Beweisführung irgend einem Gegenstande diese verschiedenen Epitheta ertheilen und im voraus verkünden, dass dieses Liebe und jenes Hass erregen muss? ... Verstandesschlüsse entdecken Wahrheiten; aber wenn die Wahrheiten, die sie entdecken, gleichgültig sind und weder Neigung noch Abneigung erzeugen, so können sie auf unser Thun und Handeln keinen Einfluss haben. Was ehrenvoll, was schön, was geziemend, was edel, was hochherzig ist, bemächtigt sich des Herzen und feuert uns an, es zu erringen und zu behaupten. Was verständlich, was evident, was wahrscheinlich ist, verlangt nur die kühle Beistimmung des Verstandes; und die speculative Wissbegierde befriedigend, macht es unsern Nachforschungen ein Ende."

„Diese Argumente auf beiden Seiten (und noch manche andere liessen sich anführen) haben so viel für sich, dass ich vermuthen möchte, sie könnten beide, das eine wie das andre, triftig und genugthuend sein, und dass **Vernunft** und **Empfindung** in fast allen moralischen Schlüssen und Entscheidungen zusammenwirken. Das letzte Urtheil *(the final sentence)*, so scheint es, welches Charaktere und Handlungen als liebens- oder hassenswürdig, lobens- oder tadelnswerth verkündet, dasjenige, welches ihnen den Stempel der Ehre oder der Schande, der Billigung oder der Missbilligung aufprägt, welches die Moralität zum activen Princip und die Tugend zu unsrer Seligkeit, das Laster zu unserm Elend macht: dieses Endurtheil hängt wahrscheinlich von einem innern Sinn oder einem Gefühl ab,[1] das die Natur der gesammten Gattung ertheilt hat. Denn was kann sonst einen derartigen Einfluss ausüben? Aber um für eine solche Empfindung *(sentiment)* den Weg zu bahnen, und dem Menschen eine wahre Erkenntniss von deren Gegenstande zu geben, müssen oft, so finden wir, viele Erwägungen vorausgehen, genaue Unterscheidungen gemacht, richtige Schlussfolgerungen gezogen, entfernte Vergleichungen gebildet, bestimmte Beziehungen untersucht und allgemeine Thatsachen fest- und sichergestellt werden:" wie ja auch

---

[1] *some internal sense or feeling.*

in den höhern Künsten unsre intellectuellen Fähigkeiten oft genug mitwirken müssen, um uns Schönheiten gewisser Art empfinden zu machen.

Jedoch so viel will Hume nur einleitungsweise bemerkt haben: die endgültige Entscheidung der Streitfrage behält er sich bis zum Schluss des Werkes vor, wo sich alle gewonnenen Resultate benutzen lassen werden. Und nun geht unser Philosoph zur Untersuchung von Tugend und Laster auf Grund einer umfassenden Induction über: „Wir werden die Sache als einen Gegenstand der Erfahrung ansehen. Wir werden jede Eigenschaft oder Handlung des Geistes tugendhaft nennen, welche von der allgemeinen Billigung der Menschen begleitet wird; und wir werden jede Eigenschaft als lasterhaft bezeichnen, die der Gegenstand des allgemeinen Tadels oder Missbilligens ist."[1] Diese Eigenschaften werden wir zu sammeln suchen; und

---

[1] Die späteren Ausgaben haben anstatt dieses Satzes die ausführlichere Stelle: „Wir werden eine sehr einfache Methode zu befolgen suchen: Wir werden jene Complication geistiger Eigenschaften analysiren, welche das bildet, was wir im gemeinen Leben *persönliches Verdienst* nennen: Wir werden jedes Attribut des Geistes in Betrachtung ziehen, das einen Menschen zum Gegenstand entweder der Achtung und Zuneigung oder des Hasses und der Verachtung macht: jede Eigenschaft oder Gesinnung oder Gabe, welche, wenn einer Person beigemessen, entweder Lob oder Tadel implicirt und in einer Lob- oder Schmährede ihres Charakters und ihrer Sitten vorkommen kann. Das lebhafte Gefühl, das in Betreff dieses Punctes unter den Menschen so allgemein ist, giebt dem Philosophen hinlängliche Sicherheit, dass er sich in dem Entwurf eines solchen Catalogs nie beträchtlich irren oder irgendwie Gefahr laufen kann, die Gegenstände seiner Betrachtung an die unrechte Stelle zu setzen: er braucht nur in seine eigene Brust einzugehen und zu erwägen, ob oder ob er nicht diese oder jene ihm beigemessene Eigenschaft haben möchte, und ob eine solche oder solche Imputation wohl von einem Freunde oder Feinde ausgehen würde. Schon die Natur der Sprache leitet uns fast unfehlbar bei der Bildung eines derartigen Urtheils; und da jede Sprache eine Classe von Worten besitzt, die man in guten, und eine andre, die man im entgegengesetzten Sinne nimmt; so genügt die geringste Bekanntschaft mit dem Idiom, um uns ohne alles Raisonnement beim Sammeln und Anordnen der schätzens- oder tadelnswerthen Eigenschaften der Menschen zu leiten." — Vielleicht wurde gerade durch diese Bemerkungen Hume's BENTHAM, der dieselben jedenfalls gekannt haben muss, zuerst auf den Gedanken gebracht, einen vollständigen Catalog der moralisch-lobenden, -tadelnden oder -indifferenten Worte und Namen zusammenzustellen, wie wir ihn jetzt in seinen Werken

nachdem wir auf beiden Seiten die verschiedenen Umstände, in denen sie übereinstimmen, untersucht haben, werden wir hoffentlich zuletzt das Fundament der Ethik erreichen und jene universellen Principien finden, aus denen aller moralische Tadel und alle Billigung in letzter Hinsicht herstammt. Da dies eine Frage der Thatsachen, nicht abstracter Wissenschaft ist, so können wir nur dann Erfolg erwarten, wenn wir dieser Methode der Erfahrung [*experimental method*] folgen und allgemeine Grundsätze aus einer Vergleichung einzelner Fälle herleiten. . . Die Menschen sind von ihrer Leidenschaft für naturphilosophische Hypothesen und Systeme nun geheilt und wollen nur auf solche Argumente hören, die aus der Erfahrung gewonnen sind. Es ist hohe Zeit, dass sie bei allen Moraluntersuchungen eine gleiche Reform vornehmen und jedes System der Ethik verwerfen, wie subtil und scharfsinnig es auch sein möge, wenn es nicht auf Erfahrung und Beobachtung gegründet ist." Diese „Newtonische Methode" wird von Hume stets befolgt.

Den ersten Gegenstand seiner Betrachtung bildet das WOHLWOLLEN.[1] Nur die äusserste Verderbtheit der Gesinnung, oder wenigstens die nachlässigste und unbesonneneste Untersuchung, erklärt Hume, kann der Grund davon sein, dass Einige (er hat besonders Mandeville im Auge, ohne ihn jedoch zu nennen) die Realität des in Rede stehenden Phänomens gänzlich läugnen und alle Liebe und Freundschaft für Trug und Heuchelei, Gemeinsinn für eine Farce, Treue für einen Fallstrick, Zutrauen zu gewinnen, ausgeben; „und während wir alle im Grunde nur unser Privatinteresse verfolgen, nehmen wir (so meinen sie) jene schönen Masken nur vor, damit Andre vor uns nicht auf der

finden. (*The Works of* JEREMY BENTHAM. *Vol. I. Edinburgh*, 1843. pp. 195—219: *A table of the springs of action: eulogistic, dyslogistic, neutral names.*)

[1] *Section II. of Benevolence.* — Die hier bis auf S. 62 folgenden Erörterungen bildeten in sämmtlichen Ausgaben, mit Ausnahme der letzten von Hume besorgten, den ersten Abschnitt dieser *Section II*; in der Ausgabe letzter Hand aber wurden sie als *Appendix II, of Self-Love*, „von der Selbstliebe," dem Werke angehängt.

Hut seien und sich unsern Tücken und Machinationen um so mehr aussetzen."

Andre Philosophen — er nennt aus dem Alterthume die Epikureer, aus neuern Zeiten Hobbes und Locke (denen sich, können wir hinzusetzen, später Helvetius und seine Freunde anschlossen) — erkennen aufrichtige und herzliche Liebe und Freundschaft allerdings an; behaupten aber, dass diese und alle die andern anscheinend so selbstlosen Affecte im letzten Grunde und uns selbst vielleicht unbewusst aus der Selbstliebe stammen und nur deren Modificationen sind — dass in allem unserm Wollen und Thun der, wenn auch vielleicht uns selbst verborgene, letzte Zweck unser eigenes Wohlsein ist: „der hochherzigste Patriot und der filzigste Geizhals, der tapferste Held und der verworfenste Schurke haben in jeder Handlung gleicherweise ihr eigenes Glück und Wohl im Auge." Bei den Anhängern dieses „selbstischen Moralsystems" darf man, bemerkt der schottische Denker mit Recht, keineswegs sofort auf einen selbstsüchtigen Charakter schliessen, da das offenbare Zeugniss der Geschichte dem widersprechen würde. Auch ist diese Lehre keineswegs von so hoher praktischer Bedeutung, wie die ersterwähnte, da sie ja durchaus nicht die moralische Verschiedenheit unter den Menschen läugnet, auf welche Weise sie dieselbe auch erklären und innerhalb welcher Schranken sie dieselbe gelten lassen möge: „Flösst mir nicht ein gesundes und frisches Aussehen Wohlgefallen und Freude ein, auch wenn die Wissenschaft mich belehrt hat, dass aller Unterschied der Färbung nur aus der winzigsten Verschiedenheit der Dicke in den feinsten Theilen der Haut entspringt, durch welche Verschiedenheiten ein Antlitz die Eigenschaft erhält, gewisse Lichtstrahlen zu reflectiren und andre zu absorbiren?"

Aber wenn diese Frage auch, wie Hume meint, für die Praxis nicht so wichtig ist, als man gewöhnlich sich vorstellt, so hat sie doch ein hohes theoretisches Interesse; und unser Philosoph wendet ihr daher seine volle Aufmerksamkeit zu. Dieser Abschnitt über die Uninteressirtheit des Wohlwollens gehört zu dem Vorzüglichsten, was die gesammte Litteratur über diesen Gegenstand aufzuweisen hat: er allein hätte alle die späteren Versuche, jenes selbstische System wieder in Ansehen zu setzen, wie besonders das des Helvetius, unmöglich machen sollen. Hume's Logik ist von so zwingender Gewalt, und er weiss seine Gründe, wo der Gegenstand es verstattet, mit so warm aus dem Herzen quellender Beredtsamkeit vorzutragen, dass ihrer überzeugenden Kraft nicht leicht zu widerstehen ist. Wir würden den Leser eines Gutes zu berauben glauben, wenn wir jene schönen Stellen hier nicht folgen liessen, in denen sich Hume's Genie in seiner höchsten Glorie zeigt.

„Der naheliegendste Einwand gegen das selbstische System ist, dass, da es dem allgemeinen Gefühl und den unbefangensten, vorurtheilslosesten Begriffen und Ansichten entgegen ist, die höchste philosophische Kraftanstrengung erforderlich sein muss, ein so ausserordentliches Paradoxon zu begründen. Dem nachlässigsten Beobachter sogar scheint es eine solche Sinnesart wie Wohlwollen und Edelmuth, solche Neigungen wie Liebe, Freundschaft, Mitleid, Dankbarkeit zu geben. Diese Gefühle haben ihre Ursachen, Wirkungen, Gegenstände und Verrichtungen, die durch die allgemeine Sprache und Beobachtung bezeichnet und von denen der selbstischen Affecte bestimmt unterschieden werden. Und da dies der offenbare Augenschein der Dinge ist, so muss man ihn gelten lassen, bis eine Hypothese entdeckt ist, welche, durch ein tieferes Eindringen in die menschliche Natur, beweisen kann, dass jene ersteren Affecte nur Modificationen der letzteren sind. Alle derartigen Versuche haben sich bisher als fruchtlos bewiesen und scheinen nur aus jener Liebe zur Einfachheit zu stammen, welche die Quelle schon so manchen falschen Raisonnements in der Philosophie gewesen ist . . . Die Natur des Gegenstandes giebt die stärkste Vermuthung, dass auch in Zukunft niemals ein besseres System erfunden werden wird, um den Ursprung der wohlwollenden aus den selbstischen Affecten verständlich zu machen und die mannigfachen Gemüthsbewegungen des Menschen auf eine vollkommene Einfachheit und Gleichförmigkeit zu bringen . . .'. Bei allen Untersuchungen über den Ursprung unserer Leidenschaften und die inneren Operationen des menschlichen Geistes hat die einfachste und sich am natürlichsten darbietende Ursache, die man für irgend ein Phänomen nachweisen kann, die Wahrscheinlichkeit für sich, die wahre zu sein. Wenn ein Philosoph bei der Entwicklung seines Systems zu sehr künstlichen und schwierigen Reflexionen seine Zuflucht nehmen und sie als zur Erzeugung irgend einer Gemüthsbewegung oder Leidenschaft wesentlich voraussetzen muss; so haben wir Grund, vor einer so verfänglichen Hypothese äusserst auf der Hut zu sein... Wir könnten uns eben so gut vorstellen, dass winzige Räder und Federn, wie die einer Taschenuhr, einen beladenen Frachtwagen in Bewegung setzen, als den Ursprung der Leidenschaft aus solch' abstrusen Reflexionen zu erklären," wie es jene Vertheidiger des egoistischen Systems versuchen.

„Man findet, dass Thiere einer Zuneigung sowohl gegen ihre eigene Art als auch gegen uns fähig sind, und hier kann man doch nicht den geringsten Verdacht der Verstellung oder Heuchelei haben. Sollen wir auch alle ihre Gefühle aus raffinirten Deductionen des Selbstinteresses erklären? Oder wenn wir ein uninteressirtes Wohlwollen bei dieser niederen Classe zugeben, nach welcher Regel der Analogie können wir es bei der höheren verwerfen?

„Liebe zwischen den Geschlechtern erzeugt eine Gefälligkeit und ein Wohlwollen, die von der Befriedigung eines Triebes sehr verschieden sind. Zärtlichkeit gegen die Nachkommenschaft ist bei allen empfindenden Wesen gewöhnlich ganz allein fähig, das stärkste Motiv der Selbstliebe zu überwältigen, und sie ist von dieser in keiner Weise abhängig. Welches Interesse kann eine liebende Mutter im Auge haben, welche ihre Gesundheit verliert bei der anhaltenden Pflege ihres kranken Kindes und dann hinschmachtet und vor Kummer stirbt, wenn sie durch seinen Tod von der Mühsal jener Wartung erlöst ist?

„Ist Dankbarkeit kein Affect der menschlichen Brust? oder ist es ein blosses Wort, ohne Sinn und wirkliche Bedeutung? Haben wir kein Wohlgefallen und Vergnügen an dem Umgang eines Menschen mehr als des andern, und keinen Wunsch nach dem Glücke unsres Freundes, selbst wenn Abwesenheit oder Tod uns an aller Theilnahme daran verhindern sollte? Oder was ist es gewöhnlich überhaupt, das uns an seinem Glücke theilnehmen lässt, selbst wenn wir leben und gegenwärtig sind, als unsre Achtung und unsre Liebe zu ihm?"[1]

---

[1] Vgl. *Treatise*. Vol. *III*. II. 2. (*Philos. Works* 1826: *Vol. II*. p. 256. 1874: *Vol. II*. p. 260): Die menschliche Selbstsucht ist oft viel zu übertrieben dargestellt worden, „und die Schilderungen, welche gewisse Philosophen von dem Menschengeschlechte in diesem Puncte so gern machen, sind eben so weit von der Natur entfernt, als irgend eine der Erzählungen

„Aber weiter, wenn wir die Sache recht erwägen, so werden wir finden, dass die Hypothese, welche ein von der Selbstliebe verschiedenes, uninteressirtes Wohlwollen anerkennt, in Wahrheit mehr Einfachheit hat und der Analogie der Natur mehr gemäss ist, als diejenige, welche alle Freundschaft und Menschenliebe in dieses letztere Princip aufzulösen sich anmasst. Es giebt[1] von Jedermann anerkannte sinnliche Bedürfnisse und Triebe, welche nothwendig allem sinnlichen Genuss vorangehen, und uns antreiben, direct den Besitz des Gegenstandes zu suchen. So haben Hunger und Durst Essen und Trinken zu ihrem Zwecke; und aus der Befriedigung dieser ursprünglichen, primären Triebe entspringt eine Lust; die der Gegenstand einer anderen Art des Verlangens oder der Neigung werden kann, welche secundär und interessirt ist. Auf gleiche Weise giebt es geistige Leidenschaften, durch welche wir angetrieben werden, unmittelbar gewisse Objecte zu suchen, wie Ruhm, oder Macht, oder Rache, ohne irgend welche Rücksicht auf das Interesse; und wenn diese Objecte erlangt sind, so folgt ein Gefühl der Genugthuung, als die Wirkung der Befriedigung unsrer Affecte. Die Natur muss uns durch die innere Form und Verfassung des Geistes eine ursprüngliche Begierde nach Ruhm geben, ehe wir aus dessen Erlangung irgend welche Freude ernten können, oder ehe wir aus Motiven der Selbstliebe und einem Wunsche nach Glückseligkeit nach ihm streben

von Ungeheuern, die wir in Fabeln und Romanen antreffen. So weit bin ich davon entfernt, zu glauben, dass die Menschen für nichts als für sich selbst eine Neigung haben, dass ich vielmehr der Meinung bin, man werde — wie selten man auch einen Menschen finden möge, der eine einzige Person mehr als sich selbst liebt — eben so selten Jemanden antreffen, in dem nicht alle wohlwollenden Neigungen, zusammengenommen, alle selbstischen überwiegen sollten. Man befrage die allgemeine Erfahrung: Sieht man nicht, dass, obgleich der ganze Aufwand für die Familie allgemein unter der Leitung des Hausherrn steht, es dennoch wenige giebt, welche nicht den grössten Theil ihres Vermögens auf das Vergnügen ihrer Frauen und die Erziehung ihrer Kinder verwenden und nur den kleinsten Theil zu eigenem Nutz' und Frommen behalten? Dies können wir in Betreff Derer bemerken, um welche solch' ein theures Band sich schlingt; und wir können annehmen, dass bei den Anderen der Fall der nämliche sein würde, wenn sie sich in einer gleichen Lage befänden."

[1] Dieses scharfsinnige, entscheidende Argument verdankt Hume ohne Zweifel Butler oder Hutcheson.

können. Wenn ich gar keine Eitelkeit habe, so habe ich am Lobe keine Freude; wenn ich ohne Ehrgeiz bin, so giebt Macht mir keinen Genuss; wenn ich nicht zornig bin, so ist mir die Bestrafung eines Gegners völlig gleichgültig.[1] In allen diesen Fällen ist eine Leidenschaft vorhanden, welche unmittelbar auf einen Gegenstand weist und diesen zu unserm Gut oder Glück macht;[2] so wie es andere, secundäre Leidenschaften giebt, welche späterhin entstehen und ihn als einen Theil unsres Glückes verfolgen, wenn er einmal durch unsre ursprünglichen Affecte zu einem solchen gemacht ist. Gäbe es keine Triebe irgend welcher Art vor der Selbstliebe, so könnte sich jener Hang kaum jemals äussern;[3] da wir in diesem Falle wenige und schwache Schmerz- und Lustempfindungen gefühlt und geringes Elend oder Glück zu vermeiden oder zu verfolgen haben würden.

„Nun, wo liegt die Schwierigkeit, sich vorzustellen, dass dies mit Wohlwollen und Freundschaft eben so der Fall sein mag, und dass wir durch die ursprüngliche Natur unsres Gemüths ein Verlangen nach Andrer Glück oder Wohl fühlen können, welches, eben durch diese Neigung, unser eigenes Gut wird, und darnach aus den vereinigten Motiven des Wohlwollens

---

[1] Aehnlich SPINOZA. *Ethica. Pars III. prop. 39. schol.*

[2] Vgl. SPINOZA'S berühmten Satz: „Begierde ist Trieb mit dem Bewusstsein desselben. Es ist daher gewiss, dass wir nichts erstreben, wollen, begehren oder wünschen, weil wir es für gut halten: sondern im Gegentheil, dass wir es desshalb für gut halten, weil wir es erstreben, wollen, begehren und wünschen." (*Cupiditas est appetitus cum ejusdem conscientia. Constat itaque, nihil nos conari, velle, appetere neque cupere, quia id bonum esse judicamus; sed contra nos propterea aliquid bonum esse judicare, quia id conamur, volumus, appetimus atque cupimus. Eth. pars III, prop. 9. schol.*) Und ganz in Uebereinstimmung damit erklärt unser, von Spinoza belehrte, FICHTE: „Mein Trieb gehe auf das Object X. Geht etwa der Reiz, das Anziehende, aus von X, bemächtigt sich meiner Natur und bestimmt so meinen Trieb? Keineswegs. Der Trieb geht lediglich hervor aus meiner Natur. Durch diese ist schon im Voraus bestimmt, was für mich da sein soll, und mein Streben und Sehnen umfasst es, auch ehe es für mich wirklich da ist und auf mich gewirkt hat. . . . Ich hungere nicht, weil Speise für mich da ist, sondern weil ich hungere, wird mir etwas zu Speise." (System der Sittenlehre. § 9. II. WW. IV. Bd. S. 124.) Das ist eine Wahrheit, deren Erkenntniss noch immer nicht allgemein ist.

[3] *Were there no appetite of any kind antecedent to self-love, that propensity could scarce ever exert itself.*

und der Selbstbefriedigung verfolgt wird? Wer sieht nicht, dass Rache, aus der Kraft der Leidenschaft allein, mit solchem Eifer verfolgt werden kann, dass sie uns jede Erwägung der Ruhe, des Interesses oder der Sicherheit wissentlich vernachlässigen und uns, wie gewisse rachsüchtige Thiere, unsre Seele selbst in der Wunde lassen macht, die wir dem Feinde versetzen.[1] Und was für eine feindselige Philosophie muss das sein, die der Menschenliebe und Freundschaft nicht dieselben Vorrechte einräumen will, welche ohne Widerspruch den finstreren Leidenschaften der Feindschaft und Rache bewilligt werden! Eine solche Philosophie ist mehr eine Satire, als eine getreue Zeichnung und Beschreibung der menschlichen Natur und mag für Witz und Spott eine gute Grundlage sein, ist aber eine sehr schlechte für irgend ein ernsthaftes Raisonnement."[2] —

„Diese Beiworte, gesellig, gutherzig, human, barmherzig, dankbar, freundlich, edelmüthig, wohlthätig, oder die gleichbedeutenden Ausdrücke sind in allen Sprachen bekannt und drücken überall das höchste Verdienst aus, das die menschliche Natur erreichen kann. . . . Als Perikles, der grosse athenische Staatsmann und Feldherr, auf seinem Todtenbette lag, begannen die ihn umgebenden Freunde, da sie ihn schon für bewusstlos hielten, ihrem Kummer über den verscheidenden Gönner freien Lauf zu lassen, indem sie seine grossen Eigenschaften und Erfolge, seine Eroberungen und Siege, die ungewöhnliche Länge seiner Verwaltung und seine, über die Feinde der Republik errichteten neun Trophäen aufzählten. Ihr vergesst, rief der sterbende Held, der Alles gehört hatte, ihr vergesst meinen höchsten Ruhm, während ihr bei jenen gemeinen Vorzügen, an denen das Glück einen Hauptantheil hatte, so lange verweilt. Ihr habt nicht gesagt, dass kein Bürger meinetwegen je getrauert hat."[3]

„Nun können wir bemerken, dass es bei den Darstellungen der Verdienste eines menschenfreundlichen, wohlthätigen Mannes einen Umstand giebt, den man nie weitläufig auszuführen ver-

---

[1] „*Animasque in vulnere ponunt.* VIRG. *Dum alteri noceat, sui negligens*, sagt SENECA vom Zorn, *de ira, I.*"
[2] Hiermit schliesst der *Appendix II* der Ausgabe letzter Hand und der erste Theil der *Section II, of benevolence*, der früheren Ausgaben.
[3] PLUT. in *Pericle*.

fehlt: nämlich das Glück und Wohl, das der Gesellschaft aus dem Verkehr mit ihm und aus seinen guten Diensten entspringt. . . . Von ihm empfängt der Hungrige Nahrung, der Nackende Kleidung, der Unwissende und Träge Kunst und Fleiss. Gleich der Sonne ein Diener der Vorsehung, erheitert, belebt und erhält er die umgebende Welt."

„Da wir nun nie verfehlen, diese Lobgründe anzuführen, und mit Erfolg, wo wir Achtung für Jemanden einflössen wollen: dürfen wir daraus nicht schliessen, dass der aus den socialen Tugenden resultirende NUTZEN wenigstens einen Theil ihres Verdienstes bildet und eine Quelle der ihnen so allgemein bewiesenen Billigung und Achtung ist?"¹ Der Einfluss dieser Vorstellung auf unser Denken und Empfinden zeigt sich ja überall. „Kann man eine Berufsclasse, wie die des Handels oder Gewerbes, mehr loben, als wenn man die Vortheile anführt, die sie der Gesellschaft verschafft? Und geräth nicht ein Mönch oder ein Inquisitor in Wuth, wenn man seinen Stand und Orden als nutzlos oder verderblich für die Gesellschaft behandelt? . . . Ueberhaupt, welches Lob liegt doch in dem einfachen Worte: nützlich! welcher Vorwurf in dem entgegengesetzten! . . Einen Baum pflanzen, ein Feld bebauen, ein Kind zeugen: verdienstliche Werke nach der Religion Zoroaster's.

„Bei allen Bestimmungen der Moral hat man stets diesen Umstand des öffentlichen Nutzens hauptsächlich im Auge; und wo über die Grenzen der Pflicht, in Philosophie oder im gemeinen Leben, ein Streit entsteht, da kann die Frage auf keine Weise mit grösserer Sicherheit entschieden werden, als wenn man sich, auf beiden Seiten, des wahren Interesses der Menschheit vergewissert."²

„Luxus, oder eine Verfeinerung der Vergnügungen und Bequemlichkeiten des Lebens, war lange für die Quelle aller Corruption und Unordnung im Staate und für die unmittelbare Ursache von Parteigeist, Aufruhr, Bürgerkriegen und dem gänz-

---

[1] Schon ARISTOTELES (Rhetorik I, 9) erklärt: Es müssen die grössten Tugenden die sein, welche den Andern die nützlichsten sind; wenn anders die Tugend ein Vermögen wohlzuthun ist. Darum ehrt man die Gerechten und die Tapfern am meisten, weil das eine im Kriege und das andre auch im Frieden uns so nützlich ist.

[2] Vgl. HUTCHESON, oben S. 28.

lichen Verlust der Freiheit gehalten worden. Daher wurde er allgemein für ein Laster angesehen, und war für alle Satiriker und strengen Moralisten ein Object ihrer Declamationen. Diejenigen, welche beweisen oder zu beweisen versuchen, dass solche Verfeinerungen eher zur Zunahme von Industrie, Bildung und Künsten führen, reguliren auf's Neue unsre moralischen sowohl als unsre politischen Ansichten und stellen als löblich und unschuldig dar, was zuvor als verderblich und lasterhaft gegolten hatte. — — Man betrachtet die socialen Tugenden nie ohne ihre wohlthätigen Tendenzen und sieht sie nie als unfruchtbar und unwirksam an. Das Glück der Menschheit, die Ordnung der Gesellschaft, die Harmonie der Familien, der gegenseitige Beistand der Freunde werden stets angesehen als die Folge ihrer sanften Herrschaft über die Brust der Menschen.

„Einen wie beträchtlichen Theil ihres Verdienstes wir ihrer Nützlichkeit zuzuschreiben haben, wird sich aus späteren Untersuchungen klarer ergeben, ebensowohl als der Grund, weshalb dieser Umstand über unsre Achtung und Billigung so viel vermag."

Der Philosoph wendet sich nun zur Untersuchung der zweiten Cardinaltugend, der GERECHTIGKEIT[1] — zur originellsten,[2] wenn auch freilich nicht der befriedigendsten seines Werkes. Jene beiden ersten Abschnitte können wir, nach sorgfältigster Prüfung, ohne Bedenken zu den Acten der endgültig gesicherten Errungenschaften wissenschaftlichen Forschens legen. Anders verhält es sich mit dem uns nun vorliegenden Abschnitte. Und hier werden wir wohl auf der Hut sein müssen, dass wir weder im Absprechen, noch im Anerkennen das rechte Maass überschreiten, und nicht etwa „stracks bejahen oder verneinen."

„Dass die Gerechtigkeit der Gesellschaft nützlich ist,"

---

[1] Section III. Of Justice.
[2] Der in Rede stehende nebst dem folgenden Abschnitte nimmt in dieser zweiten Bearbeitung des Humischen Moralsystems etwa den sechsten Theil des Umfangs des ganzen Werkes ein: in der ersten Bearbeitung war die grössere Hälfte desselben diesem Gegenstande eingeräumt. (M. vgl. die hierauf bezügliche Bemerkung oben S. 32.)

so beginnt unser Denker, „und dass folglich wenigstens ein Theil ihres Verdienstes aus dieser Erwägung stammen muss, dies zu beweisen, würde ein überflüssiges Unternehmen sein. Dass der allgemeine Nutzen der alleinige Ursprung der Gerechtigkeit ist, und dass Reflexionen über die wohlthätigen Folgen dieser Tugend der alleinige Grund ihres Verdienstes sind: dieser Satz wird, da er interessanter und bedeutender ist, unsre Prüfung und Untersuchung mehr verdienen.

„Man nehme an, dass die Natur der menschlichen Gattung einen so verschwenderischen Ueberfluss an allen äusseren Bequemlichkeiten verliehen habe, dass, ohne irgend eine Unsicherheit des Erfolges, ohne irgend welche Mühe und Sorgfalt von unserer Seite, sich jedes Individuum mit allem vollkommen versehen findet, was sein gierigstes Verlangen nur immer fordern oder seine üppigste Phantasie wünschen und begehren kann. Seine natürliche Schönheit, wollen wir annehmen, übertrifft allen Schmuck der Kunst; die beständige Milde der Jahreszeiten macht alle Kleidung und Bedeckung unnütz; freiwillig liefern die Fluren köstlichste Speise, die klare Quelle den reichsten Trank. Keine anstrengende Arbeit ist erforderlich; kein Ackerbau; keine Schifffahrt. Musik, Poesie und Contemplation bilden seine einzige Beschäftigung; Gespräch, Freundschaft und gemeinsame Lustbarkeiten seine einzige Unterhaltung.

„Es scheint offenbar, dass in einem solchen glückseligen Zustande jede andere sociale Tugend blühen und einen zehnfachen Zuwachs erfahren würde; aber von der vorsichtigen, eifersüchtigen Tugend der Gerechtigkeit würde man niemals geträumt haben. Zu welchem Zwecke auch eine Vertheilung der Güter, wo Jeder schon mehr als genug hat? Warum Eigenthum einführen, wo es unmöglich irgend welches Unrecht geben kann? Warum diesen Gegenstand den meinigen nennen, wenn, falls ihn ein Anderer ergreift, ich nur die Hand auszustrecken brauche, um zu besitzen, was eben so viel Werth hat? Da Gerechtigkeit in diesem Falle gänzlich unnütz wäre, so würde sie nur eine eitle Ceremonie sein und niemals eine Stelle im Catalog der Tugenden haben."[1]

---

[1] „Aber es ist offenbar," bemerkt MACKINTOSH zu diesen Humischen Ansichten (a. a. O. S. 141), „dass dasselbe Raisonnement sich auf jede

„Oder man nehme an, dass zwar der Mangel der menschlichen Gattung derselbe bleibe, aber das Gemüth sich so erweitere und so von Freundschaft und Edelmuth erfüllt sei, dass Jeder zu Jedem die grösste Zärtlichkeit hat und an seinem eigenen Interesse nicht mehr Antheil nimmt, als an dem seines Nächsten: so ist klar, dass durch ein so ausgebreitetes Wohlwollen der Nutzen der Gerechtigkeit in diesem Falle aufgehoben werden

---

gute Neigung und jede rechte Handlung anwenden lässt. Keine derselben könnte existiren, wenn kein Feld für ihre Thätigkeit vorhanden wäre. Wenn es keine Leiden gäbe, so könnte auch kein Mitleid und keine Hülfe sein; wenn es keine Beleidigungen gäbe, keine Versöhnlichkeit; wenn keine Verbrechen, keine Gnade. Mässigkeit, Klugheit, Geduld, Grossmuth sind Eigenschaften, deren Werth von den Uebeln abhängt, durch welche sie beziehungsweise in Ausübung gesetzt werden." Dazu führt Mackintosh eine schöne Stelle von CICERO an: „Wenn es uns, nachdem wir aus diesem Leben geschieden, wie die Sage geht, vergönnt wäre, auf den Inseln der Seligen in ewiger Dauer zu leben: wozu wäre dann die Beredtsamkeit nöthig, da doch nichts zu richten wäre? Oder wozu selbst die Tugenden? Denn auch der Tapferkeit würden wir nicht bedürfen, da weder Noth noch Gefahr zu überwinden wäre; auch der Gerechtigkeit nicht, da es kein fremdes Gut geben würde, das man begehren könnte; auch nicht der Mässigkeit, die Begierden zu beherrschen hätte, welche nicht vorhanden wären; selbst nicht einmal der Klugheit würden wir bedürfen, da wir nicht zwischen Gütern und Uebeln zu wählen haben würden. Allein durch Wissenschaft daher würden wir glückselig sein und durch Erkenntniss der Dinge." (*Si nobis, cum ex hac vita migraverimus, in beatorum insulis, ut fabulae ferunt, immortale aevum degere liceret, quid opus esset eloquentia, cum judicia nulla fierent? aut ipsis etiam virtutibus? Nec enim fortitudine indigeremus, nullo proposito aut labore aut periculo: nec justitia, cum esset nihil quod appeteretur alieni; nec temperantia, quae regeret eas quae nullae essent libidines: ne prudentia quidem egeremus, nullo proposito delectu bonorum et malorum. Una igitur essemus beati cognitione rerum et scientia.* CICERO, *Fragm. ap. Div. Augustin, Trinit. IV, 2.*) Cicero, setzt MACKINTOSH hinzu, „ist umfassender und daher mit sich übereinstimmender, als Hume; aber seine Aufzählung fehlt sowohl durch ein Zuviel als durch ein Zuwenig. Er setzt voraus, dass Wissenschaft die Menschen in diesem imaginären Zustande glückselig machen würde, ohne sich herbeizulassen, das Wie zu untersuchen. Er lässt eine Tugend aus, welche recht wohl in demselben bestehen könnte, wenn wir auch von ihrer Gestaltung in einem solchen Zustande keine Vorstellung haben können: die Freude an dem Wohle des Nächsten: und er lässt ein denkbares, wenn auch unbekanntes Laster aus, das des reinen bösen Willens, welches einen solchen Zustand zu einer Hölle für den Elenden machen würde, dem diese Bosheit einwohnte."

würde, und man nie an die Trennungen und Schranken des Eigenthums und der Verbindlichkeiten gedacht haben würde."

In Zeiten des allgemeinen Enthusiasmus haben schon oft ganze Gesellschaften die Gütergemeinschaft einzuführen versucht: „und nur die Erfahrung von den Unzuträglichkeiten derselben, die aus der wiederkehrenden, verhehlten Selbstsucht der Menschen entstanden, hat die unklugen Fanatiker bestimmen können, die Ideen der Gerechtigkeit und des getrennten Eigenthums auf's Neue anzunehmen. So wahr ist es, dass diese Tugend ihre Existenz ganz und gar den nothwendigen Bedürfnissen des Verkehrs und des geselligen Zustandes der Menschheit verdankt.

„Um diese Wahrheit noch evidenter zu machen, lasse man uns die vorige Annahme umkehren und, indem wir Alles in das entgegengesetzte Extrem treiben, erwägen, was die Wirkung dieser neuen Lage sein würde. Man nehme an, dass eine Gesellschaft in einen solchen Mangel selbst der gemeinsten Lebensbedürfnisse versinke, dass die äusserste Mässigkeit und Arbeitsamkeit die grössere Anzahl nicht vor dem Untergange und das Ganze nicht vor der grössten Drangsal bewahren kann." Solches Elend herrscht beim Schiffbruch, bei einer Belagerung, bei einer Hungersnoth: und da die Gerechtigkeit oder der Schutz des Eigenthums in solchen Fällen seinen sonstigen Zweck, Glück und Sicherheit der Gesellschaft, hier doch verfehlen würde; so findet man nichts Verbrecherisches oder Unmoralisches mehr darin, die Grenzen zwischen dem Mein und Dein aufzuheben und z. B., selbst gegen den Willen ihrer Besitzer, die Vorräthe der Kornkammern zu vertheilen. Oder man stelle sich vor, dass ein ehrlicher Mann unter die Gesellschaft von Räubern falle. Sein Gerechtigkeitssinn würde ihm und Andern nichts helfen: er wird sich daher der ersten besten Waffe bemächtigen, gleichviel, wem sie gehöre, und allein auf seine Selbsterhaltung und Sicherheit bedacht sein. „Wenn selbst in der bürgerlichen Gesellschaft ein Mensch durch seine Verbrechen dem Gemeinwohle schädlich wird, so wird er durch die Gesetze in seinen Gütern und seiner Person bestraft; das heisst, die gewöhnlichen Regeln der Gerechtigkeit werden ihm gegenüber für einen Augenblick aufgehoben, und es wird billig, ihm zum Wohle der Gesellschaft ein Uebel zuzufügen, das in anderen Fällen ihm nicht widerfahren könnte, ohne dass er ein Unrecht erlitte."

Hume beruft sich ferner auf die „Aufhebung der Gerechtigkeit" zwischen kriegführenden Mächten, als ohne Nutzen oder Anwendung; an deren Stelle zwischen civilisirten Nationen die Gesetze des Krieges treten, die auf den beiderseitigen Vortheil in der nun herrschenden Lage berechnet sind.

„Diese Schlussfolgerungen sind so natürlich und offenbar, dass sie selbst den Dichtern nicht entgangen sind, bei ihrer Beschreibung des im goldenen Zeitalter, unter der Herrschaft Saturn's waltenden Glückseligkeit." Hier gab es kein Mein und Dein, nicht Habsucht, Ehrgeiz und Selbstsucht, sondern nur Liebe und Freundschaft. Und dieser poetischen Fiction des goldenen Zeitalters ist in gewisser Hinsicht die philosophische Fiction des Naturzustandes ähnlich: Denn auch hier keine Regel der Gerechtigkeit: aber, umgekehrt, auf Grund des Kampfes Aller gegen Alle, wobei als der einzige Maassstab des Rechts die Macht angesehen ward. Diese Fiction, bemerkt Hume, stammt nicht erst von Hobbes, sondern findet sich schon im Plato[1] und Cicero;[2] freilich aber, setzt er hinzu, an Shaftesbury's Ansicht sich anschliessend, ist sie auch nicht mehr als eine blosse Fiction, da doch wenigstens die Familien-Gesellschaft dem Menschen natürlich sei.

Gäbe es mitten unter den Menschen eine Classe von Wesen, die an Körper und Geist so schwach wäre, dass wir sie nie zu fürchten hätten; so würden wir zwar durch Menschlichkeit, nicht eigentlich aber durch Gerechtigkeit ihnen gegenüber in unserm Handeln beschränkt sein. Dies nun ist unser Verhältniss zu den Thieren. — Oder man nehme endlich an, dass jedes menschliche Individuum in Allem völlig sich selbst genug sei und einsam lebe; so würde ein solches Wesen der Gerechtigkeit eben so wenig wie des geselligen Gesprächs fähig sein. „Wenn gegenseitige Rücksicht und Schonung keinem Zwecke dienten, so würden sie nie das Verhalten eines vernünftigen Menschen bestimmen."

Dies ist die Lage des Menschengeschlechts aber nicht und nie gewesen; sondern stets gab es wenigstens Familien, zu deren Bestehen die Befolgung gewisser Gesetze erforderlich ist.

---

[1] Republik, im 3. u. 4. Buch.
[2] *pro Sext.* 42.

Und in dem Maasse, als sich mehr und mehr die Familien zu Horden vereinigen, die Horden zu Stämmen, die Stämme zu Völkern, und diese endlich mit einander in Verbindungen treten: in dem Maasse, ganz allmählich im Fortgange der geschichtlichen Entwicklung, breiten sich auch, den nach und nach sich erweiternden Interessen-Verbindungen genau entsprechend, die Begriffe und Gesetze der Gerechtigkeit weiter aus, die anfänglich, auch in dem Gewissen und Bewusstsein eines Jeden, auf die engste Stammesgemeinschaft beschränkt waren. „Geschichte, Erfahrung, Vernunft unterrichten uns hinlänglich über diesen *natürlichen Fortschritt der menschlichen Gefühle und das allmähliche Zunehmen* unsrer Achtung vor Eigenthum und Gerechtigkeit, im Verhältniss wie wir mit der weit reichenden Nützlichkeit jener Tugend bekannt werden." —

„Wenn wir alle die besonderen Gesetze der Gerechtigkeit und des Eigenthums untersuchen, so wird sich uns derselbe Schluss ergeben. Das Wohl der Menschheit ist der einzige Gegenstand aller dieser Gesetze und Einrichtungen. Nicht nur ist es für den Frieden und das Interesse der Gesellschaft erforderlich, dass die Güter der Menschen getrennt würden, sondern auch die Regeln, die wir bei dieser Trennung befolgen, sind die besten, die man für das weitere Gedeihen der Gesellschaft nur ersinnen kann." Von Interesse, besonders in unsrer Zeit, sind seine vernichtenden, seitdem oft wiederholten Argumente gegen die, aus gewissen oberflächlichen Gesichtspuncten so sehr für sich einnehmenden, Grundsätze der Gütergleichheit und des Communismus.[1]

Die wohlthätigen Folgen der Bestimmungen über das Eigenthum weist Hume nun eingehend nach. „Wer sieht zum Beispiel nicht, dass, was immer durch Kunst und Fleiss eines Menschen erzeugt oder vervollkommnet worden ist, ihm sicher gestellt werden sollte, zur Aufmunterung zu so *nützlichen* Gewohnheiten und Fertigkeiten? Dass sein Eigenthum auch auf seine Kinder und Verwandten übergehen sollte: in derselben Absicht zu *nutzen?* Dass es durch Zustimmung veräussert werden kann, um den, für die menschliche Gesellschaft so *wohlthätigen* Handel und Verkehr zu erzeugen? Und dass alle Versprechungen und Ver-

---

[1] *Section III. part 2.*

träge genau erfüllt werden sollten, um das gegenseitige Vertrauen zu sichern, durch welches das allgemeine *Interesse* der Gesellschaft so sehr befördert wird?

„Man untersuche die Schriften über das Naturrecht, und man wird stets finden, dass, von welchen Principien sie auch ausgehen, sie sicherlich zuletzt hierbei enden und als den letzten Grund aller Regeln, die sie aufstellen, die Bedürfnisse und das Wohl der Menschheit bezeichnen. Ein, im Widerspruch zum System, so abgenöthigtes Zugeständniss hat mehr Autorität, als wenn es für dasselbe gemacht worden wäre.

„Welchen andern Grund konnten Schriftsteller in der That je angeben, warum dies *mein* und jenes *dein* sein müsse; da ununterrichtete Natur sicherlich nie solche Unterschiede machte? Diese Dinge sind an sich uns fremd; sie sind von uns gänzlich getrennt und abgesondert; und nichts als das allgemeine Interesse der Gesellschaft kann die Verbindung bilden." Alles Eigenthum hängt von den positiven bürgerlichen Gesetzen ab: diese haben kein anderes Object als das Wohl der Gesellschaft: „dieses ist also das einzige Fundament des Eigenthums und der Gerechtigkeit." — „Wenn zuweilen die Ideen der Gerechtigkeit den Bestimmungen des bürgerlichen Gesetzes nicht folgen, werden wir finden, dass diese Fälle, anstatt Einwürfe, in Wahrheit Bestätigungen der obigen Theorie sind. Wenn ein bürgerliches Gesetz so verkehrt ist, dass es alle Interessen der Gesellschaft durchkreuzt, so verliert es alle Autorität, und die Menschen urtheilen nach den Begriffen der natürlichen Gerechtigkeit, die diesen Interessen gemäss sind."

- Hume parallelisirt nun mit Laune die so verschiedenen Eigenthums- und Gerechtigkeits-Bestimmungen und -Verhältnisse mit den superstitiösen Handlungen und Gebräuchen. „Von diesem Baume darf ich mich rechtmässig nähren; aber die Frucht jenes Baumes derselben Art, zehn Schritte weiter, zu berühren, würde ein Verbrechen sein. Hätte ich diesen Anzug eine Stunde früher getragen, so hätte ich die härteste Strafe verdient; aber durch das Aussprechen einiger magischen Worte hat ihn nun ein Mensch für meine Benutzung schicklich gemacht. Stände dies Haus auf dem benachbarten Territorium, so würde es für mich unmoralisch sein, darin zu wohnen; aber da es auf dieser Seite des Flusses erbaut ist, so ist es der Gegenstand eines andern Municipal-Gesetzes, und mich trifft kein Tadel . . Aber diesen einen, wesentlichen Unterschied zwischen der Superstition und der Gerechtigkeit giebt es: dass jene eitel, unnütz und lästig, diese zum Wohle der Menschheit und Existenz der Gesellschaft absolut erforderlich ist. Wenn wir von diesem Umstande (der allzusehr hervortritt, um je übersehen zu werden) abstrahiren, so muss man gestehen, dass alle Rücksichten auf Recht und Eigenthum gänzlich grundlos erscheinen, eben so sehr wie der gröbste und gemeinste Aberglaube."

„Diese Reflexionen sind weit davon entfernt, die verbindende Kraft der Gerechtigkeit zu schwächen oder das heilige Ansehn des Eigenthums irgendwie zu vermindern. Im Gegentheil müssen jene Gefühle aus dem gegenwärtigen Raisonnement neue Kraft schöpfen. Denn welche stärkere Grundlage kann man für eine Pflicht wünschen oder erdenken, als die Erkenntniss, dass die menschliche Gesellschaft, oder selbst die menschliche Natur, ohne sie nicht bestehen könnte, und zu desto höheren Graden des Glückes und der Vollkommenheit gelangen wird, eine je unverbrüchlichere Achtung man dieser Pflicht beweist.

„Das Dilemma ist augenscheinlich: Da die Gerechtigkeit offenbar auf die Beförderung des öffentlichen Wohls und die Erhaltung der bürgerlichen Gesellschaft gerichtet ist; so stammt das Gerechtigkeitsgefühl entweder aus unsrer Reflexion über jene Tendenz, oder es entsteht, wie Hunger, Durst und andere Triebe, wie Rachegefühl, Liebe zum Leben, Neigung zur Nachkommenschaft und andere Leidenschaften, aus einem einfachen, ursprünglichen Instinct in der menschlichen Brust, den die Natur zu gleich heilsamen Zwecken eingepflanzt hat. Wenn dies Letztere der Fall ist, so folgt, dass Eigenthum, das der Gegenstand der Gerechtigkeit ist, durch einen einfachen, ursprünglichen Instinct unterschieden und nicht durch irgendwelche Argumentationen bestimmt würde. Aber wer hat je von einem solchen Instinct gehört? Oder ist dies ein Gegenstand, in dem noch neue Entdeckungen gemacht werden? Wir könnten eben so gut erwarten, neue Sinne im Körper zu entdecken, die allen Menschen zuvor entgangen waren.

„Aber weiter, obwohl es ein sehr einfacher Satz scheint, zu sagen, dass Natur durch ein instinctives Gefühl das Eigenthum unterscheidet; so werden wir in Wirklichkeit doch finden, dass zehn tausend verschiedene Instincte zu diesem Zwecke erforderlich sind und diese auf Objecte von der grössten Verwicklung und der feinsten Unterscheidung angewandt werden müssen. Denn wenn man eine Definition des Eigenthums verlangt, so löst sich dieses Verhältniss, wie man findet, in irgend einen durch Occupation, Arbeit, Präscription, Erbschaft, Vertrag u. s. w. erworbenen Besitz auf. Können wir denken, dass uns über alle diese Methoden der Erwerbung die Natur durch einen ursprünglichen Instinct belehre?

„Auch diese Worte: Erbschaft und Vertrag, vertreten unendlich complicirte Ideen; und um sie genau zu definiren, haben sich tausend Gesetzesbände und unzählige Bände von Commentatoren als noch nicht ausreichend bewiesen. Umfasst die Natur, deren Instincte im Menschen alle einfach sind, so complicirte und künstliche Objecte, und erschafft sie ein vernünftiges Wesen, ohne der Thätigkeit seiner Vernunft irgend etwas anzuvertrauen?"

„Was allein einen Zweifel an der hier vertretenen Theorie erregen wird, ist der Einfluss der Erziehung und erworbener Sitten, durch welche wir so daran gewöhnt sind, die Ungerechtigkeit zu tadeln, dass wir uns in jedem einzelnen Falle einer unmittelbaren Reflexion über deren verderbliche Folgen nicht bewusst sind. Die uns geläufigsten Rücksichten können gerade aus diesem Grunde uns entgehen; und was wir sehr häufig aus gewissen Rücksichten verrichtet haben, sind wir fähig, auf gleiche Art fortzusetzen, ohne uns bei jeder Gelegenheit die Reflexionen in's Gedächtniss zurückzurufen, die uns zuerst dazu bestimmten... Diese Sache ist jedoch nicht so dunkel, dass wir nicht, selbst im gemeinen Leben, in jedem Moment auf das Nützlichkeits-Princip recurriren und fragen sollten: Was müsste aus der Welt werden, wenn eine solche Handlungsweise die Oberhand gewänne? Wie könnte die Gesellschaft unter solchen Gesetzwidrigkeiten bestehen?"[1]

---

[1] Vgl. IMMANUEL KANT'S Princip: das im Grunde nichts als ein etwas abgeblasster, farbloser Ausdruck für eben dieses Princip der *Salus publica* ist: oder, wenn man will, das logisch abstracte Gerippe in dessen lebendigem Organismus. In unserm Denken und Wollen verkehren wir aber eben nicht mit jenem herauspräparirten logisch-beinernen Grundgestell, sondern mit dem warmen, kräftigen Leben des vollen und ganzen Wesens. — Auch nach Kant ist Andrer Glückseligkeit (neben eigner Voll-

Wir haben erkannt, so beschliesst unser Philosoph diesen Abschnitt, dass „die Nothwendigkeit der Gerechtigkeit zur Erhaltung der Gesellschaft der einzige Grund[1] dieser Tugend ist; und da keine moralische Trefflichkeit höher geschätzt wird, so können wir schliessen, dass dieser Umstand der Nützlichkeit überhaupt die stärkste Macht und Herrschaft über unsre Gefühle und Ansichten ausübt. Er muss daher die Quelle eines beträchtlichen Antheils an dem Verdienste sein, das wir der Menschenfreundlichkeit, dem Wohlwollen, dem Gemeingeist und den andern socialen Tugenden dieser Art zuschreiben: wie er die einzige Quelle der moralischen Billigung ist, die wir der Treue, der Gerechtigkeit, Wahrhaftigkeit, Redlichkeit und jenen anderen achtungswerthen und nützlichen Eigenschaften und Grundsätzen zollen. Es entspricht durchaus den Regeln der Philosophie und selbst der gemeinen Vernunft, wo sich in einem Falle gezeigt hat, dass ein Princip eine grosse Kraft und Wirksamkeit ausübe, demselben in allen ähnlichen Fällen eine gleiche Wirksamkeit zuzuschreiben. Dies ist in der That NEWTON'S Hauptregel des Philosophirens."[2] —

„In dem nun folgenden Abschnitt *über die bürgerliche Gesellschaft*"[3] bestätigt unser Denker seinen allgemeinen Grundsatz noch durch weitere Untersuchungen über den Grund der Regierungen, der Unterthanentreue, des Völkerrechts, und der Staatseinrichtungen, Gesetze und Sitten überhaupt. Wir können uns darauf beschränken, seine Ansicht über die Keuschheit und Sittsamkeit des weiblichen Geschlechts hier kurz anzuführen. „Die lange und hilflose Kindheit des Menschen macht die Verbindung der Eltern zur Erhaltung ihrer Kinder erforderlich; und diese Verbindung macht die Tugend der Keuschheit oder ehelichen Treue erforderlich. Ohne eine solche Nützlich-

---

kommenheit) der Hauptgegenstand unsrer Pflicht: wegen dieser und nur zu weniger ähnlicher — man möchte fast sagen: „Spuren der Menschheit," die wir (im guten Sinne!) in seiner Moral noch finden, wird er aber von SCHLEIERMACHER einer allzugrossen Hinneigung zur Shaftesbury'schen Schule beschuldigt!' (Grundlinien einer Kritik der bisherigen Sittenlehre. 2. Ausg. 1834. S. 100.)

[1] *the sole foundation.*
[2] *Principia, lib. 3.*
[3] *Section IV: Of Political Society.*

keit hätte man, so wird ohne Anstand zugegeben werden, nie an eine solche Tugend gedacht. Eine Untreue dieser Art ist bei **Frauen** weit verderblicher, als bei den **Männern**. Daher sind die Gesetze der Keuschheit gegen das eine Geschlecht weit strenger, als gegen das andere." —

Es empfiehlt sich, schon an dieser Stelle Hume's *„fernere Erwägungen in Betreff der Gerechtigkeit"* noch zu erörtern, welche im dritten Anhang seines Werkes enthalten sind.[1] Der Edinburger Denker hebt einen sehr wichtigen Unterschied zwischen der Tugend der Gerechtigkeit und den anderen Tugenden mit Nachdruck hervor. Die Tugenden der Menschlichkeit und des Wohlwollens richten sich unmittelbar auf einzelne Fälle. Ohne an ein gleiches Wirken bei Anderen zu denken, streben sie zum Wohle der geliebten oder geachteten Person, und darin befriedigen sie sich und finden ihr Endziel; ihre segensreiche Natur beweist sich in jedem einzelnen Falle. Anders ist es bei der Gerechtigkeit. Diese ist „zum Wohle der Gesellschaft absolut erforderlich. Aber der aus ihr resultirende Gewinn ist nicht die Folge jeder einzelnen Handlung, sondern entsteht aus dem ganzen Schema oder System, zu dem die ganze Gesellschaft oder doch ihr grösster Theil zusammenwirkt." „Von den Eltern ererbte Reichthümer sind in der Hand eines schlechten Mannes ein Werkzeug zum Unheil; und so kann das Erbfolgerecht in *einem* Falle nachtheilig sein: sein Segen entspringt nur aus der Beobachtung der *allgemeinen Regel.*" Dies ist ja überhaupt eine Folge vom unverbrüchlichen Walten fester Gesetze: nicht alles einzelne Wehe können sie verhüten und nicht in jedem einzelnen Falle sich wohlthätig beweisen; sondern nur ihr allgemeines Resultat ist segensreich. „Selbst die allgemeinen Gesetze des Universums, obgleich mit unendlicher Weisheit entworfen, können nicht alles Uebel oder alles Lästige in jeder besonderen Wirkung ausschliessen."

Aus einem eigentlichen Vertrage (*convention,* im Sinne von *promise*) das Recht herzuleiten, bemerkt unser Philosoph weiter, sei absurd, da das Halten von Verträgen ja selbst ein Haupttheil der Gerechtigkeit ist.[2] Wenn man unter „Conven-

---
[1] *Appendix III: Some farther considerations with regard to Justice.*
[2] Aehnlich schon SHAFTESBURY.

tion" aber ein Gefühl des gemeinschaftlichen Interesses verstehe, wie etwa zwei Menschen die Ruder eines Bootes führen, durch stillschweigende Uebereinkunft: dann kann man allerdings recht wohl sagen, dass das Recht durch menschliche Convention entstanden sei. So sind Gold und Silber zu Tauschmitteln geworden; so haben sich Rede und Wort und Sprachen fixirt. „Was für zwei oder mehrere Personen vortheilhaft ist, falls alle, was ihnen obliegt, verrichten, was aber allen Vortheil einbüsst, wenn nur eine Person dies thut: das kann aus keinem andern Princip entspringen."

Das Wort *natürlich* wird gewöhnlich in so vielerlei Bedeutungen genommen, erklärt Hume ferner, „dass es zwecklos erscheint, darüber zu streiten, ob Gerechtigkeit natürlich ist oder nicht. Wenn Selbstliebe, wenn Wohlwollen dem Menschen natürlich sind, wenn Vernunft und Vorbedacht auch natürlich sind: dann kann man auf Gerechtigkeit, Ordnung, Treue, Eigenthum, Gesellschaft dieselbe Bezeichnung anwenden. Die Neigungen der Menschen, ihre Bedürfnisse führen sie zur Verbindung; Verstand und Erfahrung lehren sie, dass diese Verbindung unmöglich ist, wo sich Niemand durch eine Regel regiert und dem Eigenthum Anderer keine Achtung beweist: und aus diesen Leidenschaften und Reflexionen zusammen hat, sobald man gleiche Leidenschaften und Reflexionen in Andern bemerkte, das Gefühl der Gerechtigkeit zu allen Zeiten zuverlässig und unfehlbar, in niederem oder höherem Grade, in jedem Individuum der menschlichen Gattung sich eingewurzelt. Was bei einem so scharfsinnigen Wesen aus der Aeusserung seiner intellectuellen Fähigkeiten mit Nothwendigkeit entsteht, kann man mit Recht für natürlich halten.[1] — *Natürlich* kann man

---

[1] Vgl. *Treatise of Human Nature. Book III. part II, sect. 1*, Schluss: „Die Menschen sind eine erfinderische Species; und wenn eine Erfindung leicht und absolut nothwendig ist, dann kann man sie eben so eigentlich natürlich nennen wie irgend etwas, das unmittelbar aus ursprünglichen Principien entspringt, ohne die Dazwischenkunft von Gedanke und Reflexion. Obgleich die Regeln der Gerechtigkeit künstlich sind, so sind sie doch nicht *willkürlich*. Und man darf sie auch ganz füglich *Gesetze der Natur* nennen; wenn wir unter natürlich dasjenige verstehen, was einer Gattung gemeinsam ist, oder selbst wenn wir seinen Sinn darauf beschränken, dass es dasjenige bedeute, was von der Gattung unzertrennlich ist."

entweder dem *Ungewöhnlichen* oder dem *Wunderbaren* oder dem *Künstlichen* gegenüberstellen. In den ersteren beiden Bedeutungen sind Gerechtigkeit und Eigenthum unzweifelhaft natürlich. Aber da sie Vernunft, Absicht, Ueberlegung und sociale Vereinigung und Verbindung unter den Menschen voraussetzen, so kann jene Bezeichnung im letzteren Sinne streng genommen nicht auf sie angewandt werden. Hätten die Menschen ohne Gesellschaft gelebt, so wäre Eigenthum nie bekannt gewesen und weder Gerechtigkeit noch Ungerechtigkeit hätte je existirt."

In Hume's Theorie der Gerechtigkeit, deren Kritik uns nun obliegt, sind verschiedene Bestimmungen enthalten, die man scharf unterscheiden muss, obwohl dies von Hume selbst nicht geschehen ist; nämlich:

1. Die Gerechtigkeit hat das allgemeine Wohl zum Zwecke; was Recht und Unrecht sei, ist in rechtsphilosophischen Streitfragen allein durch den Appell an dieses Princip zu entscheiden.
2. Die Gerechtigkeit ist eine völlig künstliche Tugend, ein Product der menschlichen Reflexion.
3. Das allerwichtigste Verhältniss bei diesem Begriffe ist das des Eigenthums.
4. Alles Eigenthum ist künstlich und hat keine Wurzel in der allgemeinen Natur der Dinge.
5. Gerechtigkeitssinn und Gerechtigkeitsbegriffe haben sich im Laufe der Geschichte fortschreitend entwickelt.

Dem *ersten* dieser Sätze: die Gerechtigkeit hat das allgemeine Wohl zum Zwecke, und in rechtsphilosophischen Streitfragen lässt es sich nur durch einen Appell an dieses Princip entscheiden, was Recht oder Unrecht sei, — diesem Satze müssen wir uns rückhaltlos anschliessen.

„Es ist ein ganz falscher Satz, dass die Regierung zum Besten der Regierten errichtet sei: *Salus populi suprema lex* *esto.*¹ Das Recht ist, weil es sein soll; es soll durchgesetzt werden, und wenn Niemand dabei sich wohl befände: *Fiat justitia, et pereat mundus!"* sagt Johann Gottlieb Fichte.² *Fiat justitia, et pereat mundus*: dies soll nach den römischen Juristen der Wahlspruch des Richters sein, der in dem ihm vorliegenden Falle streng nach den Bestimmungen der bestehenden positiven Gesetze zu entscheiden hat, deren blosser Vollstrecker er ist: das ist auch nach uns der Begriff des gerechten Richters. Diese positiven Gesetze selbst aber sollen nach ihnen dem allgemeinen Wohle entsprechend gegeben werden: *salus populi suprema lex esto*: Dies ist auch nach uns der Begriff des gerechten Gesetzgebers. Dieses Princip der Gesetzgebung wird von Fichte als „ganz falsch" ohne Einschränkung verworfen; der *Gesetzgeber* soll vielmehr den Wahlspruch des *Richters* zu dem seinigen machen. Dieser nun hatte bei der Rechtsentscheidung (*fiat justitia*) nichts zu thun, als die betreffenden Gesetzes-Paragraphen aufzuschlagen und denselben gemäss zu urtheilen, ohne Rücksicht darauf, was die Folge dieser Vollstreckung der Gesetze sei, die *er* nicht gemacht, und deren Folgen *er* daher auch nicht zu verantworten hat (*pereat mundus*). Der Gesetzgeber soll nach Fichte dem Beispiele des Richters folgen und soll sagen: „Das Recht ist, weil es sein soll; es

---

¹ Ist es nicht schön, ist es nicht gross, wenn der königliche Weise von Sanssouci erklärt, dass der Souverain „*das Instrument der Glückseligkeit seines Volkes sein soll,*" „*qu'il doit être l'instrument de leur félicité!*" (*Réfutation du Prince de Machiavel. chap. I. Oeuvres* de Frédéric le Grand. *Tome VIII. p. 168.*) Und müssen wir Cicero nicht beipflichten, wenn er sagt: *Omnino qui reipublicae praefuturi sunt, duo Platonis praecepta teneant: Unum, ut* utilitatem civium *sic tueantur, ut quaecunque agunt, ad eam referant, obliti commodorum suorum: alterum, ut totum corpus reipublicae curent: ne, dum partem aliquam tuentur, reliquas deserant.* (*de officiis. lib. I. c. 25.*) Fichte ist der Meinung nicht. Vielmehr ermahnt er: „Kündigt doch jenem ersten Vorurtheile, woraus alle unsere Uebel folgen, jener giftigen Quelle alles unseres Elendes, jenem Satze: dass es die Bestimmung des Fürsten sei, für unsere Glückseligkeit zu wachen, den unversöhnlichsten Krieg an; verfolgt ihn in alle die Schlupfwinkel, durch das ganze System unseres Wissens, in die er sich versteckt hat, bis er von der Erde vertilgt, und zur Hölle zurückgekehrt sei, daher er kam." (J. G. Fichte, Werke. VI. Bd. S. 9.) Warum? Weil dieser Satz sich missbrauchen lässt! Ja was lässt sich denn aber nicht missbrauchen?

² Fichte, System der Sittenlehre. § 32. (Werke IV. Bd. S. 358.)

soll durchgesetzt werden, und wenn Niemand dabei sich wohl befände." Wo steht denn nun dieses Recht geschrieben? Jedem im Herzen, im Gewissen? Und braucht sich ein Jeder nur einfach auf sein Herz, sein Gewissen zu berufen? Doch wie nun, wenn die auf diese Art begründeten Urtheile einander widersprechen? Oder kommt dies nicht thatsächlich oft genug vor — selbst wenn ein Moralist das ihm unbequeme *Factum* zu läugnen beliebt? Giebt es in Fragen der Gerechtigkeit so wenig Streit und Zweifel wie etwa bei mathematischen Demonstrationen? Oder falls man das Factum einräumt: ist dann hier kein Schiedsrichter erforderlich, und soll allgemeine Anarchie herrschen? Oder *wer* soll der Schiedsrichter unter diesen verschiedenen Parteien sein? Hat etwa der betreffende gelehrte Moralphilosoph speciell dies Privilegium, als welcher allein Recht habe, während alle Anderen offenbar im Unrecht seien?[1] Ist *sic volo, sic jubeo!* seine Losung? Erklärt er Alle, die anders denken als er, für verderbt und gewissenlos? Wäre dies aber nicht despotisch? Oeffnete dies nicht allem Fanatismus Thür und Thor?

Wenn man denn nun aber zugiebt, dass die Berufung auf ein subjectives Gefühl kein Princip einer allgemeinen Gesetzgebung sein könne, dass ein solches Princip selbst aber erforderlich sei, und man daher an **objective Instanzen** appelliren müsse: kann man uns dann ein besseres Princip als das des **allgemeinen Wohls** angeben? ein Princip, das nicht nur in Phrasen besteht, und das auch wirklich zur Deduction allgemeiner Gesetze und Regeln ohne Künsteleien und Gewaltsamkeiten ausreicht? Oder wenn man jenes Princip zwar für viele Fälle anerkennen will: warum nicht für alle? *Schaden* kann es doch nie, dem allgemeinen *Wohle* gemäss zu handeln! und man wird die Berufung auf das allgemeine Wohl doch nicht als verderblich, d. h. als *wider* das allgemeine Wohl erklären? Gründe *aus* diesem Princip nicht *wider* dieses Princip selbst kehren?! Oder ist etwa das Wohl der Andern überhaupt kein

---

[1] Als man den bekannten englischen Bischof WARBURTON fragte, was Orthodoxie sei, antwortete er mit dem artigen Bonmot: *It is my doxy, while heterodoxy is every other man's doxy.* Wörtlich: „Es ist meine Doxie, während Heterodoxie aller Andern Doxie ist."

Gegenstand unsres Wünschens und Wollens? Oder ist dies Ziel nicht edel genug? Ist es nicht vielmehr der Gegenstand unsrer edelsten Bestrebungen? — Sollten nicht vielleicht derartige Maximen, bei deren allgemeiner Befolgung „*Niemand sich wohl befände,*" vielmehr die ganze „*Welt unterginge,*" eben einfach „VERDERBLICHE" Maximen sein? Will man allgemein-verderbliche Maximen für gerechte erklären?![1] —

Wir wenden uns nun zu jenem *zweiten* Satze der Humischen Gerechtigkeitstheorie: Die Gerechtigkeit ist eine künstliche Tugend, d. h. ein Werk des menschlichen Nachdenkens: Reflexionen über ihre wohlthätigen Folgen sind ihr alleiniger Ursprung.[2] In diesem Puncte folgt Hume, gegen seine sonstige Gewohnheit in der Moral, mehr den Hobbes, Locke und Spinoza, als der Shaftesbury'schen Schule. Hutcheson, dem, von allen seinen Vorgängern in der Ethik, Hume sich am meisten anschloss, hatte allerdings den Begriff der Gerechtigkeit, wie wir schon bemerkt haben, nicht näher untersucht: was bei einer Lehre, die zum einzigen moralischen Motiv das eigentliche Wohlwollen machte, auch ganz erklärlich war. Wohl aber hatten Shaftesbury und Butler die natürliche Wurzel der Gerechtigkeit zum grossen Theile blossgelegt[3]: und in seinem Begriffe der Sympathie hatte Hume das Instrument erworben, ihr Werk zu vollenden. Diese Vorarbeiten wusste Hume aber nicht zu benutzen; und erst sein Freund und Nachfolger Adam Smith vollbrachte das, wozu schon unser Philosoph die Mittel in Händen hatte.

In seiner Theorie der Affecte ward, wie wir gesehen haben,[4] der Vergeltungstrieb kaum erwähnt und nie gewürdigt: die *Vergeltung* dafür blieb nicht aus — und wenn nicht theoretisch,

---

[1] In seinem ausgezeichneten kleinen Werke *Utilitarianism* (*II. Ed. London, 1864, p. 85—88*; in der Uebersetzung seiner Gesammelten Werke I. Bd. S. 191—194) führt JOHN STUART MILL durch einige trefflich gewählte Beispiele den genugthuenden Beweis, dass hochwichtige Fragen der Gerechtigkeit ganz allein durch das Princip des allgemeinen Wohls, oder das Utilitätsprincip, entschieden werden können. Ueber den Sinn dieses Princips vgl. m. den angehängten Essay.

[2] Dagegen hatte sich schon der Vater des Naturrechts erklärt, HUGO GROTIUS, *De jure belli ac pacis. Prolegomena.* (p. IV der Ausgabe von 1660)

[3] Vgl. oben S. 20 u. 24.

[4] Vgl. oben S. 40.

so doch praktisch brachte sie sich hier zur Anerkennung. Shaftesbury's Geist war es gewesen, überall die *Vernunft in der Natur der Dinge* in ihrem Wesen und Walten zu erfassen: nicht der so zu sagen *freien* Vernunft, der bewusst gewordenen Vernunft im Menschen alles zuzuschreiben, was in Wirklichkeit schon aus deren allgemeinem *Grunde*, oder deren Vorstufen, herzuleiten ist: m. a. W. auch der universellen *latenten* Vernunft ihr Recht widerfahren zu lassen. So hatte der grosse Moralist die *innere Logik* im System der Affecte erkannt: so war er, mit dem auf das Ganze der Dinge gerichteten Blick und Affect, nicht, wie Hobbes, genöthigt gewesen, klugen Erfindungen beizumessen, was schon die allgemeine Naturverfassung in sich trug, vor Erschliessung dieser ihrer einzelnen Blüthen unter des Menschen Stirn. Für Hume war das Universum kein Gegenstand so wenig des Denkens wie des Fühlens — für ihn war die Zweckbetrachtung des Philosophen unwürdig: — für ihn war Recht und Gerechtigkeit eine kluge Erfindung des Menschengeschlechts. Nicht zu wenig hat er in der Ethik der Vernunft im Menschen zugeeignet, wie oft behauptet worden, sondern zu viel: und zu wenig jener ewigen Vernunft im Weltsystem.

Der schottische Denker berief sich oft auf die Erscheinungen des Thierlebens; bei diesem ganzen Gegenstande hat er jene *regula philosophandi* jedoch ganz ausser Acht gelassen: deren Befolgung auch an diesem Orte sein System vor dessen grösster Einseitigkeit bewahrt haben würde. Er beruft sich in seinem Philosophiren oft auf die primitivsten Vorgänge in der Geschichte des menschlichen Gesammtlebens: aber *ein* Gedanke an das uralte Phänomen der Blutrache würde ihm seine Lehre von der Gerechtigkeit in anderem Lichte haben erscheinen lassen. Der Instinct der Selbstvertheidigung und Wiedervergeltung ist eine Ausstattung der ganzen animalen Welt und wahrlich kein Product kluger Erwägungen des Interesses: jedes Thier vielmehr verfolgt aus ursprünglichem Triebe mit seiner Rache alle die, welche es selbst oder die Seinigen angreifen oder verletzen — höhere Geschöpfe vertheidigen sogar ihren menschlichen Wohlthäter und rächen dessen Schädigung an dem, welcher sie selbst in jenem verwundet. Diesen ursprünglichen Affect und das *sympathische* Echo desselben in Anderen, und nicht erst die langsam-kluge Ueberlegung des Menschen, hat die Natur (um das schöne Wort Smith's zu gebrauchen) zum *Hüter*, zum *Wächter der Gerechtigkeit* bestimmt. Weit entfernt, der menschlichen Verbindung ganz allein sein Dasein zu verdanken, ist das Gerechtigkeitsbedürfniss selbst eins der ursprünglichen Vereinigungsmittel:[1] zu den vielen Componenten des „Interesses," d. h. dessen, woran uns gelegen ist, gehört auch dieser Trieb, dass dem Bösen und dem Guten vergolten werde: daran haben wir auch ein unmittelbares *Interesse* — auf Grund dieses ursprünglichen Affects.[2]

Auch im Naturzustande und vor der Einsetzung der bürgerlichen Obrigkeit, bemerkt Smith sehr richtig, wird jeder unbetheiligte Zuschauer es billigen, wenn der Angegriffene sich vertheidigt und den Beleidiger bis zu einem gewissen Grade die Strafe seiner Rache fühlen lässt; ja er wird geneigt sein, dem Angegriffenen beizustehen. „Wenn ein Mensch den anderen anfällt, oder beraubt, oder zu ermorden versucht: so kommt die ganze Nachbarschaft in Aufregung: und Alle denken, dass sie im Rechte sind, wenn sie eilen, den, der verletzt worden, zu rächen, oder den zu vertheidigen, der in Gefahr ist."[3]

Eine ganz andere Frage, als die nach der, ursprünglich der strafenden Gerechtigkeit zu Grunde liegenden psychischen Potenz, dem „Fundament," ist die Frage nach dem für die Strafgesetzgebung geeigneten „Princip" — obwohl man beides oft genug verwechselt hat. Und hierbei erkennen wir vollkommen an, dass das instinctive Gefühl des *Ressentment* und der affective Nachhall desselben in Anderen keinen Maassstab hierfür abgeben kann und daher zu einem solchen Princip völlig ungeeignet ist. Vielmehr sind Gründe des allgemeinen Wohles, besonnene Erwägungen darüber, welches Maass des Leides unumgänglich erforderlich ist, um den Verbrecher selbst vor Wiederholung und Andere vor Nachahmung seiner Uebelthat abzuschrecken, das allein zureichende Princip. Auch soll

---

[1] Es ist daher nicht völlig zutreffend, wenn Neuere das Ressentiment ohne weiteres als „ungesellige" oder „dissociale" Leidenschaft bezeichnen: dies gilt nur bei einer auf das Nächstliegende eingeschränkten Betrachtung.
[2] Vgl. oben S. 61.
[3] A. SMITH, *The Theory of Moral Sentiments. Part II. sect. II. chap. 1.*

der vernünftig-sittlichen Entwicklung und Cultur des menschlichen Geschlechts jenes Gerechtigkeitsbedürfniss selbst keineswegs entzogen werden. Wir behaupten vielmehr gerade, dass dieser ursprünglich rohe und maasslose Instinct der Veredlung eben so sehr fähig als bedürftig ist, und meinen nicht, dass die Natur „ein vernünftiges Wesen schafft, ohne der Thätigkeit seiner Vernunft irgend etwas anzuvertrauen."[1] Nur constatiren wollten wir die ursprüngliche Existenz jenes Triebes, als des psychologischen Fundaments der Gerechtigkeit. —

Wie wenig Hume das Wesen der Gerechtigkeit überhaupt zu erfassen vermochte, ergiebt sich mit besonderer Evidenz aus jenem *dritten* der oben angeführten Elemente seiner Gerechtigkeitstheorie: Das bedeutsamste Verhältniss bei diesem Gegenstande sei das des Eigenthums — und auffallender Weise ist, so viel ich gesehen habe, diese merkwürdige Bestimmung seiner Lehre noch gar nicht einmal als vornehmlich verfehlt gekennzeichnet worden. Adam Smith zwar corrigirt Hume thatsächlich vollkommen richtig; aber auch er erwähnt diesen Hauptfehler, so viel mir erinnerlich, nicht ausdrücklich. Wird man aber bei diesem völligen Aufgehenlassen der Gerechtigkeitsbegriffe in Eigenthumsbegriffe bei unserm Denker nicht allzu lebhaft daran erinnert, dass er einer Nation angehört, die vor noch gar nicht langer Zeit alle etwas bedeutenderen Verbrechen gegen das Eigenthum mit dem Tode bestrafte? In der That macht es einen höchst wunderlichen Eindruck, jene Gleichsetzung überall bei Hume in stillschweigender oder selbst ausdrücklich anerkannter Geltung zu finden. Um mich nicht zu wiederholen, erinnere ich nur an die hierhergehörigen, schon oben[2] angeführten Stellen. Unser Philosoph führt in *Tractat* über die Moral einmal[3] jene berühmte Vorschrift aus den Institutionen

---

[1] Vgl. oben S. 72.
[2] SS. 67. 68. 70. 71. Vgl. auch den Anfang der ersten Anmerkung in dem zuletzt besprochenen *Appendix III*: „Diese Theorie über den Ursprung des Eigenthums und folglich der Gerechtigkeit" — sowie den Anfang der dritten Anmerkung: „Eine Trennung des Besitzes... Daher der Ursprung der Gerechtigkeit." (*Phil. Works. Edinb. Vol. IV.* p. 391 u. 393.) Ferner *Treatise of Human Nature. Book III, part II. sect. 2.* (London p. 262 ff. Edinburgh p. 258 ff.)
[3] *Treatise, III. II.* 6, 1.

an: „*Jedem das Seine zu geben,*" als ob sie die einzige wäre und den Gerechtigkeitsbegriff völlig erschöpfte: was für ihn durchaus bezeichnend ist. Denn „die Vorschriften des Rechts sind diese (drei): ehrenhaft zu leben, *den Nächsten nicht zu verletzen*, Jedem das Seine zu geben:"[1] und von diesen drei Vorschriften ist die *zweite* offenbar die wichtigste: den *Nebenmenschen* nicht zu *verletzen!* Denn allem „*Sachen*- und *Obligationen*-Recht" geht das „*Personen*-Recht" voran[2] — Hume aber verfährt, als ob es ein besonderes Personenrecht in der Welt überhaupt nicht gäbe.

Nicht befriedigender ist seine Lehre vom Grunde des Eigenthums selbst: alles und jedes Eigenthum sei künstlichen Ursprungs, „im *Naturzustande* habe es nichts dergleichen gegeben."[3] Hätte auch bei diesem Puncte Hume das Leben unsrer niederen Mitgeschöpfe etwas mehr in Betrachtung gezogen,[4] so wäre seine Lehre hier anders geworden. Das Thier, das seine Höhle, der Vogel, der sein Nest vertheidigt, der Hund, der sich die erworbene Beute nicht rauben lässt — sie alle beweisen, dass den ursprünglichsten Naturverhältnissen der Begriff des Eigenthums nicht fremd ist, dass jene Gegenstände in Wahrheit nicht, wie Hume behauptet,[5] von ihrem Besitzer „gänzlich getrennt und abgesondert" sind, sondern eine natürliche Verbindung zwischen ihnen obwaltet: die Verwendung eigner Thätigkeit und Kraftanstrengung, eigner Arbeit auf sie, und sei es auch die allergeringste. Durch diese Arbeit wird das Object s. z. s. in die Kraftsphäre des Subjects gerückt und gleichsam ein Theil seines Selbst und durch jene Naturfunction des *Resentment* vor allem Angriff beschützt und beschirmt. Hume hätte also bei Erörterung des Eigenthumsrechts, das schon Hutcheson,[6] wenn auch nur aus

---

[1] *Instit. lib. I. tit. I. §. 3: Juris praecepta sunt haec: honeste vivere,* ALTERUM NON LAEDERE, *suum cuique tribuere.*

[2] *ibid. lib. I. tit. III. Omne autem jus, quo utimur, vel ad personas pertinet, vel ad res, vel ad actiones. Et prius de personis videamus.*

[3] *Treatise. III. II,* 3. Schluss.

[4] *Treatise. Book II, part. I. sect. 12 (Phil. W. Edinburgh 1826: Vol. II.* p. 64. London *1874: Vol. II.* p. 119) spricht er den Thieren das Eigenthumsverhältniss ausdrücklich ab.

[5] Vgl. oben S. 70.

[6] Vgl. oben S. 30.

Rücksichten des Nutzens und des Wohlwollens, auf die Arbeit gegründet hatte, dieses Fundament nicht auf *eine* Linie stellen sollen mit der Besitzergreifung, der Verjährung, dem Zuwachs, der Erbfolge (Occupation, Präscription, Accession, Succession). —[1] Dass aber die meisten der thatsächlich vorliegenden, zum grossen Theile so complicirten, Eigenthumsverhältnisse in den civilisirten Staaten ganz von der Entwicklung der positiven Gesetzgebung abhängen und keineswegs ein unmittelbarer Ausfluss natürlicher Beziehungen sind — dies ist eine Wahrheit, die weder neu noch paradox ist und wohl von den Meisten bereitwilligst zugestanden werden wird. —

Der *letzten* Bestimmung seiner Lehre endlich: Gerechtigkeitssinn und Gerechtigkeitsbegriffe haben sich im Laufe der Geschichte fortschreitend entwickelt, dieser Bestimmung[2] wird man sich ohne Zweifel anschliessen müssen; und seine von so ächt geschichtlichem Sinn zeugenden Ansichten von der allmählichen Entwicklung des socialen und politischen Lebens der Menschheit stehen mit der modernen Anschauung in bemerkenswerther Uebereinstimmung.[3]

Zwischen der Tugend der Menschenliebe und des Wohlwollens und der Tugend der Gerechtigkeit besteht ein tiefgehender Unterschied; und diesen nur überhaupt zu erst nachdrücklich hervorgehoben zu haben, ist das Verdienst David Hume's. Die letztere ist eine in ihren Aeusserungen im wesentlichen *negative*, die erstere *positive* Tugend: das hat nicht erst

---

[1] Vgl. *Treatise, III. II, 3*. Hier wird das natürliche Prärogativ der Arbeit mit einigen, sehr wenig stichhaltigen Argumenten abgefertigt und der Begriff der Occupation als der wichtigste hervorgehoben. In der zweiten Darstellung seines Systems bringt Hume die Bedeutung der Arbeit zwar mehr zur Geltung, jedoch auch hier ohne derselben gerecht zu werden.
[2] Vgl. oben S. 68 f.
[3] Vgl. im Schlusscapitel den Abschnitt über Darwin.

ARTHUR SCHOPENHAUER,[1] sondern schon ADAM SMITH[2] geltend gemacht. Aber der Unterschied ist nicht bloss der „zweier deutlich getrennter *Grade*," wie Schopenhauer sagt; sondern er ist ein specifischer, *radicaler*, ganz eigentlich *fundamentaler*: er reicht bis auf das zurück, was dieser Denker das „*Fundament*" nennt: bis auf die ursprünglich zu Grunde liegende psychische Potenz, die nicht bei beiden dieselbe ist — und das hat weder Hume noch Schopenhauer erkannt, wohl aber Smith. Und jene *Positivität* und *Negativität* liegt s. z. s. nicht allein *aussen*, sondern auch *innen*: die beiden psychischen Potenzen sind von specifisch verschiedener Empfindungsqualität: die eine (positive, fördernde, angenehme, weiche, einschmeichelnde, freundliche) gehört nach Spinoza's und Hume's allgemeiner Classificirung unter die Kategorie *Liebe*, die andre (negative, hemmende, unangenehme, harte, strenge, feindliche) unter die Kategorie *Hass*: letztere noch energischer, sollicitirender wirkend, als erstere: der dringenderen Erforderlichkeit des zu Beseitigenden entsprechend.

Man gestatte noch die Anführung einiger Bemerkungen ADAM SMITH'S über den Unterschied zwischen diesen beiden Tugenden. „Wohlthätigkeit," erklärt er,[3] „ist immer frei; sie kann nicht mit Gewalt erzwungen werden; der blosse Mangel derselben macht nicht straffällig, weil der blosse Mangel der Wohlthätigkeit kein reelles positives Uebel stiftet." Wer seinem Wohlthäter nicht in der Noth beisteht, dessen Verhalten wird von Jedem auf das höchste gemissbilligt: „Indessen thut er doch Niemandem einen positiven Schaden; er thut nur nicht das Gute, das er der Billigkeit gemäss thun sollte: er ist der Gegenstand des Hasses, aber nicht der Ahndung, der Rache (*Resentment*): einer Leiden-

---

[1] Vgl. A. SCHOPENHAUER, Die beiden Grundprobleme der Ethik. II. § 6. (WW. IV. Bd. II. S. 136 ff.) Die oberste Moralregel lautet nach ihm: *Neminem laede* (Vorschrift der Gerechtigkeit); *imo omnes, quantum potes, juva* (Vorschrift der Menschenliebe).

[2] Vgl. A. SMITH, *The Theory of Moral Sentiments. Part II, Sect. II, Chap. 1*, in der Londoner Ausgabe von 1875 p. 117: „Blosse Gerechtigkeit ist in den meisten Fällen nur eine *negative* Tugend: sie hält uns nur ab, den Nächsten zu *verletzen*. . . . Wir können oft alle Regeln der Gerechtigkeit erfüllen, wenn wir still sitzen und nichts thun."

[3] *a. a. O. II. V, 1.*

schaft, die eigentlich nur durch solche Handlungen hervorgerufen wird, die dahin gehen, einer bestimmten Person eine reelle und positive Verletzung zuzufügen. Sein Mangel an Dankbarkeit kann daher nicht bestraft werden." „Und hierauf gründet sich jener merkwürdige Unterschied zwischen der Gerechtigkeit und allen anderen socialen Tugenden, der neuerdings von einem Schriftsteller von sehr grossem und originalem Genie[1] besonders geltend gemacht worden ist."

„Der Mensch, welcher nur in Gesellschaft bestehen kann, wurde von der Natur diesem Zustande gemäss gebildet, für den er gemacht war . . . . Die Wohlthätigkeit ist zur Existenz der Gesellschaft weniger wesentlich, als die Gerechtigkeit. Die Gesellschaft kann, obwohl nicht im erfreulichsten Zustande, ohne Wohlthätigkeit bestehen; wo aber Ungerechtigkeit überhand nimmt, da wird sie völlig zerstört . . . . Wohlthätigkeit ist die Verzierung, die das Gebäude verschönert, nicht das Fundament, welches es trägt. Gerechtigkeit dagegen ist der Hauptpfeiler, auf dem der ganze Bau ruht. Wenn dieser weggenommen wird: so muss das grosse, das unermessliche Gebäude der menschlichen Gesellschaft, das Gebäude, welches aufzuführen und zu erhalten in dieser Welt die besondere und theuerste Sorge der Natur, wenn ich so sagen darf, gewesen zu sein scheint — so muss dies Gebäude im Moment in Atome zerfallen. Um daher die Beobachtung der Gerechtigkeit einzuschärfen, hat die Natur der Menschenbrust jenes Bewusstsein der Schuld, jene Schrecken vor der verdienten Strafe eingepflanzt, die auf die Verletzung der Gerechtigkeit folgen, als die grossen Schutzwachen der menschlichen Gesellschaft, den Schwachen zu beschirmen, den Gewaltthätigen zu bändigen und den Schuldigen zu züchtigen."[2] Dieses Schuldbewusstsein nun leitet Smith im wesentlichen aus einer unmittelbaren Sympathie mit dem Rachgefühl des Verletzten ab. Im Schlussabschnitte dieser Schrift werden wir auf seine Theorie der Gerechtigkeit noch näher einzugehen haben. — —

Nach dieser Prüfung der Humischen Gerechtigkeitstheorie

---

[1] offenbar ist Hume gemeint.
[2] a. a. O. II. II, 3.

können wir in unsrer Darstellung seiner Ethik, der Anordnung seiner „Principien der Moral" auch weiterhin folgend, fortfahren.

———

Woher kommt es, dass wir die socialen Tugenden billigen, deren Wesen darin besteht, **Andern nützlich zu sein?** Die Beantwortung dieser Frage: „**Weshalb die Nützlichkeit gefällt,**" ist der nächste Gegenstand seiner Untersuchung.[1] Bevor jedoch unser Denker hierauf näher eingeht, sucht er noch eine Einwendung zu entkräften, die seiner Theorie mehrfach gemacht worden ist. „Deswegen," erklärt er, „weil ein lebloser Gegenstand eben so gut nützlich sein kann wie ein Mensch, brauchen wir uns nicht einzubilden, dass er nach diesem System auch die Benennung *tugendhaft* verdienen müsste. Die durch die Nützlichkeit in diesen beiden Fällen erregten *Gefühle* sind sehr verschieden; und das eine ist mit Zuneigung, Achtung, Billigung u. s. w. gemischt, nicht aber das andre. Aehnlich kann ein lebloser Gegenstand schöne Farben und Proportionen haben, so gut wie eine menschliche Figur. Aber können wir je den ersteren *lieben?* Es giebt eine zahlreiche Classe von Leidenschaften und Gefühlen, deren *einziger, eigenster Gegenstand denkende, vernünftige Wesen* sind, vermöge der ursprünglichen Verfassung unsrer Natur: Und wenn man gleich ebendieselben Eigenschaften auf ein gefühl- und lebloses Wesen überträgt, so werden sie doch nicht mehr dieselben Gefühle erregen."

„Aus der augenscheinlichen Nützlichkeit der socialen Tugenden ist von alten sowohl als neueren Skeptikern ohne Verzug[2] gefolgert worden, dass alle moralischen Unterscheidungen nur der Erziehung zuzuschreiben und durch die Kunst der Staatsmänner zuerst erfunden und sodann aufgemuntert worden seien, um die Menschen lenksam zu machen und ihre natürliche Wildheit und Selbstsucht, die sie zur Gesellschaft untauglich machte,

---

[1] *Section V. Why Utility pleases.*
[2] Vgl. LOCKE, *Essay concerning human understanding. Book I, chap. 3, § 6:* „Tugend wird allgemein gebilligt, nicht weil angeboren, sondern weil vortheilhaft." Desgl. *Book II, chap. 28, § 11.*

zu bändigen. Man muss in der That zugeben, dass dieses Princip der Vorschrift und Erziehung einen hinlänglich mächtigen Einfluss hat, um die Gefühle des Billigens oder Verabscheuens häufig über ihr natürliches Maass hinaus zu vermehren oder zu vermindern, und in besonderen Fällen sogar ohne ein natürliches Princip ein neues derartiges Gefühl zu schaffen, wie aus allen superstitiösen Gebräuchen und Observanzen klar erhellt: aber das alle moralische Neigung oder Abneigung diesen Ursprung habe, wird sicherlich niemals von einem urtheilsfähigen Forscher zugegeben werden. Hätte die Natur keine solche Unterschiede gemacht, die sich auf die ursprüngliche Verfassung und Einrichtung des Gemüthes gründen; so würden die Worte *ehrenhaft* und *schändlich*, *liebenswerth* und *hassenswürdig*, *edel* und *verächtlich* nie in einer Sprache eine Stelle gefunden haben; noch wären die Staatsmänner, wenn sie diese Ausdrücke erfunden hätten, je fähig gewesen, sie verständlich zu machen, oder ihren Zuhörern irgend eine Vorstellung dadurch mitzutheilen. So dass also nichts oberflächlicher sein kann, als dieses Paradoxon der Skeptiker; und es wäre gut, wenn wir in den abstracteren Studien der Logik und Metaphysik den Chicanen jener Secte eben so leicht begegnen könnten, wie in den praktischeren und verständlicheren Wissenschaften der Politik und Moral.[1]

„Man muss also einräumen, dass die socialen Tugenden eine natürliche Schönheit und Liebenswürdigkeit besitzen, welche sie zuerst, *vor aller Vorschrift oder Erziehung*, der Achtung des ununterrichteten Menschen empfiehlt und seine Neigung gewinnt. Und da die Nützlichkeit dieser Tugenden der Hauptumstand ist, aus dem ihr Verdienst stammt; so folgt, dass das Ziel, auf dessen Beförderung sie gerichtet sind, uns auf gewisse

---

[1] Ein aus dem Munde des, oft ohne alle weitere Einschränkung *Skeptiker* genannten Philosophen besonders interessantes Wort! Er war eben auf diesem ganzen Gebiete nichts weniger als ein Skeptiker; seine Ethik ruhte vielmehr auf vollkommener subjectiver Gewissheit, auf tiefster Ueberzeugung — und ein grosser Theil derselben ist ja auch objectiv wohl begründet durch das unerschütterliche Fundament der Natur des Menschen und seiner Welt. Daher wüssten wir auch wenige Werke anzuführen, die ein so wirksames Gegenmittel gegen allen Moral-Skepticismus sind, wie gerade diese Humischen „Principien der Moral."

Weise angenehm sein und sich unsrer natürlichen Neigung bemächtigen muss. Es muss gefallen, entweder aus Erwägungen des Selbstinteresses, oder aus edleren Motiven und Rücksichten.

„Man hat nun oft behauptet, dass, da Jedermann mit der Gesellschaft in engem Zusammenhange steht und die Unmöglichkeit einer Einzelexistenz einsieht, er ebendarum allen jenen Gewohnheiten oder Principien geneigt wird, welche die Ordnung in der Gesellschaft befördern und ihm den ruhigen Besitz einer so unschätzbaren Wohlthat sichern. Eben so sehr, wie wir unser eigenes Wohl und Glück schätzen, eben so sehr müssen wir die Uebung der Gerechtigkeit und Menschenliebe schätzen, durch welche allein die gesellschaftliche Verbindung aufrecht erhalten werden und Jedermann die Früchte gegenseitigen Schutzes und Beistandes geniessen kann."[1] Aber jener Auffassungsweise, welche das Eigeninteresse zum einzigen Fundament der moralischen Distinctionen macht, ist „die Stimme der Natur und der Erfahrung offenbar entgegen:"

„Wir ertheilen tugendhaften Handlungen oft Lob,[2] die in ganz anderen Zeiten und in fernen Ländern gethan worden sind, wobei selbst die äusserste Subtilität der Einbildungskraft keinen Anschein des Selbstinteresses entdecken und keine Verknüpfung unsrer gegenwärtigen Glückseligkeit und Sicherheit mit so weit von uns getrennten Begebenheiten ausfindig machen könnte. Eine hochherzige, eine brave, eine edle That unsers Gegners erzwingt unsern Beifall, während wir erkennen, dass sie in ihren Folgen für unser eigenes Interesse verderblich ist. Wo der Privatvortheil mit der allgemeinen Neigung zur Tugend zusammenwirkt, bemerken wir sogleich die *Mischung* dieser *verschiedenen* Gedanken, welche eine sehr *verschiedenartige* Empfindung und Einwirkung auf's Gemüth haben . . . . Man bilde das Muster eines, aus allen liebenswürdigsten moralischen Tugenden bestehenden, lobenswerthen Charakters; man führe Beispiele an, in denen sie sich auf eine vorzügliche und ausserordentliche Weise offenbaren: und man wird sofort die Achtung und Billigung aller Zuhörer gewinnen, welche gar nicht daran denken, nachzuforschen, zu welcher Zeit und in welchem Lande die Person

---

[1] Dies ist Locke's Lehre (vgl. vorletzte Anm.).
[2] Dieses Argument führte schon Hutcheson an.

lebte, welche diese edlen Eigenschaften besass: was doch vor Allem ein Umstand ist, der für die Selbstliebe oder die Rücksicht für unsre eigne Glückseligkeit von der höchsten Wichtigkeit ist.... *Was ist mir das?* Es giebt wenige Gelegenheiten, wo diese Frage nicht hinpasste; und wenn sie, wie man annimmt, jenen universellen, unfehlbaren Einfluss hätte; so würde sie jede Dichtung und fast jedes Gespräch, die irgendwie Lob oder Tadel von Menschen und Sitten enthielten, zu einer Lächerlichkeit machen. Es ist nur eine schwache Ausflucht, wenn man, durch diese Thatsachen und Gründe in die Enge getrieben, sagen wollte, dass wir uns durch die Einbildungskraft in ferne Zeiten und Länder versetzen und die Vortheile erwägen, welche uns aus jenen Charakteren erwachsen sein würden, falls wir ihre Zeitgenossen gewesen wären und mit ihrer Person Umgang gehabt hätten. Es ist undenkbar, dass eine *wirkliche* Empfindung oder Leidenschaft je aus einem, wie uns bewusst ist, *imaginären* Interesse entspringen könnte; besonders wenn wir noch unser *wirkliches* Interesse dabei im Auge haben, das, wie wir erkennen, von jenem *imaginären* Interesse oft gänzlich unterschieden und demselben sogar zuweilen entgegengesetzt ist. Eben diese Collisionen der selbstischen Interessen mit den moralischen Urtheilen sind aber ein wahres *experimentum crucis*, mit Lord Bacon zu reden, „oder ein solches Experiment, das uns, bei irgend einem Zweifel oder einer Zweideutigkeit, den Weg zeigt, dem wir folgen sollen." Die Stimme unsers Gewissens, mit anderen Worten, collidirt oft genug mit der Stimme des Egoisten in uns; sie kann daher nicht diesem selbst angehören. „Durch alle diese Instanzen gezwungen, müssen wir auf eine Theorie verzichten, welche jedes moralische Gefühl aus dem Princip der Selbstliebe erklärt. Wir müssen eine mehr auf das Allgemeine sich beziehende Neigung annehmen und zugestehen, dass uns die Interessen der Gesellschaft, sogar bloss um ihrer selbst willen, nicht gänzlich gleichgiltig sind."

„Die Nützlichkeit ist angenehm und gewinnt unsern Beifall. Dies ist eine Thatsache, die durch die tägliche Erfahrung bestätigt wird. Aber *nützlich* — für wen oder was? Für Jemandes Interesse, sicherlich. Wessen Interesse also? Nicht unser eigenes allein; denn unser Beifall erstreckt sich oft weiter.

Es muss daher das Interesse derer sein, welchen der gebilligte Charakter oder die Handlung nützlich ist; jene Personen, so können wir schliessen, sind, wie fremd auch immer, uns doch nicht völlig gleichgültig."

„Haben wir denn irgend welche Schwierigkeit, die Kraft der Menschlichkeit und des Wohlwollens zu begreifen? Oder uns vorzustellen, dass der blosse Anblick des Glückes, der Freude, des Wohlseins Lust gewährt, der des Schmerzes, des Leidens, der Sorge Unlust mittheilt? Des Menschen Antlitz, sagt Horaz, borgt Lächeln und Thränen von des Menschen Antlitz:

Uti ridentibus arrident, ita flentibus adflent Humani vultus.

Man versetze einen Menschen in die Einsamkeit, und er verliert allen Genuss, ausser dem von sinnlicher oder speculativer Art; und dies, weil die Bewegungen seines Herzens nicht durch die entsprechenden Bewegungen seiner Mitgeschöpfe gefördert werden. Die Zeichen des Kummers und Trauerns, obgleich willkürlich, machen uns schwermüthig; aber die natürlichen Symptome, Thränen und Schmerzensschreie und Seufzer, verfehlen nie, Mitleid und Unlust einzuflössen. Und wenn uns die *Wirkungen* des Lasters auf so lebhafte Weise berühren, kann man dann annehmen, dass wir gegen ihre *Ursachen* gänzlich fühllos und gleichgültig sind, wenn sich uns ein böser oder verrätherischer *Charakter* und eine solche Handlungsweise darstellt?"

„Es ist unnöthig, unsre Nachforschungen so weit zu treiben, um zu fragen, warum wir Menschlichkeit und Mitgefühl mit Andern[1] haben. Es ist genug, dass sich dieses als ein Princip in der menschlichen Natur erweist. Irgendwo müssen wir in unsrer Causal-Untersuchung innehalten; und es giebt in jeder Wissenschaft einige allgemeine Principien, über welche hinaus wir kein allgemeineres Princip mehr zu finden hoffen können. Kein Mensch ist gegen Glück oder Elend Anderer gänzlich gleichgültig. Jenes hat eine natürliche Tendenz, Lust zu gewähren, dieses, Unlust. Jeder kann dies in sich finden. Es ist nicht wahrscheinlich, dass diese Principien in noch einfachere und universellere aufgelöst werden können, welche Versuche man auch zu diesem Zwecke gemacht haben mag. Aber wenn

---

[1] *humanity or a fellow-feeling with others.*

es auch möglich wäre, so würde es doch nicht zu unserm Gegenstande gehören; und wir können diese Principien hier ohne Gefahr als ursprünglich betrachten: glücklich genug, wenn wir alle ihre Folgen klar und deutlich machen können."

Das Resultat aus allen diesen Erwägungen ist nach unserm Philosophen die Erkenntniss: dass die Sympathie mit Anderer Wohl „das Fundament dieses Haupttheils der Moral ist, der zur Menschheit und unsern Mitgeschöpfen eine Beziehung hat;" mit anderen Worten: die unmittelbare Theilnahme an fremder Glückseligkeit ist die psychologische Wurzel der Billigung, den die Anderen nützlichen Tugenden finden. — Wesen und Wirken der Sympathie nach Hume haben wir schon oben, in der Theorie der Affecte, erörtert; daher wir hier nur darauf Bezug zu nehmen brauchen.

„Wenn ein Mensch (erklärt er weiter), aus einer kalten Unempfindlichkeit oder engherzigen Selbstsucht des Gemüths, von den Bildern menschlichen Glückes und Elends nicht gerührt wird; so muss er auch gegen das Bild der Tugend und des Lasters ebenso [equally] gleichgültig sein: wie man andrerseits stets findet, dass eine warme Theilnahme an den Interessen unserer Gattung von einem zarten Gefühl für alle moralischen Unterschiede, einem kräftigen Unwillen gegen alles, den Menschen angethane Unrecht, einer lebhaften Freude über deren Wohl begleitet ist. Obgleich sich in diesem Puncte ein Mensch dem andern sehr überlegen zeigt; so ist doch keiner gegen das Interesse seiner Mitmenschen so gleichgültig, dass er keine Unterschiede des moralischen Gutes und Uebels bemerken sollte, die aus den verschiedenen Tendenzen der Handlungen und Principien erfolgen."

Reiner, ungemischter Bosheit hält Hume kein Menschenherz für fähig;[1] wäre ein solches Gemüth aber denkbar, dann müssten auch alle seine moralischen Gefühle in das gerade Gegentheil verkehrt sein und das Böse gebilligt, das Gute gemissbilligt werden; dies würde die Empfindungsweise des

---

[1] Selbst HOBBES, der doch den Menschen gewiss nicht als zu gut darstellte, erklärt (im Leviathan, I): „Dass irgend ein Mensch an grossem Leide anderer Lust haben sollte, ohne weiteren Zweck für sich selbst, halte ich nicht für möglich."

bösen Princips der Manichäer sein: „alle Menschen aber gleichen dem guten Princip in so weit, als sie, wo nicht Interesse oder Rachsucht oder Neid ihre Sinnesart verkehren, vermöge ihrer natürlichen Philanthropie stets geneigt sind, dem Glücke der Gesellschaft und folglich der Tugend vor ihrem Gegentheil den Vorzug zu geben."

Allerdings ist für das uns Nahe unsere Sympathie stärker: gerade wie unserm Auge die Dinge, je nach der Entfernung, grösser oder kleiner erscheinen. In beiden Fällen wissen wir aber durch unsern Verstand unser Urtheil zu corrigiren, mit mehr oder minder Erfolg. Und dass unsre engeren Verbindungen mehr Einfluss auf uns haben, als die entfernteren Gesichtspuncte, ist sogar eine weise Einrichtung der Natur, „da sich sonst unsre Neigungen und Handlungen zerstreuen und verlieren würden, in Folge des Mangels an einem passenden, begrenzten Gegenstande."[1]

„In unsern moralischen Bestimmungen oder allgemeinen Urtheilen betrachten wir auch nur die *Tendenzen* der Handlungen und Charaktere, nicht ihre wirklichen zufälligen Folgen. . . ."[2] Aus welchem anderen Grunde sagt man, dass dieser Pfirsichbaum besser als jener andre ist, als weil er mehr oder bessere Frucht trägt? Und würde man ihm nicht dasselbe Lob ertheilen, wenn auch Schnecken oder Ungeziefer die Frucht vor der vollen Reife zerstört hätten? Wird nicht auch in der Moral der Baum an seinen Früchten erkannt? Und können wir nicht in dem einen Falle so gut wie in dem andern zwischen Wesentlichem und Zufälligem unterscheiden?"

Es scheint eine völlig selbstverständliche Anforderung zu sein, dass, wenn man eine Erscheinung erklären will, man zunächst diese zu erklärende Erscheinung selbst auch ganz genau kennen muss und den Thatbestand sorgfältig zu constatiren hat: dass also, wenn man eine Classe geistiger Phänomene

---

[1] Vgl. oben S. 27 HUTCHESON über die moralische Gravitation.
[2] Vgl. oben S. 23 BUTLER über die Gegenstände des Gewissens.

analysiren und erklären will, man vor Allem nahe an dieselben heranzutreten, bez. sich dieselben klar, deutlich, lebhaft zu vergegenwärtigen oder in seinem Bewusstsein zu schaffen hat. Und dennoch ist es in der Philosophie etwas sehr Gewöhnliches, dass man sich mit einer unbestimmten Vorstellung der zu erklärenden Objecte begnügt und dieselben bloss ganz aus der Ferne betrachtet, wobei nur noch einzelne Eigenschaften und gewisse allgemeine Umrisse derselben zu erkennen sind. Diesen Fehler hat nun offenbar auch Hume bei seiner Untersuchung der moralischen Billigung, die der Menschenliebe und Gerechtigkeit gezollt wird, nicht vermieden; und besonders hat er über der Betrachtung der objectiven Seite die der subjectiven vernachlässigt. Wohlwollen und Gerechtigkeit sind Anderen *nützlich;* Wohlwollen und Gerechtigkeit „*gefallen*" — dies ist nach ihm der ganze Thatbestand: die Erklärung, dass dieses *Gefallen* eben einfach eine *Folge* der *Erkenntniss* jener *nützlichen Tendenzen* ist, vermöge der natürlichen *Sympathie* mit Anderer *Wohl* — diese Erklärung lag zu nahe, als dass er nicht darauf hätte kommen sollen. Und in der That, wenn der Thatbestand der wäre, dass bei jeder moralischen Billigung oder Missbilligung einer Disposition oder Handlung eine Perception der nützlichen oder schädlichen Tendenz derselben zu finden wäre, und wenn jenes moralische Gefühl nur einfach ein *Gefallen* oder *Missfallen* wäre: dann ohne Zweifel könnte man Hume's so einfache Erklärung als vollkommen zureichend acceptiren. Allein dies ist der vorliegende Thatbestand nun eben nicht: denn einerseits, wie schon Balfour, einer der ersten Recensenten Hume's, gegen ihn bemerkte,[1] fällen Menschen, die nie eine Ahnung von der „*utilitarischen*" Theorie hatten, doch augenblicklich und ohne Zaudern ein moralisch billigendes oder verwerfendes Urtheil über Charaktere und Handlungen; und andrerseits liegt in den moralischen Gefühlen doch wahrlich mehr, als ein blosses Gefallen- oder Missfallenfinden — so sehr viel mehr, dass ihre Erklärung aus blosser Sympathie mit Andrer Wohl oder Wehe noch fast Niemanden hat befriedigen können. Es giebt ein Wort, das man in Hume's sämmtlichen Werken nicht oft antreffen wird, obwohl es in gewisser Hinsicht das „moralische

---

[1] Vgl. BURTON, *a. a. O.* I. Bd. S. 346.

Vermögen," die *moral faculty* am besten bezeichnet: das Wort heisst *Gewissen*. Butler hatte das Wesen des Gewissens, also den „Thatbestand," von dem wir reden, im allgemeinen recht wohl dargestellt, wenn auch keinen Versuch einer Erklärung gemacht. Er hatte die ganz eigenthümliche Würde und die unmittelbar gefühlte Oberhoheit und Autorität, die diesem „Vermögen" zukommt, hervorgehoben; dessen Forderungen sich dem Gefühl gegenüber als die eines zum Herrschen und Gebieten bestimmten Princips geltend machen: sie treten (um den in der That höchst treffenden Kantischen Ausdruck zu gebrauchen) als *„Kategorische* Imperative" auf. Das liegt unmittelbar in ihrer specifisch eigenthümlichen Empfindungsqualität: welche kein blosses Gefallen und Missfallen, sondern eine höchst energische und intensive, triebförmige *emotion sui generis* ist.[1] Schon die Alten, besonders die Stoiker,[2] nannten es den Gott in unsrer Brust, wegen der, ganz unmittelbar in seiner Gefühlsqualität liegenden, ehrfurchtgebietenden Natur; und die furchtbaren Martern des *strafenden* Gewissens hat die alte Mythologie in den Gestalten der Erinnyen verkörpert. *„Tant est merveilleux l'effort de la conscience!"* ruft Montaigne[3] aus: *„elle nous faict trahir, accuser et combattre nous mesmes, et à faulte de tesmoing estrangier, elle nous produict contre nous, ,Occultum quatiens animo tortore flagellum'."* — Die negative Seite ist auch hier, wie so oft, noch deutlicher als die positive. — Ist es nicht (um uns Hume's eigenen Ausdrucks zu bedienen) ebenso, als ob wir durch die winzigen Räder einer Taschenuhr einen beladenen Lastwagen in Bewegung setzen wollten, wenn wir diese wunderbaren Erscheinungen durch die blosse, relativ so schwache Sympathie mit Andrer Glück oder Elend zu erklären versuchen?

„Die Tugend, d. i. die fest gegründete Gesinnung, seine Pflicht zu thun," sagt selbst Kant,[4] „ist in ihren Folgen auch

---

[1] Vgl. oben S. 21 f.

[2] Z. B. Seneca, *Epist. 41, 1.: Prope est a te Deus, tecum est, intus est. Ita dico, Lucili, sacer intra nos spiritus sedet, malorum bonorumque nostrorum observator et custos: hic prout a'nobis tractatus est, ita nos ipse tractat. Bonus vir sine Deo nemo est. Ille dat consilia magnifica et erecta. In unoquoque virorum bonorum, quis deus, incertum est, habitat.*

[3] Montaigne, *Essais. liv. I. chap. 5.*

[4] Kant, Religion innerhalb der Grenzen der reinen Vernunft. 1. St. Anm. (WW. hg. v. Hartenstein, 1868. VI. Bd. S. 117.)

wohlthätig, mehr wie Alles, was Natur oder Kunst in der Welt leisten mag." Diese *Nützlichkeit* aller wahren Tugenden wird rückhaltlos zugegeben: sie ist gerade das äussere Kriterium derselben; es fragt sich nur, ob wir denn, wie die Theorie Hume's voraussetzt, bei der Bewunderung der hochherzigen That eines braven Mannes nothwendig stets an die *nützlichen Folgen* seines Verhaltens *denken* müssen, ob wir bei der Verachtung der gemeinen Handlung eines Menschen von niedriger Gesinnung immer die Schädlichkeit der Resultate derselben *im Auge* haben, *nur* diese Schädlichkeit bei unserm Abscheu vor lasterhafter Lebensweise: — oder ob nicht vielmehr bei der Betrachtung einer solchen und solchen Handlung oder Gesinnung *unmittelbar* und *momentan* ein gewisses Gefühl der Billigung oder Verwerfung von uns empfunden wird, s. z. s. in uns anspricht oder ausgelöst wird, oft ohne Dazwischenkunft irgend eines Denkprocesses. So hatten SHAFTESBURY und HUTCHESON die in Rede stehende Erscheinung dargestellt, eine weitere Erklärung derselben, d. h. eine Zurückführung derselben auf einfachere und primitivere Elemente aber nicht für möglich gehalten. Eine solche Erklärung wenigstens versucht zu haben, ist HUME sicherlich als Verdienst anzurechnen: aber freilich hatte er sich dieselbe gar zu einfach vorgestellt; und er war dabei in jenem alten Irrthume,[1] das Fundament sogar der lebhaftesten, kräftigsten, unmittelbarsten Gefühle stets in Denkprocessen zu suchen, selbst noch zum Theil befangen.

Alle Sprachen unterscheiden das, was *recht* ist, von dem, was allgemein *nützlich* ist. Daraus folgt nun keineswegs, dass nicht das wirklich Rechte auch das wahrhaft Nützliche sei: aber das folgt doch daraus, dass man mit den beiden Worten zwei *verschiedene* Vorstellungen verbindet; dass, wenn man etwas „recht" nennt, etwas, das geschehen „*soll*", man nicht blos dies *meint*, dass wir es in seinen Folgen für *nützlich* halten. Dieser letztere Ausdruck kennzeichnet die Auffassungsweise und den Gesichtspunct des *Verstandes*, des „*Kopfes*", der die Folgen einer Handlung oder Gesinnung erkennt; der erstere Ausdruck charakterisirt unsre unmittelbare *Gefühlsreaction* gegen die Handlung oder Gesinnung, die *specifische Energie* unsres „*Gewissens*,"

---

[1] Vgl. oben S. 4.

unsres „*Moral Sense*," die *Gefühlsseite*, die Operation des „*Herzens*."
Beides ist aber so verschieden wie Raum und Farbe. Nichts
ist verfehlter und doch nichts häufiger, als diese beiden Auf-
fassungen zu verwechseln oder einander feindlich gegenüber zu
stellen. Und nichts ist wunderlicher, als die Empfindungen
des *Gewissens*, des „*Herzens*" zu *intellectuellen* oder *Vernunft-
Operationen*, also zu *Denkprocessen* zu machen: zu deren Wesen
es doch gerade gehört, „kalt" und ohne merkliche Affection vor
sich zu gehen. Dergleichen konnte wohl einst zu entschuldigen
sein, als „die Wissenschaft der menschlichen Natur erst in ihrer
Kindheit war,"[1] und man alles Specifisch-Menschliche
„*Vernunft*" nannte: unter welchem Worte man eben Alles
befasste, was der Mensch vor den Thieren voraus hat. Der
Mensch ist aber keineswegs nur in intellectueller Hinsicht
höher begabt, als die anderen beseelten Wesen, sondern in
jeder Hinsicht. Die Qualität und die Quantität (wenn der
Ausdruck erlaubt ist) seines Gemüthslebens, die Weite des
Horizontes seines Herzens, der Reichthum und der Vollklang
seiner Gefühlsbesaitung, die Mannichfaltigkeit und die Intensität
seiner Affecte — diese ganze *emotionale*[2] Seite seines Wesens
zeichnet ihn vor den niederen Mitgeschöpfen nicht weniger aus,
als die *intellectuelle* Seite. Das sollte man nie vergessen —
und doch, wie oft wird es vergessen! Und vor Allen hat es
der grösste Denker deutscher Nation ausser Acht gelassen:
welcher auch diese ganze *emotionale* Seite der menschlichen
Natur wegwerfend ihre „Sinnlichkeit" nannte — und nicht bemerkte, das Alles, was *gross*, was *erhaben*, was *würdevoll*, was
gut, was *edel*, was *sittlich-schön* ist, gerade durch diese emotio-

---

[1] Vgl. Adam Smith oben S. 6.

[2] Hierbei gestatte man die Bemerkung, dass es verfehlt sein und
sogar den Anschein haben würde, als wolle man absichtlich irre führen,
wenn man die hier vertretene moralphilosophische Auffassungsweise, welche
zu der rationalistischen oder, schärfer ausgedrückt, intellectualistischen im
Gegensatze steht, *sensualistisch* nennen wollte; und dass es gesucht zwei-
deutig sein würde, wenn man sie als *sentimentalistisch* bezeichnen wollte.
Man mag sie *emotionalistisch* nennen und ihre Anhänger *Emotionalisten*,
wenn man solche summarische Benennungen liebt. Uebrigens hat Kant aber
sehr Recht, wenn er erklärt, dass „Namen, welche einen Sectenanhang
bezeichnen, zu aller Zeit viel Rechtsverdrehung bei sich geführt haben,
ungefähr so, als wenn Jemand sagte: N. ist ein Idealist." (Kr. d. p. V. Vorr.)

nale oder Gefühlsseite des Menschen erkannt, empfunden, verehrt und gepriesen wird!

Wenn alles moralische Billigen oder Missbilligen bloss in der Sympathie mit Anderer Glück oder Unglück wurzelte, dann freilich würde, wie Hume behauptet,[1] aus einer „kalten Unempfindlichkeit" des Temperaments, aus einer sehr geringen affectiven Theilnahme an Anderer Wohl oder Wehe eine ebenso (*equally!*) schwache Energie der moralischen Gefühle sich ergeben. In der That nun wäre eine solche Gemüthsbeschaffenheit (gleichviel, woher sie stamme) wahrlich kein Vorzug, sondern ein entschiedener Fehler; und KANTS „*Apotheose der Lieblosigkeit,*" seine in der That „*das echte moralische Gefühl empörende Behauptung:*"[2] dass natürliches Wohlwollen (das man doch recht eigentlich den *guten Willen*, die *Güte der Gesinnung*, die *Herzensgüte* nennen muss!) „keinen wahren sittlichen Werth habe, sondern mit anderen Neigungen zu gleichen Paaren gehe," — dass der „sittliche Gehalt" der Handlungen ganz allein darin bestehe, sie „nicht aus Neigung, sondern aus Pflicht zu thun," — dass, wenn Jemand, dem „die Natur überhaupt wenig Sympathie in's Herz gelegt hätte, und der von Temperament *kalt und gleichgültig gegen die Leiden Anderer wäre*" und „nicht eigentlich zum Menschenfreunde gebildet," derselbe moralisch nicht weniger Werth haben würde, als der zum Menschenfreund Geborene, indem „gerade da der Werth des Charakters anhebt," wenn man wohlthut, „nicht aus Neigung, sondern aus Pflicht:"[3] — diese beklagenswerthe, durch die Consequenz des Systems herbeigeführte *Verirrung* des grossen Mannes zu beschönigen, ist nicht unsere Absicht. Aber *das* lehrt doch die Erfahrung, dass die Energie und die Richtigkeit des moralischen Urtheils nicht im gleichen Grade mit der Energie der Sympathie zu- oder abnimmt. Hume hat den Einfluss der Erziehung unterschätzt, wie er in der Lockischen Lehre überschätzt worden war.

Dass Hume Wesen und Wirkungen der moralischen Erziehung nicht näher untersucht hat, ist überhaupt ein Mangel seines Systems; ein Mangel, aus dem einige Fehler desselben

---

[1] oben S. 92.

[2] SCHOPENHAUERS nicht zu strenges Urtheil über die betreffende Kantische Verirrung. (WW. IV. Bd. II. S. 134.)

[3] Grundlegung zur Metaphysik der Sitten. I. Abschn. WW. IV. 246.

folgen: und besonders diese unzureichende Erklärung der moralischen Gefühle. Er hatte die thatsächlich grosse Macht der Erziehung, wie sie mit besonderer Evidenz aus den „superstitiösen Gebräuchen und Observanzen" erhellt,[1] anerkannt: um so mehr hatte er Anlass, die Erziehung, durch welche die Erfahrungen und die Errungenschaften von Jahrtausenden des menschlichen Gesammtlebens dem einzelnen werdenden Menschen übermittelt werden, soweit dies nicht schon durch die Vererbung geschieht, einer eindringenden *philosophischen* Untersuchung zu unterwerfen; wobei ihm seine eigene Lehre von den *Associationen der Affecte* sehr erspriessliche Dienste geleistet haben würde.

Dagegen wird Hume von dem Vorwurf, den FERGUSON[2] und Andere ihm gemacht haben, gar nicht getroffen. „Weder der private noch der öffentliche *Nutzen*," erklärt dieser, „kann das Phänomen der moralischen Billigung erklären. In der That ist allein schon der Versuch, den ein tugendhafter Mann macht, um seinen Freund oder sein Vaterland zu retten, ein Gegenstand der moralischen Achtung; nicht nur, wenn sein Plan gescheitert ist, sondern auch wenn das Resultat für ihn oder für die Andern unheilvoll war. Derjenige, welcher bei dem Versuche, seinen Freund zu retten, umkommt, der, welcher unter den Ruinen seines Vaterlandes begraben wird, indem er es vertheidigt, erhält sicherlich die moralische Billigung nicht weniger, als der in seiner Unternehmung Glücklichste." Aber Hume hat auch nichts dem Widersprechendes gelehrt. Im Gegentheil schärft er jene, schon von SHAFTESBURY[3] in der Wissenschaft zur Geltung gebrachte Erkenntniss sehr nachdrücklich ein: dass der Gegenstand des moralischen Urtheils ganz allein die einer Handlung zu Grunde liegende *Gesinnung* ist, dass es moralisch nur auf die *Motive* des Handelns ankommt, nicht auf die zufälligen Folgen. „Wenn eine Handlung tugendhaft oder lasterhaft sein soll," erklärt er, „so ist dies nur als ein Zeichen einer Eigenschaft oder des Charakters. Sie muss von dauernden Principien des Geistes abstammen, die sich über

---

[1] oben S. 88, vgl. auch das Ende des III. Theils der Ethik Spinoza's.
[2] ADAM FERGUSON, *Principles of moral and political science.* II. 2, 3.
[3] vgl. oben S. 18; vgl. auch S. 23 Butler.

das ganze Verhalten verbreiten und in den persönlichen Charakter eingehen. Thaten an sich selbst, nicht aus einem beständigen Princip hervorgehend, werden in der Moral nie betrachtet. Diese Reflexion . . . ist von der äussersten Wichtigkeit . . . Handlungen sind in der That bessere Anzeichen eines Charakters, als Worte, oder selbst Wünsche und Gefühle: aber nur so weit sie solche *Anzeichen* sind, werden sie von Liebe oder Hass, Lob oder Tadel begleitet."[1] Und noch soeben[2] haben wir gesehen, dass man ihm zu Folge „in unsern moralischen Bestimmungen nur die *Tendenzen* der Handlungen und Charaktere betrachtet, nicht ihre wirklichen zufälligen Folgen." Und in seinem interessanten Briefe an Francis Hutcheson vom 17. September 1739[3] bemerkt er: „Handlungen sind tugendhaft oder lasterhaft nur in so fern, als sie Beweise gewisser Eigenschaften oder dauernder Principien des Gemüths sind. Nun bitte ich Sie, in Erwägung zu ziehen, ob es irgend eine Eigenschaft giebt, die tugendhaft ist, ohne eine Tendenz zum Wohle des Allgemeinen oder der sie besitzenden Person zu haben. Ich wünsche, Sie möchten nur die *Tendenzen* der Eigenschaften erwägen, nicht ihre gelegentlichen Wirkungen, welche vom Zufall abhängen. Brutus verstärkte durch seine Opposition noch die Ketten Roms; aber die natürliche Tendenz seiner edlen Gemüthsverfassung, seines Gemeinsinns, seiner Hochherzigkeit, war es, die Freiheit Roms zu gründen."

Diese Erkenntniss, dass der Gegenstand des moralischen Urtheils ganz allein die den Handlungen zu Grunde liegenden **Eigenschaften des Willens und Charakters, die Gesinnungen** sind und nur durch diese die Handlungen moralische Bedeutung erhalten, — dass man also stets von den *opera operata* auf die

---

[1] *A Treatise of Human Nature. Book III. Part III. Sect. 1: If any action be either virtuous or vicious, it is only a sign of some quality or character. It must depend upon durable principles of the mind, which extend over the whole conduct, and enter into the personal character. Actions themselves, not proceeding from any constant principle, are never considered in morality. This reflection . . . is of the utmost importance . . . Actions are, indeed, better indications of a character than words, or even wishes and sentiments; but it is only so far as they are such indications, that they are attended with love or hatred, praise or blame.*

[2] S. 93.

[3] Vgl. Burton, a. a. O. I. Bd. S. 115.

Motive zurückgehen muss, — und dass wir nicht moralisch urtheilen können, wenn der Wille und Charakter des Menschen durch irgend welche Hemmungen *gehindert* war, sich seinem *Wesen* gemäss zu *äussern:* — dieser Gedanke allein ist der Kern von Wahrheit, der hinter dem dichten mystischen Nebel verborgen liegt, mit dem besonders Theologen und deutsche Philosophen den Begriff der Freiheit[1] umgeben haben.

Was Hume endlich gegen die Herleitung der moralischen Urtheile und Gefühle aus Erwägungen des Interesses sagt, wird Aller Beifall finden.

Wir haben an der Hand Hume's die Untersuchung derjenigen Tugenden beendigt, deren wesentlichstes Merkmal es ist, Anderen nützlich zu sein. Allein sind dies alle Tugenden? Verdient keine andere geistige Eigenschaft diesen ehrwürdigen Namen? Hutcheson hatte dies behauptet: alle übrigen Trefflichkeiten dürfen wir nach ihm nur als natürliche Anlagen, Vermögen, Fähigkeiten, Talente (*natural abilities*) bezeichnen,[2] nicht aber als „Tugenden;" da sie zwar unsern Beifall, jedoch nicht unsere moralische Billigung finden. Diese Unterscheidung der eigentlichen Tugenden von den Vorzügen und Trefflichkeiten des Geistes überhaupt, als eine besondere Art dieser Trefflichkeiten, und die dem entsprechende Aussonderung des moralischen Billigens aus dem Schätzen, Vorziehen, Gefallen-Finden überhaupt, — mit anderen Worten, die Geltendmachung des Gedankens, dass eine *differentia specifica* der Tugend und den durch sie erweckten Urtheilen und Affecten eigen ist, welche sie vor allen übrigen Arten desselben *genus* (geistiger Trefflichkeiten und Beifall-Erhaltens überhaupt) anszeichnet: — diese Bestimmung war an sich sehr richtig und werthvoll, so fremd sie auch den meisten Alten war. Indessen die speciellere Anwendung dieses Gedankens war bei Hutcheson keine glück-

---

[1] Vgl. in des Vfs. Philosophischen Consequenzen der Lamarck-Darwin'schen Entwicklungstheorie (Leipzig, 1876) S. 43 ff. die Erörterungen über diesen Begriff.

[2] Vgl. oben S. 28.

liche und entsprach nicht der hier entscheidenden Beobachtung und Erfahrung. Haben wir denn wirklich nur gegen ungerechte und lieblose Charaktere oder Handlungen das Gefühl der moralischen **Verachtung** und **Verabscheuung**? [denn die *negative* Seite der Sache ist hier, wie oft, noch deutlicher, als die positive.] Wird der Trunkenbold nicht unmittelbar wegen dieses „Lasters" der Trunksucht an sich selbst von uns verachtet, ganz abgesehen davon, ob er dabei noch den Gesetzen der Gerechtigkeit und Menschenliebe entgegenhandelt? Kurz, werden nicht auch alle jene Vernachlässigungen der sogenannten *„Pflichten gegen sich selbst"*[1] von uns moralisch gemissbilligt? Es ist ja vollkommen wahr, dass auch hier im Grunde eine Beziehung auf Andere bleibt: aber diese Beziehung haben wir bei unserm Tadel nicht nothwendig im Auge; und wir verachten z. B. den dem Trunke Ergebenen nicht nur deshalb, weil in seinem Charakter die wohlwollenden Affecte oder der Gerechtigkeitssinn zu schwach entwickelt sind. Und gewinnt andrerseits ein ausserordentlicher Beweis von Selbstbeherrschung, von Muth, von Energie des Willens nicht unsre moralische Achtung? Hatten denn die Alten, zumal die Stoiker, einen ganz und gar verkehrten *Moral Sense*, als sie gerade diese „*Tugenden*" so enthusiastisch priesen und erhoben? Damit soll gar nicht geläugnet werden, dass Gerechtigkeit und Menschenliebe, welche allein den guten Gebrauch auch dieser Vorzüge garantiren, die höchsten Tugenden sind; sondern wir wollen nur auch jenen andern Willens- oder Charakter-Trefflichkeiten diesen Ehrennamen nicht absprechen.

Hutcheson war es, den Hume von allen seinen englischen Vorgängern am meisten benutzte oder doch im Auge hatte: und so sind auch die nun folgenden Abschnitte seines Moralwerks als eine bewusste Reaction gegen dessen soeben erwähnte Bestimmung anzusehen: und wie es in den Oscillationen oder der Spirale des geschichtlichen Entwicklungsganges der Philosophie so oft geschieht, so ging auch hier jener Rückschlag über die Linie des Wahren weit hinaus — von dem einen Extrem in's andre Extrem.

---

[1] eine sehr unpassende Bezeichnung, die aber einen ganz richtigen Gedanken ausdrückt.

„Nichts ist bei den Philosophen gewöhnlicher," so beginnt Hume den Abschnitt, der über die „uns selbst nützlichen Eigenschaften"[1] handelt, „als dass sie in das Gebiet der Grammatiker hinüberschweifen und sich in Wortstreitigkeiten einlassen, während sie sich einbilden, Controversen von der höchsten Bedeutung und Wichtigkeit zu behandeln.[2] Um so eiteln und endlosen Streit zu vermeiden, bestrebte ich mich, den Gegenstand unsrer gegenwärtigen Untersuchung mit der äussersten Vorsicht festzustellen, und setzte mir nur vor, einerseits ein Verzeichniss derjenigen geistigen Eigenschaften zusammenzustellen, die der Gegenstand der Liebe oder Achtung sind und einen Theil des persönlichen Verdienstes ausmachen; und andrerseits einen Catalog der Eigenschaften, die der Gegenstand des Tadels oder Vorwurfs sind und den Charakter der mit denselben behafteten Person beeinträchtigen; indem ich einige Reflexionen über den Ursprung dieser Gefühle und Urtheile des Lobes oder Tadels beifügte. In allen Fällen, wo die geringste Bedenklichkeit entstehen konnte, vermied ich die Ausdrücke *Tugend* und *Laster;* da einige der Eigenschaften, welche ich unter die Gegenstände des Lobes classificirte, in der englischen Sprache mehr die Benennung *talents* (Talente, Natur-

---

[1] *Section VI. Of qualities useful to ourselves.* — Die hier bis S. 110 folgenden Erörterungen bildeten in den beiden ersten Ausgaben den ersten Theil dieser *Section VI;* in den späteren sind sie, als *Appendix IV, of some verbal disputes,* „über einige Wortstreitigkeiten", dem Werke angehängt worden.

[2] Die ersten Ausgaben hatten statt der nun folgenden Stelle (bis S. 105 „es scheint gewiss") diese kürzere: „So, wenn wir hier behaupten oder läugnen wollten, dass alle löblichen Eigenschaften des Geistes als Tugenden oder moralische Attribute zu betrachten seien (*that all laudable qualities of the mind were to be considered as virtues or moral attributes*); so würden Viele denken, dass wir uns mit einer der tiefsten Speculationen der Ethik befasst hätten; obwohl es doch wahrscheinlich ist, dass sich der grösste Theil des Streites die ganze Zeit über als blosser Wortstreit erweisen würde. Um daher alle kleinlichen Subtilitäten und Zänkereien so viel als möglich zu vermeiden, werden wir uns mit der Bemerkung begnügen, dass erstens im gemeinen Leben die Gefühle des Tadelns oder Billigens, welche von geistigen Eigenschaften jeder Art hervorgerufen werden, einander sehr ähnlich sind; und dass zweitens alle alten Moralisten, die besten Muster, bei ihrer Erörterung wenig oder keinen Unterschied zwischen ihnen machten."

gaben) erhalten, als die *virtues* (Tugenden); so wie einige der tadelhaften Eigenschaften oft lieber *defects* (Mängel, Fehler) genannt werden, als *vices* (Laster). Man kann nun vielleicht erwarten, dass wir die einen genau von den anderen scheiden, die Grenzen zwischen Tugenden und Talenten, Lastern und Fehlern scharf bestimmen und den Grund und Ursprung dieser Unterscheidung erklären sollten. Um mir aber diese Untersuchung zu ersparen, welche sich zuletzt nur als eine grammatische Untersuchung ausgewiesen haben würde, will ich die vier folgenden Reflexionen hinzufügen, welche alles enthalten, was ich über das gegenwärtige Sujet zu sagen gedenke.

„Erstens finde ich nicht, dass in der englischen oder einer anderen neueren Sprache die Grenzen zwischen Tugenden und Talenten, Lastern und Fehlern genau festgestellt sind, oder dass eine genaue Definition von der einen, als durch entgegengesetzte Eigenschaften von der andern unterschieden, gegeben werden kann. Wollten wir z. B. sagen, dass allein die schätzenswerthen Eigenschaften, welche freiwillig sind, auf die Benennung *Tugenden* Anspruch haben; so würden wir uns bald der Eigenschaften des Muths, des Gleichmuths, der Geduld, der Selbstbeherrschung nebst vieler anderen erinnern, welche fast jede Sprache unter diese Benennung bringt, obgleich sie wenig oder gar nicht von unserer Wahl abhängen. Sollten wir behaupten, dass nur die Eigenschaften, welche uns dazu bestimmen, unsre Pflichten der Gesellschaft gegenüber zu erfüllen, zu jener ehrenvollen Auszeichnung berechtigt sind; so muss es uns sogleich einfallen, dass diese in der That die schätzenswerthesten Eigenschaften sind und gewöhnlich die *socialen* Tugenden genannt werden; aber dass eben dieses Epitheton auch voraussetzt, dass es noch Tugenden andrer Art giebt. Sollten wir die Unterscheidung zwischen *intellectuellen* und *moralischen* Ausstattungen benutzen und behaupten, dass die letzteren allein die wahren und ächten Tugenden sind, weil sie allein zur Handlung führen; so würden wir finden, dass viele der Eigenschaften, die man gewöhnlich intellectuelle Tugenden nennt, wie Klugheit, Scharfsinn, Unterscheidungskraft, auch einen beträchtlichen Einfluss auf das Handeln hätten. Die Unterscheidung zwischen *Kopf* und *Herz* kann auch angenommen werden: die Eigenschaften des ersteren können als solche definirt werden, welche bei ihrer unmittelbaren Wirksamkeit mit einem Gefühl, einer Empfindung verbunden sind; und diese allein mögen die ächten Tugenden genannt werden: Aber Fleiss, Genügsamkeit, Mässigkeit, Verschwiegenheit, Beharrlichkeit und viele andere lobenswerthe Kräfte und Gewohnheiten, die allgemein Tugenden genannt werden, äussern sich ohne eine unmittelbare Empfindung in der sie besitzenden Person und werden von derselben nur aus ihren Wirkungen erkannt. Zum Glück ist bei all' dieser anscheinenden Verlegenheit die Frage eine rein verbale und daher unmöglich von irgend welcher Wichtigkeit. Eine moralphilosophische Abhandlung braucht nicht auf alle jene Launen (*caprices*) der Sprache einzugehen, welche in verschiedenen Dialekten und in verschiedenen Zeitaltern desselben Dialekts so veränderlich sind. Aber Alles in Allem scheint es mir, dass, obwohl es stets eingeräumt wird, dass es Tugenden von mehreren verschiedenen Arten giebt, wir doch, wenn ein Mann *tugendhaft* oder ein Mann *von Tugend* genannt wird, hauptsächlich seine socialen Eigenschaften berücksichtigen, welche in der That die werthvollsten sind. Zugleich ist es gewiss, das ein merklicher Mangel an Muth, Mässigkeit, Sparsamkeit, Fleiss, Verstand, Würde des Geistes selbst einen sehr gutherzigen, rechtschaffenen Mann dieser ehrenvollen Benennung berauben würde. Wer sagte je, ausser ironisch, dass der und der ein Mann von grosser Tugend wäre, aber ein Erzdummkopf?

„Aber es ist auch kein Wunder, dass die Sprachen in der Bezeichnung der Grenzen zwischen Tugenden und Talenten, Lastern und Fehlern nicht sehr genau sind, da bei unsrer innerlichen Achtung derselben ein so geringer Unterschied gemacht wird. Es scheint in der That gewiss, dass das Gefühl bewussten Werthes, die Selbstbefriedigung, welche aus der Betrachtung des eigenen Charakters oder Handelns hervorgeht, — es scheint gewiss, sage ich, dass dieses Gefühl, welches, obwohl von allen das gewöhnlichste, in unserer Sprache keinen eigenen Namen hat,[1] aus der Begabung mit Muth und Fassungskraft,

---

[1] „Der Ausdruck Stolz (*pride*) wird gewöhnlich in einem schlechten Sinne genommen; aber dies Gefühl erscheint indifferent, und kann gut oder schlecht sein, je nachdem es gut oder schlecht begründet ist, und je nach den anderen begleitenden Umständen. Die Franzosen drücken dies Gefühl durch das Wort *amour-propre* aus; aber da sie auch die Selbst-

Fleiss und Scharfsinn eben so wohl entsteht, als aus irgend welchen anderen geistigen Trefflichkeiten. Wer andrerseits fühlt sich nicht tief niedergedrückt und gedemüthigt, wenn er an seine eigenen Thorheiten oder Ausschweifungen denkt, und fühlt nicht einen geheimen Stachel oder Stich, wenn er sich eines vergangenen Vorfalls wiedererinnert, wobei er sich thöricht oder ungesittet benahm? Keine Zeit kann jene grausamen Vorstellungen des eigenen schlechten Betragens auslöschen, oder des Schimpfes, welche ihm Feigheit oder Unverschämtheit zugezogen hat. Immer wieder erscheinen sie ihm in seinen einsamen Stunden, schlagen seine hochstrebendsten Gedanken nieder und zeigen ihn sogar sich selbst in den denkbar verächtlichsten und hässlichsten Farben. Und was auch verbergen wir ängstlicher vor Anderen, als solche Fehler und Schwächen, und wegen welcher fürchten wir Spötterei und Satire mehr? Und ist der Hauptgegenstand unsrer Eitelkeit nicht unsre Tapferkeit oder Gelehrsamkeit, unser Witz und unsre gute Erziehung, unsre Beredtsamkeit oder Gewandtheit, unser Geschmack oder unsre Geschicklichkeit? Diese entfalten wir mit Sorgfalt, wenn nicht mit Ostentation, und beweisen gewöhnlich mehr Ehrgeiz, in ihnen zu excelliren, als sogar in den socialen Tugenden selbst, die doch in Wirklichkeit von so weit höherer Trefflichkeit sind."

„Es ist schwer zu sagen, ob man dem Charakter eines Mannes mehr schadet, wenn man ihn einen Schurken, als wenn man ihn einen Feigling nennt, und ob ein viehischer Fresser und Säufer nicht eben so verhasst und verächtlich ist, wie ein selbstsüchtiger, gemeiner Geizhals. Wenn man mir die Wahl lässt, so würde ich für mein eigen Glück und Zufriedenheit lieber ein menschenfreundliches Herz besitzen, als alle die anderen Tugenden eines Demosthenes und Philipp zusammengenommen: aber in der Welt würde ich lieber für einen Mann von umfassendem Geiste und unerschrockenem Muthe gelten wollen und würde deretwegen grössere Beweise allgemeinen Beifalls oder der Bewunderung erwarten."

---

liebe sowohl als die Eitelkeit mit demselben Ausdrucke bezeichnen, so entsteht daraus eine grosse Verwirrung bei Rochefoucauld und vielen ihrer Moralschriftsteller."

„Worüber können wir hier also streiten? Wenn Verstand und Muth, Mässigkeit und Fleiss, Witz und Wissen anerkanntermassen einen beträchtlichen Theil des persönlichen Verdienstes ausmachen; wenn ein mit ihnen begabter Mann mehr Selbstbefriedigung in sich fühlt und auch auf das Wohlwollen, die Achtung und die Dienste Anderer mehr Anspruch hat, als die, welchen dieselben gänzlich fehlen; kurz, wenn die Gefühle ähnlich sind, die aus diesen Gaben und aus den socialen Tugenden entspringen: giebt es dann irgend einen Grund, weshalb wir so äusserst peinlich wegen eines Wortes sein und zweifeln sollten, dass sie auf den Namen Tugend Anspruch haben? Man kann in der That behaupten, dass das Gefühl der Billigung, welches diese Vorzüge hervorrufen, ausserdem, dass es geringer (*inferior*) ist, auch etwas verschieden von dem ist, welches den Tugenden der Gerechtigkeit und Menschenliebe folgt. Aber dies scheint doch kein hinlänglicher Grund zu sein, um sie gänzlich unter verschiedene Classen und Benennungen zu bringen. Der Charakter Cäsar's und der Cato's, wie sie Sallust darstellt, sind beide tugendhaft, im genauesten und engsten Sinne des Wortes; aber auf verschiedene Weise: und auch die Gefühle, welche durch sie hervorgerufen werden, sind nicht gänzlich dieselben. Der eine erweckt Liebe, der andre Achtung; der eine ist liebenswürdig, der andre ehrwürdig: wir würden wünschen, den einen Charakter in einem Freunde zu treffen; in den anderen würden wir für uns selbst unsere Ehre setzen. Aehnlich kann auch die Billigung, welche die natürlichen Talente oder Mässigkeit oder Fleiss begleitet, etwas von derjenigen verschieden sein, welche den socialen Tugenden gezollt wird, ohne dass sie dadurch von ganz andrer Art wird. Und in der That können wir ja auch bemerken, dass diese natürlichen Fähigkeiten nicht in höherem Grade, als die anderen Tugenden, sämmtlich dieselbe Art der Billigung hervorrufen. Verstand und Geist erregen Achtung und Ansehen; Witz und Laune Liebe und Neigung. — — In dieser ganzen Untersuchung erwägen wir stets nur ganz allgemein, welche Eigenschaften Gegenstand des Lobes oder Tadels sind, ohne in all' die minutiösen Differenzen des Gefühls einzugehen, welche sie hervorbringen."

„Welchen Anspruch auf unsern edelmüthigen Beistand

oder unsre guten Dienste hat ein Mann, der sein Vermögen in verschwenderischem Aufwand, eitlen Vergnügungen, chimärischen Projecten, ausschweifenden Genüssen oder hohem Spiel durchgebracht hat? Diese Laster (denn wir tragen kein Bedenken, sie so zu nennen) ziehen Jedem, der sich ihnen ergiebt, Elend ohne Erbarmen und Verachtung zu!"

Hume beruft sich auf die Alten, auf Cicero, auf Aristoteles: „Wir brauchen nur die Capitelüberschriften in Aristoteles' Ethik zu lesen, um uns zu überzeugen, dass er Muth, Mässigkeit, Seelengrösse, Klugheit und eine männliche Freiheit eben so gut zu den Tugenden rechnete, wie Gerechtigkeit und Freundschaft. *Sustinere* und *abstinere (to sustain and to abstain),* das heisst, zu ertragen und sich zu enthalten, erschien einigen Alten als der summarische Inbegriff aller Moral. Epiktet hat das Gefühl der Menschenliebe und des Mitleids kaum je erwähnt, als nur um seine Schüler zu ermahnen, vor derselben auf der Hut zu sein. Die Tugend der Stoiker scheint hauptsächlich in einer festen Gemüthsverfassung und gesundem Verstande zu bestehen. Bei ihnen, wie bei Salomo und den Moralisten des Ostens, bedeuten Thorheit und Weisheit, und Tugend und Laster ebendasselbe. Die Menschen werden dich preisen, sagt David,[1] wenn du dir selbst wohl thust. Ich hasse, sagt der griechische Dichter (Euripides), einen Weisen, der nicht für sich selbst weise ist. Plutarch ist in seiner Philosophie eben so wenig wie in seiner Geschichte durch Systeme eingezwängt. Wenn er die grossen Männer Griechenlands und Roms vergleicht, so stellt er ihre Fehler und Vorzüge jeder Art einander gegenüber und lässt nichts Erhebliches aus, das ihre Charaktere entweder verkleinern oder vergrössern kann. Seine Moralwerke enthalten dasselbe freie und natürliche Urtheil über Menschen und Sitten." Hume führt nun noch die in demselben unbefangenen Geiste verfassten Charakteristiken Hannibal's, Alexander's des Sechsten und Agathokles' von Livius, Guiccardin und Polybius an, und schliesst mit den Worten: „Im allgemeinen können wir bemerken, dass die Unterscheidung zwischen freiwillig und unfreiwillig von den Alten in ihren Moralschriften wenig beachtet wurde, in welchen sie die Frage, *ob die Tugend*

---

[1] 49. Psalm.

gelehrt werden könnte oder nicht, häufig als sehr zweifelhaft behandelten. Sie meinten mit Recht, dass Feigheit, Niedrigkeit, Leichtsinn, Aengstlichkeit, Thorheit und viele andere Eigenschaften des Geistes lächerlich, hässlich und verächtlich erscheinen könnten, wenn sie auch vom Willen unabhängig wären. Und man konnte auch nicht annehmen, dass es jedem Menschen zu jeder Zeit eher möglich sei, alle Arten der geistigen, als der äusseren Schönheit zu erwerben.

„Und hier haben wir auch den Grund anzudeuten, warum die neueren Philosophen in ihren Moraluntersuchungen oft einen Weg eingeschlagen haben, der von dem der Alten so verschieden ist. In neueren Zeiten ist Philosophie aller Art, besonders aber die Ethik, mit der Theologie enger verbunden gewesen, als es je unter den Heiden der Fall war; und da diese letztere Wissenschaft keine Vertragsbedingungen gelten lässt, sondern jeden Zweig des Wissens zu ihrem eignen Zwecke beugt, ohne viel Rücksicht zu nehmen auf die Phänomene der Natur oder die unbefangenen Gefühle des Gemüths; so ist das Denken und selbst die Sprache von ihrem natürlichen Wege abgelenkt worden, und man hat Distinctionen aufzustellen gesucht, wo der Unterschied des Gegenstandes gewissermassen unmerklich war. Philosophen, oder vielmehr Theologen unter jener Maske,[1] mussten, da sie die Moral auf gleiche Art wie das bürgerliche Recht behandelten, das durch Lohn und Strafe bekräftigt und gehütet wird, nothwendig dazu hingeführt werden, diesen Umstand des *Freiwilligen* oder *Unfreiwilligen* zum Fundament ihrer ganzen Theorie zu machen. Jedermann mag die Worte in beliebigem Sinne anwenden: dies jedoch muss dabei zugegeben werden, dass man alltäglich beobachtet, wie Urtheile und Gefühle des Tadels oder Lobes Gegenstände betreffen, welche nicht in dem Gebiete des Willens und der Wahl liegen, und von denen eine ausreichende Theorie oder Erklärung zu geben, uns, wenn nicht als Moralisten, so doch wenigstens als speculativen Philosophen, obliegt.

„Ein Mangel, ein Fehler, ein Laster, ein Verbrechen, diese Ausdrücke scheinen verschiedene Grade des Tadels oder der Missbilligung zu bezeichnen, die aber im Grunde so ziemlich

---

[1] *Philosophers, or rather divines under that disguise.*

von derselben Art sind. Die Erklärung des einen wird uns leicht zu einem richtigen Begriff von dem anderen führen; es kommt mehr darauf an, uns an die Dinge, als an die Namen zu halten. Dass wir gegen uns selbst eine Pflicht haben, wird selbst in den gewöhnlichsten Moralsystemen eingeräumt; und es muss von Belang sein, jene Pflicht zu untersuchen, um zu sehen, ob sie mit der gegen die Gesellschaft einige Verwandtschaft hat. Es ist wahrscheinlich, dass die, beider Beobachtung folgende Billigung von ähnlicher Natur ist und aus ähnlichen Principien entsteht, welche Benennungen wir jeder dieser Trefflichkeiten auch geben mögen." —[1]

„Da nun die aus diesen Tugenden fliessenden Vortheile durch die jenen Charakter besitzende Person genossen werden, so kann es niemals die Selbstliebe sein, welche uns, den Zuschauern, den Anblick derselben angenehm macht und unsre Achtung und Billigung erweckt. Keine Kraft der Einbildung kann uns in eine andre Person verwandeln und uns glauben machen, dass wir nun, als jene Person, von jenen schätzbaren Eigenschaften, welche derselben angehören, Gewinn erzielen. Oder wenn die Einbildungskraft dies auch vermöchte, so würde doch alle ihre Schnelligkeit uns nicht augenblicklich in uns selbst zurückversetzen können und uns die Person, als von uns verschieden, lieben und achten lassen. Gedanken und Gefühle, die der erkannten Wahrheit und einander selbst so entgegen sind, würden nie zu derselben Zeit in derselben Person Platz greifen können. Aller Verdacht selbstischer Rücksichten ist daher hier völlig ausgeschlossen." Vielmehr muss auch hier die Sympathie mit dem, durch jene Trefflichkeiten gewährleisteten Glück des mit jenen begabten Individuums die Quelle jener Liebe und Achtung sein. „Weshalb anders schliessen die Philosophen mit der grössten Gewissheit, dass der Mond durch dieselbe Kraft der Gravitation in seinem Kreise gehalten wird, welche die nahe an der Erdoberfläche fallenden Körper zu dieser herniederzieht: als deswegen, weil diese Wirkungen bei der Berechnung als ähnlich oder gleich befunden worden sind?

---

[1] Hiermit schliesst der *Appendix IV* der späteren Ausgaben und der erste Theil der *Section VI*, „von den uns selbst nützlichen Eigenschaften," der früheren.

Und muss nicht dies Argument in den moralischen Untersuchungen eine ebenso starke Ueberzeugung hervorbringen, wie in den naturwissenschaftlichen?"

Besonnenheit, Fleiss, Sparsamkeit, Willenskraft oder *Seelenstärke*, diese uns selbst so nützlichen Tugenden, werden nun von unserm Philosophen eingehend erörtert, ebenso das *Gedächtniss*, dieses im Alterthum, weil damals weit nützlicher, ungleich mehr als jetzt geschätzte Vermögen. Diesen und tausend anderen Trefflichkeiten kann selbst der entschlossenste Skeptiker sein Lob und seine Billigung auf einen Moment nicht versagen: gerade diesen nicht, welche nicht mit hohen Ansprüchen auf allgemeines und öffentliches Verdienst auftreten, sondern nur in ihrer Tendenz, dem Individuum selbst zu nützen, sich geltend machen. Sogar der Skeptiker nimmt sie in den Catalog der Tugenden mit auf — und bemerkt nicht, dass er „mit diesem Zugeständniss allen anderen moralischen Trefflichkeiten den Weg gebahnt hat und consequenter Weise nicht länger zögern darf, auch uninteressirtes Wohlwollen, Patriotismus und Menschenliebe anzuerkennen." Gerade in Betreff dieser Achtung der ihrem Besitzer selbst nützlichen Eigenschaften zeigt sich die Unzulänglichkeit des selbstischen Moralsystems besonders offenbar; noch augenscheinlicher, als bei den, dem Allgemeinen (an dem Jeder participiren kann) nützlichen Tugenden. Denn obwohl die Neigung und Achtung, welche diesen Tugenden bewiesen wird, „in Wahrheit Dankbarkeit und nicht Selbstliebe ist; so wird doch eine Unterscheidung, selbst von so evidenter Art, von oberflächlichen Denkern nicht sofort gemacht, und es bleibt wenigstens für einen Moment Raum für Streit und Sophismen."[1] Aber bei unserm Gegenstande beweist sich auf den ersten Blick das egoistische System als ohnmächtig. „Man muss hier nothwendig gestehen, dass Glück und Elend Anderer für uns nicht gänzlich gleichgültige Schauspiele sind; sondern dass uns der Anblick des ersteren, ob nun in seinen Ursachen oder seinen Wirkungen betrachtet, gleich Sonnenschein oder der Aussicht auf wohl bebaute Felder (um unsre Ansprüche nicht höher zu stellen) eine geheime Freude und Befriedigung gewährt; und die Erscheinung des letzteren, gleich einer dunkeln

---

[1] *Philos. Works. Edinburgh 1826. Vol. IV.* p. 319 f.

Wolke oder öden Landschaft, den Schleier der Schwermuth über unsre Seele senkt. Wenn man nun dieses Zugeständniss einmal gemacht hat, so ist auch die Schwierigkeit vorüber; und eine natürliche, ungezwungene Erklärung der Phänomene des menschlichen Lebens wird fortan, hoffen wir, unter allen speculativen Forschern vorwalten."

Hieran schliesst Hume nun noch die Untersuchung des „Einflusses der körperlichen Gaben und der Glücksgüter auf unsre Gefühle der Achtung" und findet seine Theorie der Sympathie auch hierdurch noch bekräftigt. „In alten Zeiten," erklärt er, „ward Körperkraft und Gewandtheit, weil von grösserem *Nutzen* und höherer Bedeutung im Kriege, auch viel mehr geschätzt und geachtet, als gegenwärtig. Um uns nicht bloss auf Homer und die Dichter zu berufen, können wir bemerken, dass auch die Historiker kein Bedenken tragen, die *Körperkraft* unter den anderen Vollkommenheiten selbst eines Epaminondas mit zu erwähnen, den sie als den grössten Helden, Staatsmann und Feldherrn aller Griechen anerkennen. Dies ist dem ähnlich, was wir oben in Beziehung auf das Gedächtniss bemerkt haben. . . . In Epaminondas, sagt Diodorus Siculus,[1] findet man alle *Tugenden* vereinigt: *Körperkraft*, Beredtsamkeit, Seelenstärke, Verachtung des Reichthums, milde Gemüthsart, und was besonders zu beachten ist, Muth und Haltung im Kriege." —

Die „*uns selbst unmittelbar angenehmen Eigenschaften*" bilden das Thema des nächsten Abschnittes.[2] Eine glückliche, beneidenswerthe Gemüthsverfassung spricht sich in den anmuthigen Versen St. Evremond's aus, die unser Philosoph lobend anführt: „Ich liebe die Tugend ohne Rauhheit, die Freude ohne Weichlichkeit, und das Leben, ohne sein Ende zu fürchten:"

J'aime la vertu, sans rudesse;
J'aime le plaisir, sans mollesse;
J'aime la vie, et n'en crains point la fin.

Frohsinn, Seelengrösse oder Würde des Charakters, Muth, Selbstvertrauen, philosophische Ruhe, Wohlwollen (auch in dieser Hinsicht betrachtet) und die Empfänglichkeit für alles Schöne und Grosse, wie es uns im Leben oder im klaren Spiegel

---

[1] lib. 15.
[2] *Section VII. Of qualities immediately agreeable to ourselves.*

der Dichtung und Kunst, uns erfreuend, beseligend und erhebend, entgegentritt, — alle diese Vorzüge haben, wie Hume fein und geistvoll ausführt, ihren Werth unmittelbar in ihrem Selbstgenuss, in dem glücklichen Gemüthszustande, den sie schaffen. „Dieselbe gesellige Sympathie, oder das Mitgefühl mit menschlichem Glück oder Elend," welches die Quelle der den anderen Trefflichkeiten gezollten Achtung ist, beweist sich auch hier als das herrschende Princip; „und diese Analogie in allen Theilen unsrer Theorie kann mit Recht für eine Bestätigung derselben gehalten werden." Vortrefflich ist das Urtheil unsers Philosophen über das Gefühl eignen Werthes: „Wir entschuldigen nie den völligen Mangel des Selbstgefühls und einer Würde des Charakters, oder der rechten Empfindung für das, was man in der Gesellschaft oder im gewöhnlichen Verkehr des Lebens sich selbst schuldig ist. Dies Laster macht das aus, was man ganz füglich niedrigen Sinn *(meanness)* nennt. . . . Ein gewisser Grad edlen Stolzes oder der Selbstschätzung ist so erforderlich, dass deren Abwesenheit in einem Charakter auf dieselbe Weise missfällt, wie der Mangel einer Nase, eines Auges, oder irgend eines Haupttheils des Antlitzes oder der Glieder des Körpers. . . Wenn ein Mensch selbst kein Gefühl eigenen Werthes hat, so werden wir ihn darum wohl auch nicht höher schätzen." —

Endlich folgt die Untersuchung der *„unmittelbar Anderen angenehmen Eigenschaften;"*[1] als guter Sitten, oder Artigkeit und Höflichkeit, Witz, Geist, Scharfsinn, Beredtsamkeit, Bescheidenheit, Decenz, Reinlichkeit und anderer mehr. Besonders interessant und treffend[2] sind seine Bemerkungen über die Be-

---

[1] *Section VIII. Of qualities immediately agreeable to others.*

[2] Einen sehr wesentlichen Grund der Achtung, die wir der Bescheidenheit zollen, hat Hume indessen nicht angeführt. Die wahre Bescheidenheit eines verdienstvollen Mannes ruht auf der Vergleichung, die er zwischen sich und seinem Ideale macht: wo er sich dann um so kleiner erscheinen muss, je grösser gerade das Ideal ist, an dem er sich zu messen pflegt, je höher das Ziel ist, nach dem er strebt. Unsere Bewunderung eines grossen Mannes wird also durch dessen Bescheidenheit noch gesteigert, da wir ahnen, dass er noch Vollkommneres im Sinne habe. „Nichts steigt höher," sagt der liebenswürdige Dichter und Denker PETRARCA in seinem Dialog „über die wahre Weisheit," „nichts steigt höher, als arbeitsame Bescheidenheit (Demuth?): Der Weise rühmt sich nicht, sondern erwägt

scheidenheit. „Sie drückt ein Misstrauen in unser eigenes Urtheil und eine schuldige Aufmerksamkeit und Achtung gegen Andere aus. Bei jungen Leuten besonders ist diese Eigenschaft ein sicheres Zeichen von Verstand (*good-sense*) und ist zugleich das sichere Mittel, diese Gabe noch zu erhöhen, indem sie ihr Ohr der Belehrung offen erhält und sie nach immer neuen Vorzügen streben lässt. Aber sie hat noch einen weiteren Zauber für jeden Zuschauer: indem sie Jedermanns Eitelkeit schmeichelt und das Bild eines gelehrigen Schülers darbietet, welcher jedes Wort, das sie aussprechen, mit aller Aufmerksamkeit und Achtung aufnimmt. Die Menschen haben im allgemeinen eine weit grössere Neigung, sich zu überschätzen, als zu unterschätzen; ungeachtet der Meinung des Aristoteles .... Wenn daher der Selbstanpreisung die Thür geöffnet und Montaigne's Maxime befolgt würde, dass man eben so frank und frei sagen sollte: *ich habe Verstand, ich habe Gelehrsamkeit, ich habe Muth, Schönheit oder Witz* — wie wir es sicherlich oft denken; wäre dies der Fall: so sieht wohl Jeder, dass damit eine solche Fluth von Impertinenz auf uns hereinbrechen würde, dass die Gesellschaft dadurch völlig unerträglich werden würde .·. Der muss sehr oberflächlich denken, welcher sich einbildet, dass alle die Beweise gegenseitiger Ehrerbietung und Unter-

---

immer, was ihm noch fehlt; und nicht an das Erworbene denkt er immer, sondern an das Zuerwerbende." (*Nihil enim ascendit altius, quam humilitas operosa. Sapiens non gloriatur, sed semper quod sibi deest ponderat; neque acquisita, sed acquirenda semper cogitat. De vera sapientia, dialogus II. Opera omnia. Bas.* 1554. p. 366.) Andrerseits implicirt die äussere Bescheidenheit, wie sich aus den Humischen Bemerkungen ergiebt, eine liebenswürdige Charaktereigenschaft; denn es ist nicht erfreulich, gedemüthigt zu werden. „An seine Schwächen erinnert zu werden, ist Demüthigung, die vielleicht den grössten Geistesschmerz verursacht:" So sagt ein Philosoph, der in seiner Theorie die moralischen Vorzüge weit über alle intellectuellen erhob, das grösste Genie für nichts im Vergleich mit einem Charakter von ächter Herzensgüte bei vielleicht geringer geistiger Begabung erklärte — und dennoch das Lob der Bescheidenheit zur Zielscheibe seines Spottes machte. (SCHOPENHAUER WW. II. Bd. S. 361 findet sich die angeführte Stelle.) — Jene beiden Betrachtungen mochte LESSING bei seinem berühmten Ausspruch im Sinne haben: „Alle grossen Männer sind bescheiden." — Von Hume selbst (wie z. B auch von Locke, Spinoza, Kant) ward edle Bescheidenheit gerühmt (die sich mit edlem Stolze sehr wohl verträgt).

würfigkeit im Ernste zu verstehen seien, und dass ein Mann höher zu schätzen sein würde, wenn er von seinen eigenen Verdiensten und Vollkommenheiten keine Kenntniss hätte. Eine kleine Neigung zur Bescheidenheit selbst im eignen inneren Gefühl sieht man gern, besonders bei jungen Leuten; und eine starke Neigung wird für das äussere Betragen gefordert: aber dies schliesst einen edlen Stolz und Selbstgefühl nicht aus, welcher sich offen in seiner vollen Grösse zeigen darf, wenn man irgendwie verläumdet und unterdrückt wird. Die hochherzige Contumaz des Sokrates, wie Cicero es nennt, ist zu allen Zeiten hoch gefeiert worden und bildet, wenn vereint mit der gewöhnlichen Bescheidenheit seines Auftretens, einen höchst glänzenden Charakter . . . . Ruhmliebe und der Wunsch nach einem geehrten Namen und einem Charakter bei Andern ist so weit davon entfernt, tadelhaft zu sein, dass sie von der Tugend, dem Genie, Talent und von edler, hochherziger Gemüthsverfassung sogar unzertrennlich erscheinen. Ganz anders das Wesen der, mit Recht als Fehler dargestellten Eitelkeit: welche „ein sicheres Symptom des Mangels wahrer Würde und Geistesgrösse ist, die eine so hohe Zierde jedes Charakters ist. Denn weswegen jene ungeduldige Begierde nach Beifall: als ob ihr nicht mit Recht darauf Anspruch hättet und nicht mit Grund erwarten könntet, dass er euch stets folgen werde? Weshalb uns so sorgsam von der grossen Gesellschaft berichten, die ihr gehabt habt, den verbindlichen Dingen, die man euch gesagt hat, den Ehren und Auszeichnungen, die euch zu Theil geworden sind: als ob dies nicht ganz selbstverständliche Dinge wären, was wir uns schon selbst denken konnten, ohne dass man es uns gesagt hätte?"

Das höchste Verdienst der *Untersuchung über die Principien der Moral* — das Verdienst, welches ihr auf immer eine Stelle unter den ersten Moralwerken aller Zeiten und Völker sichert — ist der, durch die umfassendste Induction geführte Nachweis:

dass alle Eigenschaften und Handlungen des Geistes, die jemals allgemein von den Menschen gebilligt und gelobt worden sind, eine Tendenz zu unmittelbarer oder mittelbarer Hervorbringung von Glück, von befriedigtem Bewusstsein in einzelnen oder ganzen Gruppen von Individuen haben.

Das Princip des allgemeinen Wohls wurde so durch die exacteste Methode als oberstes Moralprincip erwiesen und obwohl diese Erkenntniss in der That, wie Mackintosh sagt, „*zu einfach, zu gewiss und zu wichtig* ist, als dass sie bis auf Hume's Zeit unter den Philosophen hätte *unentdeckt* bleiben können; so ist der unwiderlegliche und streng-wissenschaftliche Beweis dieser Lehre doch *sein* Verdienst. Und die so überaus einfache und dabei so treffende Classification aller geistigen Trefflichkeiten als Eigenschaften, die den sie besitzenden Individuen selbst oder Anderen nützlich oder angenehm sind, ist gänzlich sein Werk. Dieser Theil seines Systems ruht auf unerschütterlichem Grunde; und die Bestimmung, dass „die allgemeine Nützlichkeit einen einheitlichen Grund der moralischen Unterschiede ausmacht, ist ein Theil der ethischen Theorie Hume's, der niemals angefochten werden kann, bis man das Beispiel einer Tugend vorführen kann, die allgemein verderblich, oder eines Lasters, das allgemein wohlthätig ist. Der Religionsphilosoph, der, mit Butler, annimmt, dass Wohlwollen das wirkende Princip des göttlichen Geistes ist, wird, mit Berkeley,[1] behaupten, dass reines Wohlwollen dem menschlichen Handeln nur solche Gesetze vorschreiben kann, die den Menschen wohlthätig sind; indem er der Theorie der *moralischen Unterschiede* so die Gewissheit von Demonstrationen in den Augen aller Derer giebt, die an Gott glauben." (Mackintosh.)

Das Gefühl der Billigung und des Beifalls nun, welches diese — Individuen oder ganzen Gruppen von Individuen, unmittelbar oder mittelbar — *Glück schaffenden Potenzen* im Betrachter erwecken, direct aus der natürlichen Sympathie zu erklären, welche der Mensch mit dem *Wohl* des Mitmenschen, das als die *Folge* dieser Potenzen *erkannt* wird, haben muss: diese Erklärung war offenbar die nächstliegende und die einfachste; und es entsprach daher ganz den Regeln der Wissenschaft, sie zuerst zu versuchen. Diesen Versuch

---

[1] und ebenso wie jene beiden edlen Bischöfe auch Bischof Cumberland; vgl. oben S. 9.

machte David Hume. Er gelang nicht, wie wir gesehen haben, in Bezug auf jene, Anderen nützlichen Eigenschaften, die Cardinaltugenden des Wohlwollens und der Gerechtigkeit: und zwar einmal nicht, weil die zu erklärenden Gefühle selbst eine eigenthümliche Qualität und eine Energie haben, wovon die blosse Sympathie mit Andrer Glück und Elend keine Rechenschaft giebt; und sodann nicht, weil, in vielen Fällen wenigstens, jenes intellectuelle Raisonnement, die Rücksicht auf die *Folgen* einer Handlung oder Eigenschaft, gar nicht Platz greift. In der That würde schon diese Sympathie mit Anderer Wohl, das als die Folge einer Handlung oder Eigenschaft erkannt wird, ganz allein hinreichen, uns zu bestimmen, diese Glück bringenden Potenzen ihrem Gegentheile überhaupt vorzuziehen und ihnen Beifall zu geben; und das wird auch durchaus nicht geläugnet: — wohl aber wird geläugnet, dass diese relativ schwachen Gemüthsbewegungen allein die zureichende Ursache der so machtvollen moralischen Affectionen sein können; und diese Affecte äussern sich, so wird ferner gegen Hume geltend gemacht, auch in solchen Fällen, wo *kein* Gedanke an die *Folgen* einer Handlung oder Eigenschaft im Menschen aufsteigt. Das Gefühl des Beifalls dagegen, das die, den sie besitzenden Individuen *selbst bloss unmittelbar angenehmen* Eigenschaften hervorrufen, ist im Vergleich mit jenen moralischen Emotionen sehr schwach; und ihre Gefühlsqualität ist so beschaffen, dass ihre Herleitung aus der natürlichen affectiven Theilnahme an Anderer Gemüthszustand zum grössten Theile gerechtfertigt erscheint, da zudem noch ein Verstandesprocess des Consequenzen-Ziehens in diesem Falle gar nicht erforderlich ist: und man kann daher Hume's Erklärung derselben im wesentlichen beistimmen. In Betreff des Beifalls ferner, den die, *Anderen unmittelbar angenehmen* Eigenschaften naturgemäss finden müssen, genügt der Hinweis auf Hume's Affectentheorie.[1] Anders jedoch verhält es sich in Bezug auf die, *dem Individuum selbst nützlichen* Eigenschaften. Dass sich gerade bei diesen vornehmlich das „selbstische System" als unzureichend erweist und Selbstliebe nimmer der Grund der ihnen gezollten Billigung sein kann, zeigt Hume vortrefflich; zu schnell aber war es geschlossen, dass dann das Wohlwollen

---

[1] Vgl. oben S. 41.

allein die Wurzel dieses Billigens sein müsse. Dieses Gefühl ist nicht bloss ein solches, wie es durch den Anblick einer sonnigen Landschaft oder die „Aussicht auf wohl bebaute Felder"[1] in uns erweckt wird; und es hat eine specifische Qualität, die auch durch das Wohlwollen allein noch nicht erklärt wird. Interessant sind ADAM SMITH's bezügliche Bemerkungen,[2] denen man hier eine Stelle vergönnen wolle. „Diese Schönheit und Hässlichkeit," erklärt er, „welche die Charaktere von ihrer Nützlichkeit oder Lästigkeit (*inconveniency*) zu erhalten scheinen, pflegt besonders Denen in's Auge zu fallen, welche die Handlungen und das Verhalten der Menschen in einem abstracten und philosophischen Lichte betrachten. Wenn ein Philosoph sich anschickt zu untersuchen, warum Menschlichkeit gebilligt und Grausamkeit verdammt wird; so bildet er sich nicht immer auf eine klare und bestimmte Art den Begriff von einer besonderen Handlung der Grausamkeit oder der Menschlichkeit, sondern begnügt sich gewöhnlich mit einer vagen und unbestimmten Idee, welche die allgemeinen Namen dieser Eigenschaften ihm eingeben. Aber gerade nur in den besonderen Einzelfällen wird die Richtigkeit und Unrichtigkeit, die Schuld und das Verdienst der Handlungen recht sichtbar und erkennbar. Nur wenn uns besondere Beispiele gegeben werden, gewahren wir deutlich den Einklang oder die Misshelligkeit zwischen unsern eigenen Affecten und denen des Handelnden, oder fühlen in dem einen Falle eine gesellige Dankbarkeit gegen ihn erwachen, in dem anderen einen sympathischen Ahndungstrieb. Wenn wir Tugend und Laster auf eine abstracte und allgemeine Weise betrachten, so scheinen die Eigenschaften, durch welche sie diese verschiedenen Empfindungen erregen, grossentheils zu verschwinden, und die Empfindungen selbst werden weniger deutlich und merklich. Dagegen scheinen dann die glücklichen Wirkungen der einen und die verderblichen Folgen der andern für das Auge mehr hervorzutreten, sich vor allen anderen Eigenschaften derselben auszuzeichnen und sie gleichsam zu überragen. Derselbe scharfsinnige und anmuthige Schriftsteller, der zu erst erklärte, warum die Nützlichkeit gefällt, ist von

---

[1] Vgl. oben S. 111.
[2] a. a. O. Part IV. chap. 2.

dieser Ansicht der Dinge so eingenommen worden, dass er unsre ganze Billigung der Tugend in die Empfindung dieser Art von Schönheit, welche aus dem Anschein der Nützlichkeit entsteht, auflöst. Keine Eigenschaft des Geistes, bemerkt er, wird als tugendhaft gebilligt, ausser denen, die der Person selbst oder Anderen nützlich oder angenehm sind; und keine Eigenschaft wird als lasterhaft gemissbilligt, ausser denen, die eine entgegengesetzte Tendenz haben. *Und in der That scheint die Natur unsre Empfindungen der Billigung und Missbilligung so glücklich nach dem Nutzen des Individuums sowohl wie der Gesellschaft abgemessen zu haben: dass man, glaube ich, nach der strengsten Untersuchung finden wird, dass dies allgemein der Fall ist.* Dennoch behaupte ich aber, dass die Hinsicht auf die Nützlichkeit oder Schädlichkeit nicht die erste oder vornehmste Quelle unsrer Billigung oder Missbilligung ist. Diese Gefühle werden ohne Zweifel erhöht und belebt durch die Empfindung der Schönheit oder Hässlichkeit, welche aus dieser Nützlichkeit oder Schädlichkeit entspringt. Dennoch aber sind sie von dieser Empfindung ursprünglich und wesentlich verschieden." „Man wird bei der Untersuchung finden, dass die Nützlichkeit einer Gemüthsbeschaffenheit selten der erste Grund unsrer Billigung ist; und dass das Gefühl der Billigung stets ein Gefühl, dass es so *recht* ist, einschliesst, welches von der Wahrnehmung der *Nützlichkeit* ganz verschieden ist. Wir können dies in Bezug auf alle Eigenschaften bemerken, die als tugendhaft gebilligt werden, sowohl derer, die nach jenem System ursprünglich als nützlich für uns selbst geschätzt, als auch derer, welche wegen ihrer Nützlichkeit für Andere geachtet werden." —

Wir kommen nun zur Erörterung der Frage, welche unser Philosoph einen *Wortstreit* nennt. Allein bei allem Respect vor dem grossen Manne wird man doch behaupten dürfen, dass, wenn der ganze Gegenstand nur *Wortstreit* ist, der *Wortstreiter* hier in Wahrheit David Hume selbst sein möchte. „Worüber können wir hier streiten?" fragt er: „weshalb so äusserst *peinlich* wegen eines *Wortes* sein?"[1] Weshalb aber, darf man wohl entgegnen, *interessirt* sich denn unser Autor so sehr für das *Wort? worüber* streitet *er* denn die lange Zeit, wenn er den

---

[1] oben S. 107.

Wortstreit doch vermeiden will? „Die Capricen der Sprache sind nicht Gegenstand der Moralphilosophie." Wohl! wozu dann also all' der Streit? Hume muss dies später wohl selbst einigermassen gefunden haben, da er sich, wie wir sahen,[1] in den späteren Ausgaben seines Werkes vorsichtiger ausdrückt. Immer jedoch bleibt er dabei, dass alles nur eine „grammatische Untersuchung" sei und „die ganze Frage eine rein verbale und unmöglich von irgend welcher Wichtigkeit" sei.

„Die Worte sind nicht mehr herrenlos:" und dass er in der That, obwohl er es nicht wahr haben wollte, zunächst gegen den allgemeinen Sprachgebrauch verstossen habe (ganz abgesehen von allen weiteren Gesichtspuncten), dies konnte er schon aus der heftigen Opposition ersehen, die ihm bei diesem Gegenstande von allen Seiten entgegentrat. „Die Worte sind nicht mehr herrenlos:" und gerade Hume wusste, wieviel Unheil in der Philosophie schon „das Wort" angerichtet hat — um so mehr hätte er sich hüten sollen, dieses Unheil noch zu vergrössern. Die treffende oder fehlgreifende Wahl des *Wortes* zur Bezeichnung eines Dinges oder Gedankens ist durchaus nicht eine so unwichtige Sache; da, wie schon Spinoza bemerkt, „die meisten Irrthümer in der That nur darin bestehen, dass wir die Namen den Dingen nicht richtig anpassen:"[2] wofür die ganze Geschichte der Philosophie den Beweis in nur zu reichlichem Maasse liefert. Locke hat sich daher veranlasst gesehen, ein ganzes Capitel seines Werkes diesem Gegenstande zu widmen.[3]

Eine Eigenheit des Humischen Denkens, die wir schon mehrmals bemerkt haben, und auf die auch schon Hume's Freund aufmerksam gemacht hat, tritt eben auch hier wieder hervor: der Philosoph betrachtet seine Objecte oft von einem zu *entfernten* Standpuncte aus, er bleibt häufig zu *allgemein*,[4] er ist

---

[1] S. 103 f.
[2] *Profecto plerique errores in hoc solo consistunt, quod scilicet nomina rebus non recte applicamus. Eth. pars II. prop. 47. schol.*
[3] *An Essay concerning human understanding. Book III. chap. 10: Of the abuse of words.*
[4] „In dieser ganzen Untersuchung," erklärte Hume (oben S. 107.), erwägen wir stets nur *ganz allgemein*, welche Eigenschaften Gegenstand des Lobes oder Tadels sind;" und wenn er ebendarum diese Eigenschaften „*ganz allgemein*" *Vorzüge* oder *Trefflichkeiten* genannt hätte, wie sie all-

sehr geneigt, die *natürlichen Unterschiede* unbeachtet zu lassen; kurz, er fehlt nicht selten gegen eine der wichtigsten methodologischen Regeln, gegen das „*Gesetz der Specification:*" „Plato der göttliche," so beginnt Schopenhauer seine erste Schrift,[1] „Plato der göttliche und der erstaunliche Kant vereinigen ihre nachdrucksvollen Stimmen zur Anempfehlung einer Regel zur Methode alles Philosophirens, ja alles Wissens überhaupt. Man soll, sagen sie, zweien Gesetzen, dem der *Homogeneität* und dem der *Specification*, auf gleiche Weise, nicht aber dem einen, zum Nachtheile des andern, Genüge leisten. Das Gesetz der *Homogeneität* heisst uns, durch Aufmerken auf die Aehnlichkeiten und Uebereinstimmungen der Dinge, Arten erfassen, diese eben so zu Gattungen, und diese zu Geschlechtern vereinigen, bis wir zuletzt zum obersten, Alles umfassenden Begriff gelangen. Da dieses Gesetz ein transscendentales, unsrer Vernunft wesentliches ist, setzt es Uebereinstimmung der Natur mit sich voraus, welche Voraussetzung ausgedrückt ist in der alten Regel: *entia praeter necessitatem non esse multiplicanda*. — Das Gesetz der *Specification* drückt Kant dagegen so aus: *entium varietates non temere esse minuendas*. Es heischt nämlich, dass wir die unter einen vielumfassenden Geschlechtsbegriff vereinigten Gattungen und wiederum die unter diesen begriffenen, höhern und niedern Arten wohl unterscheiden, uns hütend, irgend einen Sprung zu machen und wohl gar die niedern Arten ... unmittelbar unter den Geschlechtsbegriff zu subsumiren; indem jeder Begriff noch einer Eintheilung in niedere fähig ist."

Diesem wichtigen Gesetze der *Specification*, „*die Verschiedenheiten der Dinge nicht ohne guten Grund zu vermindern*," handelt Hume nun offenbar zuwider, indem er sich bemüht, den *Unterschied*, den schon die Volkssprache zwischen den verschiedenen Gattungen geistiger Trefflichkeiten macht, gänzlich zu verwischen, anstatt ihn vielmehr mit grösserer Schärfe zu bestimmen. Es ist ja ganz richtig, dass dieser Unterschied in der

---

gemein in der Sprache bezeichnet werden, dann würde er sich wenigstens den ganzen „Wortstreit" haben ersparen können, den er im Grunde selbst dadurch herbeiführte, dass er den Namen *einiger* und zwar der *vornehmsten* Gattungen von Trefflichkeiten, den Namen „*Tugend*," durchaus auf *alle* anwenden wollte.

[1] Ueber die vierfache Wurzel des Satzes vom zureichenden Grunde.

Sprache nicht immer streng festgehalten wird: folgt aber daraus, dass er nun vollends aufzuheben ist? Es ist ferner wahr, dass die Grenzen zwischen den verschiedenen Arten von Vorzügen sich oft schwer scharf bestimmen lassen: aber folgt daraus, dass im Spectrum roth und gelb ganz allmählich und unmerklich in einander übergehen, dass roth und gelb dieselben Farben sind?

Hume behauptet, dass es überhaupt gar kein *specifisches Merkmal* gebe, durch welches man „*Tugenden* und *Laster*" aus der allgemeinen Gattung *geistiger Vorzüge* aussondern könne. Es gebe, macht er gegen die, zu seiner Zeit von allen Moralsystemen im grössten Anselm stehende Lehre Hutcheson's geltend, nicht blos *sociale* Tugenden, obwohl diese in der That die werthvollsten wären: und mit diesem Einwand gegen Hutcheson ist er ohne Zweifel vollkommen im Rechte. Aber diesem Argumente gegen das eine System scheint er, da er es immer wieder und bei ganz verschiedenen und andersartigen Gelegenheiten vorbringt, wodurch dann allein sein Raisonnement zuweilen einen Schein von Wahrheit enthält, — diesem Argumente scheint er eine allgemeinere Beweiskraft zuzuschreiben, als es in der That haben kann: er will es als ein Beweismittel für seine eigene Ansicht gebrauchen. Jedoch daraus, dass nicht blos die *socialen* Trefflichkeiten „*moralische Attribute*"[1] sind, folgt doch wahrlich noch nicht, dass *alle* Trefflichkeiten *moralisch* oder *Tugenden* zu nennen sind.

Ein grosser Vorzug des Humischen Systems ist sonst die reinliche Sonderung zwischen Intellect und Wille,[2] zwischen Verstand und Leidenschaft.[3] Er zeigt, dass abstracte Begriffe, dass blosses Erkennen und überhaupt blosses *Denken* keine unmittelbaren Principien des *Handelns* sind; und dass durch sie eine Gemüthsbewegung, ein Impuls nicht direct influirt werden kann, sondern nur durch Erweckung eines anderen Affects, eines anderen Antriebs: Affecte nur können Affecte bekämpfen und hemmen, oder aber fördern und verstärken; und nur Affecte führen zum Handeln. Was lag bei dieser Ansicht, bei dieser Eintheilung der menschlichen Natur nun näher, ja

---

[1] Vgl. S. 103.
[2] Vgl. oben S. 45 ff. In der Erörterung des *Appendix I* kommen wir hierauf noch einmal zurück.
[3] Bei Hume, wie wir sahen, die Bezeichnung für alle Affecte.

was war gebotener, als dem entsprechend auch die Trefflichkeiten des Geistes einzutheilen, in solche der Intelligenz und in solche des Willens: von denen nur die letzteren direct „*zum Handeln führen.*" Und diese Eintheilung ist gerade die allgemein herrschende: man unterscheidet auch im gemeinen Leben scharf zwischen Vorzügen der Intelligenz, des Verstandes, des „Kopfes", und denen des Willens, des Charakters, des „Herzens": und nur die letzteren, die *Charakter*-Trefflichkeiten, *weil sie allein direct zum Handeln führen*, nennt man „*moralische*" Trefflichkeiten oder „*Tugenden*": nur die letzteren sieht man als Gegenstand unsrer Wissenschaft, der *Moral* an. Nie nennt man im gewöhnlichen Leben Verstandesgaben *Tugenden*, nie Verstandesmängel *Laster*. — „Sollten wir," sagt unser Denker,[1] „die Unterscheidung zwischen *intellectuellen* und *moralischen* Ausstattungen (zur Unterscheidung von Tugenden und Lastern auf der einen und Talenten und Fehlern auf der andern Seite) benutzen und behaupten, dass die letzteren allein die wahren und ächten Tugenden sind, weil sie allein *zur Handlung führen*; so würden wir finden, dass viele Eigenschaften, welche man gewöhnlich *intellectuelle* Tugenden nennt, wie Klugheit, Scharfsinn, Unterscheidungskraft, auch einen beträchtlichen *Einfluss auf das Handeln* hätten." Aber ist denn „zur Handlung führen" und „Einfluss auf die Handlung haben" dasselbe? Hat nicht gerade Hume mit der grössten Evidenz gezeigt, dass blosse intellectuelle Processe, blosse Operationen der Intelligenz als solche nicht „zum Handeln führen" und einen „Einfluss" auf den Willen auch nur durch Erweckung eines Affects, einer „Leidenschaft" ausüben können?[2] Das Auge hat den grössten *Einfluss* darauf, welchen Weg wir einschlagen; aber doch *gehen* wir nicht *vermöge* des *Auges* — doch liegt die *bewegende Kraft* nicht im *Auge*. Und mit jenem seltsamen Raisonnement, aus dem man auf die sonstige Denkschärfe Hume's so wenig schliessen könnte, will unser Moralist die Bezeichnung der Eigenschaften des *Verstandes* als „*moralische*" oder als „*Tugenden*" rechtfertigen — und folglich beziehungsweise auch als „*unmoralische*" oder als „*Laster*"! *Laster* doch wenigstens, sobald die Mängel

---

[1] oben S. 104.
[2] Vgl. oben S. 45 f.

der Intelligenz einen höheren Grad erreichen. Und da man gleichartige Grössen von einander substrahiren kann, so würden demnach eigentliche moralische Laster durch einen hohen Grad intellectueller Begabung aufgewogen werden können! Je grösseren Scharfsinn ein Verbrecher besitzt, den er z. B. bei der Benutzung einer „Höllenmaschine" zeigt, um so milder müssten wir über ihn moralisch urtheilen!

Hume darf in dem Begriff des „Weisen" keine Bestätigung für seine Meinung suchen. Dieser Begriff bezeichnet, im eigentlichsten Sinne, das Ideal menschlicher Vollkommenheit überhaupt: Die höchste Intelligenz im Verein mit dem erhabensten Charakter, den grössten Verstand in Harmonie mit der edelsten Gesinnung, das tiefste Wissen zusammenwirkend mit dem in jeder Hinsicht guten Wollen; wenn nicht diese *beiden* Elemente, gleichmässig entwickelt, einander innigst durchdringen, und Lehren und Leben nicht im Einklang stehen, dann wird der Begriff des Weisen nicht erfüllt. Man nennt im Leben den Menschen einen Weisen, der, den gewöhnlichen Typus der Menschennatur weit hinter sich lassend, durch Würde des Charakters und Güte des Herzens eben so wohl wie durch tiefe und umfassende Erkenntniss ausgezeichnet ist — und wenn in seinem Geiste *ein* Element schwächer ausgebildet sein darf, ohne dass er jenes höchsten Lobes verlustig geht, dann ist es sicherlich das *intellectuelle:* nicht darum nur, weil schon unmittelbar in unsrer Empfindung jenes andere Element, das *moralische,* den bei weitem höhern Werth hat; sondern auch, weil wir klar erkennen, dass allein durch den vorzüglichen Willen die Richtung und Verwendung der vollen und ganzen Kraft des Menschen auf die edelsten *Zwecke* gewährleistet wird. *Weise* dürfen wir darum wohl einen Sokrates und einen Spinoza nennen und unsern Hume: nimmer aber, wie dieser es thut,[1] einen Bacon — wie sehr auch die Dankbarkeit gegen den grossen Genius uns verpflichten mag, seine moralischen Fehler im möglichst milden Lichte anzusehen. Und, worauf es uns hier gerade ankommt: das *Moralische* in der Gestalt des *Weisen* liegt ganz allein in dessen *Charakter* und *Willen*, nicht in dessen *Intelligenz* und *Wissen*.

---

[1] *Im Essay of the dignity or meanness of human nature.*

Hume beruft sich auf die Alten, „die besten Muster" in der Moral, wie er sie nennt. Bei ihnen hiess aber einfach *jede* Trefflichkeit *virtus:* — auch die *Körperkraft*, welche als erste *virtus* unter den „Tugenden" Epaminondas' in jener Stelle genannt wird, die unser Philosoph zum Beweise seiner Favoritidee anführt.[1] Will Hume nun die Körperkraft auch unter die Zahl der *Tugenden* mitaufnehmen? Gewiss nicht! da er nur den Vorzügen des *Geistes* diesen Namen geben will. Dann wird aber aus seinen Berufungen auf die Alten überhaupt nicht viel folgen. Aristoteles ist, neben Plato, der grösste Ethiker des Alterthums; aber er stellt die *intellectuellen*, die „*dianoëtischen*" Vorzüge sogar, als die werthvollsten, an die Spitze der Tugenden! Auch das will Hume nicht, da er vielmehr den *socialen* Tugenden diesen Platz einräumt; und Bacon's Wort in der Vorrede zur *Instauratio magna* wird daher wohl auch seinen Beifall gehabt haben: „Aus der Begierde nach Wissen sind Menschen gefallen: in der Liebe aber giebt es kein Uebermaass; und nie ist durch sie ein Mensch in Gefahr gekommen."[2] Hume sagt in jenem Briefe an Hutcheson: „Alles in Allem, ich will meinen Catalog der Tugenden aus ‚Cicero's Officien' nehmen, nicht aus ‚der ganzen Pflicht des Menschen.' Ich hatte in der That das erstere Werk in all' meinem Denken im Auge."[3] Aber selbst Cicero schon, als dessen „grossen Bewunderer" sich Hume bekennt,[4] nennt die Tugenden des *Willens* die *eigentlichen*, die *wahren* Tugenden.[5] Hume hätte sich durch seine Abneigung gegen die mittelalterliche Theologie nicht verleiten lassen sollen, den tiefen ethischen Gehalt des ächten Christenthums zu verkennen. Nur auf die *Gesinnung*, lehrt dieses, nur auf den *Charakter*, auf den *Willen*, auf das *Herz* allein kommt es in *moralischer* Hinsicht an. Und zeigt sich nicht auch Hume selbst, ohne dass er es bemerkt, von der Moral des Christenthums beeinflusst, wenn er die *Menschenliebe*, die *Gerechtigkeit* und überhaupt alle *socialen* Tugenden weit über alle anderen Vorzüge des Geistes

---

[1] oben S. 112.
[2] *Ex appetitu Scientiae homines lapsi sunt: sed Charitatis non est excessus; neque . . . homo per eam unquam in periculum venit.*
[3] BURTON, a. a. O. vol. I. p. 114.
[4] Das. p. 115.
[5] *de fin.* V. 13.

erhebt? Diese Tugenden erst, erklärt er schon im Tractat über die Moral,[1] „geben allen anderen Eigenschaften des Menschen, die sonst der Gesellschaft verderblich werden können, die rechte Richtung." Das ist auch der Kern von Wahrheit in Hutcheson's Ansicht: nur diese, *den Anderen nützlichen Willens-Eigenschaften* bilden den schlechthin und in jeder Hinsicht „*guten Willen;*" da auch die zunächst nur uns selbst nützlichen Willens-Eigenschaften, welche man auch mit dem Ehrennamen *Tugenden* auszuzeichnen genöthigt ist, wie Muth, Entschlossenheit, Beharrlichkeit, Standhaftigkeit, Willenskraft, Selbstbeherrschung, als Mittel zu *bösen Zwecken* dienen können. Aber sie sind auch die nothwendigen Mittel zur thatkräftigen Beförderung *guter Zwecke*, zur wirksamen Bethätigung des Wohlwollens, der Menschenliebe: Wir nennen sie daher *mittelbare Tugenden* oder *Tugenden zweiten Grades*.[2]

Aber zur Entschuldigung Hume's mag man anführen, dass auch in den Systemen, welche ganz allgemein die „*Vollkommenheit*" zum Moralprincip machen, die intellectuellen Vorzüge und Mängel moralischen Werth oder Unwerth erhalten müssen; und dass bei einem *consequenten* „Rationalisten" oder „Intellectualisten" der Moral sogar die *ganze* Moralität nothwendig in Intelligenz aufgehen muss: wie dies ja in Spinoza's beschaulicher Gelehrtenmoral eigentlich auch direct anerkannt ist.

Hume erinnert daran, dass das befriedigte und gesteigerte Selbstgefühl und andrerseits die niederdrückende Empfindung eigner Unvollkommenheiten — dass (nach seiner Bezeichnungsweise) „Stolz" und „Kleinmuth" in Beziehung auf Verstandesvorzüge denen in Beziehung auf Charaktervorzüge im allgemeinen

---

[1] III, 3.
[2] Bei uncivilisirten Volksstämmen werden nur diejenigen der ihrem Besitzer selbst nützlichen Eigenschaften hochgeschätzt, welche eine offenbare Tendenz auf den Schutz und das Wohl des Stammes haben, wie besonders Muth und Selbstbeherrschung. „Die anderen auf das Selbst sich beziehenden Tugenden aber, die nicht augenscheinlich, wenn auch in Wirklichkeit, das Wohl des Stammes afficiren, sind von den Wilden nie geschätzt worden, obwohl sie jetzt bei civilisirten Nationen in hohem Ansehen stehen. Die grösste Unmässigkeit ist bei den Wilden kein Vorwurf. Ihre äusserste Zuchtlosigkeit, unnatürliche Verbrechen nicht zu erwähnen, ist erstaunlich." (DARWIN, *Descent of Man*. 1871. *Vol. I. p. 96.* Vgl. M'LENNAN, *Primitive Marriage*. 1865. p. 176.)

ähnlich sind. Was verbergen wir ängstlicher vor Anderen, fragt er, als unsre intellectuellen Schwächen? Wegen welcher fürchten wir die Spötterei und Satire mehr? Und ist nicht der Hauptgegenstand unsrer Eitelkeit unsre Gelehrsamkeit, unser Witz, unsre Beredtsamkeit? Diese entfalten wir mit Fleiss, wenn nicht mit Ostentation, und beweisen gewöhnlich mehr Ehrgeiz, in ihnen zu excelliren, als sogar in den socialen Tugenden selbst, die doch in Wahrheit von so weit höherer Trefflichkeit sind. — Allein was beweist dies denn? Was verbergen wir ängstlicher vor Anderen, fragen wir, als körperliche Gebrechen? Wegen welcher fürchten wir Spötterei und Satire mehr? Und ist nicht der Hauptgegenstand unsrer Eitelkeit unsre Schönheit, unsre Körperkraft, unser Reichthum? Diese entfalten wir mit Fleiss, wenn nicht mit Ostentation, und beweisen gewöhnlich mehr Ehrgeiz, in ihnen zu excelliren, als sogar in den socialen Tugenden selbst, die doch in Wahrheit von so weit höherer Trefflichkeit sind. — Hume beachtet nicht, dass nach seiner eigenen so gut wie nach Spinoza's Affectentheorie und auch in Wirklichkeit *jede* angenehme Eigenschaft, die mit unserm Selbst in enger Beziehung steht, (*jede* „Lust mit der Idee unsrer selbst als Ursache," nach Spinoza) ein gesteigertes Selbstgefühl, „Stolz" erweckt, *jede* unangenehme Eigenschaft, die wir mit dem Gedanken an uns selbst verbinden, (*jede* „Unlust mit der Idee unsrer selbst als Ursache") eine Empfindung der Demüthigung hervorruft. Und dass in diesen Gefühlen, je nachdem sie sich auf Eigenschaften des Willens oder des Verstandes beziehen, nach Quantität wie nach Qualität ein gewisser Unterschied zu bemerken ist, giebt unser Philosoph selbst zu. Dieser Unterschied ist aber grösser und hat höhere Bedeutung, als Hume anerkennt.

Endlich haben wir noch in Betreff jener, bei manchen neueren Philosophen, „oder vielmehr Theologen unter jener Maske" (wie Hume sagt) so beliebten, Eintheilung der geistigen Trefflichkeiten in *freiwillige* und *unfreiwillige*, von denen die ersteren allein *Tugenden* zu nennen seien, Einiges zu bemerken. Was bedeuten hier die Worte *freiwillig* und *unfreiwillig*? Soll nur unterschieden werden zwischen den Eigenschaften des *Willens* und denen anderer „Vermögen" oder Kräfte oder Functionsweisen des Geistes? Dann hätte man wohlgethan, sich klarer und unzweideutiger auszudrücken. Und wenn dies nicht, was meint man sonst damit? *Eigenschaften*, die von der *Wahl*, vom *Willensentschluss* abhängen? Nur *diese* Eigenschaften seien *Tugenden!* Allein das ist leichter gesagt als gedacht! — Von Eltern und Voreltern abstammend, die sich durch Charaktertüchtigkeit auszeichneten, wird ein Kind durch die edelsten und besten Menschen erzogen; und auch von seinem Umgange wird jedes böse Element beständig ferngehalten. (Der Fall ist denkbar!) Das Kind wird Mann. Seine natürlichen Willensanlagen waren die glücklichsten; sie sind durch die vorzüglichste Bildung befestigt, entwickelt, vervollkommnet worden: — der Mann steht nun fertig vor uns, ein durch und durch braver und adliger Charakter! Ist er dennoch nicht *tugendhaft*, weil er sich diesen Charakter nicht selbst „*gewählt?*" Oder man nehme an, ein Kind, dessen Vater, Mutter, Grosseltern und Urahnen auf dem Schaffot oder im Zuchthause geendet haben (solche Fälle ereignen sich!), das von klein auf die Symptome boshaften Natürells gezeigt hat und dabei in der verworfensten Gesellschaft systematisch zum Stehlen und Rauben abgerichtet worden ist (solche Fälle ereignen sich auch!), dem alle inneren oder äussren Anregungen zum Guten stets fehlten: — dieses arme Kind sei Mann geworden und stehe nun vor uns, geworden wie es werden musste, mit dem Charakter, den es sich nicht gewählt. Ist nun dieser unglückliche Bösewicht kein moralisch verworfenes Geschöpf, nicht *lasterhaft!* — Sagt doch selbst Johann Gottlieb Fichte, der in seiner Lehre von der Ehe und Familie anfängt, *Mensch*, liebenswürdig, natürlich zu werden (und sich dabei sogar einmal[1] zu dem Ausdrucke hinreissen lässt: „wenn wir *der Natur treuer* wären") — sagt doch Fichte selbst,[2] dass die Eltern den „ganzen Charakter" ihrer Kinder „gebildet" haben und diese „ihr eigenes Werk sind, das, was sie für die Welt gebildet haben!" — Und wird denn nicht überhaupt *Alles* auch in der moralischen Welt, wie man zu sagen pflegt, *mit natürlichen Dingen zugehen?* Wird nicht *jede* Handlung und *jede* Eigenschaft des Menschen in dem Vorangegangenen natürlich begründet.

---

[1] Das System der Sittenlehre nach den Principien der Wissenschaftslehre. § 27. B. II. WW. IV. Bd. S. 335.
[2] Das. S. 342 f.

sein? Oder will man absolut „wundersame Künste erfinden," wie Jacobi sagt, „um einen philosophischen Ort des Ja und Nein zugleich in der Mitte zu gewinnen?"

Wenn es andrerseits wirklich möglich wäre, dass beim erwachsenen Menschen die moralischen Eigenschaften nichts Festes und Beständiges, nichts dem Charakter Anhaftendes, ihn selbst Constituirendes wären, das nur durch stetige Gewöhnung ganz allmählich innerhalb gewisser Grenzen in seinem Wesen zu verändern ist: indem es von blosser Wahl, von einem blossen braven Entschluss abhinge, diese *Eigenschaften* nach Belieben zu erwerben oder wieder zu verlieren; wenn diese *Eigenschaften* also eigentlich keine *Eigenschaften* wären: — wo bliebe dann im Grunde der *Unterschied* unter den Charakteren? oder *worin bestände* er?

Oder will man jene sonderbare Maxime gewisser Mythologen auch in die Moral einführen, dass es *gegen das Gewissen* sei, in Betreff solcher Gegenstände unsre Vernunft, die uns Gott gegeben, ihren Gesetzen gemäss ungestört functioniren zu lassen? Dass man vielmehr dem Denken durch das, was *nicht* Denken ist, ein Halt zuzurufen habe? Will man auch in unsre natürliche Moral Wunder und Mysterien einschwärzen? In der That hat man dieses kategorische Gebot der Ausserdienstsetzung der *Vernunft* merkwürdiger Weise gerade in den Systemen zuweilen aufgestellt, in denen „die *Vernunft*" (oder auch „die *Intelligenz*") immer das dritte Wort ist und die verschiedensten Geschäfte zu verrichten hat, die nicht in ihr Ressort fallen. In ihrem speciellen Gebiete aber paralysirte man sie!

Was Hume über den schädlichen Einfluss der *juridischen* Behandlung der Moral sagt, wie sie bei „Theologen unter Philosophen-Maske" üblich ist, das hat seine Bestätigung gerade in der Ethik der Deutschen nur allzu sehr gefunden!

„Es kann mit Recht überraschend erscheinen," so beginnt unser Denker das Schlusscapitel[1] seines Werkes, „dass es noch zu so späten Zeiten Jemand für erforderlich finden sollte, durch

---

[1] *Section IX. Conclusion.*

eingehende Erwägungen sorgsam nachzuweisen, dass TUGEND und PERSÖNLICHES VERDIENST ganz und gar in dem Besitze solcher Eigenschaften besteht, welche der PERSON SELBST oder ANDEREN NÜTZLICH oder ANGENEHM sind. Man konnte erwarten, dass dieses Princip selbst der ersten rohen und ungeübten Untersuchung der Moral hätte entgegentreten und, kraft seiner eigenen Evidenz, ohne weitere Argumente und Disputationen, angenommen werden müssen. Was auf irgend eine Weise WERTHVOLL ist, classificirt sich so natürlich unter die Eintheilung des NÜTZLICHEN oder ANGENEHMEN, des UTILE oder DULCE. dass man sich nicht leicht vorstellen kann, weswegen wir denn je noch weiter nachforschen oder die Frage als einen Gegenstand schwieriger Untersuchungen betrachten sollten. Und da alle nützlichen und alle angenehmen Eigenschaften sich entweder auf die PERSON SELBST oder auf ANDERE beziehen müssen; so erscheint die vollständige Zeichnung oder Beschreibung des Verdienstes als so leicht und natürlich ausführbar, wie die Sonne einen Schatten wirft oder ein Bild auf dem Wasser reflectirt wird. Wenn der Grund, auf den der Schatten fällt, nicht uneben und die Fläche, von der das Bild reflectirt wird, nicht unregelmässig ist; so stellt sich ohne Mühe und Kunst unmittelbar eine richtige Figur dar. Und man hat Ursache zu vermuthen, dass Systeme und Hypothesen unsern natürlichen Verstand verdorben haben, wenn eine so einfache und klare Theorie der sorgsamsten Forschung und Untersuchung so lange entgehen konnte.

„Wie es der Sache aber auch in der Philosophie ergangen sein mag, so werden doch im gemeinen Leben diese Principien stets *implicite* anerkannt: und nie benutzt man andere Arten des Lobes oder Tadels, wenn man menschliches Thun und Handeln irgendwie verherrlichen oder verspotten, billigen oder missbilligen will. Wenn wir die Menschen im geselligen oder im Geschäftsverkehr, in allen ihren Gesprächen und Verhandlungen beobachten, werden wir sie, ausgenommen in den Schulen, über diesen Gegenstand nie irgendwie in Verlegenheit oder Ungewissheit finden." Hume illustrirt nun seine Theorie sehr glücklich durch ein fingirtes Gespräch, in dem ein Mann von vollendetem Charakter von seinen Bekannten gelobt wird. und zeigt, wie alle Vorzüge, die man nur immer an ihm rühmt, in Eigenschaften bestehen, die Anderen oder ihm selbst nützlich und Anderen oder ihm selbst unmittelbar angenehm sind.

„Und wie man im gemeinen Leben jede Eigenschaft, welche uns oder Anderen nützlich oder angenehm ist, mit zur Tugend und zum persönlichen Verdienst rechnet; so wird man auch keine andere jemals anerkennen, wenn die Menschen vermöge ihrer natürlichen, unbefangenen und vorurtheilslosen Vernunft über die Dinge urtheilen, ohne die trügerischen Glossen des Aberglaubens und falscher Religion. Ehelosigkeit,[1] Fasten, Büssungen, Kasteiungen, Selbstverläugnung,[2] Demuth,[3] Stillschweigen, Einsamkeit und die ganze Sippe mönchischer Tugenden: aus welchem anderen Grunde werden diese von verständigen Menschen überall verworfen, als weil sie zu gar nichts taugen und weder das eigne Glück eines Menschen in der Welt befördern, noch ihn zu einem werthvolleren Gliede der Gesellschaft machen, weder ihn zu den geselligen Unterhaltungen geschickt machen, noch sein Vermögen der Selbstbefriedigung erhöhen? Wir bemerken im Gegentheil, dass sie alle diese begehrenswerthen Zwecke durchkreuzen, den Verstand stupificiren und das Herz verhärten; die Phantasie verdüstern und das Gemüth verbittern. Wir versetzen sie daher in die entgegengesetzte Columne und nehmen sie in den Catalog der Laster mit auf; und keine Superstition hat bei einem Manne der Welt Kraft genug, diese natürlichen Ansichten und Gefühle gänzlich zu verkehren. Ein finstrer, hirnverbrannter Enthusiast mag nach seinem Tode eine Stelle im Kalender erhalten, aber zu seinen Lebzeiten wird er kaum jemals in den Freundeskreis oder die Gesellschaft Zutritt erhalten, ausser bei denen, welche eben so aberwitzig und unselig sind wie er selbst."

Hume sucht nun seine Theorie der Sympathie oder des

---

[1] Hume ist der Ansicht Usbeck's, welcher gesteht, nicht zu wissen, *ce que c'est qu' une vertu dont il ne résulte rien.* (MONTESQUIEU, *Lettres persannes.* 117.)

[2] Wir brauchen wohl kaum daran zu erinnern, dass Hume, wie aus Allem hervorgeht, hier nur die zwecklose und unnütze Selbstverläugnung meint, die Selbstverläugnung bloss um der Selbstverläugnung willen, wie sie z. B. von der Indischen und der Schopenhauerschen Moral angepriesen wird.

[3] Spinoza's und Goethe's Ansichten waren ähnlich. „Hätt' Allah mich bestimmt zum Wurm, so hätt' er mich als Wurm erschaffen," heisst es z. B. im West-Oestlichen Divan.

durch sie bewirkten natürlichen Wohlwollens noch durch weitere, apriorische Erwägungen zu begründen, indem er zeigt, dass im Begriffe der Moral zweierlei liege, ein allen Menschen gemeinsames Gefühl und ein Gefühl, dessen Object alle Menschen sind: welche Anforderungen unter allen Principien der Menschennatur allein durch das Gefühl des Wohlwollens, wie er meint, erfüllt werden; und er fährt sodann fort: „Eine andre Triebfeder in unserer Geistesverfassung, welche die Kraft des Moralgefühls in grossem Maasse erhöht, ist die Liebe zum Ruhm,[1] welche in allen edlen Seelen mit so unwiderstehlicher Autorität herrscht und oft der grosse Gegenstand aller ihrer Pläne und Unternehmungen ist. Bei unserm beständigen und ernstlichen Streben nach einem Charakter, einem Namen, einem ehrenvollen Rufe in der Welt betrachten wir häufig unsern eigenen Handel und Wandel und erwägen, wie er in den Augen derer erscheint, welche um uns sind und auf uns achten. Diese beständige Gewohnheit, sich gleichsam selbst zu besichtigen, hält alle Gefühle des Rechten und Unrechten lebendig[2] und erzeugt in edlen Naturen eine gewisse Achtung vor sich selbst so gut wie vor Andern, welche der sicherste Hüter jeder Tugend ist.[3] Die

---

[1] *L'amour de la gloire*, erklärt FRIEDRICH DER GROSSE, *est inné dans les belles âmes: il n' y a qu'à l'animer, il n' y a qu'à l'exciter, et des hommes qui végétaient jusqu' alors, enflammés par cet heureux instinct, vous paraîtront changés en demi-dieux.* (Oeuvres de Frédéric le Grand, Tome IX. p. 98.) Und König STANISLAW [LESZCZYNSKI] von Polen nennt die Liebe zum Ruhm *la plus heureuse et la moins malfaisante de toutes les passions: C'est elle qui, pouvant nous arracher à toutes les autres, nous fait faire souvent des prodiges au-dessus de l'humanité.* (Oeuvres du Philosophe Bienfaisant (Stanislas). Paris 1763. Vol. IV. p. 59.) Und der Marquis von VAUVENARGUES fragt: *Quelles sont les vertus et les inclinations de ceux qui méprisent la gloire? L'ont-ils méritée? Optimus quisque maxime gloria ducitur*, sagt CICERO.

[2] Aehnlich SHAFTESBURY in seinem „Selbstgespräch". *Characteristics.* Vol. I. Treat. III.

[3] Ganz im Humischen Sinne sagt QUINTILIAN: „Selten achtet man sich genug;" (*rarum est enim, ut satis se quisque vereatur*; X. 7) und KANT: „Auf diese Achtung für sich selbst, wenn sie wohl gegründet ist, wenn der Mensch nichts stärker scheut, als sich in der innern Selbstprüfung in seinen eignen Augen geringschätzig und verwerflich zu finden, kann jede gute sittliche Gesinnung gepfropft werden; weil dieses der beste, ja der einzige Wächter ist, das Eindringen unedler und verderbender Antriebe vom Gemüthe abzuhalten." (Kritik der praktischen Vernunft; kurz vor dem „Beschluss.")

animalen Befriedigungen und Genüsse sinken allmählich in ihrem Werthe; während jede innere Schönheit und moralische Grazie mit Eifer und Hingebung erworben wird, und der Geist sich in jeder Vollkommenheit, welche ein Vernunftwesen schmücken und verschönern kann, vollendet."

„Ich bin mir bewusst," so schliesst der schottische Philosoph den ersten Theil unsers Abschnittes, „dass nichts unphilosophischer sein kann, als bei irgend einem Gegenstande dogmatisch und entscheidend aufzutreten, und dass selbst ein maassloser Skepticismus, wenn man ihn behaupten könnte, nicht verderblicher sein würde für alles richtige Denken und Forschen. Ich bin überzeugt, dass sich die Menschen, wenn sie am allersichersten und arrogantesten sind, gewöhnlich am meisten im Irrthum befinden und ihrer Leidenschaft den Zügel schiessen lassen, ohne jene gehörige Ueberlegung und Aufschiebung des Urtheils, welche sie allein vor den gröbsten Absurditäten bewahren kann. Indessen muss ich gestehen, dass die Aufzählung aller jener Gründe die Sache in ein so helles Licht setzt, dass ich gegenwärtig *keiner einzigen Wahrheit*, welche Gründe und Beweise mich lehren, gewisser sein kann, als dieser, dass persönliches Verdienst gänzlich in solchen Eigenschaften besteht, welche der dieselben besitzenden Person selbst oder Anderen, die mit ihr irgendwie in Beziehung treten, nützlich oder angenehm sind. Wenn ich aber darüber nachdenke, dass, — obgleich Umfang und Gestalt der Erde gemessen und gezeichnet, die Bewegungen der Ebbe und Fluth erklärt, Ordnung und Oekonomie der Himmelskörper ihren eigenen Gesetzen, und selbst das *Unendliche* dem Calcul unterworfen worden, — die Menschen trotzdem noch immer über das Fundament ihrer moralischen Pflichten disputiren: wenn ich hierüber nachdenke, so falle ich in Misstrauen und Skepticismus zurück und besorge, dass eine so klare Hypothese, falls sie wahr gewesen, längst durch die einmüthige Zustimmung aller Menschen angenommen worden wäre."

Wir sehen, Hume scheint sich fast zu schämen, seinen theoretischen Skepticismus in diesem „praktischen" Gebiete so ganz vergessen zu haben und mit Entschiedenheit und Zuversicht aufgetreten zu sein; er kann daher eine solche halbskeptische Schlusswendung seiner Laune nicht versagen. Vielleicht hatte aber unser, in allen Künsten und Feinheiten des

Vortrags so wohl erfahrene Schriftsteller dabei nur die geheime Absicht, den Leser vermittelst dieses affectirten Skepticismus dahin zu bringen, die ganze Theorie nochmals reiflich zu überdenken. Freilich ist es endlich auch möglich, dass seine Lehre ihm selbst nicht in *allen* ihren Theilen durchaus zutreffend erschienen ist, so fest auch seine Ueberzeugung von ihrer Richtigkeit in den meisten Puncten war. Hume wusste aber zu gut, dass der menschliche Geist auf das Nächstliegende und Natürlichste oft zu allerletzt kommt, dass z. B. die so klare und offenbare Grundwahrheit Descartes' und Berkeley's in so späten Jahrhunderten erst entdeckt werden konnte — zu gut wusste er dieses, um allein wegen jenes einen Umstandes gegen seine Lehre misstrauisch zu werden. In der That erinnert Hume's so einfache und so natürlich sich darbietende Classificirung aller geistigen Vorzüge an das Ei des Columbus; und man möchte versucht sein, ihr das bekannte Dichterwort, in einem etwas anderen Sinne als sonst gedeutet, als Motto voranzusetzen: „Willst du immer weiter schweifen? Sieh, das *Gute* liegt so nah': Lerne nur das *Glück* ergreifen, denn das *Glück ist immer da:*" — die himmlische Frucht *aller* ächten und wahren Trefflichkeiten. — Jedenfalls hat man, zumal wenn man an den sonstigen Ton, die sonstige Haltung des Denkers in seinen moralphilosophischen Untersuchungen denkt, keine Veranlassung, aus jener vereinzelten Stelle Capital zu schlagen und daraus zu beweisen, dass Hume auch in der Ethik eine skeptische Haltung gezeigt habe. Wie wenig es ihm mit jener launischen Wendung voller Ernst war, ergiebt sich schon daraus, dass er unmittelber darnach, den zweiten Theil beginnend, fortfahren konnte, wie folgt:

„Nachdem wir die moralische Billigung, welche die Tugend begleitet, erklärt haben, bleibt uns nur noch übrig, unsre INTERESSIRTE VERPFLICHTUNG zu derselben kurz zu erwägen und zu untersuchen, ob nicht Jedermann, der auf sein eignes Wohl und Glück irgendwie Rücksicht nehmen will, in der Ausübung jeder moralischen Pflicht seine Rechnung am besten finden werde. Wenn dies aus der vorangegangenen Theorie überzeugend dargethan werden kann, dann werden wir die Genugthuung haben zu bemerken, dass wir Principien aufgestellt haben, welche nicht nur, wie man hofft, *die Prüfung des Nach-*

denkens und Untersuchens bestehen werden,[1] sondern auch zur Verbesserung des Lebens der Menschen und zu ihrer Vervollkommnung in Moralität und socialer Tugend beitragen können."

„Dass die Tugenden, welche der mit denselben begabten Person unmittelbar **nützlich oder angenehm** sind, in Rücksicht auf das Selbstinteresse begehrenswerth sind, zu beweisen, würde sicher überflüssig sein. Die Moralisten können sich in der That all' ihre Mühe ersparen, welche sie sich oft bei der Anempfehlung dieser Pflichten geben. Zu welchem Zwecke Argumente sammeln, um den Beweis zu führen, dass Mässigkeit vortheilhaft und Ausschweifungen der Lust schädlich sind: wenn es doch klar ist, dass diese Ausschweifungen nur darum so genannt sind, weil sie schädlich sind, und dass, wenn z. B. der unbeschränkte Genuss starker Getränke die Gesundheit oder die Fähigkeiten des Geistes und Körpers nicht mehr verschlechterte, als der Genuss von Luft oder Wasser, jener auch nicht um ein Jota lasterhafter oder tadelhafter sein würde. Eben so überflüssig scheint es, zu beweisen, dass die gesellschaftlichen Tugenden der guten Sitten und des Witzes, des Anstands und der Artigkeit wünschenswerther sind, als die entgegengesetzten Eigenschaften . . . . Warum aber sollte in der grösseren Gesellschaft oder Vereinigung der Menschheit der Fall nicht derselbe sein, wie in den besonderen Cirkeln oder Verbindungen? Warum ist es mehr zu bezweifeln, dass die ausgebreiteteren Tugenden der Menschenliebe, des Edelmuths, der Wohlthätigkeit begehrenswerth sind aus einer Rücksicht auf Glückseligkeit und eigenes Interesse, als jene Gaben, die sich auf engere Kreise beziehen, wie Höflichkeit und Esprit?"

„Welchen Widerspruch man zwischen den *selbstischen* und den *socialen* Gefühlen oder Dispositionen gewöhnlich auch annehmen möge, so sind sie doch in Wirklichkeit einander *nicht mehr* entgegengesetzt, als die selbstischen und die *ehrgeizigen*, als die selbstischen und die *rachsüchtigen*, die selbstischen und die *eitlen*. Es muss eine *ursprüngliche Neigung* irgend einer Art vorhanden sein, um für die Selbstliebe eine *Basis* abzugeben, indem sie *den Gegenständen*, nach denen sie strebt, eine

---

[1] *that we have advanced principles, which not only, it is hoped, will stand the test of reasoning and inquiry* —!

Annehmlichkeit ertheilt:[1] und keine Neigung ist zu diesem Zwecke geeigneter, als das Wohlwollen oder die Menschenliebe. Die Glücksgüter werden zu diesen oder jenen Genüssen verwandt: der Geizige, welcher sein jährliches Einkommen aufhäuft und es auf Zinsen ausleiht, hat es in Wahrheit für die Befriedigung seines Geizes verwandt. Und es würde schwer darzuthun sein, weshalb ein Mensch bei einer edelmüthigen Handlung mehr der Verlierende sein sollte, als bei irgend einer anderen Art des Ausgebens; da doch das Aeusserste, was er durch die raffinirteste Selbstsucht erreichen kann, nur die *Befriedigung irgend einer Neigung* ist. Wenn nun Leben *ohne* Leidenschaften gänzlich fade und öde sein müsste; so lasse man einen Menschen annehmen, dass er vollkommen die Macht habe, seine eigene Gemüthsverfassung zu gestalten, und lasse ihn überlegen, *welche* Leidenschaft, *welche* Begierde und *welches* Verlangen er zur Grundlage seines Glücks und seines Genusses wählen würde. *Jede Neigung*, so würde er bemerken, gewährt, wenn sie durch Erfolg *befriedigt* wird, eine *Genugthuung*, welche ihrer *Kraft* und *Heftigkeit* gemäss ist; aber ausser diesem, *allen* gemeinsamen Vortheile ist das *unmittelbare Gefühl des Wohlwollens* und der *Freundschaft*, der *Güte* und *Menschenliebe* süss, sanft, mild und freundlich, unabhängig von allem Glück und Zufall. Diese Tugenden werden ausserdem noch von einem zufriedenen Bewusstsein und froher Erinnerung begleitet und erhalten uns mit uns und Anderen in Eintracht und Freundschaft, während wir den erfreuenden Gedanken behalten, dass wir gegen die Gesellschaft und die Menschheit unsre Pflicht erfüllt haben. Und obwohl alle Menschen bei unsern *habsüchtigen* oder *ehrgeizigen* Bestrebungen auf unsre glücklichen Erfolge eifersüchtig sind, so sind wir doch ihres guten Willens und guter Wünsche fast gewiss, so lange wir auf dem Pfade der *Tugend* verbleiben und unsre Kräfte zur Ausführung *edelmüthiger* Pläne und Zwecke anwenden. *Welche andere Leidenschaft giebt es*, bei der wir *so viele Segnungen beisammen* finden werden: ein heiter-freundliches Gefühl, ein frohes Bewusstsein, einen guten Ruf? Von diesen Wahrheiten sind aber, können wir bemerken, die Menschen schon selbst ziemlich überzeugt; und sie verabsäumen ihre Pflicht

---

[1] Vgl. oben SS. 29. 60 f.

gegen die Gesellschaft nicht darum, weil sie *nicht wünschen,* edelmüthig, freundlich und human zu sein; sondern weil sie sich so *nicht fühlen.*"

Wenn man nun aber darzuthun sucht, dass in einzelnen Fällen eine Verletzung der Gerechtigkeit uns selbst recht vortheilhaft sein könne, ohne in der menschlichen Gesellschaft einen beträchtlichen Schaden anzurichten? Warum nicht in diesem Falle von der Regel, dass ehrlich am längsten währt,[1] eine kluge Ausnahme machen? „Ich muss gestehen, dass, wenn ein Mensch denkt, dass ein solches Raisonnement sehr eine Antwort erfordert, es ein wenig schwer sein wird, irgend eine zu finden, welche *ihm* genugthuend und überzeugend erscheinen wird. Wenn sich sein Herz nicht empört gegen solche verderbliche Maximen, wenn er keinen Abscheu fühlt bei dem Gedanken an Gemeinheit oder Niederträchtigkeit: dann hat *er* in der That ein beträchtliches Motiv zur Tugend verloren, und wir können erwarten, dass seine Praxis seiner Theorie entsprechen wird. Aber in allen edleren Naturen ist der Abscheu vor Treulosigkeit und Schurkerei zu stark, als dass Aussichten auf Profit und pecuniären Vortheil demselben die Wagschale halten sollten. Innerer Seelenfriede, Bewusstsein[2] der Rechtschaffenheit, ein Genugthuung gewährender Rückblick auf unser eignes Handeln: dies sind sehr wesentliche Erfordernisse zum Glücke, die von jedem Manne von Ehre, der ihre Wichtigkeit fühlt, gehegt und gepflegt sein werden.

„Ein solcher Mann hat zudem häufig die Befriedigung zu sehen, wie die Schurken bei aller ihrer vorgeblichen Schlauheit und Geschicklichkeit durch ihre eigenen Maximen verrathen werden; und während sie sich vornehmen, mit Maass und mit Heimlichkeit zu betrügen, kommt eine verführerische Gelegenheit, die Natur ist schwach, und sie gehen in die Schlinge, aus der sie sich ohne den völligen Verlust ihres Rufes und die Verwirkung alles künftigen Glaubens und Zutrauens bei den Menschen nicht herauswinden können.

---

[1] *Honesty is the best policy.*
[2] Vgl. die schöne Stelle im MACKINTOSH (a. a. O. S. 103—105) über die Coincidenz der Tugend mit wahrem Interesse, bei welcher Frage die Folge der äusseren Handlungen keineswegs die Hauptsache sei, sondern die Beschaffenheit des dauernden Bewusstseins, der Quelle aller Handlungen.

„Aber bewahrten sie auch noch so sehr ihr Geheimniss und ihre Erfolge; so wird doch der ehrliche Mann, wenn er nur etwas von Philosophie oder selbst nur gewöhnliche Erfahrung und Nachdenken besitzt, entdecken, dass jene am Ende selbst die am meisten Dupirten sind, da sie den unschätzbaren Genuss eines Charakters, wenigstens vor sich selbst, gegen die Erwerbung eitlen, werthlosen Tandes und Plunders aufgeopfert haben. Wie wenig bedarf man, um die Bedürfnisse der Natur zu befriedigen? Und, in Rücksicht auf Glück und Freude, welcher Vergleich zwischen dem nicht erkauften Genusse der Unterhaltung, der Gesellschaft, des Studiums, selbst der Gesundheit und der gewöhnlichen Schönheiten der Natur, vor Allem aber des Seelenfriedens bei dem Gedanken an das eigene Thun: welcher Vergleich zwischen diesen — und den fieberhaften leeren Vergnügungen des Luxus und Aufwands! Diese natürlichen Freuden sind wirklich ohne Preis: sowohl weil sie unter allem Preise sind in ihrer Erwerbung, als auch über ihm in ihrem Genusse."

Mit diesen Erwägungen schliesst der Haupttext des Humischen Werkes. Unser Philosoph (aber freilich er nicht zuerst) hat damit eine Frage zum Theil beantwortet, die man in Betreff unsres obersten Moralprincips nicht selten aufgeworfen hat:[1] die Frage, worin die Verpflichtung des Individuums, zum allgemeinen Wohle zu wirken, bestehe? Sogar von hochachtbarer Seite hat man erklärt, dass diese Verpflichtung in der ganzen englischen Ethik nicht nachgewiesen sei, und die letztere eben hierin eine bedenkliche Lücke zeige. Allein dem gegenüber möchte man sich versucht fühlen, die entgegengesetzte Behauptung zu wagen: dass gerade vorzugsweise die Englische Ethik, durch ihre Moralpsychologie, in den Stand gesetzt ist, jene Frage nach der Verpflichtung, dem allgemeinen Wohle gemäss zu handeln, und überhaupt nach der Verpflichtung zur Tugend

---

[1] M. vgl. z. B. die bezügliche Bemerkung MEINONG'S in den Philosophischen Monatsheften, XIII. Bd. (Leipzig, 1877) S. 252, gegen H. SIDGWICK'S vortrefflichen Aufsatz über *Hedonism and ultimate good*, in *Mind, a quaterly review of psychology and philosophy*, No. V. (London, 1877) p. 27 *sqq*. MILL'S ausgezeichnetes Werk *Utilitarianism* ist leider in Deutschland noch recht wenig bekannt, obwohl es auch in die deutsche Ausgabe von dessen Ges. Werken mit aufgenommen ist.

allseitig befriedigend zu beantworten. Zunächst ist die Sokratische Gegenfrage wohl am Platze: was man denn hier unter „Verpflichtung" versteht? denn man muss offenbar erst ganz genau wissen, was gefragt ist und welchen bestimmten Gedanken man in sich zu reproduciren hat, ehe man darauf erwiedern kann. Und dabei mag es leicht kommen, dass die Reihe, nachdenklich oder verlegen zu werden, an dem ist, der zuerst gefragt hatte. „*Verpflichtung*" heisst bei Manchen: Was habe ich davon? Was geschieht mir, wenn ich das Geforderte nicht thue, und womit werde ich andrerseits belohnt, wenn ich demselben Folge leiste? Bei dieser Auffassung des Begriffs der „Verpflichtung" würde man die selbstischen Motive angeben müssen, die wir zu jenen Handlungen haben, die Erwägungen des Selbstinteresses, die Aussichten auf Leid- oder Lustempfindungen irgendwelcher Art, welche sich an das so oder nicht so Handeln knüpfen. Das wäre jene „*interessirte* Verpflichtung,*"* welche Hume so wohl erörtert hat.[1] Manche verstehen unter „Verpflichtung" nicht nur diesen selbstischen psychologischen Zwang, sondern überhaupt nöthigende Antriebe; und diesen gegenüber würde man auf die, in allen nicht gänzlich verderbten Charakteren, in schwächerem oder stärkerem Grade, vorhandenen sympathischen Affecte, auf das natürliche Wohlwollen und den natürlichen Gerechtigkeitssinn zu

---

[1] In diesem Sinne hat man auch unsres königlichen Weisen *Essai sur l'amour-propre envisagé comme principe de morale* aufzufassen (*lu à l'Académie des sciences le 11. janvier 1770. Oeuvres de Frédéric le Grand. Tome IX. p. 87 sq.*) Der Philosoph von Sanssouci will an ein Princip, an Motive anknüpfen, die in jeder Brust sich wirksam erweisen, und will zeigen, wie die *Moral*, als *Kunst* und *praktische Lehre* genommen, allgemeinen praktischen Einfluss gewinnen könne. Er sucht die Argumente zu sammeln, *que* L'AMOUR-PROPRE *fournit aux hommes pour vaincre leurs mauvais penchants et les inciter à mener une vie plus vertueuse. Tous ceux*, erklärt er, *qui trouveront de nouveaux motifs propres à réformer les moeurs, rendront un service important à la société. J'ose même dire à la religion ... Dès qu'une fois l'homme sera bien persuadé, que son propre bien demande qu'il soit vertueux, il se portera à des actions louables.* Kurz, das in jedem lebendigen Wesen wirksame Princip, *ce ressort si puissant, l'amour-propre, ce gardien de notre conservation,* — dieses Princip, das so leicht in verderblicher Richtung wirken kann, soll durch geeignete Motive zur Quelle allgemein wohlthätiger Handlungen gemacht werden: *Ainsi on pourra faire quelques prosélytes aux bonnes moeurs.*

verweisen habe, die uns zur Beförderung oder wenigstens Schonung des Glückes Anderer thatsächlich antreiben. Manche endlich, und auch wir, verstehen unter „Verpflichtung" eine, mit eigenthümlich energischem und würdevollem Gefühl empfundene Nöthigung zu einer Handlung oder ihrer Unterlassung. Diese antreibenden oder zurückhaltenden affectiven Mächte hat man bald *Gewissen*, bald *Moral Sense*, bald *Reflex Affections*, bald *Moral Faculty* genannt, darunter aber immer dasselbe verstanden: eine Gruppe von „*emotions sui generis*,"[1] welche sich in der Brust jedes Menschen, bald kräftig und gesund, bald schwach und in verkehrter Richtung wirkend, nachweisen lassen. Erscheinen nun nicht thatsächlich diese Affecte als Triebfedern edler Naturen zu Handlungen für Andrer Glückseligkeit, kurz als das allgemeine Wohl erhaltende und schaffende Potenzen? Tendiren sie, functioniren sie nicht thatsächlich zum allgemeinen Wohle? Die Verpflichtung, Keinen zu verletzen, sondern Anderen zu helfen, wird in den bestimmten Momenten unmittelbar gefühlt: Dieses triebartige Gefühl, diese sollicitirende Gemüthsbewegung, dieser *gebieterische* Affect von ganz eigenthümlicher Empfindungsqualität ist das Auszeichnende, das Wesentliche des Begriffs des moralischen Sollens: nicht der abstracte, kalte Gedanke, die blosse intellectuelle Vorstellung. KANT bezeichnet diesen Affect als „Gefühl der Achtung:" und alle seine Moralwerke sind mit diesem Gefühl, diesem Affect, dieser Empfindung geschrieben und bringen sie zum Ausdruck, und erwecken sie wiederum in der Brust des Lesers: keineswegs sind es blosse *vernünftige* Erwägungen, blosse logische Verstandesprocesse. Daher es denn einen recht wunderlichen Eindruck macht, wenn der grosse Denker mit aller Wärme, ja allem Feuer und aller Begeisterung des Affects — gegen den Affect declamirt! Seltsam dreht und wendet er sich und greift zu den allerkünstlichsten und gesuchtesten Auskunftsmitteln, um seine logische oder Intellectual-Moral aufrecht zu erhalten, sobald er an das Gefühl der Achtung kommt: welches doch zur emotionalen Seite des Menschen gehört, zum „Herzen," und nicht zur intellectualen, zum „Kopfe." — Mit anderen Worten: alle Ver-

---

[1] Vgl. oben S. 95.

pflichtung ist eine psychologische Nöthigung; alle psychologische (nicht bloss physische oder mechanische) Nöthigung besteht in dem Appell an eine gewisse Seite, in dem Anschlagen einer gewissen Saite der menschlichen Seele; eine Nöthigung zum Handeln in einem Appell an die Principien des Handelns, d. i. an die Elemente des Willens. Solche Elemente sind ausser den animalen Trieben die Affecte aller Art: die selbstischen und natürlich-wohlwollenden Affecte und die im engeren Sinne *moralisch* genannten Affecte.[1] Die psychologische Nöthigung kann eine Nöthigung durch selbstische, durch wohlwollende Motive, oder durch Motive des „Gewissens" sein: und diese letztere Art der Nöthigung und Anmuthung versteht man unter moralischer Verpflichtung.

Vielseitiger noch als Hume hatte schon HUTCHESON diesen Begriff erörtert; und eben jenes Vorwurfs wegen, den man der englischen Ethik gemacht hat, wird man die Anführung der betreffenden Bemerkungen des Stifters der „Schottischen Schule" gestatten: „Wenn Jemand fragen sollte," erklärt dieser:[2] „können wir irgend ein Gefühl der VERPFLICHTUNG haben, abgesehen von den Gesetzen eines Oberen? so müssen wir den verschiedenen Bedeutungen des Wortes *Verpflichtung* gemäss antworten. Wenn wir unter Verpflichtung das Bestimmtwerden, Handlungen ohne Rücksicht auf unser eigenes Interesse zu billigen oder auszuführen, verstehen, welche Determination uns auch mit uns selbst unzufrieden und unruhig macht, wenn wir derselben zuwiderhandeln: so stehen, in diesem Sinne des Wortes *Verpflichtung*, alle Menschen von Natur unter einer Verpflichtung zum Wohlwollen . . . Wenn wir aber unter Verpflichtung ein Motiv des Selbstinteresses verstehen, das ausreichend ist, um alle Die zu einer gewissen Handlungsweise zu bestimmen, welche es gehörig überlegen und ihren eigenen Vortheil weise verfolgen; auch dann können wir ein Gefühl einer solchen Verpflichtung haben, indem wir diese Determination unsrer Natur erwägen, die Tugend zu billigen und froh und glücklich zu sein, wenn wir daran denken, dass wir tugendhaft gehandelt haben, und unzufrieden zu sein, wenn

---

[1] „*Gewissen*", vgl. oben SS. 18. 21 f. 95.
[2] HUTCHESON, *Inquiry*. *II. Section VII*. §§. *1. 4. 5. p. 271 ff.*

wir anders gehandelt zu haben uns bewusst sind; und indem wir auch erwägen, um wieviel höher wir die Glückseligkeit der Tugend schätzen, als jeden anderen Genuss.[1] . . . Wenn man aber annimmt, dass unser *Moral Sense* ausserordentlich geschwächt und die selbstischen Leidenschaften stark geworden seien, entweder durch eine allgemeine Verderbniss der Natur, oder durch eingewurzelte Gewohnheiten; wenn unser Verstand schwach ist und wir oft in der Gefahr sind, durch unsre Leidenschaften zu solchen vorschnellen und übereilten Urtheilen hingerissen zu werden, dass böse Handlungen unsern Vortheil mehr befördern werden, als Wohlthätigkeit: wenn man in einem *solchen* Falle fragen sollte, was nöthig sei, um die Menschen zu wohlthätigen Handlungen zu verbinden oder ein festes Gefühl einer Verpflichtung, zum allgemeinen Wohle zu handeln, hervorzubringen: — *dann* ohne Zweifel wird ein Gesetz mit Sanctionen, das von einem höheren Wesen gegeben worden ist, welches Macht genug hat, uns glücklich oder elend zu machen, erforderlich sein, um jenen scheinbaren Motiven des Interesses das Gegengewicht zu halten, unsre Leidenschaften zu beruhigen, und zur Wiedererlangung unsres Moralsinnes oder wenigstens zu einer richtigen Ansicht über unser Interesse Raum zu schaffen."

Bei vielen Moralisten „ist Verpflichtung nur eine solche, von der Natur oder einer regierenden Macht getroffene Anordnung, welche es für den Handelnden vortheilhaft macht, auf gewisse Art zu handeln. Man lasse diese Definition überall substituiren, wo wir die Worte *sollte*, *müsste* (im moralischen Sinne) antreffen: und viele ihrer Sätze würden sehr sonderbar erscheinen; wie, dass die Gottheit vernünftig handeln *muss*, den Unschuldigen nicht strafen *sollte* oder *müsste*, den Zustand der Tugendhaften besser als den der Bösen machen *muss*, Versprechen halten *muss*. Wenn wir jene Definition des Wortes *muss*, *sollte* hier substituirten, so würden wir diese Sätze entweder lächerlich oder sehr streitig machen . . . Hieraus können wir den Unterschied zwischen *Zwang (constraint)* und *Verpflichtung (obligation)* ersehen. Es ist in der That kein Unterschied zwischen *Zwang* und dem zweiten Sinne des Wortes

---

[1] Hutcheson beruft sich hierbei auf seine früheren Beweise, dass aus dem *Moral Sense* mehr und stärkere Lust- und Leidempfindungen stammen, als aus irgend einem andern Vermögen der menschlichen Seele.

Verpflichtung, nämlich einer Einrichtung, welche eine Handlung aus dem Selbstinteresse wählenswerth macht, wenn wir nur äusseres Interesse meinen, im Unterschiede von dem frohen Bewusstsein, das aus dem Moralsinn entsteht. Man braucht dem Leser kaum zu sagen, dass wir unter *Zwang* nicht eine äussere Kraft verstehen, die ohne unsern Willen unsre Glieder bewegt, denn in diesem Falle *handeln* wir überhaupt nicht; sondern jener Zwang, welcher daraus entsteht, dass man uns ein Uebel androht oder vor Augen hält, um uns auf gewisse Weise handeln zu machen. Und doch scheint selbst zwischen dieser Art des *Zwanges* und der *Verpflichtung* ein allgemein anerkannter Unterschied vorhanden zu sein: denn wir sagen nie, dass wir zu einer Handlung *verpflichtet* sind, welche wir für schlecht halten; aber wir können zu ihr gezwungen werden." Die Befehle *blosser Macht* flössen *Furcht* ein, nicht *Achtung*: und ihre Befolgung aus Furcht ist sclavisch, nicht moralisch. Diese sehr einfache Bemerkung genügt zur Widerlegung aller der, in der Geschichte der Ethik oft wiederkehrenden Lehren, welche das Gute, Rechte, Moralisch-Schöne aus der blossen Uebermacht eines oder mehrerer Gebietenden herleiten wollen.[1]

Seinen „Principien der Moral" hat Hume mehrere „*Appendices*" angehängt, von denen der erste, welcher „über das MORALISCHE GEFÜHL"[2] handelt und die am Anfang des Werkes begonnene Untersuchung[3] zu Ende führt, nun zu erörtern ist. Vielleicht ist es nicht zu viel behauptet, wenn man diese kleine Abhandlung, so weit sich ihre Spitze *gegen die rationalistische oder intellectualistische* Moralisten-Schule kehrt, das Ausgezeichnetste in seiner Art nennt. Unser Denker kämpft gegen dieselbe mit den gewichtigsten und unwiderleglichsten Gründen; und es kann eben nur daraus, dass Kant dieses Werk gar nicht

---

[1] Ueber die *Verpflichtung* und die *Motive* überhaupt, zum allgemeinen Wohle zu wirken, handelt auch JOHN STUART MILL vortrefflich (*Utilitarianism*, chap. 3. *Of the Ultimate Sanction of Utility.*)
[2] *Appendix I. Concerning Moral Sentiment.*
[3] „wie weit Vernunft oder wie weit Gefühl in alle moralischen Entscheidungen eintritt."

gelesen hat, erklärlich werden, dass ein so gründlicher Denker wie der Philosoph von Königsberg sich jener Schule anzuschliessen vermochte — ohne eine Entkräftung jener zwingenden Argumentationen Hume's zu versuchen, ja ohne auch nur irgend etwas speciell darauf zu erwiedern.

„Da man angenommen hat," sagt der schottische Denker, „dass ein hauptsächliches Fundament des moralischen Lobes in der Nützlichkeit irgend einer Eigenschaft oder Handlung liegt; so ist es offenbar, dass Vernunft einen beträchtlichen Antheil an allen derartigen Entscheidungen haben muss;[1] da nur dieses Vermögen uns über die Tendenz der Eigenschaften und Handlungen belehren und ihre, der Gesellschaft oder ihren Besitzern wohlthätigen Folgen aufzeigen kann. In vielen Fällen ist dies eine sehr streitige Sache; Zweifel können entstehen, entgegengesetzte Interessen zusammentreffen, und man muss der einen Seite den Vorzug geben aus sehr unerheblichen Rücksichten, und einem geringen Uebergewicht der Nützlichkeit. Dies bemerkt man besonders bei Fragen in Bezug auf die Gerechtigkeit. . . . Obgleich aber die Vernunft, wenn völlig ausgebildet, ausreicht, um uns über die verderblichen oder nützlichen Tendenzen der Eigenschaften und Handlungen zu belehren; so ist sie doch allein nicht ausreichend, um irgend einen moralischen Tadel oder Billigung hervorzubringen. Die Nützlichkeit ist nur eine Tendenz zu einem gewissen Ziele; und wenn uns das Ziel gänzlich gleichgültig wäre, so würden wir gegen die Mittel eben so gleichgültig bleiben. Ein Gefühl, eine Empfindung muss hier hervortreten, um den nützlichen Tendenzen vor den verderblichen den Vorzug zu geben. Diese Empfindung kann keine andere sein, als ein Gefühl für das Glück der Menschen und ein Unwille über ihr Elend, da dieses die verschiedenen Zwecke sind, auf deren Beförderung Tugend und Laster abzielen. Hier belehrt uns daher die Vernunft über die verschiedenen Tendenzen der Handlungen, und Menschenliebe *(humanity)* macht eine Unterscheidung zu Gunsten derer, welche nützlich und wohlthätig sind . . . Es ist leicht für eine falsche Hypothese, einen Schein von Wahrheit zu behalten, so lange sie sich ganz und gar in Allgemeinheiten hält, sich undefinirter

---

[1] Doch nicht *allen!* Vgl. oben SS. 94. 117.

Ausdrücke bedient und Vergleichungen an Stelle von Beweisen anführt. Dies ist besonders bei jener Philosophie zu bemerken, welche die Unterscheidung aller moralischen Distinctionen der Vernunft allein[1] zuschreibt, ohne das Hinzutreten des Gefühls... Die Vernunft urtheilt aber nur über **Thatsachen** oder über **Verhältnisse:**" Böses und Gutes besteht aber, wie der Philosoph zeigt, weder in blossen Thatsachen, noch in blossen Ver-

---

[1] Im *Treatise* bemerkt er gegen jene Lehre unter anderem, „dass, wenn die moralischen Unterschiede sich aus der Wahrheit oder Falschheit jener Urtheile herleiteten, sie überall stattfinden müssten, wo wir Urtheile bilden; und es wird auch keinen Unterschied machen, ob die Frage einen Apfel oder ein Königreich betrifft, oder ob der Irrthum vermeidlich oder unvermeidlich war. Denn da das eigentliche Wesen der Moralität gerade in der Uebereinstimmung oder Nicht-Uebereinstimmung mit der Vernunft bestehen soll, so sind die *anderen* Umstände ganz willkürlich und können einer Handlung nie den Charakter des Tugendhaften oder Lasterhaften ertheilen oder sie desselben berauben. Wozu wir noch das anführen können, dass, da diese Uebereinstimmung oder Nichtübereinstimmung keine Grade zulässt, alle Tugenden und alle Laster offenbar einander gleich sein würden." Ferner bemerkt er: „Die Tugend zu *kennen*, und den *Willen* nach ihr zu *richten*, ist zweierlei. Um daher zu beweisen, dass die Maasse des Rechts und des Unrechts ewige Gesetze und für jeden vernünftigen Geist *verbindlich* sind, genügt es nicht, die Verhältnisse, auf die sie sich gründen, nachzuweisen; sondern wir müssen auch die Verbindung zwischen diesen Verhältnissen und dem Willen aufzeigen." (*Treatise*. Book III. 1, 1. *Philos. Works* 1826.: *Vol. II. p. 225. u. 231.* 1874: *Vol. II. p. 237 f. u. 242.*) Nach Adam Smith's gewiss richtiger Vermuthung stellte Aristoteles seine Lehre von den praktischen Gewohnheiten mit Bewusstsein der Sokratisch-Platonischen entgegen, nach welcher das rechte Wissen und die vernünftige Erkenntniss allein zum rechten Wollen und Handeln und zur Tugend ausreichen. (*Theory of Moral Sentiments*. *VII. II, 1.*) Und wer wollte noch bezweifeln, dass, wie Hume sagt, das Rechte zu *kennen* und das Rechte zu *wollen*, gar sehr *zweierlei* ist! Wer wollte die Wahrheit des allbekannten Wortes Ovid's nicht anerkennen: *Video meliora, proboque; deteriora sequor!* Wie viele giebt es, die, wie Petrarca sagt, „auf dem Katheder philosophiren, in ihren Handlungen aber insaniren: Andern Regeln vorschreiben, und als die Ersten ihren eigenen Regeln widerstehen!" (*In cathedris philosophantur, in actionibus insaniunt: praecipiunt aliis, praeceptisque suis primi obstant.* FRANCISCUS PETRARCA, *De vita solitaria. lib. II. sect. VII. cap. 1. Opera omnia, Basileae, 1554, p. 315.*) „Die Moralität entwickelt sich allein aus dem *Herzen* des Menschen," sagt selbst FICHTE. (System der Sittenlehre. § 30. III.)

hältnissen als solchen: und gerade jene beliebte Lehre (Clarke's u. A.) von den „*moralischen* Verhältnissen" dreht sich ewig im Kreise.

„Wenn ein Mensch zu irgend einer Zeit über sein eigenes Handeln mit sich berathschlagt (wie, ob er in einem besonderen Falle besser seinem Bruder oder seinem Wohlthäter beistehen sollte); so muss er diese einzelnen Verhältnisse mit allen Umständen und der Stellung der Personen erwägen, um seine Pflicht und Schuldigkeit zu bestimmen: Und um die Verhältnisse der Linien in einem Dreiecke zu bestimmen, ist es nothwendig, die Natur jener Figur und die Beziehungen, welche ihre verschiedenen Theile zu einander haben, zu untersuchen. Aber ungeachtet dieser anscheinenden Aehnlichkeit in beiden Fällen ist im Grunde doch ein ausserordentlicher Unterschied zwischen ihnen. Ein speculativer Untersucher von Triangeln oder Kreisen betrachtet die verschiedenen bekannten und gegebenen Relationen der Theile dieser Figuren und folgert daraus eine *unbekannte Relation,* welche von den ersteren abhängig ist. Aber in den moralischen Erwägungen müssen wir *zuvor* mit *allen* Gegenständen und *allen* ihren Beziehungen unter einander bekannt sein und aus einer Vergleichung des Ganzen unsre Wahl oder Billigung bestimmen. *Keines* neuen Factums hat man sich zu vergewissern, *kein* neues Verhältniss ist zu entdecken. Sämmtliche Umstände des Falles liegen uns nach der Annahme schon vor, ehe wir ein Urtheil des Tadelns oder Billigens fällen können. Wenn ein wesentlicher Umstand noch unbekannt oder zweifelhaft ist, dann müssen wir zunächst unsre *intellectuellen* Vermögen in Thätigkeit versetzen und Nachforschungen anstellen, um uns dessen zu versichern, und müssen auf einige Zeit jede moralische Entscheidung oder Empfindung aufschieben. Wenn wir noch nicht wissen, ob ein Mensch der Angreifende war oder nicht, wie können wir dann bestimmen, ob die Person, welche ihn tödtete, schuldig oder unschuldig war? Wenn aber jeder Umstand, jedes Verhältniss bekannt ist, dann hat der *Verstand* weiter keinen Anlass zu seinen Operationen und keinen Gegenstand, auf den er sich richten könnte. Die Billigung oder Missbilligung, welche dann folgt, kann nicht das Werk der Urtheilskraft (*judgment*) sein, sondern des *Herzens,* und ist nicht ein speculativer Satz oder eine Behauptung, sondern ein *actives Gefühl* oder eine *Empfindung.* Bei den Untersuchungen des

Verstandes folgern wir aus bekannten Umständen und Verhältnissen neue und unbekannte. Bei den moralischen Entscheidungen müssen die sämmtlichen Umstände und Verhältnisse zuvor bekannt sein, und die Seele fühlt bei der Betrachtung des Ganzen eine neue Impression der Neigung oder des Abscheus, der Achtung oder Verachtung, der Billigung oder des Tadels. Daher der grosse Unterschied zwischen dem Irrthum, der sich auf die Thatsache, und dem, der sich auf das Recht bezieht *(error facti et error juris)*; und daher der Grund, weshalb der eine gewöhnlich straffällig ist und der andre nicht. Als Oedipus den Laius tödtete, kannte er das betreffende Verhältniss nicht und bildete sich, unschuldig und unfreiwillig, irrthümliche Meinungen in Betreff der Handlung, welche er beging. Aber als Nero die Agrippina tödtete, waren ihm alle Verhältnisse zwischen ihm und der Person und alle Umstände des Factums zuvor bekannt: aber das Motiv der Rache oder der Furcht oder des Interesses hatten in seinem wilden Herzen über die Gefühle der Pflicht und der Menschlichkeit die Oberhand. Und wenn wir unsern Abscheu gegen ihn ausdrücken, für welchen er selbst in kurzer Zeit unempfindlich wurde; so geschieht dies nicht darum, weil wir ein Verhältniss sehen, von dem *er* nichts wusste: sondern weil wir, vermöge der rechten Beschaffenheit unsrer Gemüthsverfassung, *Empfindungen* fühlen, gegen welche *er* durch Schmeichelei und das beständige Verüben der schrecklichsten Verbrechen verhärtet war. In diesen Gefühlen also, nicht in der Entdeckung von Verhältnissen irgend welcher Art, bestehen alle moralischen Bestimmungen. Ehe wir den Anspruch darauf machen können, eine derartige Entscheidung zu fällen, muss am Gegenstande oder an der Handlung alles bekannt und gewiss sein. Nichts bleibt übrig, als dass wir unsrerseits eine Empfindung des Tadels oder der Billigung fühlen, weswegen wir die Handlung strafwürdig oder tugendhaft nennen.

„Diese Lehre wird noch evidenter werden, wenn wir die moralische Schönheit mit der physischen Schönheit vergleichen, mit welcher sie in manchen Beziehungen eine so grosse Aehnlichkeit hat. Alle äussere Schönheit hängt von der Proportion, dem Verhältniss und der Stellung der Theile ab; aber es würde absurd sein, daraus zu folgern; dass die Perception der Schönheit, gleich der der Wahrheit in geometrischen Problemen, ganz und gar in der Wahrnehmung von Verhältnissen bestehe und gänzlich durch den Verstand oder die intellectuellen Vermögen bewirkt werde. In allen Wissenschaften erforscht unser Geist aus den bekannten Verhältnissen die unbekannten: aber in allen Entscheidungen des Geschmacks oder der äusseren Schönheit liegen uns alle Verhältnisse vorher vor Augen, und sodann erst haben wir ein Gefühl, eine Empfindung des Gefallens oder Missfallens, gemäss der Natur des Gegenstandes und der Verfassung unsrer Organe."

„Es ist offenbar, dass die letzten Endzwecke der menschlichen Handlungen nie und in keinem Falle durch die *Vernunft* begründet und erklärt werden; sondern dass sie sich gänzlich dem Gefühl und den Neigungen der Menschen anempfehlen, ohne irgend eine Abhängigkeit von dem intellectuellen Vermögen.[1] Fraget einen Menschen, *warum er sich Bewegung macht*, und er wird antworten: *weil er seine Gesundheit zu erhalten wünscht*. Wenn ihr dann fragt, *warum er die Gesundheit wünscht*, wird er sofort erwiedern: *weil Krankheit* SCHMERZHAFT *ist*. Wenn ihr eure Nachforschungen noch weiter treibt und einen Grund verlanget, *weshalb er den Schmerz hasst*, ist es unmöglich, dass er je einen angeben kann. Dies ist ein letzter Zweck (*an ultimate end*) und wird nie auf ein anderes Object zurückgeführt.

„Vielleicht hätte er auf eure zweite Frage, *warum er Gesundheit begehrt*, auch geantwortet: *dass sie für die Ausübung seines Berufes erforderlich ist*. Wenn ihr fragt, *weswegen er darum besorgt ist*, wird er antworten: *weil er Geld zu erwerben wünscht*. Wenn ihr fragt: *Warum? Es ist das Mittel zum* VERGNÜGEN, sagt er. Und noch hierüber hinaus nach einem Grunde zu fragen, ist eine Absurdität. Es ist unmöglich, dass es einen Progress *in infinitum* geben und dass *ein* Ding stets der Grund davon sein kann, weswegen ein anderes gewünscht wird. Etwas muss um seiner selbst willen und wegen seiner unmittelbaren Uebereinstimmung mit dem Gefühl und der Neigung des Menschen zu begehren sein.

„Da nun die Tugend ein Endzweck und um ihrer selbst willen ohne *weiteren* Lohn oder Sold, begehrenswerth ist, bloss

---

[1] Vgl. oben SS. 29. 60 f.

wegen der *unmittelbaren* Befriedigung, die sie mit sich führt; so ist es nothwendig, dass es eine Empfindung giebt, welche sie berührt — einen inneren Geschmack, ein *Gefühl*, oder wie man es nennen will, welches das Moralisch-Gute und -Ueble unterscheidet, das eine erfasst und das andere verwirft.

„So sind denn die unterschiedenen Gebiete und Functionen der Vernunft und des Gefühls oder Geschmacks leicht zu bestimmen. Die erstere bringt die Erkenntniss des Wahren und Falschen, der letztere giebt die Empfindung des Schönen und Hässlichen, des Lasters und der Tugend. Die eine entdeckt die Gegenstände, wie sie sich thatsächlich in der Natur vorfinden, ohne ein Mehr oder Minder; das andere hat eine productive Kraft und, alle Gegenstände der Natur mit den vom inneren Gefühl und Empfinden geborgten Farben vergoldend oder befleckend, bringt es gleichsam eine neue Schöpfung hervor. Vernunft, die *kalte* und *gleichgültige*, ist kein Motiv zu einer Handlung und *lenkt* die, von der *Begierde* oder *Neigung* erhaltenen *Impulse nur dadurch*, dass sie uns die MITTEL zur *Erlangung des Glücks* und zur *Vermeidung des Unglücks aufzeigt*.[1] Geschmack, Gefühl, als welche Lust oder Leid bewirken und dadurch Glück oder Elend schaffen, werden ein Motiv zum Handeln und sind der erste Trieb oder Impuls zum Begehren und Wollen. Von bekannten oder angenommenen Umständen oder Verhältnissen führt uns die erstere zur Entdeckung der verborgenen und unbekannten: nachdem alle Umstände und Verhältnisse uns vorliegen, lässt uns das letztere bei der Betrachtung des Ganzen ein neues Gefühl des Tadels oder der Billigung empfinden. Der Maassstab des einen, gegründet auf die Natur der Dinge, ist ewig und nicht zu verändern, selbst nicht durch den Willen des Höchsten Wesens: der Maassstab des andern, entstehend aus der inneren Bildung und Verfassung lebendiger Wesen, stammt im letzten Grunde von jenem Höchsten Willen, der jedem Wesen seine eigenthümliche Natur gab und die verschiedenen Classen und Ordnungen des Seins einrichtete." —

Wir haben, der Vollständigkeit wegen, noch die in diesem

---

[1] Vgl. oben S. 45 ff.

Abschnitte, in Uebereinstimmung mit früheren Erklärungen[1] gegebene Definition der Tugend zu erwähnen und dabei einige andere Humische Stellen über denselben Gegenstand anzuführen. Unsre Hypothese, sagt Hume in diesem Anhange, „definirt die *Tugend* als jede Handlung und Eigenschaft des Geistes, welche einem Zuschauer das angenehme Gefühl der *Billigung* gewährt; und *Laster*, welche das Gegentheil."[2] Mit dieser Bestimmung konnte man sich wohl einverstanden erklären: *Tugend* oder *Laster* genannt werden, und *moralisch gebilligt* oder *gemissbilligt* werden, bedeutet überall dasselbe. Aber Hume erklärt sich über den Begriff, den *er* mit den Worten „*Billigen*" und „*Missbilligen*" verbindet, einmal gelegentlich, anmerkungsweise,[3] näher: „Es ist die Natur und in der That die Definition der Tugend, dass sie eine Eigenschaft des Geistes ist, welche jedem Betrachter derselben *angenehm* ist *oder* von ihm *gebilligt* wird."[4] „Angenehm sein" und „gebilligt werden" wäre demnach ganz das Nämliche! In unserm, alle „überflüssigen Speculationen"[5] vermeidenden Werke wird also nur so ganz nebenbei eine Bestimmung gegeben, welche für seine Lehre von durchaus nicht geringer Bedeutung ist, und welche er daher auch in dem (oft gründlicheren) Tractat über die Moral, ihrer Wichtigkeit entsprechend, weit mehr hatte hervortreten lassen. „Die moralischen Unterschiede," erklärt er hier, „hängen gänzlich von gewissen eigenthümlichen Empfindungen der Lust und

---

[1] In der Einleitung seines Werkes (vgl. oben S. 55 f.) hatte Hume erklärt, er werde „jede Eigenschaft oder Handlung des Geistes *tugendhaft* nennen, welche von der allgemeinen *Billigung* der Menschen begleitet wird; und werde jede Eigenschaft als *lasterhaft* bezeichnen, die der Gegenstand des allgemeinen *Tadels* oder *Missbilligens* ist." (*We shall call every quality or action of the mind,* VIRTUOUS, *which is attended with the general* APPROBATION *of mankind; and we shall denominate* VICIOUS, *every quality, which is the object of general* BLAME *or* CENSURE.)
[2] *The hypothesis which we embrace ... defines virtue to be whatever mental action or quality gives to a spectator the pleasing sentiment of approbation; and vice the contrary.* (*Edinb.* IV, 371.)
[3] Section VIII. 1. Anm. *Edinb.* IV, 339.
[4] *It is the nature, and indeed the definition of virtue, that it is a quality of the mind agreeable to or approved of by every one, who considers or contemplates it.*
[5] Vgl. oben S. 32.

Unlust ab; und jede geistige Eigenschaft in uns oder Anderen, die uns beim Anblick oder bei der Reflexion eine Befriedigung gewährt, ist tugendhaft, jede derartige Eigenschaft, welche Unlust hervorruft, lasterhaft. Da nun jede Eigenschaft in uns oder Anderen, welche Lust gewährt, immer Stolz oder Liebe verursacht, jede, welche Unlust erregt, Kleinmuth oder Hass erweckt; so folgt, dass in Beziehung auf unsre Geisteseigenschaften diese beiden Umstände für äquivalent zu halten sind: *Tugend*, und das Vermögen, Liebe oder Stolz hervorzubringen; *Laster*, und das Vermögen, Kleinmuth oder Hass hervorzubringen."[1] Allein Hume bleibt sich in diesem Tractat selbst nicht gleich; denn es ist offenbar etwas ganz Anderes, wenn er darin an einer früheren Stelle sagt: „Die Impressionen, welche von der Tugend enstehen, sind angenehm, und die vom Laster erregten sind unangenehm .... Diese unterscheidenden Impressionen sind also nichts als *besondere (particular)* Leid- oder Lustempfindungen. Eine Handlung, oder Gesinnung, oder ein Charakter ist tugendhaft oder lasterhaft; weshalb? Weil ihr Anblick Lust oder Unlust *einer besondern Art* verursacht. Die Empfindung *(sense)* der Tugend haben, ist nichts anderes als eine Befriedigung einer besonderen Art *fühlen* bei der Betrachtung eines Charakters. Eben dieses *Gefühl* macht unser Lob, unsre Bewunderung aus."[2] Aber in der, 1757 veröffentlichten „Dissertation über die Leidenschaften"[3] definirt er wieder die Tugend ganz in jener allgemeinen Fassung: Tugend und Laster, erklärt er dort, sind ein Hauptgegenstand jenes Gefühls der Selbstbefriedigung oder der Demüthigung, wenn wir sie in uns erblicken, und der Liebe oder des Hasses, wenn sie uns in Anderen entgegentreten. „Gewisse Charaktere bringen bei ihrem blossen Anblick und ihrer Betrachtung Unlust hervor; und andere erregen in gleicher Art Lust. Das Gefühl der Unlust und das der Genugthuung, welches im Zuschauer hervorgerufen wird, sind der Tugend und dem Laster wesentlich. Einen Charakter billigen, heisst, bei seinem Anblick Freude empfinden; ihn missbilligen, heisst, eine Unlust empfinden. Lust und Leid

---

[1] *Treatise.* Book III. III, 1. London p. 334 f. Edinburgh p. 360 f.
[2] Das. I, 2. p. 246 f. (p. 237 f.) Vgl. II. 8. p. 311. (p. 327.)
[3] *Dissertation of the passions.* II, 6.

sind daher gewissermassen die ursprünglichste Quelle des Lobes oder Tadels .... So viel ist jedenfalls offenbar, dass Leid und Lust, wenn nicht die Quellen des moralischen Unterschieds, doch wenigstens unzertrennlich davon sind. Ein hochherziger und edler Charakter gewährt selbst im Anschauen Befriedigung; und wenn er uns auch nur in einem Gedicht oder einer Erzählung dargestellt wird, verfehlt er doch nie, uns für sich einzunehmen und zu erfreuen. Grausamkeit und Verrath andrerseits missfallen schon durch ihre Natur."

Nach allem, was wir schon oben[1] über den Unterschied zwischen Vorzügen und Fehlern auf der einen und Tugenden und Lastern auf der andern Seite und den entsprechenden Gefühlen des Beifalls oder der Billigung gesagt haben, bleibt uns über diese, zur genaueren Charakterisirung der Humischen Denkweise noch angeführten Stellen nichts mehr zu bemerken übrig.[2] — In Betreff des *Principle of Utility* und des *summum bonum* Hume's wird es sich empfehlen, unser Urtheil bis zum Schluss der Darstellung seiner Ethik zu verschieben.

Den Schluss der gesammten „Untersuchung über die Principien der Moral" bildet ein, wegen seiner eleganten und glänzenden Darstellung viel bewunderter und auch wahrhaft bewundernswerther „DIALOG,"[3] das Meisterwerk einer Meisterhand. Mit geistreicher Anmuth schildert er hier die nach Zeit und Ort thatsächlich so grosse Verschiedenheit unter den moralischen Urtheilen und Gefühlen der Menschen: aber den blendenden und bestechenden skeptischen Schluss-

---

[1] SS. 94 f. 101 ff. 119 ff.
[2] Den *Appendix II.* „über Selbstliebe", haben wir schon im Abschnitt über das Wohlwollen (SS. 56—62), den *Appendix III.* „einige weitere Erwägungen hinsichtlich der Gerechtigkeit", im Abschnitt über die Gerechtigkeit (S. 74 ff.), und endlich den *Appendix IV.* „über einige Wortstreitigkeiten", im Abschnitt über die uns selbst nützlichen Eigenschaften behandelt. (SS. 103—110.)
[3] *A Dialogue.*

folgerungen, die sein Gegner in diesem Gespräch daraus herleiten will, tritt er mit klaren, scharfen, überzeugenden Gründen auf das nachdrücklichste entgegen. Denn der durchdringende Blick des Denkers erkennt, dass alle jene einander so unähnlichen Ausläufer doch eine gemeinsame Wurzel haben, aus der sie Kraft und Nahrung erhalten; wobei wir nur zu bemerken haben, dass die Verbindung mit dieser Wurzel nicht immer ganz so unmittelbar ist, wie Hume es darstellt. Und so bietet uns dieses dialogische Meisterstück die siegreichsten Waffen gegen allen moralischen Skepticismus dar; wie es andrerseits zur Bekräftigung des Humischen Systems dient, da dieses ein Verständniss selbst für solche Phänomene möglich macht, mit denen viele andere, hochgepriesene Systeme eben nur dadurch fertig werden können, dass sie zu jener, ihrer Bequemlichkeit halber so beliebten Methode hier ihre Zuflucht nehmen: zur Methode des einfachen Ignorirens.

Hume erzählt, er habe unlängst von einem Freunde, einem grossen Reisenden und Geschichtskundigen, einen sehr merkwürdigen Bericht über Menschen und Sitten in einem Lande, *Fourli* genannt, erhalten, in welchem sich dieser, wie er sagte, lange Zeit aufgehalten hatte. Der Freund lernte dort einen Mann, Namens *Alcheic,* kennen, welcher bei seinen Landsleuten die höchste Achtung genoss und für das Vorbild eines vollendeten Charakters galt. Derselbe fröhnte aber, wie jener erfuhr, der Knabenliebe und hatte sich auch auf diese Art in seiner Jugend einem Weisen gefällig bewiesen, dessen Belehrung und Unterweisung er dafür die erstaunlichen Fortschritte zum grossen Theile verdankte, welche er in Philosophie und Tugend gemacht hatte; selbst sein Weib, welches zufällig seine Schwester war, nahm ihm aber jene Art der Untreue gar nicht übel. Er hatte ein Kind besessen, dasselbe aber ermordet, da er sich damals, wie er kühl bemerkte, nicht in den wohlhabenden Verhältnissen befand wie jetzt; alle seine Freunde hatten ihm auch zu jenem Schritte gerathen. Aber jenes Muster eines Bürgers von *Fourli* war zudem noch der Meuchelmörder *Usbeck's,* seines grössten Wohlthäters, zu dessen Tod er sich mit zwanzig oder dreissig Anderen verschworen hatte, obwohl ihm Jener bis zum letzten Augenblicke der intimste Freund war. Dagegen hatte er sich einst bei einer wichtigen Unternehmung von einem Gefährten, einem leidenschaftlichen Manne, ruhig schlagen lassen, um nur seinen Zweck zu erreichen: und auch das rühmten höchlich die Männer von *Fourli*. Der bewunderte Mann endigte durch eigne Hand: er erhängte sich bei einer Krankheit, und er starb, in jenem Lande allgemein bedauert und gepriesen. „Ein so tugendhaftes und edles Leben," sagte jeder *Fourlianer*, „konnte nicht besser als durch ein so edles Ende gekrönt werden; und Jener hat dadurch eben so wohl wie durch alle seine anderen Handlungen bewiesen, was sein beständiger Grundsatz während seines Lebens war, und dessen er sich noch kurz vor seinen letzten Augenblicken rühmte: dass ein Weiser dem grossen Gotte kaum nachstehe."

Als nun Hume seinen Abscheu vor jenem Volke ausdrückt, deren Sitten schlimmer als die der wildesten Barbaren seien, ruft der Freund aus: „Sieh dich vor! o sieh dich vor! Du bemerkst nicht, dass du Blasphemien redest und deine Lieblinge, die Griechen, zumal die Athener schmähst, die ich immer unter jenen bizarren Namen, deren ich mich bediente, verborgen habe. Wenn du es recht erwägst, so giebt es in dem geschilderten Charakter keinen einzigen Zug, der sich nicht in Athen bei einem Manne von höchstem Verdienste hätte finden können, ohne den Glanz seines Charakters auch nur im geringsten zu vermindern. Die griechische Liebe, ihre Ehen, die Aussetzung ihrer Kinder müssen dir sogleich einfallen. Der Tod Usbecks ist ein genaues Gegenstück zu dem Cäsar's." Und in Bezug auf jenes ruhige Erdulden eines Schlages erinnert er an das Verhalten des Themistokles, Eurybiades gegenüber. „Ich denke (fährt er fort), ich habe vollkommen dargethan, dass ein athenischer Mann von Verdienst ein solcher sein könnte, dass er bei uns für blutschänderisch, für einen Parricida, einen Meuchelmörder, einen undankbaren, meineidigen Verräther und für noch etwas, das zu abscheulich ist, um genannt werden zu können, gelten würde; seine Rusticität und schlechten Manieren nicht zu erwähnen. Und zu einem solchen Leben mag sein Tod auch vollkommen passen: er mag seine Rolle durch einen verzweifelten Act des Selbstmords beschliessen und mit den absurdesten Blasphemien im Munde sterben. Und trotz alledem wird man zu seinem Andenken Statuen, wenn nicht Altäre errichten und Gedichte und Reden verfassen, ihn zu preisen;

grosse Secten werden stolz darauf sein, sich nach seinem Namen zu nennen; und die entfernteste Nachwelt wird ihrer Bewunderung blindlings folgen: obwohl doch, falls ein solcher Mann unter ihnen selbst auferstehen sollte, sie ihn gerechter Weise mit Abscheu und Entsetzen betrachten würden."

Hume drückt seine Verwunderung darüber aus, dass der Freund gerade die Moral der Alten angreife und diese der Unwissenheit in einer Wissenschaft bezichtige, welche nach seiner Meinung die einzige ist, in der sie von den Neueren nicht übertroffen worden sind. Geometrie, Physik, Astronomie, Anatomie, Botanik, Geographie, Nautik — in diesen behaupten wir mit Recht, ihnen überlegen zu sein: aber was haben wir ihren Moralisten entgegenzusetzen? Deine Darstellung der Dinge (setzt er hinzu) ist sophistisch. Du hast mit den Sitten und Bräuchen verschiedener Zeiten keine Nachsicht. Würdest du einen Griechen oder Römer denn nach dem gemeinen Recht von England richten? Höre, wie er sich mit seinen eigenen Maximen vertheidigt, und dann urtheile.

„Es sind keine Sitten so unschuldig und vernünftig, dass sie nicht hässlich oder lächerlich würden, wenn man sie mit einem, den Personen selbst unbekannten Maassstabe misst; besonders, wenn man noch ein wenig Kunst oder Beredtsamkeit anwendet, einige Umstände vergrössernd, andere verkleinernd, wie es zum Zwecke der Rede gerade am besten passt. Alle diese Künste kann man aber leicht gegen dich selbst kehren. Wenn ich den Athenern z. B. berichten könnte, dass es eine Nation gab, in der activer sowohl als passiver Ehebruch, so zu sagen, im höchsten Maasse *en vogue* war; in der jeder Mann von Erziehung eine verheirathete Frau zu seiner Maitresse wählte, vielleicht das Weib seines Freundes und Gefährten, und sich wegen dieser schimpflichen Eroberungen eben so sehr brüstete, als wenn er bei den Olympischen Spielen mehrmals im Ring- und Faustkampf gesiegt hätte; in welcher auch jeder Mann auf seine Gefälligkeit und Nachgiebigkeit gegen sein eigenes Weib stolz war und sich freute, Freunde zu gewinnen oder Vortheile dadurch zu erreichen, dass er ihr erlaubte, ihre Reize zu prostituiren, ja ihr selbst ohne alle solche Motive volle Freiheit und Nachsicht gewährte: — was, frage ich, würden die Athener von einem solchen Volke denken: sie, die das Verbrechen des Ehebruchs nie anders als in Verbindung mit Rauben und Vergiften nannten? Worüber würden sie sich mehr wundern: über die Schändlichkeit oder über die Niederträchtigkeit eines solchen Verbrechens?

„Sollte ich noch hinzufügen, dass dasselbe Volk auf seine Sclaverei und Abhängigkeit eben so stolz wäre, wie die Römer auf ihre Freiheit, und dass ein Mann unter ihnen, obwohl bedrückt, beschimpft, gemisshandelt, in Armuth gestürzt, oder eingekerkert vom Tyrannen, es für das höchste Verdienst ansehen würde, ihn zu lieben, ihm zu dienen und zu gehorchen, und selbst zu sterben, um für sein Wohl und seine Ehre auch nur den kleinsten Beitrag zu liefern: — dann würden diese edlen Griechen mich vermuthlich fragen, ob ich von einer Gesellschaft von Menschen spräche, oder von einer niederen, knechtischen Gattung.

„Alsdann würde ich meine athenischen Zuhörer belehren, dass es diesem Volke trotzdem nicht an Muth fehle. Wenn sich Jemand, würde ich sagen, obgleich ihr intimer Freund, in einer Privatgesellschaft eine Spöttelei gegen sie verstatten sollte, jenen ähnlich, mit welchen eure Feldherren und Volksführer einander täglich, angesichts der ganzen Stadt, regaliren: so vergeben sie ihm nie; sondern um sich zu rächen, verpflichten sie ihn, ihnen sofort mit dem Degen durch den Leib zu rennen, oder sich selbst ermorden zu lassen. Und wenn Jemand, der ihnen gänzlich fremd ist, es wünschen sollte, dass sie, mit Gefahr ihres eigenen Lebens, ihrem Busenfreunde den Hals abschneiden möchten; so gehorchen sie augenblicklich und halten sich durch den Auftrag höchlich verbunden und geehrt. Dies sind ihre Maximen von der Ehre, dies ist ihre Favoritmoral.

„Aber obwohl so bereit, ihr Schwert gegen ihre Freunde und Landsleute zu kehren, wird doch keine Schmach, keine Schande, kein Leiden und kein Mangel diese Leute je dazu bestimmen, seine Spitze gegen ihre eigne Brust zu richten. Ein Mann von Rang würde auf den Galeeren rudern, würde um sein Brot betteln, im Gefängnisse schmachten, alle Torturen erdulden — und doch sein elendes Leben erhalten. Anstatt seinen Feinden durch eine hochherzige Verachtung des Todes zu entrinnen, würde er lieber schmachvoll von seinen Feinden denselben Tod, noch schwerer gemacht durch ihren triumphirenden Hohn und durch die ausgesuchtesten Martern, erleiden.

„Es ist unter diesem Volke, würde ich fortfahren, auch sehr gewöhnlich, Kerker zu errichten, wo man jede Kunst, die unglücklichen Gefangenen zu plagen und zu peinigen, sorglichst studirt und prakticirt: und in diese Kerker pflegt ein Vater mehrere von seinen Kindern freiwillig einzuschliessen, damit ein anderes Kind, welches, wie sie selbst zugeben, nicht mehr oder sogar weniger Verdienst als die übrigen hat, das ganze Vermögen geniesse und in jeder Art der Wollust und des Vergnügens schwimmen kann. Nichts ist nach ihrer Meinung so tugendhaft, als diese barbarische Parteilichkeit.

„Was aber bei dieser grillenhaften Nation noch sonderbarer ist, sage ich zu den Athenern, ist der Umstand, dass einer eurer Scherze während der Saturnalien,[1] wo die Sclaven von ihren Herren bedient werden, bei ihnen das ganze Jahr und ihr ganzes Leben hindurch ernsthaft fortgesetzt wird; wozu noch Einiges kommt, was die Sache noch absurder und lächerlicher macht. Euer Scherz erhebt nur auf wenige Tage die, welche der Zufall in eine niedrige Stellung versetzt hat und welche er auch im Scherz wirklich und für immer über euch erheben kann: Aber diese Nation erhebt im Ernste diejenigen, welche die Natur ihnen unterworfen hat, und deren Inferiorität und Schwäche absolut unheilbar sind. Die Weiber, obwohl ohne Tugend, sind ihre Meister und Souveraine: diese verehren sie, loben sie und preisen sie; diesen beweisen sie die höchste Achtung und Ehrerbietung; in jeder Lage wird allezeit die Superiorität der Weiber bereitwilligst anerkannt, und Jeder unterwirft sich ihr, der auf Erziehung und Bildung auch nur den allergeringsten Anspruch macht. Kaum irgend ein Verbrechen würde allgemein so verabscheut werden, wie eine Verletzung dieser Regel.

„Du brauchst nicht weiter fortzufahren," erwiedert nun Hume's Freund: „ich kann leicht vermuthen, auf welches Volk du abzielst. Die Züge, mit denen du es gezeichnet hast, sind ziemlich richtig; und dennoch musst du anerkennen, dass, in

---

[1] „Die Griechen feierten das Fest des Saturn oder Chronos eben so gut wie die Römer." Vgl. *Lucian, Epist. Saturn.*"

alten oder neueren Zeiten, kaum ein Volk zu finden sein wird, gegen dessen Nationalcharakter sich im ganzen weniger Einwendungen machen liessen. Aber ich danke dir dafür, dass du mir mit meinem eigenen Argumente aushilfst. Ich hatte nicht die Absicht, die Neueren auf Kosten der Alten zu erheben. Ich wollte nur die Unsicherheit aller dieser Urtheile über Charaktere darthun und dich überzeugen, dass Mode, Meinung, Brauch und Gesetz der Hauptgrund für alle moralischen Bestimmungen sind. Die Athener waren gewiss ein civilisirtes, intelligentes Volk, wenn es je eines gab; und doch würde man zu unsrer Zeit vor ihrem Manne von Verdienst Abscheu und Entsetzen empfinden. Die Franzosen sind ohne Zweifel auch ein sehr civilisirtes, intelligentes Volk; und doch würde bei den Athenern ihr Mann von Verdienst ein Gegenstand der höchsten Verachtung und Verspottung und selbst des Hasses sein. Und was die Sache höchst ausserordentlich macht: der Nationalcharakter dieser beiden soll von allen Völkern alter und neuerer Zeiten der ähnlichste sein; und während die Engländer sich schmeicheln, dass sie den Römern gleichen, ziehen ihre Nachbarn auf dem Continent die Parallele zwischen sich und diesen feinsinnigen Griechen. Welche weite Verschiedenheit in den moralischen Urtheilen und Gefühlen muss man daher zwischen civilisirten Nationen und Barbaren erst antreffen, oder zwischen Nationen, deren Charaktere wenig Gemeinsames haben! Wie sollen wir uns also erkühnen, eine Richtschnur für Urtheile dieser Art festzusetzen?"

„Dadurch," erwiedert nun Hume selbst, „dass wir in der Sache ein wenig tiefer eindringen und die ersten Principien des Lobes oder Tadels untersuchen, welche jede Nation aufstellt. Der Rhein fliesst nach Norden, die Rhone nach Süden; und doch entspringen beide von demselben Berge und werden in ihren entgegengesetzten Richtungen von demselben Princip der Gravitation in Bewegung erhalten. Die verschiedenen Neigungen des Bodens, auf dem sie fliessen, verursachen allen Unterschied ihrer Läufe.

„In wie vielen Umständen würde ein Athener und ein Franzose von Verdienst sicherlich übereinstimmen? Verstand, Wissen, Witz, Beredtsamkeit, Humanität, Treue, Wahrhaftigkeit, Gerechtigkeit, Muth, Mässigkeit, Standhaftigkeit, Geisteswürde: diese hast du sämmtlich ausgelassen, um nur bei den Puncten zu verweilen, in denen sie zufällig differiren.[1] Nun wohl, ich will mich dir fügen und werde versuchen, diese Verschiedenheiten aus den allgemeinsten Principien der Moral zu erklären.

„Die griechische Liebe bemühe ich mich nicht weiter im besonderen zu untersuchen. Ich werde nur bemerken, dass, wie tadelnswürdig sie auch ist, sie doch aus einer sehr unschuldigen Ursache entstand: aus der Häufigkeit der gymnastischen Uebungen unter jenem Volke; und dass sie, obwohl absurder Weise, als die Quelle der Freundschaft, der Sympathie, der wechselseitigen Anhänglichkeit und Treue empfohlen wurde:[2] bei allen Nationen allezeit hochgeschätzte Eigenschaften.

„Die Ehe von Halbbrüdern und Schwestern scheint keine grosse Schwierigkeit. Liebe zwischen den näheren Verwandten ist der Vernunft und dem öffentlichen Nutzen entgegen; aber der bestimmte Punct, wo wir innehalten müssen, lässt sich durch natürliche Vernunft schwer festsetzen und ist daher ein für bürgerliches Gesetz oder Sitte sehr angemessener Gegenstand. Wenn die Athener auf der einen Seite ein wenig zu weit gingen, so hat das canonische Recht die Sache sicherlich sehr weit in das andre Extrem getrieben.

„Hättest du in Athen einen Vater gefragt, weshalb er sein Kind des Lebens beraube, das er ihm kaum erst gegeben; so würde er antworten: weil ich es liebe und den Mangel, den es von mir erben müsste, für ein grösseres Uebel halte, als einen Tod, den es noch nicht fähig ist zu fürchten und zu fühlen.

„Wie kann man die politische Freiheit, die werthvollste aller Wohlthaten, aus den Händen eines Usurpators oder Tyrannen wiedererlangen, wenn vor der öffentlichen Rebellion seine Macht und vor der Privatrache unsre Scrupel ihn schützen? Dass sein Verbrechen nach dem Gesetz todeswürdig ist, erkennst du an: und muss gerade der sein Verbrechen am meisten erschwerende Umstand, dass er sich über das Gesetz stellt, seine volle Sicherheit ausmachen? Du kannst nichts erwiedern, ausser indem du die grossen Nachtheile des Meuchelmordes zeigst; und wenn

---

[1] Vgl. oben SHAFTESBURY S. 19.
[2] *Plat. Symp.*

diese den Alten Jemand hätte klar nachweisen können, so würde er ihre Ansichten in diesem Puncte reformirt haben.

„Hinwiederum, um unser Auge nun auf das Gemälde zu richten, das ich von den modernen Sitten entworfen habe: so ist es, wie ich anerkenne, fast eben so schwer, die französische wie die griechische Galanterie zu rechtfertigen; nur ausgenommen, dass die erstere viel natürlicher und angenehmer ist, als die letztere. Aber unsre Nachbarn haben sich, wie es scheint, entschlossen, einige häusliche Freuden den gesellschaftlichen zu opfern, und die Gemächlichkeit, Freiheit und heiteren Verkehr einer strengen Treue und Beständigkeit vorzuziehen. Diese Zwecke sind beide gut und sind etwas schwer mit einander zu vereinen; daher wir nicht überrascht sein dürfen, wenn die Sitten der Nationen bald nach der einen, bald nach der andern Seite zu sehr hinneigen.

„Die unverbrüchlichste Anhänglichkeit an die Gesetze unsres Landes ist überall als eine Haupttugend anerkannt worden; und wo das Volk nicht so glücklich ist, eine andere Legislatur zu haben, als eine einzige Person: da ist die stricteste Loyalität der wahrste Patriotismus.

„Sicherlich kann nichts absurder und barbarischer sein, als die Praxis des Duellirens; aber diejenigen, welche es rechtfertigen, sagen, dass es Höflichkeit und gute Sitten erzeugt. Und ein Duellant, kann man bemerken, schützt sich immer wegen seines Muthes, seines Ehrgefühls, seiner Treue und Freundschaft: Eigenschaften, die hier freilich sehr übel geleitet sind, die man aber allgemein geachtet hat, seit der Welt Anfang.

„Haben die Götter den Selbstmord verboten? Ein Athener giebt zu, dass er verboten werden sollte. Hat die Gottheit ihn erlaubt? Ein Franzose giebt zu, dass der Tod dem Schmerz und der Schande vorzuziehen ist.

„Du siehst also (fährt Hume fort), dass die Principien, von denen die Menschen bei ihrem moralischen Denken ausgehen, stets dieselben sind; obgleich die Schlüsse, welche sie ziehen, oft sehr verschieden sind. Dass sie in Bezug auf diesen Gegenstand alle richtiger denken sollten, als in Bezug auf einen anderen, dies zu zeigen, liegt keinem Moralisten ob. Es genügt, dass die ursprünglichen Principien des Urtheilens oder Tadelns gleichförmig sind, und dass irrige Schlussfolgerungen durch gesunderes Denken und eine erweitertere Erfahrung berichtigt werden können. Obgleich seit dem Falle Griechenlands und Roms viele Jahrhunderte verflossen sind; obgleich in Religion, Sprache, Gesetzen, Gebräuchen viele Veränderungen eingetreten sind: so hat doch keine dieser Revolutionen je eine beträchtlichere Neuerung in den primären moralischen Gefühlen hervorgebracht, als in denen der äusseren Schönheit. Einige geringfügige Verschiedenheiten können wir vielleicht in beiden bemerken. Horaz[1] rühmt eine niedrige Stirn und Anakreon zusammengewachsene Augenbrauen:[2] aber der Apollo und die Venus des Alterthums sind noch immer die Urbilder männlicher und weiblicher Schönheit; ähnlich wie der Charakter des Scipio unser Richtmaass für den Ruhm der Helden und der der Cornelia für die Ehre der Frauen bleibt.

„Es ist offenbar, dass nie eine Eigenschaft von Jemandem als eine Tugend oder moralische Trefflichkeit empfohlen worden, als deswegen, weil sie *nützlich* oder *angenehm* war einem Menschen *selbst* oder *anderen*. Denn welchen anderen Grund kann es für Lob oder Billigung je geben? Oder was würde es für einen Sinn haben, einen *guten* Charakter zu erheben und zu preisen, während man gleichzeitig anerkennt, dass er *zu nichts gut* sei? Alle Verschiedenheiten in der Moral können daher auf diese eine allgemeine Grundlage zurückgeführt und durch die verschiedenen Meinungen erklärt werden, welche die Menschen von diesen Umständen hatten.[3]

„Manchmal gehen die Menschen in ihren Urtheilen über die Nützlichkeit einer Gewohnheit oder Handlung auseinander; manchmal auch machen die besonderen Umstände der Dinge die eine moralische Eigenschaft nützlicher als die anderen und geben ihr einen besonderen Vorzug. Es überrascht nicht, dass während einer Periode des Krieges und der Unordnung die

---

[1] „*Epist. lib. I. epist. 7.* desgl. *lib. I. ode 3.*" — Horaz meint aber wohl nur ein in reichen Locken über die Stirn wallendes und diese halb verdeckendes, volles Haar, wie wir es an den idealisch schönsten Büsten des Alterthums sehen, nicht eigentlich eine niedrige Stirn selbst: nach der sehr wahrscheinlichen Vermuthung Moriz Haupt's und anderer Philologen.

[2] „Ode 28. Petronius (*cap. 86*) fügt beides als Schönheiten zusammen."

[3] Vgl. Hutcheson, oben S. 29.

kriegerischen Tugenden mehr gerühmt werden als die friedlichen und die Achtung und Bewunderung der Menschen mehr auf sich ziehen."[1]

Diese Schwankungen der verschiedenen moralischen Vorzüge auf der Scala der allgemeinen Werthschätzung, der jeweiligen **Nützlichkeit** derselben entsprechend, werden nun von unserm Philosophen des weiteren eingehend erörtert; er zeigt, wie jene vier Quellen des moralischen Gefühls, die Schätzung der ihrem Besitzer oder Anderen nützlichen oder angenehmen Eigenschaften, stets fliessen; dass „aber besondere Umstände zu einer Zeit die eine von ihnen reichlicher, als zu einer andern, fliessen machen können." — Hume schliesst seinen Dialog mit einer interessanten Parallele, die er seinen Freund zwischen Diogenes und Pascal ziehen lässt:

„**Diogenes** (erklärt der Freund) ist das berühmteste Muster extravaganter Philosophie. Lasst uns in den neueren Zeiten eine Parallele zu ihm aufsuchen. Wir werden keinen philosophischen Namen durch eine Vergleichung mit den Dominicus oder Loyolas oder irgend einem canonisirten Mönch oder Ordensbruder verunglimpfen. Lasst uns ihn mit **Pascal** vergleichen, einem Manne von Talent und Geist eben so wohl wie Diogenes selbst, und vielleicht auch einem Manne von Tugend, hätte er nur seine tugendhaften Neigungen in Thätigkeit treten und sich entfalten lassen. Die Basis vom Verhalten des Diogenes war das Bemühen, sich zu einem möglichst unabhängigen Wesen zu machen, und alle seine Bedürfnisse und Wünsche und Freuden auf sich selbst und sein eignes Gemüth einzuschränken; das Ziel Pascal's war, seine Abhängigkeit beständig zu fühlen und sich stets vor Augen zu halten und seine zahllosen Bedürfnisse nie zu vergessen. Der Mann des Alterthums richtete sich durch hohen Muth, Ostentation, Stolz und den Gedanken an seine Ueberlegenheit über alle seine Mitgeschöpfe empor. Der Mann der Neuzeit gelobte sich für immer der Demuth und Selbst-

---

[1] SIDGWIC meint, dass sich auch die den Wissenschaften gewöhnlich erwiesene Ehre nach dem Maasse ihrer Nützlichkeit richte und, „obwohl vielleicht unbewusst, nach einer leidlich genauen *utilitarischen* Scala abgestuft erscheine." (In seinem schönen Aufsatze: *Hedonism and Ultimate Good, in Mind No. V. London, 1877. p. 35.*)

erniedrigung, der Verachtung und dem Hasse seiner selbst und bemühte sich, diese eingebildeten Tugenden in möglichst hohem Grade zu erwerben. Die Austerität des Griechen hatte den Zweck, ihn an Beschwerden zu gewöhnen und vor beständigem Leiden zu bewahren; die des Franzosen wurde lediglich um ihrer selbst willen, und um so viel wie möglich zu leiden, angenommen. Der Philosoph ergötzte sich an den thierischsten Genüssen, selbst öffentlich; der Heilige versagte sich die unschuldigsten, selbst im Verborgenen. Der Erstere hielt es für seine Pflicht, seine Freunde zu lieben und über sie lachen und sie zurechtzuweisen und sie auszuschelten; der Letztere bemühte sich, gegen seine nächsten Verwandten absolut gleichgültig zu sein und seine Feinde zu lieben und Gutes von ihnen zu reden. Der grosse Gegenstand des Witzes eines Diogenes war jede Art des Aberglaubens, d. i. jede Art der zu seiner Zeit bekannten Religion. Die Sterblichkeit der Seele war sein herrschendes Princip; und selbst seine Ansichten von der göttlichen Vorsehung scheinen sehr frei gewesen zu sein. Die lächerlichsten Superstitionen lenkten Pascal's Glauben und Handeln; und die äusserste Verachtung dieses Lebens im Vergleich mit dem zukünftigen war die Hauptgrundlage seines Verhaltens.

„In so merkwürdigem Contrast stehen diese beiden Männer; und doch haben beide zu ihren Zeiten allgemeine Bewunderung gefunden und sind als Musterbilder der Nacheiferung aufgestellt worden. Wo ist also das universelle Kriterion der Moral, von dem du redest? Und welche Regel sollen wir für die vielen verschiedenen, ja entgegengesetzten Gefühle der Menschheit festsetzen?"

„Ein Experiment," erwiedert Hume, das Gespräch beschliessend, „ein Experiment, welches in der Luft gelingt, wird nicht immer im Vacuum gelingen. Wenn die Menschen von den Grundsätzen der gemeinen Vernunft abgehen und nach jenen *künstlichen* Lebensweisen, wie du sie nennst, trachten; so kann Keiner sagen, was ihnen gefallen und nicht gefallen wird.[1] Sie sind in einem anderen Elemente, als die übrige Menschheit; und die natürlichen Principien ihres Gemüths functioniren nicht mit derselben Regelmässigkeit, als wenn sie sich selbst über-

---

[1] Vgl. Hutcheson, oben S. 30.

lassen worden wären, frei von den Illusionen religiösen Aberglaubens und philosophischen Enthusiasmus."

Wir haben, zum Beschluss der Darstellung von Hume's Moral, nur noch einige seiner schon oben[1] erwähnten Essays des ersten Bandes[2] zu besprechen. Der erste derselben, welcher die schwer zu verdeutschende Ueberschrift führt: *Of the delicacy of taste and passion* (etwa: über die Zartheit des Geschmacks und die Reizbarkeit der Leidenschaft), ist für seine eigene Lebensauffassung kennzeichnend. Eine Zartheit und Feinheit, eine *Delicacy* des Geschmacks ist für unser Lebensglück eben so sehr zu wünschen und zu cultiviren, als eine Reizbarkeit und Erregbarkeit, eine *Delicacy* der Leidenschaft zu beklagen und womöglich zu remediren ist. „Die guten und üblen Ereignisse des Lebens," setzt er hinzu, „stehen in sehr geringem Maasse in unsrer Macht; aber wir sind so ziemlich Herr darüber, welche Bücher wir lesen, an welchen Zerstreuungen wir theilnehmen und welche Gesellschaft wir haben sollen. Philosophen haben sich bemüht, die Glückseligkeit von allem Aeusseren *gänzlich* unabhängig zu machen. *Der* Grad der Vollkommenheit ist unmöglich zu *erreichen*: aber jeder Weise wird darnach streben, sein Glück in solche Gegenstände zu setzen, welche am meisten von ihm selbst abhängen: und *das* ist durch kein Mittel so sehr zu *erreichen*, als durch diese Zartheit des Geschmacks. Wenn ein Mensch diese Gabe besitzt, so ist er durch das, was seinem Geschmacke gefällt, glücklicher, als durch das, was seine Begierden befriedigt; und er findet an einem Gedicht oder einem Erzeugnisse des Denkens mehr Genuss, als der verschwenderischste Luxus gewähren kann." „Auch ist nichts so geeignet, uns von jener Reizbarkeit der Leidenschaft zu heilen, als die Pflege jenes höheren und feineren Geschmacks, welcher uns fähig macht, über die Charaktere der Menschen, die Compositionen des Genies und die Werke der

---

[1] S. 33.
[2] In den *Philosophical Works Vol. III.*

edleren Künste zu urtheilen." Oder genauer: nicht *alle* Leidenschaften werden durch die Cultur des Geschmacks für Kunst und Wissenschaft erstickt; sondern derselbe erhöht vielmehr unsre Empfänglichkeit für alle milden und freundlichen Gemüthsbewegungen, während er gleichzeitig das Gemüth der ungestümen und heftigen Affecte unfähig macht.

Ingenuas didicisse fideliter artes,
Emollit mores, nec sinit esse feros.

Auch der dritte Essay, „über Bescheidenheit und Unbescheidenheit,[1] charakterisirt Hume's Denkweise. Weisheit, Tugend, Bescheidenheit und Armuth stellt er hier auf der einen Seite als Gefährten dar; Thorheit, Laster, Unbescheidenheit und Reichthum auf der andern Seite. Eine Allegorie schliesst das Ganze recht artig.

Vortrefflich ist sein vierzehnter[2] Essay: „Von der Würde oder Niedrigkeit der Menschennatur." Er zeigt, dass der Glaube an die Menschenwürde „der Tugend weit vortheilhafter ist, als die entgegengesetzten Grundsätze, welche uns eine niedrige Vorstellung von unsrer Natur geben.[3] Wenn ein Mensch (erklärt er) einen hohen Begriff von seiner Stellung und seinem Charakter in der Schöpfung hat; so wird er naturgemäss sich bestreben, dem entsprechend zu handeln, und es verschmähen, eine niedrige oder lasterhafte Handlung zu begehen, welche ihn unter jenes Bild herabsinken lassen würde, das er sich in seiner Vorstellung von sich macht. Daher finden wir auch, dass alle unsre Moralisten von gutem Ton diesen Gedanken festhalten und das Laster als des Menschen unwürdig sowohl als an sich selbst hässlich darzustellen suchen." Der Begriff *Menschenwürde* gehört offenbar zu den *Vergleichungsbegriffen*. Am nächsten liegt es uns nun, den Menschen mit den Thieren zusammenzustellen; und da ist denn die Vergleichung für die Menschen offenbar sehr vortheilhaft. Aber es gehört gerade zu den Vor-

---

[1] In späteren Auflagen hat Hume denselben, und mehrere andere, wohl als nach seiner Ansicht nicht bedeutend genug, fortgelassen: wie es ja überhaupt wohl nur sehr wenige Schriftsteller giebt, welche in dieser Hinsicht eine ähnliche Strenge gegen sich selbst bewiesen haben, wie Hume.

[2] *Of the dignity or meanness of human nature.* In den späteren Auflagen ist es der elfte Essay.

[3] „Der Mensch kann nicht gross genug vom Menschen denken." (KANT.)

zügen des Menschen auch dieser, dass er sich Ideen von Vollkommenheit bilden kann, welche über die Erfahrung und Wirklichkeit weit hinausgehen; er ist in seinen Begriffen von Weisheit und Tugend unbeschränkt. Wenn wir die Menschen nun an ihren höchsten Idealen messen, dann erscheinen sie uns natürlich sehr klein. Aber auch wenn wir den einen Menschen mit dem anderen vergleichen und nun finden, dass wir nur wenige „*weise*" und „*tugendhaft*" nennen können, werden wir leicht geneigt, vom Menschen gering zu denken; und bemerken nicht, dass diese Ausdrücke Vergleichungsgrössen bedeuten und dass die Vorstellung des Seltenen, vor vielem Ausgezeichneten schon unmittelbar in ihnen selbst liegt. „Wenn wir einen Menschen finden, der zu einem sehr *ungewöhnlichen* Grade der Weisheit gelangt ist, dann nennen wir ihn einen weisen Menschen: so dass es also, zu sagen, es gebe wenig weise Menschen in der Welt, in Wahrheit gar nichts sagen heisst; da sie nur wegen ihrer Seltenheit jenen Namen verdienen. Wäre der niedrigste unsrer Gattung so weise wie Tullius oder Lord Bacon, so würden wir doch noch Grund haben zu sagen, dass es wenig weise Menschen giebt. Denn in diesem Falle würden wir unsre Begriffe von der Weisheit erhöhen und würden dem nicht eine besondere Ehre erweisen, der nicht durch seine Talente besonders ausgezeichnet ist." — „Wie es gewöhnlich ist, unsre Gattung, wenn wir uns eine Vorstellung von ihr machen wollen, mit den anderen Gattungen über oder unter ihr zu *vergleichen*, oder die Individuen der Gattung unter einander zu vergleichen; so vergleichen wir auch oft die verschiedenen Motive oder bewegenden Principien der menschlichen Natur unter einander, um unser Urtheil über dieselbe zu regeln. Und in der That ist dies die einzige Art der Vergleichung, welche unsre Aufmerksamkeit verdient oder irgend etwas in der gegenwärtigen Frage entscheidet. Wenn die selbstischen und die lasterhaften Principien der menschlichen Natur über die socialen und tugendhaften so sehr vorherrschten, wie von einigen Philosophen behauptet worden ist; so müssten wir uns ohne Zweifel eine verächtliche Vorstellung von der menschlichen Natur machen ... Aber es sind, nach meiner Meinung, zwei Dinge, welche jene Philosophen, die auf der Selbstsucht des Menschen so sehr bestanden, irre geführt haben. Erstens fanden sie, dass jede

Handlung der Tugend oder der Freundschaft von einer geheimen Freude gefolgt ward: woraus sie schlossen, dass Tugend und Freundschaft nicht uninteressirt sein könnten. Aber die Täuschung hierbei ist augenscheinlich. Die tugendhafte Empfindung oder Leidenschaft bringt die Freude *hervor*, und entsteht nicht aus dieser. Ich empfinde Freude, wenn ich meinem Freunde wohl thue, weil ich ihn liebe; aber liebe ihn nicht um jener Freude willen.[1] Zweitens hat man stets bemerkt, dass die Tugendhaften weit davon entfernt sind, gegen Lob gleichgültig zu sein; und sie sind daher als eine Classe ruhmrediger Menschen dargestellt worden, die nichts im Auge haben, als den Beifall Anderer. Aber dies ist auch eine Täuschung. Es ist sehr ungerecht, dass die Welt eine lobenswerthe Handlung, wenn sie in derselben eine Beimischung von Eitelkeit findet, deswegen geringschätzt oder sie jenem Motiv *gänzlich* zuschreibt. Bei der Eitelkeit und dem Stolze ist der Fall nicht der nämliche, wie bei den andern Leidenschaften. Wenn Geiz oder Rachsucht in eine anscheinend tugendhafte Handlung eintritt, so ist es uns schwer, zu bestimmen, wie weit sie eintritt, und es ist natürlich, wenn man sie für das einzige bewegende Princip hält. Aber der Stolz ist mit der Tugend so nahe verbunden, und den Ruhm *lobenswerther* Handlungen zu lieben, steht der Liebe zu lobenswerthen Handlungen um ihrer selbst willen so nahe, dass diese Leidenschaften der Mischung eher fähig sind, als andere Arten der Neigung; und es ist fast unmöglich, die letztere zu haben ohne einigen Grad der ersteren. Dem entsprechend finden wir auch, dass diese Leidenschaft für den Ruhm sich stets verändert und wechselt, dem besonderen Geschmack oder der Beschaffenheit des Gemüths gemäss, dessen sie sich bemächtigt. Nero hatte dieselbe Eitelkeit für das Wagenrennen, welche Trajan für die gerechte und tüchtige Regierung des Reiches hatte. Den Ruhm *tugendhafter* Handlungen zu lieben, ist ein sicherer Beweis von der Liebe zur Tugend."

Im zweiundzwanzigsten Essay, „Ueber Polygamie und Ehescheidung," sind die Gründe unsers Philosophen gegen die polygamischen Formen der Ehe von Interesse. Er erklärt, „dass jene Souverainetät der Männer eine wahre Usurpation ist

---

[1] Vgl. oben S. 60 f.

und jene Nähe, um nicht zu sagen Gleichheit, des Ranges zerstört, welche die Natur zwischen den Geschlechtern eingesetzt hat. Wir sind von Natur der Frauen Liebhaber, ihre Freunde, ihre Beschützer: sollten wir freiwillig diese theuren Namen gegen die barbarischen Titel des Herrn und Tyrannen vertauschen? In welcher Eigenschaft sollten wir durch diesen unmenschlichen Schritt gewinnen? Als Liebende, oder als Ehemänner? Der *Liebende* wird völlig vernichtet; und das Freien, die anmuthigste Scene des menschlichen Lebens, findet nicht länger statt, wo die Frauen nicht die freie Verfügung über sich selbst haben, sondern wie das gemeinste Thier gekauft und verkauft werden. Der *Ehemann* gewinnt eben so wenig, da er das bewundernswürdige Geheimniss gefunden hat, jeden Theil der Liebe, mit Ausnahme der Eifersucht, zu ersticken. Keine Rose ist ohne Dornen; der aber muss in der That ein närrischer Kauz sein, welcher die Rose fortwirft und nur die Dornen behält. — Aber die asiatischen Sitten sind der Freundschaft eben so verderblich wie der Liebe. Die Eifersucht schliesst die Menschen von aller vertrauten Bekanntschaft aus. Niemand wagt, seinen Freund mit nach Haus oder zu Tisch zu bringen, damit er nicht seinen zahlreichen Weibern einen Liebhaber mitbringe. Daher ist im ganzen Osten die eine Familie von der andern so getrennt, als wenn sie eben so viele verschiedene Reiche wären. Kein Wunder daher, wenn Salomo, mit seinen sieben hundert Frauen und drei hundert Concubinen, ohne einen Freund, wie ein Fürst des Ostens lebend, so eindringlich über die Eitelkeit der Welt schreiben konnte.[1] Hätte er das Geheimniss *eines* Weibes oder *einer* Geliebten, einiger wenigen Freunde

---

[1] Man denke an SCHOPENHAUER und seinen Aufsatz „über die Weiber." (Parerga und Paralipomena. II. Bd.) In der That wäre jene Salomonische Weisheit, die er dort und an andern Orten predigt, ein „Heilsmittel" mehr, die ewige „Säligkeit" des „Nirwana" immer allgemeiner recht herzlich herbeisehnen zu machen; und es ist auch charakteristisch, dass es gerade unsern deutschen Pessimisten vorbehalten bleiben konnte, Polygamie und asiatische Sitten allen Ernstes zu empfehlen. — FRIEDRICH DER GROSSE meinte: *Avec une éducation plus mâle, plus vigoureuse, ce sexe l'emporterait sur le nôtre.* (*Lettre sur l'éducation. Oeuvres de Frédéric le Grand, Tome IX. p. 126.*) Und in unsern Tagen hat J. S. MILL dieselben Ansichten ausgesprochen.

und vieler Bekannten versucht, so hätte er das Leben vielleicht etwas annehmlicher gefunden. Tödte die Liebe und die Freundschaft: und was bleibt in der Welt, das des Nehmens werth ist? ... Die glücklichsten Ehen findet man sicherlich da, wo sich Liebe durch lange Bekanntschaft zur Freundschaft befestigt. Denn wer von Entzückungen und Ekstasen über die Flitterwochen hinaus träumt, ist ein Thor." — Hume schliesst seine Untersuchung mit dem Urtheil, dass sich nach Allem die gegenwärtig in Europa bestehenden Einrichtungen in Betreff der Ehe als die besten empfehlen. — Das Hauptmoment, den humanisirenden, versittlichenden Einfluss unsres Familienlebens, besonders auf den werdenden Menschen, auf die Kinder, sodann aber auch auf die Ehegatten selbst, hat Hume nicht erwähnt.[1]

---

[1] Hume's, des nie Verheiratheten, weniger englische, als vielmehr französische Ansichten über dieses Gebiet (vgl. auch oben S. 160) fanden in seinem Vaterlande, zu dessen grössten Vorzügen ein schöner Familiensinn gehört, nicht den Beifall, der denselben vielleicht in Frankreich zu Theil geworden wäre. Oft ward ihm, und nicht mit Unrecht, von seinen Landsleuten vorgeworfen, dass er für den tieferen ethischen Gehalt und die moralische Bedeutung des Familienlebens zu wenig Verständniss hätte. „Es ist seltsam," sagt MACKINTOSH, dessen treffendem Urtheil über diese Ansichten Hume's man hier eine Stelle verstatte, „es ist seltsam, dass er, der in seinem Essay über Polygamie und Ehescheidung die Verknüpfung der Familienbanden mit der äussern Ordnung der Gesellschaft so gut dargethan hatte, ihr tieferes und engeres Verhältniss zu allen socialen Gefühlen der Menschennatur nicht bemerkte. Man kann es nicht genug bedauern, dass, in einer Untersuchung, die mit einer sehr moralischen Absicht geschrieben war, seine Gewohnheit, die Wahrheit dadurch anziehend zu machen, dass er ihr ein paradoxes Gewand überwarf, ihm für einen Augenblick den Anschein gab, als ob er die blossen Amüsements der Geselligkeit und Unterhaltung in die Wagschale legen wollte gegen häusliche Treue, welche die Erhalterin der Familienneigung, die Quelle der Elternliebe und kindlichen Achtung und, indirect, alles Wohlwollens überhaupt ist, das zwischen menschlichen Wesen besteht. Dass die Familien Schulen sind, wo das Kinderherz lieben lernt, und dass Sittenreinheit das Cement ist, das allein diese Schulen zusammenhält, sind so gewisse Wahrheiten, dass man sich wundern muss, nicht ein stärkeres Gefühl für ihre Bedeutung bei ihm anzutreffen. Keiner hätte so gut beweisen können, dass alle Tugenden jener Art, in ihren verschiedenen Ordnungen und Graden, den wohlwollenden Neigungen förderlich sind, und dass jede Handlung, welche den Sinn für jene Neigungen vermindert, dahin tendirt, in einigem Grade das Wohlwollen seiner natürlichen Hülfstruppen zu berauben

Endlich haben wir unsre Aufmerksamkeit noch jenen, in lebendigstem Colorit gehaltenen, höchst kunst- und geschmackvollen Gemälden des **Epikureers**, des **Stoikers**, des **Platonikers** und des **Skeptikers** zu schenken, welche im achtzehnten[1] und den drei folgenden Essays enthalten sind. Der Philosoph unterrichtet uns, dass er nicht so wohl die Absicht habe, die Lebensauffassungen der antiken Philosophen-Schulen zu erläutern, als vielmehr die Ansichten derjenigen Secten dar-

---

und seine Macht in der Welt zu schwächen. Es erforderte nicht seinen Scharfsinn, zu entdecken, dass die edelsten und zartesten Gefühle nur unter der ernsten Hut dieser strengen Tugenden blühen. Vielleicht ward seine Philosophie gelockert, wenn auch sein Leben nicht befleckt, von jener Lasterhaftigkeit, welche auf dem Continent von der Regentschaft des Herzogs von Orleans bis zur französischen Revolution herrschte — die ausschweifendste Periode der europäischen Geschichte, wenigstens seit den römischen Kaisern In Rom in der That legte die Verbindung von Zügellosigkeit mit Grausamkeit, welche, obwohl in Individuen kaum nachweisbar, doch in grossen Massen allgemein sehr wohl zu bemerken ist, ein furchtbares Zeugniss ab für den Werth strenger Sittenreinheit. Zu Hume's Zeit schien das Band zwischen diesen beiden, von einander so verschiedenen Lastern zerrissen zu sein. In dem fortgeschrittenen Zustande der Gesellschaft schien die Lust zu ihrer natürlichen Vereinigung mit Liebe und Zärtlichkeit sowohl als mit Bildung und Verfeinerung zurückzukehren. Hätte er aber vierzehn Jahre länger gelebt (bis zur französischen Revolution); so würde er gesehen haben, dass die Tugenden, welche die natürlichen Pflanzstätten der wohlwollenden Affecte bewachen, deren einzige wahre und beständige Freunde sind . . . Jene schreckliche Erschütterung warf ein furchtbares Licht auf die Wildheit, welche unter den Künsten und Vergnügungen verderbter Nationen verborgen liegt: wie Erdbeben und Vulcane die Schichten offenbaren, welche unter einer fruchtbaren, blühenden Oberfläche die tieferen Theile unsres Planeten bilden. Ein Theil jenes fürchterlichen Resultats kann man wahrscheinlich jener Lockerung der Familienbanden zuschreiben, die unglücklicher Weise dem Volke grosser Hauptstädte so natürlich ist, und die damals durch das Beispiel der höheren Stände aufgemuntert und erhöht wurde. Ein andrer Theil entstand ohne Zweifel aus der barbarisirenden Macht der absoluten Regierung oder, mit andern Worten, der Ungerechtigkeit an hohen Stellen. Ein sehr grosser Theil bezeugt, so nachdrücklich wie die römische Geschichte, obwohl auf etwas andere Weise, die **humanisirende Kraft der Familientugenden** durch die Folge des Mangels derselben in den höheren Classen, deren üppige, prahlerische Sinnlichkeit den arbeitenden und duldenden Theil der Menschheit mit Verachtung, Abscheu, Neid und Hass erfüllte." (a. a. O. S. 142 f.

[1] später der fünfzehnte.

zustellen, welche sich in der Welt naturgemäss bilden und verschiedene Meinungen von Glück und Menschenleben hegen. Er habe jeder derselben den Namen der philosophischen Secte gegeben, mit welcher sie die nächste Verwandtschaft zeige. Diese Erklärung ist in der That recht angebracht und wohl zu beachten; und wir werden besonders bei der letzten dieser vier Zeichnungen finden, wie wenig sich unser Autor an den eigentlichen geschichtlichen Typus gehalten hat.

Der EPIKUREER, „oder der Mann der Annehmlichkeit und der Lust,"[1] nimmt zuerst das Wort, um mit seinen weichen, süss sich einschmeichelnden Sirenenklängen uns zu *seiner* Lebensweisheit, *seinem* Lebensgenuss: zum Cultus der *Dia Voluptas* sanft zu überreden. Rückkehr zur ursprünglichen Natur verlangt er; jene eitlen Bestrebungen, ein künstliches Glück durch Vernunftregeln erzeugen zu wollen, sollen wir aufgeben. „Ihr gebt vor," ruft er seinen Antagonisten zu, „mich glücklich zu machen durch Vernunft und durch Regeln der Kunst. Ihr müsst mich also durch Regeln der Kunst neu schaffen. Denn von meiner innern Form und Bildung hängt mein Glück ja ab. Aber dazu habt ihr nicht die Macht und, ich fürchte, auch nicht das Geschick. Und ich kann von der Weisheit der Natur keine geringere Meinung hegen, als von der euren. Lass sie daher die Maschine führen, die sie so weise gestaltet hat. Ich finde, dass ich dieselbe durch Pfuschen nur verderben würde. Wozu sollte ich so vermessen sein, irgend welche jener Triebfedern oder Principien zu reguliren, zu verfeinern oder zu stärken, welche die Natur mir eingepflanzt hat? Ist dies der Weg, auf dem ich das Glück erreichen muss? Aber Glück schliesst Ruhe, Frieden, Lust und Vergnügen in sich; nicht Sorge, Wachsamkeit und Beschwerde. Die Gesundheit meines Körpers besteht in der Leichtigkeit, mit der alle seine Verrichtungen vollführt werden. Der Magen verdaut die Nahrung; das Herz setzt das Blut in Umlauf; das Gehirn secernirt und raffinirt die Lebensgeister: und dieses Alles, ohne dass ich mich um die Sache bekümmere. Wenn ich allein durch meinen Willen der Bewegung des Blutes, das mit Ungestüm durch meine Adern rollt, Halt gebieten kann, dann mag ich hoffen,

---

[1] *the man of elegance and pleasure.*

den Lauf meiner Gefühle und Leidenschaften zu ändern. Vergeblich würde ich alle meine Vermögen anstrengen und mich bemühen, Lust von einem Gegenstande zu erhalten, der nicht von Natur dazu geeignet ist, meine Organe mit Lust zu afficiren. Ich kann mir durch mein fruchtloses Bestreben wohl Schmerz zufügen, nie aber eine Freude erlangen. Hinweg also mit allen jenen eitlen Ansprüchen, uns in uns selbst glückselig zu machen, an unsern eignen Gedanken Genuss zu finden und Befriedigung in dem Bewusstsein des Rechtthuns, alle Hülfe und allen Beistand von äusseren Gegenständen verschmähend! Das ist die Stimme des *Stolzes*, nicht der *Natur!* Und es wäre noch gut, wenn dieser Stolz sich wenigstens auch nur selbst behaupten und eine wirkliche innere Lust gewähren könnte, wie herb oder melancholisch diese auch sein möchte. Aber jener ohnmächtige Stolz kann nur die Aussenseite regeln und mit unendlicher Mühe und Anspannung Sprache und Antlitz zu philosophischer Würde modeln, um die unwissende Menge zu täuschen. Das Herz ist indessen leer an allem Genusse: und das Gemüth, nicht von den ihm angemessenen Gegenständen unterstützt, versinkt in die tiefste Sorge und Schwermuth. Unglücklicher, aber eitler Sterblicher! Dein Geist soll glücklich in sich selbst sein! Mit welchen Hülfsquellen ist er denn versehen, um eine so unermessliche Leere auszufüllen und die Stelle aller Sinne und Vermögen deines Leibes zu ersetzen? Kann denn dein Kopf ohne deine anderen Glieder bestehen? — Lass mich daher meine eigenen Leidenschaften und Neigungen befragen: in ihnen muss ich die Dictate der Vernunft losen, nicht in euren eitlen Reden." Der Sinnengenuss, im Verein mit Freunden, ist die wahre Weisheit unverkünstelter Natur: ihm sollen wir uns weihen. „Das Vergangene vergessend, unbesorgt um die Zukunft, lasst uns hier die Gegenwart geniessen. Der morgende Tag wird seine eigenen Freuden mit sich bringen, oder wenn er unsre sehnlichen Wünsche täuschen sollte, werden wir wenigstens die Lust geniessen, an die Vergnügungen von heute zurückzudenken." Vor Allem, lassen wir uns nicht durch die Stimme des Ruhmes verführen: „Er ist ein Echo, ein Traum, nein der Schatten eines Traumes, der durch jeden Wind zerstreut wird und durch jeden feindlichen Hauch der unwissenden, urtheilslosen Menge verloren." „Bedenkt, dass, wenn das Leben hinfällig ist und die Jugend enteilt, wir den gegenwärtigen Augenblick wohl ausnutzen und keinen Theil eines so vergänglichen Daseins verlieren sollen. Noch ein kleiner Moment, und *diese* werden nicht mehr sein. Wir werden sein, als ob wir nie gewesen wären. Nicht eine Erinnerung an uns bleibt auf Erden; und selbst die erdichteten Schatten der Unterwelt werden uns keine Wohnung geben. Unsre unnützen Besorgnisse, unsre eitlen Pläne, unsre ungewissen Speculationen, alle werden sie verschlungen und verloren sein! Unsre jetzigen Zweifel über den Urgrund aller Dinge können, ach! nie gelöst werden! Dessen allein können wir gewiss sein: dass, wenn ein herrschender Geist diesem Weltall vorsteht, es ihm gefallen muss, uns die Zwecke unsres Daseins erfüllen und die Lust geniessen zu sehen, für die allein wir geschaffen wurden." —

Würdiger, männlicher, weiser ist die Sprache des STOIKERS, „oder des Mannes der That und der Tugend:" Zwischen Mensch und Thier ist dieser offenbare und wesentliche Unterschied, dass jenem die Natur Vernunft gegeben und ihn zur Arbeit[1] und zur Kunst bestimmt hat; während sie die Thiere mit allem Erforderlichen unmittelbar versah oder mittelbar durch Einpflanzung nie irrender Instincte. Seiner intelligenten Thätigkeit verdankt der Mensch Alles. Wenn er sich der Trägheit überlassen wollte, so müsste er zu den Beeren und Wurzeln als seiner Nahrung, dem offenen Himmel als seinem Schutzdach, zu Steinen und Knütteln als Wehr gegen die reissenden Thiere der Wüste zurückkehren! Dann kehrt er auch zurück zu den barbarischen Sitten, zur Furcht und zum Aberglauben, zu thierischer Unwissenheit: ja er sinkt noch unter das Niveau der Thiere hinab, deren Zustand jener Anwalt des thatlosen Geniessens so sehr bewundert und so nachahmenswerth findet. Höre daher, o Mensch, auf die wahre Stimme der Natur, die dich zur Arbeit ermahnt und zur Freude in deiner Arbeit! Der ganze Erdball bietet Stoff für deine Thätigkeit! Aber nicht nur bilde edles Metall aus rohem Gestein, und Schmuck und Waffen und Götterbilder aus diesem Metall: sondern dich selbst mache vor Allem zum Gegenstand deiner Kraft und deiner Kunst, dich selbst vervollkomme und verähnliche deinem Ideale:

---

[1] Vgl. CICERO, *de fin.* V, 20: *Apparet, nos ad* AGENDUM *esse natos.*

nicht bloss Bilder in Stein und Erz! Unser hedonistischer Gegner hat wohl in *einer* Hinsicht Recht: „Der grosse Endzweck alles menschlichen Fleisses ist die Erlangung der Glückseligkeit. Für diese wurden Künste erfunden, Wissenschaften gepflegt, Gesetze gegeben und Gesellschaften gebildet durch die tiefste Weisheit von Vaterlandsfreunden und Gesetzgebern." Aber auf dem Wege thatlosen Geniessens wird jenes hohe Ziel nimmer erreicht und nimmer durch den Verzicht auf Fleiss und Kunst. „Ist denn eine Kunst und Lehrzeit zu jeder andern Fertigkeit erforderlich: und eine Kunst des Lebens, eine Regel und Richtschnur, uns in dieser Hauptangelegenheit zu leiten, giebt es nicht?'[1] Kann kein einzelnes Vergnügen ohne Kunst erworben werden: und kann das Ganze, ohne Intelligenz und Nachdenken, durch die blinde Leitung von Instinct und Trieb geregelt werden? Sicherlich begeht man also hierbei nie einen Irrthum; sondern Jedermann, wie ausschweifend oder nachlässig auch immer, schreitet in der Verfolgung des Glückes mit einem so sicheren Gange fort, wie der ist, welchen die Himmelskörper beobachten, wenn sie, gelenkt von der Hand des Allmächtigen, in den Weiten des Aethers dahinrollen? Aber wenn man oft, ja wenn man unfehlbar Irrthümer begeht: so lasst uns diese Irrthümer uns merken; lasst uns ihre Ursachen beachten; lasst uns ihre Wichtigkeit erwägen; lasst uns untersuchen, wie ihnen abzuhelfen. Wenn wir so alle Regeln des Handelns festgesetzt haben, sind wir *Philosophen*; wenn wir diese Regeln in Ausübung gebracht, das Wissen in Handeln umgesetzt haben, sind wir *Weise*."

Das Glück ist das Ziel unsrer Arbeit: kann diese uns daher je lässig und unerträglich erscheinen? „Aber wisse, dass diese Arbeit selbst der Hauptbestandtheil der Glückseligkeit[2] ist, nach der du strebst, und dass jeder Genuss bald

---

[1] Vgl. SHAFTESBURY, *Characteristics*. Vol. *II*. p. *293 f.*

[2] *La jouissance*, sagt VAUVENARGUES, *est le fruit et la récompense du travail; elle est elle-même une action; on ne saurait jouir qu'autant que l'on agit, et notre âme enfin ne se possède véritablement que lorsqu'elle s'exerce tout entière.* (Oeuvres complètes: *Moralistes français*, Paris 1841: p. 477.) Und SCHOPENHAUER erklärt: „Es giebt eigentlich gar keinen Genuss anders, als im Gebrauch und Gefühl der eigenen Kräfte." (Werke, II. Bd. S. 360.) *Vivit is, qui se utitur*: SENECA. (*epist. 59, 1.*)

schal und widrig wird, wenn nicht durch Mühe und Arbeit erworben. Was ist die Freude des Jäger auf seinen beschwerlichen Pfaden? Ist es nicht die Thätigkeit von Leib und Seele selbst, die ihn so ergötzt? Sollte diese Thätigkeit nicht auch, wenn wir sie auf einen edleren Gegenstand, auf die Cultur unsres Geistes und Gemüths richten, ihre Befriedigung mit sich führen? Sollte es uns nicht erfreuen, in unsrer Vervollkommnung uns täglich fortschreiten zu sehen und unser allmähliches Wachsthum in innerer Kraft und Schönheit zu bemerken?

„Vergeblich sucht ihr Ruhe auf Rosenbetten; vergeblich hofft ihr auf Genuss von den köstlichsten Weinen und Früchten: eure Unthätigkeit selbst muss euch ermüden; eure Lust selbst bringt Ekel hervor!" Und ihr setzt euch in dieser eifrigen Jagd nach der Lust mehr und mehr dem Zufall und Schicksal aus, hängt eure Neigungen immer ausschliesslicher an äussere Dinge, die euch das Glücksrad in einem Augenblicke rauben kann. „Glück kann nicht bestehen, wo keine Sicherheit ist: und Sicherheit kann keine Stelle haben, wo Fortuna eine Herrschaft ausübt. Wenn euch jene unbeständige Göttin ihren Zorn auch nicht zeigen sollte, so würde die Furcht davor euch doch stets beunruhigen, euren Schlummer stören, eure Träume heimsuchen und Schwermuth mischen in die Fröhlichkeit eurer üppigsten Gelage."

Aber nicht für sich allein nur handelt der Weise; sondern der Menschheit widmet er seine Kräfte. Und in diesem Handeln für Andre, in Werken des Edelmuths findet er selbst sein Glück. „Denn so einnehmend sind die Gefühle der Menschenliebe, dass sie selbst das Antlitz der Sorge erhellen und gleich der Sonne wirken, welche, auf düstre Wolken oder fallenden Regen scheinend, die herrlichsten Farben auf sie malt, welche im ganzen Umfang der Natur sich finden."

Aber, fragt ihr, „wo ist der Lohn der Tugend? Und welchen Ersatz hat die Natur geleistet für so grosse Opfer, wie die des Lebens und Glücks, die wir ihr oft machen müssen?" „O Erdensöhne! Kennt ihr den Werth dieser himmlischen Geliebten nicht? Und forscht ihr niedrigen Sinnes nach ihrem Brautschatz, während ihr ihren ächten, natürlichen Zauber bemerkt? Aber wisset, dass die Natur nachsichtig gewesen ist gegen die menschliche Schwäche und ihr Lieblingskind nicht nackend und ohne Mitgift gelassen hat. Sie hat der Tugend die reichste Aussteuer gegeben; aber besorgend, dass der Reiz des Interesses solche Freier werben könnte, welche fühllos wären gegen den eingebornen Werth einer so göttlichen Schönheit, hat sie es weise so angeordnet, dass diese Aussteuer nur in den Augen Derer einen Reiz hat, welche schon hingerissen sind von Liebe zur Tugend. Ruhm ist die Mitgift der Tugend, die süsse Belohnung ehrenwerther Arbeit, die Triumphes-Krone, welche das gedankenvolle Haupt des uninteressirten Patrioten oder die staubigen Brauen des siegreichen Kriegers bedeckt. Stolz auf einen so erhabenen Preis, blickt der Mann der Tugend mit Verachtung auf alle die Anlockungen der Lust und alle Drohungen der Gefahr hinab. Der Tod selbst verliert seine Schrecken, wenn er bedenkt, dass seine Herrschaft sich nur über einen Theil von ihm erstreckt und dass, dem Tode und der Zeit, der Wuth der Elemente und dem endlosen Wechsel menschlicher Dinge zum Trotz, er eines unsterblichen Ruhmes unter allen Erdensöhnen sicher ist.

„Es giebt sicherlich ein Wesen, das über das Universum herrscht und mit unendlicher Weisheit und Macht die misshelligen Elemente in die rechte Ordnung und Proportion gebracht hat. Lasst die speculativen Denker darüber disputiren, wie weit dies wohlthätige Wesen seine Vorsorge erstreckt, und ob es unsre Existenz über das Grab hinaus verlängert, um der Tugend die gerechte Belohnung zu ertheilen und sie völlig triumphiren zu machen: Der Mann der Moralität ist, ohne in einer so zweifelhaften Sache etwas zu entscheiden, mit dem Antheil zufrieden, den der höchste Lenker und Geber aller Dinge ihm zugewiesen hat. Dankbar nimmt er auch jede fernere Belohnung an, die ihm bereitet ist; aber wenn er sich hierin auch täuscht, so sieht er darum doch nicht die Tugend für ein leeres Wort an; sondern mit Recht die Tugend für ihren eigenen Lohn haltend, erkennt er die Güte seines Schöpfers dankbar an, der, ihn in's Dasein rufend, ihm damit eine Gelegenheit gegeben hat, einmal einen so unschätzbaren Besitz zu erwerben."[1] —

---

[1] Vgl. SHAFTESBURY, *Characteristics*. *II, 251.*

Der PLATONIKER, „oder der Mann der Contemplation und *philosophischen* Frömmigkeit" (der sich bei Hume mit seiner Rede bedeutend kürzer fasst, als die Andern), verwirft die epikurische Weisheit des leidenden Sinnengenusses sowohl als die stoische der thätigen Tugend, als Afterweisheit; denn nach ihm besteht alle wahre Weisheit und wahre Tugend im ewigen Betrachten des göttlichen Wesens und beschaulichem Sichversenken in diesen geistigen Urgrund, dem wir selbst entsprungen. „Die Gottheit ist ein grenzenloser Ocean der Seligkeit und der Glorie; die Geister der Menschen sind kleinere Ströme, die, anfänglich diesem Ocean entstammend, bei all' ihren Wanderungen stets in ihn zurückzukehren und sich in diese Unermesslichkeit der Vollkommenheit zu verlieren streben. Wenn aufgehalten in diesem natürlichen Laufe durch Laster oder Thorheit, werden sie wüthend und rasend, und hoch und höher anschwellend, verbreiten sie dann Schrecken und Verwüstung über die benachbarten Felder.

„Vergeblich empfiehlt mit pomphafter Phrase und leidenschaftlichem Ausdruck Jeder sein eigenes Thun und Trachten und ladet die leichtgläubigen Hörer zur Nachahmung seiner Lebens- und Handlungsweise ein. Das Herz straft das Antlitz Lügen und fühlt mit Schmerzen, selbst inmitten des höchsten Erfolges, das Unbefriedigende aller jener Freuden, die es von seinem wahren Gegenstande zurückhalten. Ich prüfe den Wollüstigen vor dem Genusse; ich messe die Heftigkeit seiner Begierde und die Wichtigkeit seines Gegenstandes; ich finde, dass all' sein Glück nur aus jener Hast und Unruhe der Gedanken herrührt, die ihn sich selbst entreisst und sein Auge von seiner Schuld und seinem Elend abzieht. Ich betrachte ihn einen Moment darauf: er hat nun die Lust genossen, die er so sehnlichst suchte. Das Gefühl der Schuld und des Elends kehrt mit gedoppelter Qual zu ihm zurück: seine Seele durch Furcht und Gewissensbisse gepeinigt, sein Leib darniedergebeugt durch Ekel und Ueberdruss.

„Aber ein hehrer, ein hochmüthigerer Charakter wenigstens stellt sich zuversichtlich unserm Urtheil dar; und den Namen eines Philosophen und Mannes der Sittlichkeit annehmend, will er sich der strengsten Prüfung unterwerfen. Er fordert mit sichtlicher, obwohl verhehlter Ungeduld unsre Billigung und unsern Beifall und scheint beleidigt, dass wir noch einen Augenblick zaudern, bevor wir in die Bewunderung seiner Tugend ausbrechen. Diese Ungeduld bemerkend, zögere ich noch mehr; ich beginne die Motive seiner anscheinenden Tugend zu prüfen: — Aber siehe da! ehe ich diese Untersuchung anfangen kann, enteilt er mir; und seine Rede nun an jenen Haufen kopfloser Zuhörer richtend, hintergeht sie der Thor durch seine hochtönenden Anmassungen.

„O Philosoph! deine Weisheit ist eitel und deine Tugend vergeblich! Du suchst den unwissenden Beifall der Menschen, nicht das wahre, ächte Lob deines Gewissens oder die noch wesentlichere Billigung jenes Wesens, das mit *einem* Blicke seines allsehenden Auges das All durchdringt. Der Hohlheit deiner angemassten Rechtschaffenheit bist du dir sicherlich bewusst. Während du dich einen Bürger, einen Freund, einen Sohn nennst, vergissest du deinen höheren Oberherrn, deinen wahren Vater, deinen grössten Wohlthäter. Wo ist die schuldige Anbetung der unendlichen Vollkommenheit, daraus alles, was gut ist und Werth hat, entspringt? Wo ist die Dankbarkeit, die du deinem Schöpfer schuldest, der dich aus dem Nichts hervorrief, der dich in alle diese Verhältnisse zu deinen Mitgeschöpfen setzte und, die Erfüllung der Pflichten eines jeden dieser Verhältnisse von dir fordernd, dir verbietet, deine Pflicht gegen Ihn selbst, gegen das vollkommenste Wesen zu verabsäumen, mit dem du durch das engste Band zusammenhängst?

„Aber du selbst bist dein eigner Götze, deinen *imaginären* Vollkommenheiten streust du Weihrauch: oder vielmehr, deine *wirklichen* Unvollkommenheiten fühlend, suchst du nur die Welt zu täuschen und durch Vermehrung der Anzahl deiner unwissenden Bewunderer deiner Eitelkeit zu schmeicheln. So, nicht zufrieden damit, Das zu vernachlässigen, was in der Welt das Erhabenste und Herrlichste ist, willst du das Niedrigste und Verächtlichste an seine Stelle setzen."

Alle Kunst ist Werk und Offenbarung des Geistes. Alle Menschenkunst ist eine schwache Nachahmung der unendlich überlegenen Kunst der Natur. Können wir so blind sein, den ewigen Werkmeister, den Weltgeist nicht zu erkennen, den *diese* Kunst offenbart? Können wir so stumpf sein, nicht von Begeisterung ergriffen zu werden und beseligender Andacht bei dem erhabenen Walten des unendlich weisen und gütigen Wesens? „Die vollkommenste Glückseligkeit muss sicherlich aus der Betrachtung des vollkommensten Gegenstands entstehen. Was aber ist vollkommener als Schönheit und Tugend? Und wo finden wir eine Schönheit, die gleich sei der des Kosmos? oder eine Tugend, die sich vergleichen liesse mit der Güte und Gerechtigkeit der Gottheit? Wenn etwas die Freude dieser Betrachtung vermindern kann, so müsste es die Beschränktheit unsers Vermögens sein, welche den grössten Theil jener Schönheiten und Vollkommenheiten uns verbirgt; oder die Kürze unsers Lebens, das nicht Zeit genug lässt, uns darin zu unterrichten. Aber es ist unser Trost, dass, wenn wir die uns hier zugetheilten Fähigkeiten auf eine würdige Weise angewandt haben, sie in einem anderen Zustand der Existenz werden erweitert werden, um uns zur Anbetung unsers Schöpfers tüchtiger zu machen: und dass die Arbeit, welche in der Zeit nie zu vollenden ist, das Werk einer Ewigkeit sein wird." —

„Der SKEPTIKER" beschliesst die Reihe der Philosophen mit der bei weitem längsten Rede. Diesem Namen hat Hume nicht, wie den anderen, eine nähere Erläuterung beigefügt; aus einem Grunde, den wir vielleicht finden werden. Aber es muss doch befremden, dass unser Denker in der Moral „dem *Skeptiker*" das letzte Wort lässt — er, der, wie wir gesehen haben, eine so feste Haltung in der Ethik zeigt und den moralischen Skepticismus so nachdrücklich bekämpft hat! Eingedenk seiner eigenen Erklärung, dass er sich in seinen Darstellungen der verschiedenen Lebensansichten nicht streng an die geschichtlichen Charaktere zu binden gedenke, würden wir uns freilich nicht sonderlich wundern dürfen, wenn wir finden sollten, dass er von jener Erlaubniss, die er sich genommen, einen etwas freien Gebrauch gemacht hat. Wir erinnern uns an die charakteristischsten Bestimmungen der Moral der antiken Skeptiker: Auf alles Wissen und jede feste Ueberzeugung zu verzichten und bei Allem unser Urtheil, unsre Beistimmung, unsre definitive Entscheidung zurückzuhalten, dies ist nach Pyrrho und seinen Anhängern die wahre philosophische Grundregel; und allein aus dieser *Epoché*, oder *Aphasie*, oder *Akatalepsie*¹ geht die Ruhe und Unerschütterlich-

---

¹ ἀφασία, ἀκαταληψία, ἐποχή.

keit des Gemüths, die „*Ataraxie*" hervor, welche die Bedingung aller Glückseligkeit ist. „Ihre Meinungen und Vorurtheile beunruhigen die Menschen und verleiten sie zu leidenschaftlichen Bestrebungen: wer als Skeptiker *auf alle Meinung verzichtet* hat, der allein ist im Stande, die Dinge mit unbedingter Gemüthsruhe zu betrachten, ohne dass er durch irgend eine Leidenschaft oder Begierde gestört würde." „Sofern absolute Unthätigkeit nicht möglich ist, wird ein Solcher zwar dem Wahrscheinlichen, und insofern auch dem Herkommen folgen; aber er wird sich dabei bewusst sein, dass dieses sein Verhalten *nicht* auf dem Grunde einer sicheren *Ueberzeugung* beruht. Nur in dieses Gebiet der *unsicheren Meinung* gehören alle positiven Urtheile über *gut* und *böse*."[1]

Vergeblich suchen wir in der Rede des Humischen „*Skeptikers*" nach ähnlichen Lehren! Vielmehr hören wir im wesentlichen nur eine Wiederholung der Ansichten des „*Stoikers*;" sowie eine Skizzirung einiger wichtigen Theile des Humischen Systems; Regeln ächter Lebensweisheit; eine Kritik der Mängel gewisser antiker paränetischer Werke; endlich eine Reflexion über Glückseligkeit und Tugend: — wir werden mehr und mehr gewahr, *welcher* „Skeptiker" in Wahrheit redet! Wir hören Hume selbst seine, in den Hauptpuncten mit der von ihm als „*stoisch*" bezeichneten Lebensanschauung identische, Lehre von Menschenglück und Menschenleben vortragen![2] Und „Skep-

---

[1] EDUARD ZELLER, Die Philosophie der Griechen in ihrer geschichtlichen Entwicklung. III. Thl. I. Abthlg. 2. Aufl. Leipzig, 1865. S. 445. f.

[2] BURTON, Hume's Biograph, sagt über diese Philosophengemälde (*a. a. O. Vol. I. p. 142 f.*): „Der Leser erwartet, einen Versuch, sein (Hume's) eignes Bild zu zeichnen, im „*Skeptiker*" zu finden: aber darin findet es sich nicht ... In den „*Stoiker*" hat unser Autor von seinem Herzen und seiner Sympathie am meisten hineingelegt, und in dieser Skizze sind, wahrscheinlich ohne Absicht, einige Züge seines eigenen Charakters portraitirt. Es sind darin Stellen, welche mit gewissen (von Burton *p. 226* abgedruckten) autobiographischen Documenten ganz im Einklange sind." Wohl hat Burton Recht, dass Hume (wir erinnern noch an die oben angeführten Erklärungen im „*Schluss*" seines Moralwerks) sich zu dem hier dargestellten „*Stoicismus*" bekennt: aber er hätte bemerken können, dass die Lebensansicht dieses „*Skeptikers*" mit der des „*Stoikers*" im wesentlichen identisch ist, — wie ja freilich auch sonst oft Burton's Urtheile, sofern sie Hume's Philosophie angehen, nicht eben sehr zutreffend erscheinen.

tiker" nannte sich unser Denker hier nur deshalb, weil er in seinen, die „*theoretische*" Philosophie betreffenden Werken Skeptiker war, zum Theil vielleicht auch nur zu sein den *Anschein* annahm. — Doch lassen wir dem „Skeptiker" das Wort.

Er beginnt mit dem Tadel der Einseitigkeit der meisten Philosophen. Wenn sie einmal ein „Favorit-Princip" erfasst haben, das sich vielleicht in einigen Beziehungen bestätigt, dann

---

— David Hume war — ein keineswegs gleichgültiger Umstand bei einem Ethiker — ein Mann von ausgezeichnetem Charakter. „Wenige Schriftsteller, deren Ansichten so verrufen waren, sind jeder persönlichen Anschuldigung vollkommener entgangen," sagt Mackintosh über ihn; „sehr wenige Menschen von so ruhigem Charakter sind so warm geliebt worden." In seiner, einige Monate vor seinem Tode, dessen Nähe ihm wohl bewusst war, verfassten Selbstbiographie sagt Hume: „Ich war ein Mann von sanfter Sinnesart, von Selbstbeherrschung, von offener, geselliger, heiterer Gemüthsstimmung, der Anhänglichkeit fähig, aber wenig für Feindschaft empfänglich, und in allen meinen Leidenschaften sehr gemässigt. Selbst meine Liebe zu litterarischem Ruhm, meine herrschende Leidenschaft, verbitterte nie mein Gemüth, ungeachtet meiner häufigen Enttäuschungen. Meine Gesellschaft war den Jungen und Unbedachtsamen sowohl als den wissenschaftlich Gebildeten und Gelehrten nicht unannehmlich; und wie ich ein besonderes Vergnügen an der Gesellschaft sittsamer Frauen fand, so hatte ich auch keinen Grund, mit der Aufnahme, die mir bei ihnen zu Theil ward, unzufrieden zu sein. Mit einem Worte, obwohl die meisten nur einigermassen hervorragenden Männer Grund fanden, sich über Verläumdung zu beklagen, so ward ich von ihrem Giftzahn doch nie berührt oder auch nur angegriffen: und obwohl ich mich der Wuth bürgerlicher sowohl als religiöser Factionen muthwillig aussetzte, so schienen sie doch mir gegenüber von ihrem gewohnten Grimme entwaffnet zu sein. Meine Freunde hatten nie Gelegenheit, irgend einen Umstand in meinem Charakter oder meinem Handeln zu rechtfertigen: nicht als ob die Zeloten, wie wir vermuthen können, sich nicht gefreut haben würden, mir nachtheilige Geschichten zu erfinden und zu verbreiten: aber sie konnten nie eine finden, von der sie glaubten, dass sie einen Anschein von Wahrscheinlichkeit haben würde. Ich kann nicht sagen, dass bei der Abfassung dieser Leichenrede über mich selbst keine Eitelkeit ist: aber ich hoffe, sie ist nicht am unrechten Orte: und dies sind Thatsachen, die sich leicht aufklären und feststellen lassen." Adam Smith war mit dieser Selbstcharakteristik seines grossen Freundes vollkommen einverstanden und erklärte: „Ich habe ihn immer, sowohl zu seinen Lebzeiten, als nach seinem Tode, als einen Mann geschätzt, der der Idee eines vollkommen weisen und tugendhaften Mannes so nahe gekommen ist, als es vielleicht die Natur der menschlichen Schwäche verstattet." *The Philosophical Works of David Hume. Edinburgh, 1826. Vol. I, p. XXV.*)

wollen sie es sofort über die ganze Schöpfung ausdehnen und jedes Phänomen, wenn auch durch das gewaltsamste und absurdeste Raisonnement, darauf zurückführen. Sie tragen der reichen Mannichfaltigkeit der Natur nicht Rechnung, sondern wähnen, dass diese in ihrem Wirken eben so eingeschränkt sei, wie der Mensch in seinen Speculationen. Im höchsten Maasse zeigt sich diese Einseitigkeit nun aber, wenn sie über das Menschenleben und die wahre Methode zur Erlangung der Glückseligkeit urtheilen.[1] „In diesem Falle werden sie nicht allein durch die Enge und Beschränktheit ihres Verstandes, sondern auch durch die ihrer Leidenschaften irre geführt. Fast ein Jeder hat eine herrschende Neigung, der sich alle seine anderen Neigungen und Wünsche unterordnen, und die ihn, wenn auch vielleicht mit einigen Intervallen, sein ganzes Leben hindurch beherrscht. Es fällt ihm schwer, zu begreifen, dass etwas, das *ihm* völlig gleichgültig erscheint, irgend Jemandem Genuss bereiten oder Reize besitzen kann, die *seiner* Beobachtung gänzlich entgehen. Seine *eigenen* Bestrebungen sind nach ihm stets die erfreulichsten, der Gegenstand *seiner* Leidenschaft der werthvollste, und der Weg, den *er* verfolgt, der einzige, der zum Glücke führt." Der Philosoph darf aber die Verschiedenheit der Individualitäten nicht unberücksichtigt lassen, wenn er Regeln zum glücklichen Leben aufstellen will. Und der Belehrung Suchende andrerseits muss vom Philosophen nicht allzuviel verlangen: er muss nicht wähnen, zu ihm als zu einem Magier und Zauberer gekommen zu sein, der ihm übernatürliche Weisheit mitzutheilen habe. Mehr indessen als bloss die landläufigen Klugheitsregeln werden wir vom Philosophen allerdings wohl erwarten dürfen: wir wollen von ihm lernen, nicht sowohl welche *Mittel* wir zu unsern Zwecken, als vielmehr welche *Zwecke* selbst wir wählen sollen: wir wollen wissen, *welche* Wünsche wir befriedigen, *welchen* Neigungen wir nachgehen, *welchen* Begierden wir willfahren sollen; — im Uebrigen verlassen wir uns auf den gesunden Menschenverstand und die Maximen des gemeinen Lebens, uns zu belehren. Um dieser Forderung nun einigermassen Genüge

---

[1] Vgl. LOCKE, *Essay concerning human understanding.* Book II. chap. 21 § 55. Aehnlich auch schon HOBBES.

zu leisten, trägt der Philosoph „seine Meinung über die Sache" also vor:

„Wenn wir uns auf irgend ein Princip, das Philosophie uns lehrt, verlassen können, so muss *dies*, denke ich, als **gewiss und unbezweifelt**[1] erachtet werden: dass an sich selbst nichts werthvoll oder verächtlich, begehrens- oder hassenswerth, schön oder hässlich ist; sondern dass diese Attribute aus der besonderen Form und Verfassung der menschlichen Gefühle und Neigungen herrühren. Was dem einen Thiere als die köstlichste Nahrung erscheint, erregt den Widerwillen eines anderen; was das Gefühl des einen mit Lust afficirt, ruft im anderen Unlust hervor. Dies ist anerkanntermassen bei allen leiblichen Sinnen der Fall." Wenn wir aber die Sache genauer untersuchen, werden wir finden, dass sich diese Beobachtung verallgemeinern lässt. Die Leidenschaft ist es überall, die, aus der ursprünglichen Structur und Bildung der menschlichen Natur entspringend, selbst den unbedeutendsten Objecten Werth verleiht.[2] So z. B. in der Liebe der Lebendigen zu ihrer Nachkommenschaft. So auch liegt das Schöne und Hässliche, das Liebens- und Hassenswerthe nicht eigentlich im *Object*, sondern im empfindenden und urtheilenden *Subject*. „Ich gebe aber zu, dass es schwieriger sein wird, *diesen* Satz nachlässigen Denkern evident oder gleichsam palpabel zu machen, weil die Natur in den Gefühlen des Geistes gleichförmiger ist als in den meisten Gefühlen des Körpers — weil sie im Innern der Menschen eine grössere Aehnlichkeit hervorbringt als im Aeusseren. Es giebt etwas den Principien Nahekommendes im geistigen Geschmack."

Ein grosser Unterschied ist zwischen dem Gebiete des Wahren und Falschen und dem des Schönen und Hässlichen, des Begehrens- und Verabscheuenswerthen. Wenn man über die Wahrheit des Ptolemäischen oder Copernicanischen Systems disputirt, so hat man stets ein reelles, wenn auch unbekanntes Richtmaass in der objectiven Natur der Dinge. „Wenn auch das ganze Menschengeschlecht stets schliessen sollte, dass sich die Sonne bewege und die Erde in Ruhe verbleibe; so würde die Sonne doch nicht einen Zoll von ihrem Orte weichen wegen

---

[1] sagt „der *Skeptiker*"!
[2] Vgl. oben S. 60 f.

aller dieser Raisonnements; und jene Schlussfolgerungen bleiben immer falsch und irrthümlich." In den Vernunftoperationen wollen wir ja überhaupt die Sachen nur nehmen, wie sie sich, wie man annimmt, objectiv verhalten, ohne irgend etwas zu ihnen hinzuzufügen oder von ihnen abzuziehen. „Aber der Fall ist bei den Eigenschaften des *Schönen* und *Hässlichen*, des *Begehrens-* und *Hassenswerthen* nicht der nämliche, wie bei *Wahrheit* und *Falschheit*. Im ersteren Falle begnügt der Geist sich nicht damit, seine Gegenstände zu betrachten, wie sie an sich selbst sind: er fühlt auch eine Empfindung der Lust oder Unlust, des Billigens oder Tadelns, in Folge jener Betrachtung; und dies *Gefühl* bestimmt ihn, das Object *schön* oder *hässlich*, *begehrens-* oder *hassenswerth* zu nennen. Nun ist es offenbar, dass dieses Gefühl von der besonderen Einrichtung oder Structur des Geistes abhängen muss, welche es möglich macht, dass solche Objecte in dieser bestimmten Weise wirken, und welche eine Sympathie oder Uebereinstimmung zwischen dem Geist und dem Object hervorbringt. Verändere die Structur des Geistes oder der inneren Organe, und das Gefühl folgt nicht mehr, obgleich die Objecte dieselben bleiben. Da das Gefühl vom Object verschieden ist und aus dessen Wirkung auf die Organe des Geistes entsteht; so muss eine Veränderung der letzteren auch die Wirkung verändern, und dasselbe Object kann nicht dieselbe Empfindung hervorrufen, wenn es sich einem völlig andersartigen Geiste darstellt." So kann ein Mathematiker z. B. jedes Wort im Vergil verstehen und eine deutliche Vorstellung von seinen Erzählungen haben — der *Schönheit* des Gedichtes aber dennoch nicht gewahr werden: „weil die Schönheit, eigentlich zu reden, nicht im Gedichte liegt, sondern in der Empfindung oder im Geschmacke des Lesers. Und wenn Jemand nicht eine derartige Zartheit des Geschmacks besitzt, welche diese Empfindung bedingt, so muss er unbekannt mit der Schönheit bleiben, wenn er auch das Wissen und den Verstand eines Engels hat.

„Wenn ich nicht fürchtete, zu philosophisch zu erscheinen, so würde ich an jene berühmte Lehre erinnern, welche, wie man annimmt, in der neueren Zeit vollkommen bewiesen ist: nämlich ‚dass Geschmack und Farbe und alle anderen wahrnehmbaren Eigenschaften nicht in den Körpern liegen, sondern bloss in den Sinnen.' Bei Schönheit und Hässlichkeit, Tugend und

Laster ist der Fall der nämliche. Diese Lehre verringert aber die Realität dieser letzteren Eigenschaften nicht mehr, als die jener ersteren, noch brauchen weder Kunstrichter noch Moralisten irgendwie Anstoss daran zu nehmen. Denn wenn man auch zugiebt, dass die Farben nur im Auge liegen: wird man deswegen die Maler weniger schätzen? In den Sinnen und den Gefühlen der Menschen ist hinlängliche Uebereinstimmung, um alle diese Eigenschaften zum Gegenstande der Kunst und des Urtheilens zu machen und ihnen auf Leben und Sitten den grössten Einfluss zu verschaffen. Und da es gewiss ist, dass die oben erwähnte naturphilosophische Entdeckung im Handel und Wandel nichts geändert hat: warum sollte dann eine ähnliche moralphilosophische Entdeckung irgend etwas ändern?

„Die Folgerung aus dem Allen ist: dass wir nicht aus dem Werthe des Objects, das Jemand verfolgt, seinen Genuss bestimmen können; sondern bloss aus der Leidenschaft,[1] mit der er es verfolgt, und dem Erfolge, den er dabei hat. Objecte haben absolut keinen Werth an sich selbst: sie empfangen denselben allein von der Leidenschaft. Wenn diese stark und stetig und erfolgreich ist, so ist der Mensch glücklich. Es kann verständiger Weise nicht bezweifelt werden, dass ein kleines Mädchen, mit einem neuen Kleide für den Tanzschulball angethan, einen eben so vollkommenen Genuss hat, wie der grösste Redner, der im Glanze seiner Beredtsamkeit triumphirt, während er die Leidenschaften und die Entschlüsse einer zahlreichen Versammlung beherrscht. Aller Unterschied zwischen einem Menschen und dem andern in Bezug auf das Leben besteht entweder in der Leidenschaft, oder im Genuss: und diese Unterschiede reichen hin, um die weiten Extreme des Glücks und des Elends hervorzubringen.

„Damit man glücklich sei, muss die *Leidenschaft* weder zu heftig noch zu schlaff sein. In jenem Falle ist das Gemüth in beständiger Hast und Aufregung; in diesem sinkt es in lästige Trägheit und Lethargie. Damit man glücklich sei, muss die Leidenschaft mild und gesellig sein, nicht rauh oder wild. Die Affectionen der letzteren sind für das Gefühl nicht entfernt so

---

[1] Man darf kaum daran erinnern, dass Hume hier (wie fast stets) diesen Ausdruck in der weitesten Bedeutung nimmt.

angenehm wie die der ersteren. Wer wird Hass und Zorn, Neid und Rachsucht mit Freundschaft, Wohlwollen, Güte und Dankbarkeit vergleichen? Damit man glücklich sei, muss die Leidenschaft heiter und fröhlich, nicht düster und melancholisch sein. Eine Geneigtheit zu Hoffnung und Freude ist wahrer Reichthum, zu Furcht und Kummer wahre Armuth.[1]

„Einige Leidenschaften oder Neigungen sind im *Genusse* ihres Gegenstandes nicht so stetig und beständig wie andere und führen nicht eine so dauernde Freude und Befriedigung mit sich. Die philosophische Frömmigkeit[2] z. B. ist, wie der Enthusiasmus eines Dichters, die vorübergehende Wirkung einer erhöhten Stimmung, grosser Musse, feinsinnigen Geistes und der Gewohnheit des Studiums und der Contemplation. Trotz aller dieser Umstände indessen kann ein abstracter, unsichtbarer Gegenstand, wie der, welchen die *Naturreligion* allein uns darbietet, das Gemüth nicht lange bewegen oder im Leben von irgend welcher Bedeutung sein. Um der Leidenschaft Dauer zu verleihen, müssen wir eine Methode ausfindig machen, Sinn und Phantasie zu erregen, und müssen einige *historische* sowohl als *philosophische Berichte* über die Gottheit annehmen. Es findet sich, dass sogar die populären Superstitionen und Observanzen dabei gute Dienste thun.

„Obgleich die Verfassung der Menschen sehr verschieden ist; so dürfen wir im allgemeinen doch behaupten, dass sich ein Leben der Lust[3] nicht so lange ertragen lässt, als eines der Thätigkeit, sondern der Uebersättigung und dem Ekel weit mehr unterworfen ist. Die Vergnügungen, welche die dauerndsten

---

[1] In seiner Selbstbiographie sagt HUME: „Ich war stets mehr dazu gestimmt, die günstige als die ungünstige Seite an den Dingen zu sehen; eine Gemüthsrichtung, deren Besitz glücklicher macht, als zehn tausend Pfund jährlich an Renten durch die Geburt zu erwerben." (*I was ever more disposed to see the favourable than unfavourable side of things: a turn of mind which it is more happy to possess, than to be born to an estate of ten thousand a year. My own life. Philosophical Works. Edinburgh, 1826. Vol. I. p. VIII.*) Vortrefflich sind SCHOPENHAUER'S Bemerkungen über jene „grosse Verschiedenheit der Grundstimmung" unter den Menschen. (Parerga und Paralipomena: Aphorismen zur Lebensweisheit. WW. V. Bd. S. 256.)

[2] Damit erklärt sich der „*Skeptiker*" gegen den „*Platoniker*."

[3] Damit erklärt sich der „*Skeptiker*" gegen den „*Epikureer*."

sind, haben sämmtlich ein Element der Thätigkeit[1] und Anstrengung in sich: so wie beim Spielen und Jagen. Und überhaupt füllen Arbeit und Handeln alle die grossen Zwischenzeiten des Lebens aus.

„Wenn aber die Geistesverfassung zu einem *Genusse* am besten gestimmt ist, fehlt oft der Gegenstand: und in dieser Hinsicht tragen die Leidenschaften, welche *äussere* Objecte verfolgen, zum Glücke nicht so sehr bei, als diejenigen, welche in uns selbst ruhen; da wir weder der Erlangung solcher Objecte so gewiss, noch ihres Besitzes so sicher sind. Eine Leidenschaft für Gelehrsamkeit[2] ist mit Rücksicht auf das Glück der für Reichthümer vorzuziehen."

„Dieser kurzen und unvollkommenen Skizze des Menschenlebens gemäss, ist die glücklichste Gemüthsverfassung die tugendhafte;[3] oder, mit anderen Worten, diejenige, welche uns zum Handeln und zur Thätigkeit bestimmt, uns für die geselligen Leidenschaften empfänglich macht, das Herz gegen die Schläge des Schicksals stählt, die Affecte in das rechte Maass bringt, unsre eignen Gedanken zu einer Unterhaltung für uns macht, und uns mehr zu den Freuden der Gesellschaft und des Umgangs, als zu denen der Sinne geneigt macht. Dies muss indessen auch dem unbedachtsamsten Forscher klar sein, dass nicht alle Gemüthsdispositionen für das Glück gleich günstig sind, und dass die eine Leidenschaft oder Stimmung äusserst wünschenswerth sein kann, während die andere in gleichem Maasse unerfreulich ist. Und in der That hängt aller Unterschied zwischen den Lebenslagen gänzlich vom Geist und Gemüth ab."

---

[1] Dies zeigt auch BACON an einigen Beispielen und schliesst mit dem Worte: „So viel mehr Freude bringt es, etwas zu thun, als (bloss leidend) zu geniessen." (*Tanto voluptatem majorem affert ut aliquid agamus, quam ut fruamur. De dignitate et augmentis scientiarum. lib. VII. cap. 2.*)

[2] In der „Untersuchung über den menschlichen Verstand" (*sect. I.*) sagt HUME: „Der angenehmste und beschwerdeloseste Lebensweg führt durch die Avenuen der Wissenschaft und Gelehrsamkeit." (*The sweetest and most inoffensive path of life leads through the avenues of science and learning.*)

[3] Damit erklärt sich der „*Skeptiker*" für den „*Stoiker.*"

Hinsichtlich des Einflusses der Philosophie auf die Gemüthsverbesserung der Menschen darf man sich nun keinen Illusionen hingeben und sich nicht einbilden, dass es möglich sei, durch irgend ein *System* Jedermann, wie verderbt seine Natur auch immer sei, tugendhaft zu machen. „Die Erfahrung würde uns bald vom Gegentheil überzeugen; und man darf die Behauptung wagen, dass der Hauptgewinn, den Philosophie gewährt, vielleicht auf indirecte Weise entsteht und mehr aus ihrem geheimen, unmerklichen Einflusse als aus ihrer unmittelbaren Anwendung entspringt. Es ist sicher, das ernstliche Pflege der Wissenschaften und freien Künste den Geist besänftigt und humanisirt und jene feineren Gemüthsbewegungen begünstigt, in denen wahre Tugend und Ehre besteht. Es ereignet sich selten, sehr selten, dass ein Mann von Geschmack und Gelehrsamkeit nicht wenigstens ein Ehrenmann ist, welche Schwächen ihm auch anhaften mögen."

„Ausser solchen unmerklichen Aenderungen in der Denk- und Sinnesart werden sich höchst wahrscheinlich noch andere durch eigene Bemühung und Anstrengung hervorbringen lassen. Die wunderbaren Wirkungen der Erziehung können uns davon überzeugen, dass der Geist nicht gänzlich starr und unbiegsam ist, sondern an seiner ursprünglichen Form und Structur mancherlei Veränderung zulassen wird. Lasst einen Mann das Musterbild eines Charakters, den er billigt, sich vor Augen halten; lasst ihn wohl bekannt sein mit den Einzelheiten, in denen sein eigner Charakter von jenem Muster abweicht; lasst ihn beständig über sich selbst wachen und sein Gemüth durch beständige Anstrengung von den Lastern zu den Tugenden biegen: und ich zweifle nicht, dass er mit der Zeit in seiner Gemüthsverfassung eine Aenderung zum Besseren bemerken wird. Gewöhnung ist ein andres mächtiges Mittel, das Gemüth umzugestalten und demselben gute Dispositionen und Neigungen einzupflanzen." „Hier also ist der Haupttriumph der Kunst und der Philosophie: sie verfeinert unmerklich die Beschaffenheit des Gemüths und zeigt uns jene Dispositionen an, welche wir uns bestreben sollten, durch beständige Biegung des Geistes und wiederholte Gewöhnung zu erwerben. Darüber hinaus kann ich ihr keinen grossen Einfluss zugestehen; und ich muss in Betreff aller jener Ermahnungen und Tröstungen, welche bei allen speculativen Denkern so beliebt sind, Zweifel hegen."

Jene künstlichen Argumente eines Seneca oder Epiktet werden schwerlich eine Leidenschaft steigern oder mässigen. Sie sind zu subtil und zu weit abliegend, um sich im Leben zu behaupten und zu bewähren oder irgend eine Neigung auszurotten. „Ein andrer Fehler jener verfeinerten Reflexionen, welche die Philosophen uns darbieten, ist der Umstand, dass sie gewöhnlich unsre lasterhaften Leidenschaften nicht vermindern oder ersticken können, ohne zugleich solche, die tugendhaft sind, zu vermindern oder zu ersticken und den Geist völlig indifferent und unthätig zu machen. Grösstentheils sind sie ganz allgemein und auf alle unsre Neigungen anwendbar. Vergebens hoffen wir, ihren Einfluss nur auf die eine Seite zu lenken. Wenn wir sie durch unablässige Bemühung und Meditation uns sehr nahe gebracht und stets gegenwärtig haben, dann werden sie nach allen Seiten hin wirken und eine allgemeine Unempfindlichkeit über den Geist verbreiten. Wenn wir die Nerven tödten, vernichten wir die Empfindung der Lust mit der des Schmerzes zugleich. Es wird leicht sein, mit einem Blick den einen oder den anderen dieser Fehler in den meisten jener philosophischen Reflexionen aufzufinden, die in alten sowohl als neueren Zeiten so sehr gefeiert worden sind. ‚Lass die Beleidigungen oder Gewaltthätigkeiten der Menschen,‘ sagt der Philosoph,[1] ‚dich nie durch Zorn oder Hass aus deiner Ruhe bringen. Würdest du denn gegen den Affen wegen seiner Bosheit oder gegen den Tiger wegen seiner Wildheit zornig sein?‘ Diese Reflexion bringt uns zu einer schlechten Meinung von der menschlichen Natur und muss die geselligen Neigungen ersticken. Sie tendirt auch dahin, alle Gewissensbisse für eigne Vergehen zu beseitigen, wenn man erwägt, dass dem Menschen das Laster so natürlich ist, wie den Thieren ihre besonderen Instincte . . . . ‚Der Mensch ist dazu geboren, elend zu sein; und ist er verwundert über irgend ein einzelnes Unglück? und darf er sich der Betrübniss und Klagen wegen irgend eines Unheils überlassen?‘ Ja wohl! Er hat gerechten Grund, darüber zu klagen, dass er, elend zu werden, geboren werden sollte.

---

[1] *Plut. de ira cohibenda.*

Euer Trost bietet hundert Uebel für eines, das ihr ihm zu lindern vorgebt. ‚Ihr solltet stets vor euren Augen haben Tod, Krankheit, Armuth, Blindheit, Verbannung, Verläumdung und Schande, als Uebel, die der menschlichen Natur eigen sind. Wenn eines dieser Uebel euch als Loos zufällt, so werdet ihr es um so besser tragen, wenn ihr es schon mit in Anschlag gebracht habt.' Ich antworte: Wenn wir uns auf eine allgemeine und entfernte Reflexion über die Uebel des menschlichen Lebens beschränken, so kann *das* nicht die Wirkung haben, uns auf sie vorzubereiten. Wenn wir sie durch eifrige und angespannte Meditation uns innig vertraut und gegenwärtig gemacht haben, so ist *das* das wahre Geheimniss, alle unsre Freuden zu vergiften und uns immerdar elend zu machen. ‚Deine Trauer ist nutzlos und wird den Lauf des Verhängnisses nicht ändern.' Sehr wahr! und ebendarum bin ich traurig." — In dieser Weise übt unser Philosoph noch an einer ganzen Reihe von derartigen Trostgründen eine treffende Kritik.

„Zwei Erwägungen findet man aber in philosophischen Büchern, von denen sich eine erhebliche Wirkung erwarten lässt; und das darum, weil diese beiden Erwägungen aus dem gewöhnlichen Leben genommen sind und uns auch bei der oberflächlichsten Betrachtung der menschlichen Angelegenheiten begegnen. Wenn wir über die Kürze und Unsicherheit des Menschenlebens nachdenken, wie verächtlich scheint uns dann unser Streben nach Glück! Und selbst wenn sich unsre Theilnahme über unser eignes Leben hinaus erstrecken sollte, wie nichtig scheinen unsre weitesten und edelsten Pläne: wenn wir die unaufhörlichen Veränderungen und Revolutionen menschlicher Dinge betrachten, durch welche Gesetze und Gelehrsamkeit, Bücher und Regierungsformen durch die Zeit wie durch einen reissenden Strom fortgerissen werden und sich in dem ungeheuren Ocean der Materie verlieren! Eine solche Reflexion tendirt sicherlich dahin, alle unsre Leidenschaften abzutödten: Aber vereitelt sie dadurch nicht die Kunst der Natur, welche uns zu einer so glücklichen Meinung überredet hat, dass das Menschenleben von einiger Bedeutung ist? Und können solche Reflexionen nicht von wollüstigen Vernünftlern erfolgreich benutzt werden, um uns vom Pfade des Handelns und der Tugend auf das blumige Feld der Trägheit und der Lust hinüberzuleiten?

„Thucydides unterrichtet uns, dass während der bekannten Pest von Athen, als der Tod Jedermann vor Augen zu sein schien, eine ausgelassene Lustigkeit und Fröhlichkeit im Volke vorwaltete, wobei man sich gegenseitig ermahnte, das Leben möglichst auszunutzen, so lange es noch währte. Dieselbe Beobachtung ist von Boccaccio gemacht worden hinsichtlich der Pest von Florenz. Ein ähnliches Princip macht die Soldaten während des Krieges mehr als irgend eine andere Menschenclasse der Schwelgerei und dem Aufwand ergeben. Gegenwärtige Lust ist stets von Belang; und was auch immer die Bedeutung aller anderen Objecte vermindert, muss ihr einen erhöhten Einfluss und Werth verleihen.

„Die zweite philosophische Erwägung, welche oft einen Einfluss auf die Affecte haben kann, entsteht aus einer Vergleichung unsrer eignen Lage mit der Lage Anderer. Diese Vergleichung machen wir fortwährend, selbst im gemeinen Leben; das Unglück dabei ist aber, dass wir weit mehr dazu geneigt sind, unsre Lage mit derer Lage zu vergleichen, die über uns, als mit derer, die unter uns stehen. Ein Philosoph corrigirt diese natürliche Schwäche, indem er seinen Blick auf die andre Seite wendet, um sich mit der Lage, in welche das Geschick ihn gestellt hat, zufrieden zu machen. Es sind Wenige, welche aus dieser Reflexion nicht einigen Trost zu schöpfen vermöchten; obwohl für einen sehr gutherzigen Menschen der Anblick des Elends eher Kummer als Trost bringen und den Klagen über sein eignes Unglück noch ein tiefes Mitleiden mit dem der Anderen hinzufügen sollte. So unvollkommen sind selbst die besten jener philosophischen Trostgründe."

Hierzu merkt Hume an: „Der Skeptiker treibt die Sache vielleicht zu weit, wenn er alle philosophischen Gemeinplätze und Reflexionen auf diese beiden beschränkt. Es scheint noch andre zu geben, deren Wahrheit unläugbar ist, und deren natürliche Tendenz dahin geht, alle Leidenschaften zu beruhigen und zu besänftigen. Philosophie ergreift diese mit Eifer, untersucht sie, erwägt sie, prägt sie dem Gedächtniss ein und macht sie dem Geiste vertraut: und ihr Einfluss auf Gemüther, welche nachdenkend, sanft, maassvoll sind, kann beträchtlich sein. Aber wo bleibt denn ihr Einfluss, wird man fragen, wenn das Gemüth schon vorher auf dieselbe Weise disponirt ist, wie sie es zu bilden vorgeben? Sie können jene Gemüthsbeschaffenheit wenigstens stärken und dem Geiste Ansichten liefern, durch die er sie erhalten und nähren kann. Hier sind einige Beispiele solcher philosophischen Reflexionen:

„1. Ist es nicht gewiss, dass jede Lage verborgene Uebel hat? Warum also Jemanden beneiden?

„2. Jedermann hat Uebel, die man kennt; und überall findet sich eine Compensation. Warum nicht mit dem Gegenwärtigen zufrieden sein?

„3. Gewohnheit schwächt das Gefühl für das Gute sowohl wie für das Uebel ab und macht Alles gleich.

„4. Gesundheit und heitrer Sinn ist Alles. Das Uebrige von wenig Bedeutung, ausser wenn jene afficirt sind.

„5. Wie viel andre Güter habe ich! Warum also verdriesslich wegen eines Uebels?

„6. Wie Viele sind glücklich in dem Zustand, über den ich klage! Wie Viele beneiden mich!

„7. Ein jedes Gut muss erkauft werden: Vermögen durch Arbeit, Gunst durch Schmeichelei. Und ich will den Preis behalten und dennoch die Waare haben?

„8. Erwarte im Leben nicht zu grosses Glück. Der Menschen Natur verstattet es nicht.

„9. Strebe nicht nach einem zu complicirten Glück. Aber hängt dies von mir ab? Ja wohl: die erste Wahl! Das Leben ist einem Spiele gleich: man kann das Spiel wählen, und die Leidenschaft erfasst allmählich den geeigneten Gegenstand.

„10. Anticipire durch deine Hoffnung und Phantasie künftige Tröstung, welche die Zeit jeder Betrübniss unfehlbar bringt.

„11. Ich wünsche reich zu sein? Warum? Damit ich viele schöne Dinge besitzen kann; Häuser, Gärten, Equipagen u. s. w. Wie viele schöne Gegenstände bietet Natur einem Jeden ohne Kosten dar! Wenn genossen, genug. Wenn nicht: sieh' die Wirkung der Gewohnheit, welche bald die Freude an den Reichthümern nehmen würde.

„12. Ich begehre Ruhm. Daran denke: Wenn ich gut handle, werde ich die Achtung Aller geniessen, die mich kennen. Und was ist mir all' das Uebrige!"

Damit wir uns in derartigen Gedanken bekräftigen, empfiehlt Hume das häufige Lesen guter Moralisten (welche Stelle wir schon früher[1] angeführt haben) und die beständige Arbeit an sich selbst. —

„Ich beschliesse," fährt nun der ‚Skeptiker' in seiner Rede fort, „ich beschliesse diesen Gegenstand mit der Bemerkung, dass, obwohl die Tugend, wenn sie zu erwerben, zweifelsohne die beste Wahl ist, dennoch die Unordnung und Verwirrung der menschlichen Dinge so gross ist, dass eine vollkommene Oekonomie oder regelmässige Austheilung der Glückseligkeit und des Elends nie in diesem Leben zu erwarten ist. Nicht nur die Glücksgüter und die Gaben des Körpers (welche beide von Wichtigkeit sind), nicht nur diese Vorzüge sind unter Tugendhafte und Lasterhafte unbillig ausgetheilt; sondern sogar der Geist selbst hat in einigem Grade an dieser Unordnung Theil, und nicht immer geniesst der würdigste Charakter, unmittelbar durch die Oekonomie der Leidenschaften, auch des höchsten Glückes.

„Man kann beobachten, dass, obgleich alle Krankheit und aller Schmerz des Körpers aus irgend welcher Unordnung in dessen Theilen oder Organen herrührt, der Schmerz dennoch nicht stets der Unordnung entspricht; sondern grösser oder geringer ist, gemäss der grösseren oder geringeren Empfindlichkeit des Theiles, auf den die schädlichen Säfte ihren Einfluss ausüben. Zahnweh bewirkt weit heftigere Schmerzen, als Schwindsucht oder Wassersucht. Aehnlich können wir hinsichtlich der Oekonomie des Geistes bemerken, dass in der That jedes Laster verderblich ist, dennoch aber die Gemüthsunruhe oder der Schmerz nicht in genauem Verhältniss zu den Graden des Lasters von der Natur abgemessen ist, noch der Mann von höchster Tugend, selbst abgesehen von äusseren Zufälligkeiten, immer der glücklichste ist. Eine trübsinnige und melancholische Gemüthsverfassung ist sicherlich, für unsre Gefühle, ein Fehler oder eine Unvollkommenheit; da sie aber mit grossem Ehrgefühl

---
S. 15.

und grosser Rechtschaffenheit verbunden sein kann, so kann man sie in sehr würdigen Charakteren finden; obgleich sie allein im Stande ist, das Leben zu verbittern und das mit ihr behaftete Individuum vollkommen elend zu machen. Andrerseits kann ein egoistischer Schurke eine geistige Elasticität und Heiterkeit des Temperaments, eine gewisse Fröhlichkeit des Herzens besitzen, welche in der That eine gute Eigenschaft ist, die aber weit über ihr Verdienst belohnt wird, und, wenn von Glück begleitet, die aus allen anderen Fehlern und Lastern entstehende Unlust und Unruhe compensiren wird.

„Als eine dieselbe Sache betreffende Beobachtung will ich noch hinzufügen, dass, wenn ein Mensch mit einem Fehler oder einer Unvollkommenheit behaftet ist, es sich oft ereignen mag, dass eine gute Eigenschaft, welche er mit jener zugleich besitzt, ihn unglücklicher machen wird, als wenn er völlig lasterhaft wäre. Ein Mensch von solcher Schwäche des Temperaments, dass er leicht von Kummer überwältigt wird, ist unglücklicher, wenn er mit einer edelmüthigen und menschenfreundlichen Gemüthsverfassung ausgestattet ist, die ihn für Andere lebhafte Theilnahme empfinden lässt und ihn dem Zufall und Schicksal um so mehr aussetzt. Ein Gefühl der Scham ist in einem unvollkommenen Charakter sicher eine Tugend, ruft aber grosse Unruhe und Reue hervor, von denen der verworfene Schurke völlig frei ist. Eine sehr verliebte Natur mit einem der Freundschaft unfähigen Herzen ist glücklicher, als dasselbe Uebermaass in der Liebe mit einem edelmüthigen Temperament, das einen Menschen aus sich hinaus versetzt und ihn gänzlich zum Sclaven des Gegenstandes seiner Leidenschaft macht.

„Mit einem Worte: das menschliche Leben wird mehr durch Zufall, als durch Vernunft regiert, ist mehr als ein leerer Zeitvertreib, denn als eine ernsthafte Beschäftigung anzusehen, und wird mehr durch besondere Laune, als durch allgemeine Principien beeinflusst. Sollen wir uns mit Leidenschaft und Sorge in dasselbe einlassen? So vieler Theilnahme ist es nicht werth. Sollen wir gegen das, was geschieht, gleichgültig sein? Wir verlieren alle Freude des Spiels durch unsre Unempfindlichkeit und Theilnahmlosigkeit. Während wir über das Leben nachdenken, ist das Leben vergangen; und der Tod behandelt, wenn sie ihn auch *vielleicht* verschieden aufnehmen, den Thoren und den Philosophen auf gleiche Weise. Das Leben auf genaue Regel und Methode bringen, ist gemeiniglich eine beschwerliche, oft eine fruchtlose Beschäftigung: und ist nicht eben dieses auch ein Beweis, dass wir den Preis, um den wir streiten, überschätzen? Selbst so sorglich über das Leben nachzudenken und sich eine richtige und genaue Vorstellung über dasselbe zu bilden, würde dasselbe überschätzen heissen, wäre nicht eben für manchen Geist diese Beschäftigung selbst eine der allerunterhaltendsten, auf die man das Leben überhaupt nur verwenden kann." —

Wir sehen, der Schluss dieses Essays sucht die sonst im wesentlichen so wenig zutreffende Ueberschrift, „der Skeptiker," wenigstens zu guter letzt noch auch inhaltlich einigermassen zu rechtfertigen: denn im Uebrigen war, trotz eines gewissen affectirt-skeptischen Airs in der Form der Darstellung, keine eigentlich skeptische Lehre zu finden — man müsste denn auch Locke's Theorie, dass das Roth eigentlich im Auge und nicht in der Rose ist, skeptisch nennen wollen: wozu noch kommt, dass Hume die den moralischen Gefühlen objectiv zu Grunde liegenden Bestimmungen, die Tendenz gewisser geistiger Eigenschaften zum individuellen oder generellen Wohle, deutlich genug hervorgehoben hatte: — oder man müsste in seinen Einwendungen gegen jene stoischen Tröstungen Skepticismus wittern! Wegen jener, dem Charakter des wirklichen Skeptikers einigermassen angepassten skeptischen Schlussworte dieses einen Essays aber und wegen jener früher erwähnten skeptisirenden Wendung am „Schlusse" der „Untersuchung" Hume zum Moralskeptiker stempeln zu wollen, hiesse in der That aus Wenigem Viel machen!

Wir haben die Darstellung der Morallehre Hume's beendet und sind nunmehr in der Lage, dieselbe als Ganzes prüfend zu überschauen und uns von dem allgemeinen Eindrucke Rechenschaft zu geben, den diese Betrachtung auf uns macht. Es ist ein klarer, heller, heiterer Gedankenkreis, in den wir blicken; überall sehen wir lichte, scharf umgrenzte, bestimmt ausgeprägte Formen deutlich hervortreten, nichts in Nebeln verschwimmend, nichts von Schatten verdüstert, und selbst den Horizont rein und klar und nicht verschleiert von mysteriösen Phantomen. So ist denn dieser Totaleindruck ein durchaus sympathischer, erfreulicher; und wir werden dies nicht vergessen, wenn wir auch, bei näherer Musterung, hie und da einem uns weniger ansprechenden, weniger gelungenen Gebilde begegnen sollten. Eine gesunde, freie, unbefangene, eine natürliche Auffassung des Menschenlebens zeigt sich uns überall — ein Vorzug, der leider so manchen vielgerühmten neueren Moralsystemen nur zu sehr abgeht. Nie ein Operiren mit unbestimmten, unklaren Vorstellungen, vollends nie mit unbegreiflichen Begriffen. Stets Gedanken, niemals Phrasen. Und gediegne, positive, unverlierbare Resultate von scientifischem Werth, gewonnen durch die sicherste Methode. Nimmer darf daher das hohe Verdienst des unsterblichen Mannes auf diesem Gebiete geschmälert werden, weil nicht *alles*, was er lehrte, probehaltig befunden wird. Der Affect, die Gesinnung, mit der die Nachwelt auf den Namen des Ethikers DAVID HUME reagirt, ist und wird sein Bewunderung und Dankbarkeit.

SCHLUSS.

SPÄTERE ERGÄNZUNGEN UND FORTBILDUNGEN DER ETHIK HUME'S IN ENGLAND.

Hominibus prodesse natura jubet.
SENECA.
(de vita beata. 24, 2.)

Vorliegende Monographie hat nicht die Aufgabe, die Geschichte der englischen Ethik, sondern nur die Ethik Hume's in ihrer geschichtlichen Stellung zu behandeln. Im Folgenden wolle man daher keineswegs einen vollständigen Abriss der englischen Ethik nach Hume erwarten, sondern nur einige Andeutungen über wichtige Ergänzungen und Fortbildungen seines Moralsystems. Und nur auf die bedeutendste Leistung der englischen Ethik nach Hume werden wir etwas ausführlicher eingehen — auf dasjenige Werk, welches zugleich, wie uns scheint, die positiv werthvollsten Elemente zur Correctur und Vervollständigung des Humischen Gedankenkreises enthält: ADAM SMITH'S[1] *„Theorie der moralischen Gefühle:"*[2] ein Werk, das vielleicht nicht weniger von dem Genie seines unsterblichen Verfassers Zeugniss ablegt, als die spätere *„Untersuchung über Natur und Gründe des Völkerwohlstands,"*[3] welche freilich — Dinge betreffend, „die gezählt, gemessen und gewogen werden können," und praktisch resultatvoller — ungleich mehr Ruhm geerntet hat.

---

[1] 1723—1790.
[2] *The Theory of Moral Sentiments. 1759.*
[3] *Inquiry into the Nature and Causes of the Wealth of Nations. 1776.*

Bei Keinem, Aristoteles allein ausgenommen, erkennt man so deutlich, wie ungerecht es ist, die Grösse eines Ethikers lediglich nach der wissenschaftlichen Zulänglichkeit des von ihm aufgestellten *Princips* der Moral abzuschätzen, als bei Adam Smith. ARISTOTELES weiss als Princip der Moral, als Kriterium der Handlungen von moralischem Werth in letzter Hinsicht nur den Appell an das Urtheil der weisesten und sittlich tüchtigsten Männer anzugeben; und der *mittlere* Grad der Neigungen und Leidenschaften, in dem, ihm zu Folge, das Wesen der Tugend besteht, wird im Grunde auch wieder nur durch diese Berufung auf das Urtheil der Weisesten und Besten näher bestimmt: — die Frage, nach welchem Maassstabe denn nun diese Weisesten selbst urtheilen, also der eigentliche Fragepunct, bleibt von ihm unbeantwortet. Auch in den ähnlichen Bestimmungen Smith's wird derselbe nicht entschieden, das eigentliche Problem nicht gelöst: moralisch gut ist nach ihm, was das Urtheil des *unparteiischen Zuschauers* billigt; tugendhaft ist ein Charakter, wenn die Neigungen und Affecte den von diesem gebilligten *gehörigen* Grad haben: — nach den Gründen, nach der Richtschnur des Urtheils eben dieses Richters fragen wir Smith vergebens. Und so sind jene Principien Aristoteles' und Smith's streng genommen gar keine Principien.

Der wahre Sinn der schönen Grundregel der Christlichen Moral: „*Wie ihr wollt, dass euch die Leute thun sollen, also thut ihnen gleich auch ihr,*"[1] — le véritable sens de la règle est, que LA PLACE D'AUTRUI est le vrai point de vue pour juger ÉQUITABLEMENT lorsqu'on s'y met: so erklärt LEIBNIZ[2]. Diese Regel ist in der That ein praktisch vortreffliches Mittel, die eigne *Unparteilichkeit* zu bewahren: und dasselbe kann man von der ähnlichen Regel Smith's sagen. So sind ja auch beide Maximen schon in den paränetischen Werken des Alterthums, besonders von den Stoikern vielfach anempfohlen worden. Aber jene praktische Regel des Christenthums ist kein Grundprincip einer Ethik, und will auch keines sein: ein eigentliches, *positives* Princip, moralisch

---

[1] Luc. 6, 31. Matth. 7, 12.

[2] *Nouveaux Essais sur l'Entendement Humain. 1703. Liv. I. chap. 2. § 4.* (LEIBNITII *Opera philosophica.* ed. Erdmann. p. 215.)

[3] Der Vorwurf, kein, wenigstens kein unzweideutig formulirtes, *positives Princip* zu enthalten, trifft auch KANTS *kategorischen Imperativ*. Nach

richtig zu urtheilen, giebt sie uns nicht an die Hand; sondern sie beseitigt nur gewisse *Hindernisse* des richtigen Urtheils.

---

der schärfsten Fassung, die ihm der grosse Denker gegeben, lautet dieser: „*Handle nur nach derjenigen Maxime, durch die du zugleich* WOLLEN KANNST, *dass sie ein allgemeines Gesetz werde.*" (Grundlegung zur Metaphysik der Sitten, 2. Abschn. WW, hg. v. Hartenstein. 1867. IV. Bd. S. 269.) Der Punct, auf den es in dieser Grundregel vornehmlich ankommt, ist das *Wollen-Können*; und so erklärt ja auch Kant selbst (S. 272): „*Man muss* WOLLEN KÖNNEN, *dass eine Maxime unserer Handlung ein allgemeines Gesetz werde:* DIES *ist der* KANON *der moralischen Beurtheilung derselben überhaupt.*" Kant's Bestreben war es, sein Princip durch blosse logische Bestimmungen auszudrücken. Dies konnte aber niemals einen Inhalt ergeben. Sagt doch auch FICHTE (WW. V. Bd. S. 209), die Kantianer würden „nimmermehr erklären können, woher denn dem bloss *formalen* Sittengesetz ein *materieller* Inhalt entstehe." Kant sah sich also genöthigt, zu der blossen „Möglichkeit, Gesetz werden zu können," das „*Wollen-Können*" hinzuzufügen: und bemerkte nicht, dass er ebendamit die Sphäre des Logischen und Formalen gänzlich verliess und eine materiale Bestimmung in seinen „Imperativ" mit aufnahm, die diesem in Wahrheit ganz allein allen positiven Inhalt gab. Aber was *kann* man denn nun *wollen*? Kant erklärt sich darüber nicht genau; und seinen Beispielen kann man es nicht nachrühmen, dass sie Schopenhauer's Beschuldigung, Kant mache in letzter Hinsicht das eigene Interesse zum moralischen Richter, völlig ungerecht erscheinen liessen. (SCHOPENHAUER, Die beiden Grundprobleme der Ethik. II. §. 7. WW. IV. Bd. II. S. 155 ff.) Und doch wird man Kant's wahre Meinung gewiss besser treffen, wenn man annimmt, jenes Wollen, sei kein *selbstisches*, sondern reines *Wohlwollen* — das Wollen, welches nur das allgemeine Wohl rein als solches *wollen kann*. Dann hätte Kant jedoch gut gethan, das allgemeine Wohl selbst, ohne Umschweife und künstliche Einkleidungen, klar und unzweideutig formulirt als Princip aufzustellen. Das konnte er aber allerdings nicht, ohne auch den letzten *Schein* noch aufzugeben, als operire er bloss mit formalen, logischen Begriffen und Kategorien. — Für Kant's Imperativ als Grundprincip der Moral hat sich aber freilich auch kaum *ein* selbstständiger und bedeutender Ethiker erklären können: weder FICHTE, noch HEGEL, noch SCHLEIERMACHER, noch HERBART, noch SCHOPENHAUER. Treffend bemerkt J. CHR. FR. MEISTER (Ueber die Gründe der hohen Verschiedenheit der Philosophen im Ursatze der Sittenlehre, bei ihrer Einstimmigkeit in Einzellehren derselben. 1812. S. 41 f.): „Am weitesten scheint sich das Urprincip eines Immanuel Kant von allen andern Systemen zu entfernen. Denn die ältern wie die neuern Urprincipe sind in der kritischen Schule insgesammt mit so viel schneidender Strenge zurückgewiesen, dass hier wohl auf durchaus neue Ansichten die Erwartung gespannt wird. Ich aber bleibe meiner Behauptung getreu, dass diese neuesten Urprincipe die ältern bloss wiederholen, oder dass sie in eine neue Formul gekleidet, die alten Grundsätze,

Und das Nämliche gilt gegen das Smith'sche „Princip," die Berufung auf das Urtheil des unparteiischen Zuschauers. Zudem hätte man wohl noch zu fragen, ob denn diese „unparteiischen Zuschauer" stets sämmtlich untereinander einig und ob sie unfehlbar[1] sind — oder ob nicht im Grunde jene Regel auf einen

---

obwohl mit Geräusch verworfen, dennoch tief in ihrem Innersten hegen; — und zwar so lange, bis mir die Verehrer der kritischen Schule, offen, unumwunden, ohne alle Verkleidung in Formular-Sprache, nachgewiesen haben: *warum* man wollen könne, dass etwas allgemeines Gesetz werde; *warum* eine gegebne Maxime sich zur Gesetzgebung eigne, oder nicht eigne — *ohne* in eben diesem *Warum* die Grundidee eines *Ganzen* entweder von dem Charakter der *Vollkommenheit*, oder von dem der *Glückseligkeit*, in sich, und in seinem Gegensatze, zu denken; und denken zu müssen." Und HEGEL erklärt (Ueber die wissenschaftlichen Behandlungsarten des Naturrechts. WW. I. Bd. S. 350 f.): „In der Production von Tautologien besteht nach der Wahrheit das erhabene Vermögen der Autonomie der Gesetzgebung der reinen praktischen Vernunft. Die reine Identität des Verstandes, im Theoretischen als der Satz des Widerspruchs ausgedrückt, bleibt, auf die praktische Form gekehrt, ebendasselbe. Wenn die Frage: was ist Wahrheit, an die Logik gemacht, und von ihr beantwortet, Kanten ‚den belachenswerthen Anblick giebt, dass Einer den Bock melkt, der Andere ein Sieb unterhält;' so ist die Frage: was ist Recht und Pflicht, an jene reine praktische Vernunft gemacht, und von ihr beantwortet, in demselben Falle. Wenn Kant erkennt, dass ein allgemeines Kriterium der Wahrheit dasjenige sein würde, welches von allen Erkenntnissen ohne Unterschied ihrer Gegenstände gültig wäre; dass es aber klar sei, dass (da man bei demselben von allem Inhalt der Erkenntniss abstrahirt, und Wahrheit gerade diesen Inhalt angeht) es ganz unmöglich und ungereimt sei, nach einem Merkmale der Wahrheit des Inhalts der Erkenntnisse, indem das Merkmal den Inhalt der Erkenntnisse zugleich nicht angehen soll, zu fragen; so spricht er ebendamit das Urtheil über das Princip der Pflicht und des Rechts, das durch die praktische Vernunft aufgestellt wird. Denn sie ist die absolute Abstraction von aller Materie des Willens; durch einen Inhalt wird eine Heteronomie der Willkür gesetzt. Nun ist es aber gerade das Interesse zu wissen, was denn Recht und Pflicht sei; es wird nach dem Inhalt des Sittengesetzes gefragt, und es ist allein um diesen Inhalt zu thun. Aber das Wesen des reinen Willens und der reinen praktischen Vernunft ist, dass von allem Inhalt abstrahirt sei; und also ist es an sich widersprechend, eine Sittengesetzgebung (da sie einen Inhalt haben müsste) bei dieser absoluten praktischen Vernunft zu suchen, da ihr Wesen darin besteht, keinen Inhalt zu haben."

[1] Was CICERO den Epikureern vorwarf, das hat man Smith's Lehre vorgeworfen, obwohl nicht ganz mit Recht: „Ihr schreibt uns gleichsam vor, unser unwandelbares Gewissen zu verachten und nach der Andern

Appell an die derzeit allgemein herrschenden moralischen Ansichten und Gefühle hinauslaufen möchte.

Aber wenn von Smith auch die, schon von Cumberland, Shaftesbury, Hutcheson und am umfassendsten von Hume gelöste, Principienfrage keine befriedigende Antwort erhielt; so hat er doch zur Lösung anderer moralphilosophischer Probleme höchst scharfsinnige, ja tiefsinnige Beiträge geliefert. „Zwei Fragen," erklärt er selbst,[1] „sind bei der Behandlung der Principien der Moral zu erwägen. Erstens, worin besteht die Tugend — oder welches ist die Gemüthsverfassung oder die Handlungsweise, welche den vorzüglichen oder lobenswürdigen Charakter ausmacht, den Charakter, welcher der natürliche Gegenstand der Achtung, der Ehre und des Beifalls ist? Und zweitens, durch welche Kraft oder durch welches Vermögen des Geistes wird dieser Charakter, worin er nun auch bestehen mag, uns angepriesen? oder, mit anderen Worten, wie geht es zu und wodurch geschieht es, dass der Geist die eine Art des Verhaltens der andern vorzieht, die eine recht und die andere unrecht nennt, die eine als den Gegenstand der Billigung, der Ehre und der Belohnung, und die andere der Missbilligung, des Tadelns und der Bestrafung betrachtet?" Gerade für die Beantwortung der bei weitem schwierigeren dieser beiden Fragen, der Frage nach dem psychologischen Grunde der moralischen Billigung und Missbilligung, hat Smith Bedeutendes geleistet.

Das „*Principle of Sympathy*" war zuerst von Hume wissenschaftlich eingehend behandelt und zur Erklärung der moralischen Phänomene mit Erfolg benutzt worden; die Bedeutung und die weite Wirkungssphäre der Sympathie in der Moral vermochte er aber noch nicht völlig zu erkennen und zu würdigen: die Sympathie fasste er im wesentlichen nur ganz *allgemein* auf als Theilnahme an Anderer Wohl oder Wehe, Glück oder Elend überhaupt. Smith dagegen — diese bereits gewonnenen Bestimmungen sowie das Utilitätsprincip nun wieder allzu-

---

irrender Meinung zu haschen." (*Praecipitis quodam modo, ut nostram stabilem conscientiam contemnamus, aliorum errantem opinionem aucupemur.* Cic. de fin. II, 22.)

[1] am Anfange des siebenten Theiles der „Theorie der moralischen Gefühle."

sehr dabei vernachlässigend ¹ (wie es leider in dem s. z. s. oscillirenden Gange der philosophischen Entwicklung so oft geschieht) — Smith stellte dagegen die Sympathie mit den *besonderen* Affecten und Gesinnungen in den Vordergrund; und *die* ursprünglichen Affecte und Gesinnungen, die nach ihm die höchste Bedeutung für die Moral haben, sind jene beiden, die in der Humischen Affectentheorie sich kaum erwähnt fanden: DANKBARKEIT und RACHE, die beiden Gestaltungen des VERGELTUNGS-

---

¹ In seiner höchst beachtenswerthen Kritik der verschiedenen Moralsysteme, welche sein Werk beschliesst, sagt SMITH über HUME'S Ethik mit Rücksicht auf die *erste* jener beiden Fragen: „Das System, welches die Tugend in die Nützlichkeit setzt, coincidirt mit dem, nach welchem sie in der Schicklichkeit oder Richtigkeit besteht (*Propriety*: nach Bain Smith's Wort für *Rectitude* oder *Right*). Diesem System gemäss werden alle Eigenschaften des Geistes, welche der Person selbst oder anderen angenehm oder nützlich sind, als tugendhaft gebilligt und die entgegengesetzten als lasterhaft gemissbilligt. Aber die Annehmlichkeit oder Nützlichkeit einer Neigung hängt von dem Grade ab, der ihr eingeräumt ist. Jede Neigung ist nützlich, wenn sie auf einen gewissen maassvollen Grad beschränkt ist, und jede Neigung schädlich, wenn sie die gehörigen Grenzen überschreitet. Diesem System gemäss besteht daher die Tugend nicht in irgend einer besonderen Neigung, sondern in dem richtigen Grade aller Neigungen. Der einzige Unterschied zwischen diesem und demjenigen, welches ich aufzustellen bemüht gewesen bin, ist der, dass es die Nützlichkeit und nicht die Sympathie oder den entsprechenden Affect des Zuschauers zum ächten und natürlichen Maassstabe dieses richtigen Grades macht." (*Part VII. Sect. II. chap. 3. Schluss*.)

Jene *erste* Frage hat Smith wahrlich nicht befriedigender beantwortet, als sein grosser Freund; wohl aber die *zweite*: daher es sich schon in diesem Beispiele zeigt, wie verdienstlich Smith's scharfe Unterscheidung dieser beiden Fragen war. In Beziehung auf die zweite Frage bemerkt er: „Es giebt noch ein andres System, welches den Ursprung der moralischen Gefühle aus der Sympathie zu erklären sucht, verschieden von demjenigen, welches ich aufzustellen bemüht gewesen bin. Es ist dasjenige, welches die Tugend in die Nützlichkeit setzt und das Vergnügen, mit dem der Zuschauer die Nützlichkeit einer Eigenschaft betrachtet, aus einer Sympathie mit dem Glücke Derer erklärt, welche sie besitzen. Diese Sympathie ist sowohl von derjenigen verschieden, vermöge welcher wir in die Motive des Handelnden eingehen, als auch von derjenigen, vermöge welcher wir die Dankbarkeit Derer theilen, welchen durch seine Handlungen wohlgethan wird. Es ist dasselbe Princip wie das, nach dem wir eine gut eingerichtete Maschine billigen. Aber keine Maschine kann der Gegenstand einer der beiden letzterwähnten Sympathien sein." (*Part. VII. Sect. III. chap. 3. Schluss*.)

TRIEBES. *Wiedervergeltung* aber, so urtheilt er, „*scheint das grosse Gesetz zu sein, das durch die Natur uns dictirt ist.*"[1]

Smith's grosses Werk gehört zu den reichhaltigsten[2] der gesammten Morallitteratur überhaupt; wir müssen daher auf den Versuch, auch nur alle wesentlichen Puncte seines Systems zu erörtern, hier gänzlich verzichten; wir haben uns darauf zu beschränken, den, wie uns scheint, genialsten Gedanken[3] seiner Lehre hervorzuheben — den Gedanken, dass affective Theilnahme an Anderer Dankbarkeit und Anderer Ahndungstrieb,[4] dass *sympathische Dankbarkeit* und *sympathischer Unwille* oder *Indignation* die tiefsten und ursprünglichsten Wurzeln des Gefühls des *Verdienstes* und der *Schuld* oder *Strafbarkeit*, die diesen Gefühlen den Haupttheil ihrer eigenthümlichen Energie gebenden und sie dadurch von den ästhetischen Geschmacksurtheilen specifisch unterscheidenden,[5] Urquellen der-

---

[1] *Retaliation seems to be the great law which is dictated to us by Nature.* (II, II. 1. p. 117 in der Londoner Ausgabe von 1875.)

[2] Jedoch soll es nicht verschwiegen werden, dass dieses ausgezeichnete Werk an zwei Hauptfehlern der Composition leidet: an übermässiger Breite und häufigen Wiederholungen, und an dem Mangel genügender Unterscheidung des Wesentlichen und Bedeutenden vom Nebensächlichen und Unwichtigen: es fehlt die angemessene Vertheilung von Licht und Schatten, es fehlt das Relief. — Solchen Lesern, die leicht ungeduldig werden, dürfte man vielleicht rathen, ihre Lectüre mit dem zweiten Theile zu beginnen, um so bald am Anfange ihr Interesse gefesselt zu fühlen. Mancher schon mag nicht über den ersten Theil mit dessen, fast möchte man sagen, *petite morale*, hinausgekommen sein und sich darnach vorschnell sein Urtheil über das Ganze gebildet haben.

[3] Verf. ist sich wohl bewusst, mit diesem Urtheil von der gewöhnlichen Ansicht der Moralhistoriker abzuweichen; ist jedoch durch fortgesetztes Nachdenken in jener Ueberzeugung nur immer mehr bestärkt worden.

[4] *Resentment*. Das genau entsprechende Wort fehlt im Deutschen, da *Rache* oder *Rachegefühl* bereits einen zu hohen und darum fehlerhaften Grad dieses Affects bedeuten; *Trieb* nach *Ahndung* oder *Vergeltung* (im feindlichen Sinne) drücken den moralisch unschuldigen Begriff noch am adäquatesten aus.

[5] Hätte HERBART, der von Smith's System mit hoher Achtung spricht, auch diese Bestimmung desselben berücksichtigt (was denn freilich noch eine weitere Umbildung der Herbartischen Moraltheorie zur Folge gehabt haben würde): so wäre seiner Lehre vielleicht ein Hauptvorwurf erspart geblieben, nämlich der, dass sie eine zu einseitig ästhetische und die Energie der moralischen Gefühle nicht zum Ausdrucke bringende

selben sind. SHAFTESBURY und mehr noch BUTLER hatten dieser originellsten Seite der Smith'schen Ethik allerdings schon nicht unerheblich vorgearbeitet, indem sie eine Würdigung des Ahndungstriebes anstrebten; aber das Meiste und vor Allem *die* Erkenntniss, dass das genau entsprechende Gegenstück des Rachgefühls die Dankbarkeit ist und beide als Gestaltungen eines allgemeinen Vergeltungstriebes aufzufassen sind, blieb Smith's Tiefblick vorbehalten.

Auf wohlwollende Gesinnungen reagiren wir naturgemäss mit einer freundlichen Gesinnung, auf übelwollende mit einer feindlichen; und so wird schon durch die allgemeinsten Gesetze des Affectenspiels nothwendig dahin gewirkt, dass das Gute und Glückbringende gesteigert und gefördert, das Böse und Unheilvolle durch energische Triebe gemindert und zurückgedrängt wird. Man könnte alle moralische Billigung und Achtung gleichsam, aber auch nur *gleichsam* eine Differentiirung der Dankbarkeit,[1] alle moralische Missbilligung und Verachtung eine Differentiirung des Ahndungstriebes nennen.

„Die Menschen," erklärt Smith, „haben ein sehr starkes Gefühl für die Beleidigungen, die Anderen widerfahren. Der Bösewicht in einer Tragödie oder einem Roman ist eben so sehr der Gegenstand unsrer *Indignation*, wie der Held der unsrer Sympathie und unsrer Zuneigung. Wir verabscheuen den Jago eben so sehr, wie wir den Othello hochschätzen; und freuen uns eben so sehr über die Bestrafung des Einen, wie wir betrübt sind über das Unglück des Andern . . . . Diese Leidenschaften (des *Resentment*) werden als nothwendige

---

Haltung hat. Die „*Ideen*" sind *nicht*, wie Herbart behauptet, „*ohne Macht;*" sondern, dem Himmel sei es gedankt, eine der gewaltigsten Mächte! M. vgl. auch FRIEDRICH HARMS. Die Philosophie seit Kant. Berlin, 1876. S. 258. ff: Kritik der „ästhetischen Ethik" Herbart's.

[1] Schon HUME berührte diesen Gedanken (vgl. oben S. 111; *Philos. Works, Edinb. 1826: Vol. IV. p. 319*), wenn er gegen die Ansicht einiger Moralisten (die später in Helvetius ihren entschiedensten Vertreter fand): die socialen Tugenden der Gerechtigkeit und des Wohlwollens und jede Handlungsweise, welche das Wohl der Gesellschaft befördert, werde aus selbstischen Motiven geliebt, gepriesen und geachtet, eben wegen jenes Nutzens und Interesses, an dem Jeder Theil habe — wenn er hiergegen bemerkt: dass „diese Neigung und Achtung in Wahrheit *Dankbarkeit*, nicht Selbstliebe ist."

Theile des Charakters der menschlichen Natur betrachtet. Eine Person wird verächtlich, die zahm still sitzt und Beschimpfungen unterwürfig erträgt, ohne zu versuchen, sie abzuwehren oder zu ahnden .... Diese Leidenschaften sind dem **Individuum** nützlich, indem sie es gefährlich machen, dasselbe zu beleidigen oder zu verletzen, und eben so dem Gemeinwesen, als die *Wächter der Gerechtigkeit* und der Gleichheit in der Verwaltung derselben."[1]

„Diejenige Handlung muss als belohnenswürdig erscheinen, welche als der rechte und billige Gegenstand der *Dankbarkeit* erscheint; wie andrerseits die Handlung strafwürdig erscheinen muss, welche als der rechte und billige Gegenstand des *Ressentiment* erscheint.

„Belohnen heisst vergelten, wiederbezahlen, Gutes für empfangenes Gutes erwiedern. Bestrafen heisst auch vergelten, wiederbezahlen, obwohl auf andere Weise: es heisst Uebles erwiedern für angethanes Uebel.

„Es giebt einige andre Leidenschaften ausser Dankbarkeit und Rachegefühl, welche uns für das Glück oder Elend Anderer interessiren; aber es giebt keine, welche so **direct uns antreiben, die Werkzeuge des einen oder des andern zu werden.** Die Liebe und Achtung, welche aus der Bekanntschaft und gewohntem Beifall erwachsen, bestimmen uns nothwendig dazu, über das Glück des Menschen, der der Gegenstand so angenehmer Regungen ist, uns zu freuen und folglich auch gern zur Beförderung desselben die Hand zu bieten. Unsre Liebe ist jedoch völlig befriedigt, wenn er auch ohne unsern Beistand glücklich werden sollte. Alles, was diese Leidenschaft verlangt, ist, ihn glücklich zu sehen, ohne Rücksicht darauf, wer der Urheber seines Wohles war. Aber Dankbarkeit ist auf diese Art nicht zu befriedigen. Wenn Derjenige, dem wir viele Verbindlichkeiten schuldig sind, ohne unsern Beistand glücklich gemacht wird; so gefällt dies wohl unsrer Liebe, aber unsrer Dankbarkeit genügt es nicht. **Bis wir ihm wiedervergolten haben, bis wir selbst zur Förderung seines Glückes werkthätig**[2] **gewesen sind**, fühlen wir uns stets mit jener

---

[1] *the guardians of justice.* (Part. I. Sect. II. chap. 3: *of the unsocial passions.* p. 44 f.)

[2] *instrumental.*

Schuld beladen, welche seine vorigen Dienste uns auferlegt haben.

„Ebenso werden Hass und Widerwille, die aus beständigem Missfallen entstehen, uns zwar oft veranlassen, eine boshafte Freude über das Unglück Dessen zu empfinden, dessen Charakter und Verhalten einen so peinlichen Affect erregen. Aber wenn uns Widerwille und Hass auch gegen alles Mitgefühl verhärten und uns zuweilen sogar geneigt machen, uns über das Unglück des Andern zu freuen; so werden doch diese Leidenschaften — wenn keine Rache im Spiel ist, wenn weder wir noch unsre Freunde persönlich herausgefordert und beleidigt worden sind — uns nicht durch ihre Natur dazu führen, das *Werkzeug* zu seinem Unglück werden zu wollen. Wenn wir auch keine Strafe dafür zu fürchten haben könnten, dass wir unsre Hand mit dabei gehabt; so würden wir es doch lieber wollen, dass es auf andre Art geschehen möchte . . . . Aber mit dem Ahndungstriebe verhält es sich ganz anders: Wenn der Mensch, der uns schwer verletzt hat, der z. B. unsern Vater oder unsern Bruder ermordet hat, bald darauf im Fieber sterben, oder selbst wenn er auf's Schaffot kommen sollte wegen eines anderen Verbrechens; so würde dies zwar unserm Hasse wohl thun, unserm Ahndungsbedürfniss aber doch nicht völlig genügen. Dieser Trieb würde uns dazu anspornen, nicht nur zu wünschen, dass er bestraft werde, sondern auch, dass er **durch uns** und wegen jener bestimmten **Verletzung**, die er uns zugefügt, bestraft werde. Der Ahndungstrieb kann nicht völlig befriedigt werden, ausser wenn der Beleidiger nicht nur seinerseits überhaupt leiden muss, sondern auch gerade wegen jenes bestimmten Unrechts, das wir von ihm erlitten haben, leiden muss. Er muss so weit gebracht werden, dass er gerade wegen eben dieser Handlung Reue und Betrübniss fühlt; damit Andre durch die Furcht einer gleichen Strafe abgeschreckt werden, sich einer gleichen Beleidigung schuldig zu machen. Die natürliche Befriedigung dieser Leidenschaft zielt von selbst dahin ab, alle politischen Zwecke der Strafe zu realisiren: die Correction des Verbrechers und das abschreckende Beispiel für das Gemeinwesen.

„Dankbarkeitsgefühl und Ahndungstrieb sind daher die Empfindungen, welche uns am meisten unmittelbar und direct antreiben, zu belohnen und zu bestrafen. Derjenige muss uns also Belohnung zu verdienen scheinen, welcher als der schickliche und würdige Gegenstand der Dankbarkeit, und derjenige Bestrafung zu verdienen scheinen, der als der des Ahndungstriebes gilt."[1]

„Ebenso, wie wir den Kummer unsres Mitmenschen mitfühlen, wenn wir sein Leiden sehen, ebenso theilen wir auch seinen Abscheu und seinen Widerwillen gegen alles, was dazu Gelegenheit gegeben. Wie unser Herz sympathisch mit seiner Betrübniss schlägt und selbst von dieser erfüllt wird; so wird es gleicherweise auch von jener Empfindung mitbeseelt, die ihn anspornt, die Ursache davon zurückzutreiben oder zu vernichten. Das unthätige und passive Mitgefühl, womit wir ihn in seinem Leiden begleiten, bahnt leicht der kräftigeren und activeren Empfindung den Weg, womit wir uns in seiner Bestrebung und Anstrengung ihm anschliessen, die er macht, entweder sein Leiden zurückzutreiben, oder seinem Unwillen gegen alles, was dazu Veranlassung gegeben, Genüge zu thun. Dies ist im Besondern noch weit mehr der Fall, wenn es ein Mensch war, der es verursachte. Wenn wir sehen, wie ein Mensch vom andern unterdrückt und verletzt wird; so scheint das Mitgefühl, das wir mit dem Unglück des Leidenden empfinden, nur dazu zu dienen, unser Mitgefühl mit seinem Verlangen nach Ahndung gegen den Beleidiger rege zu machen. Es befriedigt uns, wenn er nun seinerseits den Gegner angreift, und wir sind bereit und begierig, ihm beizustehen, wenn er sich wehrt, oder selbst wenn er sich bis zu einem gewissen Grade rächt." Und wenn der Beleidigte im Kampfe fällt und der Mörder straflos auszugehen scheint, „so glauben wir, dass sein Blut laut um Rache schreit."[2]

---

[1] *Part II. Sect. 1. chap. 1.*
[2] *Part II. Sect. 1. chap. 2. p. 98 ff.* — Wie weit männlicher, wie weit philosophischer ist doch diese Auffassung ADAM SMITH'S vom *Mitgefühl* oder der „*Sympathie*," als die in ARTHUR SCHOPENHAUER'S, des Weiberverächters, eminent weiblicher Moral. *Weiblich*, abgesehen von Anderem, schon deshalb, weil überhaupt nicht eine Moral des *Handelns*, sondern vielmehr eine des *Leidens*. Alle irgendwie strengen und feindlichen Affecte sind in dieser unterschiedslos geächtet und verfehmt; sie gehören allesammt zur „*Bosheit*" und sind teuflische Elemente in der Menschennatur! Da

„Der Ahndungstrieb scheint uns von der Natur zur Vertheidigung und nur zur Vertheidigung gegeben zu sein. Er ist der Wächter der Gerechtigkeit und die Sicherheit der

---

doch schon ARISTOTELES mit Nachdruck hervorhob, dass es eben so das Zeichen eines tüchtigen Charakters ist, über unverdientes Missgeschick Anderer Leid und Betrübniss zu empfinden, als andrerseits Befriedigung und Genugthuung über das Leiden und die Bestrafung Anderer, wenn diese die gerechte Vergeltung einer Uebelthat war, und Unwillen zu fühlen (νέμεσις), wenn diese Ahndung ausbleibt und es den Bösen gut geht. (*Rhet. II, 9.*) Wie überhaupt keine Anerkennung der „Seele des Guten, die auch im Uebeln ist," in seiner Philosophie, so keine Anerkennung der wohlthätigen Function des Ahndungstriebes, „bloss als *Naturanstalt* betrachtet" (um ein Wort von ihm zu borgen), und daher in seiner Moral (so wenig wie in der Hutcheson's, die jene unzweifelhaft stark beeinflusst hat) kein eigentliches „*Fundament*" für die Gerechtigkeit. Aber nicht nur „Liebe" (φιλότης, φιλία) sondern auch „Hass" (νεῖκος) ist zur Erhaltung und Förderung alles Lebendigen, des Individuums sowohl als der Gattung, erforderlich. Da jedoch nach der Lehre dieses Philosophen (WW. II, 667) *unsre Welt die schlechteste unter den möglichen* sein soll, so ist es wenigstens ganz consequent, alles in ihr und schon ihre ganze Grundverfassung selbst für verderbt zu erklären. — Und dennoch hat die Ethik dieses wunderbaren Mannes, wie man anerkennen muss, wirkliche Verdienste: sie enthält im Einzelnen vieles Werthvolle, von dem die ausgezeichneten vier ersten Capitel seiner Untersuchung „über die Freiheit des menschlichen Willens" an erster Stelle zu nennen sind; sie sucht überall auf die letzten Principien zurückzugehen; bis zu einem gewissen Puncte, wo sie zu *transcendentiren* anfängt und in das Jenseits des Gedankens, d. h. in das Gedankenlose sich versteigt, wo „die Phantasie das Grundprincip" ist — bis zu diesem verhängnissvollen Puncte zeugt sie von klarem, scharfem, bestimmtem Denken und zwingt dazu auch den Leser; und sie ist frei von Affectation, von Phrasen und dem, so manche ethische Abhandlung entstellenden Wortmissbrauch und dem „unsäglichen Genügen an Worten." Endlich hat man auch auf diesem Gebiete Schopenhauer das in der That „höchst seltene Verdienst einer wahren philosophischen Popularität" (mit Kant zu reden) nachzurühmen, in welcher Hinsicht vielleicht nur Hume mit ihm rivalisiren kann; und dabei sind seiner reinen und ungekünstelt einfachen Diction alle die charakteristischen Vorzüge unsrer edlen Deutschen Sprache eigen: Kraft, Männlichkeit, Ernst, Würde, Grandiloquenz; und sein Styl trägt unzweifelhaft den unnachahmlichen Stempel ächten Genies: sodass wir nicht anstehen dürfen, ihn zu den ersten Prosaikern der Deutschen Sprache zu rechnen und einem Lessing an die Seite zu stellen. Und an einigermassen bedeutenderen Moralwerken ist die Deutsche Litteratur nicht so reich, dass man sich nicht genöthigt sehen sollte, das Schopenhauer'sche auch zu deren besten zu zählen.

Unschuld.[1] Er treibt uns an, den Schaden abzuwehren, den man uns zuzufügen versucht, und den zu vergelten, den man uns bereits zugefügt hat, damit der Beleidiger zur Reue über sein Unrecht gebracht und Andre durch die Furcht einer gleichen Strafe abgeschreckt werden mögen, sich einer gleichen Verletzung schuldig zu machen."[2]

Das Gefühl des *Verdienstes* entspringt nach unserm Philosophen aus der Sympathie mit der *Dankbarkeit* dessen, der eine, aus wohlwollenden Motiven erwiesene Wohlthat empfängt; das Gefühl der *Schuld* aus der Sympathie mit dem *Resentment* dessen, der eine, aus böswilligen Motiven zugefügte Verletzung erleidet. Das Gefühl des *Verdienstes* und das der *Schuld* ist daher eine zusammengesetzte Empfindung: entstehend aus einer „directen Sympathie" mit den Motiven des activen Theils (bez. aus einer „Antipathie" gegen dieselben) und aus einer „indirecten Sympathie" mit dem Vergeltungstriebe des passiven Theils. Diese beiden Elemente können wir oft deutlich unterscheiden: so beispielsweise in unserm Grausen vor einem Charakter wie Nero oder Borgia.

„Unser natürliches Gefühl von der *Strafwürdigkeit (ill desert)* menschlicher Handlungen auf diese Weise einer Sympathie mit dem *Ahndungstriebe (Resentment)* des Leidenden zuzuschreiben, mag den Meisten als eine Degradation jenes Gefühls erscheinen. Die Rache *(resentment)* wird gewöhnlich als eine so verhasste Leidenschaft betrachtet, dass sie geneigt sein werden, es für unmöglich zu halten, dass ein so lobliches Princip wie das Gefühl der Strafwürdigkeit des Lasters irgendwie darauf gegründet sein sollte. Sie werden es vielleicht williger gelten lassen, dass unser Gefühl des Verdienstes guter Handlungen sich auf eine Sympathie mit der Dankbarkeit derer gründet, die deren Segnungen erfahren; weil die Dankbarkeit, eben so wohl wie die andern wohlwollenden Leidenschaften, als ein liebenswürdiges Princip betrachtet wird, welches dem Werthe dessen, was darauf gegründet ist, nichts entziehen kann. Dankbarkeit und Rachbegierde sind jedoch offenbar in

---

[1] *Resentment seems to have been given us by nature for defence, and for defence only. It is the* SAFEGUARD OF JUSTICE *and the security of innocence.*
[2] *Part II. Sect. II. chap. 1. p. 113.*

jeder Beziehung Gegenstücke zu einander; und wenn unser Gefühl des Verdienstes aus einer Sympathie mit der einen entsteht, so muss unser Gefühl der Schuld fast unausweichlich aus einem Mitgefühl mit der andern entstehen. Und man erwäge auch, dass das Rachgefühl *(Resentment)*, obwohl in den Graden, in welchen wir nur zu oft es sehen, vielleicht die hassenswürdigste aller Leidenschaften, dennoch nicht gemissbilligt wird, wenn es schicklich gemässigt erscheint und den Grad der sympatischen Indignation des Zuschauers nicht übersteigt."

„Die Natur¹ scheint selbst in dem gegenwärtigen verderbten Zustande des Menschengeschlechts nicht so ungütig mit uns verfahren zu sein, dass sie uns mit einem Princip ausgestattet hätte, das völlig und in jeder Hinsicht böse ist, oder das in keinem Grade und in keiner Richtung der angemessene Gegenstand des Lobes und der Billigung sein kann. Bei manchen Gelegenheiten bemerken wir, dass diese Leidenschaft, welche gewöhnlich zu stark ist, gleichfalls zu schwach sein kann. Wir beschweren uns zuweilen, dass Jemand zu wenig Empfindlichkeit zeigt und zu wenig Gefühl für die Beleidigungen hat, die ihm zugefügt worden sind; und wir sind eben so leicht geneigt, ihn wegen dieses Mangels zu *verachten*, als wegen ihres Uebermaasses zu *hassen*."

„Sogar zum Besten der Gesellschaft ist es erforderlich, dass nicht verdiente und nicht herausgeforderte Bosheitsäusserungen durch gehörige Strafen im Zaum gehalten werden, und dass es folglich als eine rechte und löbliche Handlung betrachtet werde, diese Strafen aufzuerlegen. Obwohl daher der Mensch ein natürliches Verlangen nach dem Wohl und der Erhaltung der Gesellschaft hat; so hat es doch der Urheber der

---

¹ „Jeder Theil der Natur," sagt Smith an einer andern Stelle, „wenn er aufmerksam betrachtet wird, beweist in gleichem Grade die weitsehende Vorsorge seines Urhebers; und wir können die Weisheit und Güte Gottes selbst in der Schwäche und Thorheit der Menschen erkennen." *(II. III, 3. p. 153.)* Es gehört zu den grössten Verdiensten der Smith'schen Ethik, dass sie, im Gegensatze zur Humischen, in der Erforschung der moralischen Erscheinungen des Menschenlebens die finale oder teleologische Betrachtung, die Kategorie des Zweckes wieder zur Anerkennung gebracht hat. Diese Untersuchungen Adam Smith's sind höchst ingeniös und ihre Resultate nicht selten überraschend.

Natur seiner Vernunft nicht anvertraut, es erst ausfindig zu machen, dass eine gewisse Anwendung von Strafen das rechte Mittel zur Erreichung dieses Zweckes ist: sondern hat ihm ein *unmittelbares* und *instinctives* Wohlgefallen an dieser Bestrafung selbst eingeflösst, die das geeignetste Mittel ist, jenen Zweck zu erreichen. Die Oekonomie der Natur ist in dieser Hinsicht genau dieselbe, wie bei vielen anderen Gelegenheiten: In Beziehung auf alle jene Zwecke, welche, wegen ihrer besonderen Wichtigkeit, als die Lieblingszwecke der Natur, wenn solch' ein Ausdruck erlaubt ist, betrachtet werden können, hat sie durchgängig auf eben diese Weise den Menschen nicht nur mit einer Begierde nach dem Endzwecke, den sie vorgesetzt, ausgerüstet, sondern ebenso auch mit einer Begierde nach den Mitteln, durch welche allein dieser Zweck verwirklicht werden kann, um ihrer selbst willen und unabhängig von ihrer Tendenz, denselben zu realisiren. So sind Selbsterhaltung und Fortpflanzung die grossen Zwecke, die sich die Natur in der Bildung alles Lebendigen vorgesetzt zu haben scheint. Dem Menschen ist ein Verlangen nach diesen Zwecken und ein Abscheu vor dem Gegentheil eingeprägt, die Liebe zum Leben und eine Furcht vor der Vernichtung, ein Verlangen nach der beständigen Fortdauer der Art und ein Widerwille vor dem Gedanken, dass sie völlig verlöschen sollte. Obwohl wir nun aber auf diese Weise mit einem sehr starken Verlangen nach diesen Zwecken ausgestattet sind; so ist es doch der langsamen und unzuverlässigen Entscheidung unserer Vernunft nicht anvertraut worden, die geschickten Mittel, sie zu verwirklichen, ausfindig zu machen. Die Natur hat uns durch ursprüngliche und unmittelbare Instincte zum grösseren Theile derselben geleitet. Hunger, Durst, die Leidenschaft, welche die beiden Geschlechter vereinigt, die Liebe zur Lust und die Furcht vor dem Schmerz treiben uns an, diese Mittel um ihrer selbst willen anzuwenden, ohne an ihre Tendenz auf jene wohlthätigen Zwecke zu denken, welche der grosse Lenker der Natur durch sie zu verwirklichen beabsichtigt hat."[1]

In der äusseren Natur unterscheiden wir stets sehr wohl zwischen der *causa efficiens* und der *causa finalis*. Die ver-

---

[1] II. I, 5.

schiedenen Theile des lebendigen Organismus functioniren mit der grössten Zweckmässigkeit zur Erhaltung des Lebens; aber doch schreiben wir dem circulirenden Blute und dem verdauenden Magen die Absicht nicht zu, die Zwecke der Circulation und der Verdauung zu befördern: so wenig wie wir den Rädern einer Uhr die Absicht beimessen, die Stunden zu zeigen — obwohl, wenn sie diesen Willen und diese Absicht hätten, sie diese Wirkung nicht besser hervorbringen könnten. „Aber wenn wir die Operationen der Seele erklären wollen, so sind wir sehr geneigt, diese beiden sehr verschiedenen Dinge mit einander zu confundiren, die bewirkende und die Endursache. Wenn wir durch Naturprincipien dazu geleitet werden, jene Zwecke zu befördern, welche eine verfeinerte und erleuchtete Vernunft uns empfehlen würde; so sind wir sehr dazu geneigt, dieser Vernunft als ihrer wirkenden Ursache die Gefühle und Handlungen zuzuschreiben, durch welche wir diese Zwecke befördern, und uns einzubilden, dass das die Weisheit des Menschen sei, was in Wahrheit die Weisheit Gottes ist. Bei einer oberflächlichen Betrachtung scheint diese Ursache zureichend, die Wirkungen, die ihr zugeschrieben werden, hervorzubringen; und das System der menschlichen Natur scheint weit einfacher und angemessener, wenn alle ihre verschiedenen Operationen in dieser Weise aus einem einzigen Princip deducirt werden.

„Da die Gesellschaft nicht bestehen kann, wenn die Gesetze der Gerechtigkeit nicht wenigstens erträglich beobachtet werden, da kein geselliger Verkehr stattfinden kann zwischen Menschen, die sich nicht allgemein von gegenseitigen Verletzungen enthalten, so hat man[1] gedacht, dass die Erwägung dieser Nothwendigkeit der Grund wäre, weswegen wir die Einschärfung der Gesetze der Gerechtigkeit durch die Bestrafung derer, die sie verletzten, billigten. Der Mensch, hat man gesagt, besitzt eine natürliche Liebe zur Gesellschaft und wünscht um ihrer selbst willen, dass die menschliche Vereinigung erhalten werde, wenn er selbst davon auch keinen Vortheil haben sollte. Der wohlgeordnete und blühende Zustand der Gesellschaft ist ihm angenehm und er hat Freude an seiner Betrachtung. Ihre Un-

---

[1] Smith hat offenbar die Theorie seines grossen Freundes hier im Auge.

ordnung und Verwirrung dagegen ist der Gegenstand seiner Abneigung, und alles, was dahin zielt, erregt seinen Unmuth. Er bemerkt auch, dass sein eigenes Interesse mit der Wohlfahrt der Gesellschaft verknüpft ist und dass sein Glück, vielleicht selbst die Erhaltung seiner Existenz von ihrer Erhaltung abhängt. In jeder Hinsicht also hat er einen Hass gegen alles, was auf die Zerstörung der Gesellschaft abzielen kann, und ist bereit, jedes Mittel anzuwenden, um ein so verhasstes und schreckliches Ereigniss zu verhindern." Und wo gelinde Mittel nicht ausreichen, da werden ihm auch harte gerecht erscheinen, und zum Wohle der menschlichen Gesellschaft selbst die Todesstrafe: „der Störer des öffentlichen Friedens wird dadurch aus der Welt geschafft, und Andre werden durch sein Schicksal abgeschreckt, seinem Beispiel zu folgen."

„So erklärt man gewöhnlich unsre Billigung der Bestrafung der Ungerechtigkeit. Und insofern ist diese Erklärung unzweifelhaft richtig, als wir häufig Gelegenheit haben, unser natürliches Gefühl von der Angemessenheit und Nützlichkeit der Strafe durch den Gedanken zu bekräftigen, wie nöthig sie zur Erhaltung der bürgerlichen Ordnung sei." Wenn durch die Reue des Verbrechers die Rache entwaffnet wird und nun das Mitleid an deren Stelle tritt: „dann hat man Anlass, die Erwägung des allgemeinen Interesses der Gesellschaft zu Hülfe zu rufen: dem Impulse dieser schwachen und einseitigen Menschenliebe wird durch die Vorschriften einer edleren und ausgebreiteteren Menschenliebe das Gegengewicht gehalten. Man bedenkt, dass Gnade für den Schuldigen Grausamkeit gegen den Unschuldigen ist[1], und stellt den Regungen des Mitleids, die man für einen Einzigen fühlt, das allgemeinere Mitleid entgegen, das man für die Menschheit fühlt."

„Aber obwohl es gewöhnlich keiner grossen Beurtheilungskraft bedarf, um zu sehen, wie alle zügellosen Handlungsweisen auf die Vernichtung der Wohlfahrt der Gesellschaft abzielen; so ist es doch selten diese Erwägung, die uns zuerst gegen sie aufbringt. Alle Menschen, selbst die gedankenlosesten und stupidesten, verabscheuen Betrug, Treulosigkeit und Ungerechtigkeit, und freuen sich, sie bestraft zu sehen. Wenige aber haben

---

[1] *Bonis nocet qui malis parcit*, sagt Seneca.

über die Nothwendigkeit der Gerechtigkeit zum Besten der Gesellschaft nachgedacht, so offenbar diese Nothwendigkeit auch sein mag.

„Dass es nicht eine Hinsicht auf die Erhaltung der Gesellschaft ist, die uns ursprünglich die Bestrafung von Verbrechen, die gegen Einzelne begangen worden, angelegen sein lässt, kann durch manche nahe liegende Betrachtungen bewiesen werden." Unser Antheil an dem Wohle Einzelner entspringt gewöhnlich nicht aus dem am Wohle der Gesellschaft; und wir betrüben uns über den Tod eines Menschen nicht darum, weil er ein Glied der menschlichen Gesellschaft ist und wir wegen des Unterganges der Gesellschaft besorgt sind. Unsre Sorge für die Einzelnen entspringt hier nicht aus einer Sorge um die Vielen; sondern diese ist vielmehr aus jenen Einzel-Sorgen zusammengesetzt. Und ebenso verlangen wir die Bestrafung des *einem* Menschen zugefügten Unrechts nicht bloss aus einer Rücksicht für das allgemeine Interesse der Gesellschaft, als vielmehr aus einer Rücksicht für diesen einen beleidigten Menschen selbst, auch wenn er uns sonst ganz fremd ist. Andrerseits strafen wir und billigen wir die Bestrafung in manchen Fällen allerdings nur aus einer Rücksicht auf das allgemeine Interesse der Gesellschaft: in solchen Fällen, wo die Vergehen nicht unmittelbar und direct einzelne Personen schädigen, dagegen in ihren entfernteren Folgen grosses Unheil herbeiführen können. „Eine Schildwache z. B., die auf ihrem Posten einschläft, ist nach dem Kriegsrecht des Todes schuldig, weil eine solche Nachlässigkeit das ganze Heer in Gefahr setzen kann. Diese Strenge kann bei manchen Gelegenheiten nothwendig und aus diesem Grunde gerecht und angemessen erscheinen .... Aber ein Menschenfreund muss sich überwinden und seine ganze Festigkeit und Standhaftigkeit aufbieten, um diese Strafe verhängen oder ihre Vollziehung durch Andre billigen zu können. Nicht so aber blickt er auf die gerechte Bestrafung eines dankvergessenen Vatermörders." Die gerechte Vergeltung einer so grausenvollen Unthat ist sein heissestes Verlangen; der höchste Unwille, ja vielleicht Wuth würde sich seiner bemächtigen, wenn der Böse seiner Strafe entginge. Schon die Verschiedenheit der *Empfindung*, die wir in diesen beiden Fällen, bei der Bestrafung der Schildwache und der des Vatermörders haben, „ist ein Beweis davon, dass die Billigung der einen Strafe sich nicht auf *dasselbe* Princip wie die der andern gründet." So weit sind wir davon entfernt, zu denken, dass Ungerechtigkeit nur um der nöthigen Ordnung der bürgerlichen Gesellschaft willen zu bestrafen ist, dass unser Vergeltungstrieb in einem Jenseits die Ahndung von Missethaten verlangt, die in dieser Welt ungerächt geblieben. „Unser Gefühl der Strafwürdigkeit verfolgt sie, wenn ich so sagen darf, selbst bis über das Grab hinaus; obgleich das Beispiel ihrer Bestrafung, die dort vollzogen wird, nicht mehr dazu dienen kann, die andern Menschen, die dieselbe nicht sehen und nicht wissen, abzuschrecken, sich hier gleicher Handlungen schuldig zu machen. Die Gerechtigkeit Gottes, denken wir, erfordert es dennoch, die Verletzungen von Wittwen und Waisen, die hier so oft ungestraft bedrückt und gemisshandelt werden, dereinst zu rächen."¹ — Kann es in der That einen besseren Beweis für Smith's Ansicht geben, als dieses ächte *experimentum crucis*: die so allgemein zu beobachtende, s. z. s. *transscendente* Aeusserung des Ahndungstriebes?

Endlich wollen wir noch Smith's Analyse des, ihm zu Folge, nicht einfachen und ursprünglichen, sondern zusammengesetzten und abgeleiteten Gefühls der moralischen Billigung erörtern. „Wenn wir einen Charakter oder eine Handlung billigen," erklärt er,² „so entspringen die Empfindungen, die wir fühlen, aus vier Quellen, die in mancher Hinsicht von einander verschieden sind. Erstens sympathisiren wir mit den Motiven des Handelnden; zweitens nehmen wir an der Dankbarkeit derer Theil, denen seine Handlungen wohlthätig sind; drittens bemerken wir, dass sein Verhalten den allgemeinen Regeln gemäss gewesen ist, nach denen diese beiden Sympathien allgemein wirken; und zu allerletzt, wenn wir solche Handlungen als einen Theil eines Systems des Handelns betrachten, welches auf das Glück des Individuums oder der Gesellschaft abzielt; so scheinen sie aus dieser Nützlichkeit eine Schönheit zu erhalten, nicht unähnlich der, welche wir einer wohl eingerichteten Maschine beimessen."

Wunderlich ist es, um zunächst auf den letzten Punct

---

¹ *Part II. sect. 2. chap. 3.*
² *Part VII, sect. 3. chap. 3. p. 479 f.*

einzugehen, dass Smith, hier wie stets, den Einfluss, den die Erkenntniss der *Nützlichkeit* oder der *wohlthätigen Folgen* einer Eigenschaft oder Handlung auf unsre Gefühle hat, lediglich als ein ästhetisches Gefallenfinden an der blossen Angemessenheit von Mitteln zu Zwecken, an der blossen Zweckmässigkeit des Getriebes darstellt; welche Zweckmässigkeit bei einer absichtlichen, systematischen Ausbreitung von Elend doch eben so sehr vorhanden sein könnte: — anstatt, wie sein grosser Freund, den Beifall, welchen die glückbringenden Potenzen finden, aus einer affectiven Anticipation dieser *Glücks*-Folgen zu erklären — aus dem ersten Princip seiner eigenen Theorie: der *Sympathie.*

Noch eigenthümlicher ist der erste Punct in Smith's Erklärung. Das *erste* Element des moralischen *Billigens*, erfahren wir, ist unser *Sympathisiren* mit den Motiven des Handelnden.[1] Allein ist die Erscheinung, die unser Philosoph hier im Auge hat, wirklich das blosse psychologische Phänomen der emotionalen Theilnahme an Anderer Gemüthszustand, d. i. *eigentliche* „*Sympathie*," im wissenschaftlichen Sinne des Wortes? An einer früheren Stelle[2] giebt Smith die charakteristische Erklärung: „Wie unser Gefühl der *Angemessenheit (propriety)* des Handelns aus einer, wie ich es nennen werde, *directen Sympathie* mit den Affecten und Motiven der handelnden Person entsteht; so entsteht unser Gefühl ihres Verdienstes aus einer, wie ich es nennen werde, *indirecten Sympathie* mit der Dankbarkeit der Person, auf die, wenn ich so sagen darf, gehandelt wird. Da wir in der That nicht völlig in die Dankbarkeit der Person, welche die Wohlthat empfängt, eingehen können, ausser wenn wir zuvor die Motive des Wohlthäters *billigen (approve)*; so scheint mithin das Gefühl des Verdienstes eine zusammengesetzte Empfindung und aus zwei verschiedenen Emotionen gebildet zu sein: einer *directen Sympathie* mit den Gesinnungen (*sentiments*) des Handelnden und einer indirecten Sympathie mit der Dankbarkeit derer, welche die Segnung seiner Handlungen erfahren." — „Die Motive des Wohlthäters BILLIGEN," und eine „directe SYMPATHIE" mit demselben fühlen, sind also

---

[1] *First, we sympathize with the motives of the agent.*
[2] *Part II. sect. 1. chap. 5. 1. p. 105.*

nach Smith äquivalente Begriffe! Oder vielmehr: zur Bezeichnung des *Begriffes*, den die Sprache gewöhnlich durch das Wort „Billigen" *(approve)* ausdrückt, bedient er sich hier des Wortes „Sympathisiren" *(sympathize)*; das ja in der gewöhnlichen Sprache zuweilen auch in dieser Bedeutung gebraucht wird. Und so sagt unser Philosoph in der That sehr oft *Sympathie*, *sympathisiren*, wo er, ohne Zweideutigkeit zu reden, *Billigung*, *billigen (approbation, approve)* hätten sagen müssen. Durch diesen Doppelsinn des Wortes „Sympathie" verleitet, glaubt er in vielen Fällen ein moralisches Phänomen durch die einfache psychologische Erscheinung der *affectuum imitatio* (wie Spinoza die affective Theilnahme an Anderer Gemüthsbewegungen nennt) erklärt zu haben, wo diese in Wahrheit überhaupt gar nicht im Spiele ist, sondern reines moralisches *Billigen* oder *Missbilligen*, ohne *affectuum imitatio*, Platz greift. Daher so oft das Schillernde und auch den Leser leicht Verwirrende und Irreführende in seiner Darstellung und Erklärung des Affectenspiels.[1]

Sehen wir nun, dass in jener Analyse des Gefühls der moralischen Billigung dasselbe *erstens* aus einer „*Sympathie* mit den Motiven des Handelnden" abgeleitet wird; so können wir nicht länger darüber im Zweifel sein, dass der Philosoph eben nur *idem per idem* erklärt: indem hier offenbar, wie in den angeführten Sätzen, *Sympathie* in der *Bedeutung* von BILLIGEN gebraucht ist. Das ist keineswegs bloss ein Fehler in der Einkleidung des Gedankens, wie Herbart einmal sagt: denn Smith glaubte in der That durch die einfache psychologische Potenz der blossen *Sympathie*, der unmittelbaren affectiven Theilnahme an Anderer Gemüthsbewegungen, in Verbindung mit den Affecten der Dankbarkeit und des Ahndungstriebes, eine psychologische *Theorie der moralischen Gefühle* geliefert zu haben — wie auch der ganze Charakter seines Werkes klar bezeugt.

Abgesehen von diesem Grundirrthum muss es auch auffallen, dass die einfache Empfindung des moralischen *Billigens* und *Missbilligens*, das Urtheil, dass dieses *recht*, jenes *unrecht* sei, in jedem einzelnen Falle aus drei oder vier *verschiedenen Quellen* abgeleitet werden soll. Ein Anderes wäre es gewesen,

---

[1] Vgl. oben S. 42.

die allmähliche Entstehung, Entwicklung, Bildung des „*Moral Sense*" oder „*Gewissens*" auf diese oder andere Weise aus einfachsten und ursprünglichsten Elementen abzuleiten: welche Elemente sich ganz allmählich zu einem *neuen* Gebilde componirten, das dann Eigenschaften zeigen könnte, die in keinem der componirten Elemente als einzelnen sich fanden: ähnlich, wie man es bei den chemischen Verbindungen erfährt (um Mackintosh's höchst glücklich gewählte Analogie zu benutzen). Aber Smith will auch in den Gewissensoperationen des reifen, erwachsenen Mannes noch jene verschiedenen Elemente jeden einzelnen Act des Gewissens constituiren lassen. Die Grade der Lebhaftigkeit und Wirksamkeit der moralischen Urtheile würden dann im wesentlichen allein von der grösseren oder geringeren Fähigkeit, sich in fremde Gemüthszustände zu versetzen, abhängen: was der Erfahrung widerspricht.[1]

Ferner hat man gegen Smith's Theorie eingewandt, dass blosse *Sympathie* keine Rechenschaft gebe über die eigenthümliche Energie des moralischen Billigens und Missbilligens. Dieser Vorwurf trifft dieselbe zwar bei weitem nicht in dem Maasse, wie die Humische Theorie: da Smith als solche energische Potenzen nicht die *Sympathie* als solche darstellt, sondern jene beiden triebartigen Affecte, *mit denen* sympathisirt wird, die Gefühle der *Dankbarkeit* und der *Rache*: deren sollicitirende Kraft nicht zu bezweifeln ist; wie ja in der That Smith's Analyse des Gefühls des Verdienstes oder der Belohnungswürdigkeit und der Schuld oder Strafbarkeit im wesentlichen zutreffend erscheint. Aber gerade der wichtigste Begriff der Moral, das bedeutsamste moralische Gefühl: das „*Sollen*," das *imperative* Element in den Dictaten des „Gewissens" wird auch durch sympathische Dankbarkeit und durch sympathischen Unwillen oder Ressentiment noch nicht erklärt. In diesem Puncte bedurfte also auch die Smith'sche Moraltheorie einer Ergänzung — desjenigen *ergänzenden* Elementes, das in mehreren der frühesten englischen Moraltheorien das Ein und Alles hatte sein sollen: wodurch dann zunächst (wie so oft im Gange der Wissenschaft) als Reaction darauf die entgegengesetzte Einseitigkeit hervorgerufen worden war. Dieses Element, das

---

[1] Vgl. oben S. 98.

in Locke's und seiner Anhänger Morallehre Alles und gerade bei den bedeutendsten der späteren Ethiker Englands vor Hartley fast Nichts gewesen war, ist die ERZIEHUNG.

Bacon, sahen wir, leitete in der Ethik jene bedeutsame *universalistische* und *altruistische* Wendung ein, welche die moderne Moral vor der antiken auszeichnet. Hobbes' *individualistische* und *egoistische* Moral suchte Cumberland im Sinne der Andeutungen Bacon's zu bekämpfen, liess es dabei aber doch noch an der erforderlichen Entschiedenheit fehlen. Und so fand Locke mit seinem gemässigten Hobbismus auch in der Moral viele Anhänger. Die positiven Gesetze und Befehle der verschiedenen Autoritäten geben auch ihm zu Folge der Moral allein den Inhalt; recht und gerecht ist das, was jedesmal befohlen wird: an ein festes objectives Kriterium der Moral, das unabhängig wäre von Laune und Willkür der Menschen, ist überhaupt nicht zu denken. Diesem extremen Nominalismus und Skepticismus der Moral, welcher das blosse Belieben von Machthabern, direct oder durch das Medium der Kindererziehung wirkend, zu der allein die moralischen Unterschiede schaffenden Potenz erhob, trat Shaftesbury energisch entgegen, indem er auf die, aller Willkür und Zufälligkeit entzogenen, die menschliche Willensbeschaffenheit selbst erst constituirenden, ursprünglichen Triebe und Affecte und deren natürlich-gesetzmässiges Functioniren zu den grossen Zwecken der Erhaltung und Förderung des individuellen und generellen Wohls hinwies. Unter dem Einflusse des Geistes der Platonischen und der Stoischen Moral stehend, constatirte er die Existenz eines, von allen selbstischen Motiven gänzlich unabhängigen Vermögen des moralischen Billigens und Missbilligens, welches er, weil es durch Vernunft *bedingt* (aber, wohl gemerkt, nicht *verursacht*) ist, *rational affection* oder *reflex affection* nannte, zuweilen auch *moral sense,* um dessen von aller Laune, Mode und Willkür, wie er glaubte, im wesentlichen unabhängige Natur anzudeuten. Wie Shaftesbury für speciellere moralphilosophische und psychologische Detailuntersuchungen überhaupt nicht viel Interesse hatte, sondern sich mit der Skizzirung der allgemeinsten Umrisse eines naturgemässen Moralsystems von praktisch-idealistischer Haltung begnügte; so kam es ihm auch auf eine genetische Erklärung der menschlichen Affecte und Neigungen wenig an. Was in der moralischen Verfassung des reifen, erwachsenen Menschen thatsächlich vorhanden ist, wollte er zeigen: und zu diesem im erwachsenen Menschen stets Wirklichen gehören auch die *Reflex Affections* oder der *Moral Sense;* dessen Verschiedenheiten nach Ort und Zeit er zu gering anschlug — im bewussten Gegensatz zu den, gänzlich in das andre Extrem verfallenden Meinungen Locke's. Butler und Hutcheson, Shaftesbury's Schüler, arbeiteten seine Lehre im einzelnen weiter aus und ergänzten und verbesserten sie in wesentlichen Puncten. Beide unterschieden die primären von den secundären Affecten; Butler beschrieb die subjective Seite des Moralischen, die Eigenthümlichkeit der *reflex affections (conscience)* genauer; Hutcheson dagegen untersuchte specieller die objective Seite des Moralischen, die Frage nach den Glück oder Elend bewirkenden *Folgen* der Handlungen. Diese, vorzugsweise die objective Seite berücksichtigende Forschung setzte Hume erfolgreich fort, und auch in Hinsicht auf die subjective Seite förderte er die Wissenschaft sehr erheblich. Originell, aber weniger glücklich war er in dem Versuch des Nachweises, dass die Gerechtigkeit und deren Bestimmungen gänzlich künstlichen Ursprungs, d. h. ein Werk der menschlichen Ueberlegung sind, wenn auch kein willkürliches und zufälliges, sondern ein durch die natürlichen Bedürfnisse des Menschen nothwendig gewordenes Werk. Die *Erziehung* muss, ihm zu Folge, eine grosse Rolle dabei spielen; dennoch aber untersucht er niemals deren Wesen. Eben so wenig thut dies Smith; dessen Theorie der Sympathie in Verbindung mit dem Vergeltungstriebe die werthvollsten Erkenntnisse lieferte, deren die Nachhumische Ethik Englands sich rühmen kann. Weder Shaftesbury also noch Butler noch Hutcheson noch Hume noch Smith hatten Wesen und Wirkungen der moralischen Erziehung untersucht, und Locke, obgleich er Alles aus ihr machte, wenigstens nicht in einer *tieferen, philosophischen* Weise.

Den eigenthümlichen Charakter des „moralischen Vermögens," des „Gewissens" oder „Moralsinns," hatte Butler am richtigsten geschildert, an eine Erklärung desselben aber nicht im entferntesten gedacht, so wenig wie Shaftesbury und Hutcheson. Und da es eine Hauptmaxime der wissenschaftlichen Forschung ist, deren Wichtigkeit freilich nur zu oft unterschätzt wird: dass allem *Erklären* einer Erscheinung, allem Zurückführen derselben auf allgemeinere und einfachere Elemente *die genaue und alle Seiten berücksichtigende Constatirung des zu erklärenden Thatbestandes* VORANGEHEN MUSS, indem man doch zunächst erst bestimmt *wissen* muss, *was* zu „erklären" ist: so war dieses Absehen von einer Erklärung des *Gewissens* zunächst ganz in der Ordnung. Auch wäre es mehr als unbillig, wenn man von *einem* Moralisten gleich Alles verlangen wollte; genug, wenn er die Wissenschaft in einigen Puncten positiv gefördert hat. Das Gewissen war für Butler die unmittelbare Stimme Gottes in uns; aber er warf auch nicht einmal die so wichtige (von Hutcheson so wohl beantwortete) Frage auf, *was* denn das für Handlungen sind, welche das *Gewissen* uns zu thun vorschreibt — m. a. W. ob denn die *moralischen* Handlungen durch gar nichts weiteres gekennzeichnet sind, als dass sie eben durch ein Gefühl, um nicht zu sagen einen Instinct in uns gefordert werden, der uns antreibt, *dies* und *das* zu thun, ohne dass wir weiter sagen könnten, *warum* denn dieses — kurz, ohne dass wir den *Zweck* dieses Vermögens irgendwie zu erkennen vermöchten. „Wenn wir uns der alten Analogie der Uhr bedienen dürfen," bemerkt Stephen,[1] „so meint Butler, dass der Zeiger des Gewissens stets auf die Pflicht weise, und dass seine Dictate sich selbst rechtfertigen. Hutcheson sagt, dass, vermöge einer prästabilirten Harmonie, der Zeiger des Moralsinns auf die Handlungen hinweise, welche das grösste Glück erzeugen. Smith bemüht sich, die Uhr in ihre Theile zu zerlegen und den Mechanismus zu beschreiben, durch den dieses Resultat herbeigeführt wird." Hume, sahen wir, hatte den allereinfachsten Mechanismus angenommen, indem er jene prästabilirte Harmonie zu einem Verhältniss von Ursache und Wirkung, oder, um im Bilde zu bleiben, indem er den Zeiger sehend und erkennend und sympathisch-wohlwollend machte und jedes weiteren Mechanismus entrathen zu können meinte.

Weder Hume's noch Smith's Erklärung der Operationen des Gewissens, überzeugten wir uns, bewies sich als genug-

---

[1] LESLIE STEPHEN, *History of English Thought in the Eighteenth Century*. London, 1876. *Vol. II. p. 78.*

thuend. Einer ihrer Zeitgenossen aber hatte inzwischen jenes eine Element, dessen die Wissenschaft zur Erklärung der in Rede stehenden Phänomene noch bedurfte, in seiner Moralpsychologie, sogar mit einseitiger Ausschliesslichkeit, zur Geltung gebracht. Dieser Mann ist DAVID HARTLEY,[1] dessen *„Beobachtungen über den Menschen"*[2] 1749 erschienen; und das Princip, auf das er alle Phänomene des Geistes zurückführen will, ist das *„Gesetz der* ASSOCIATION." Allerdings hatte dieses Princip schon bei Hobbes und Locke (von dem dieser technische Ausdruck stammt) und mehr noch bei Hume eine grosse Rolle gespielt; aber auch der letztere hatte dessen Wirksamkeit nur auf dem Gebiete des *Intellectuellen* oder, um in seiner Sprache zu reden, in der Sphäre der *„Ideen,"* des *„Verstandes"* genauer untersucht; hinsichtlich des *emotionalen* Lebens oder der Sphäre der *„Leidenschaften"* hatte er sich jedoch nur auf einige Andeutungen beschränkt. In unserm Gedächtniss, erklärt Hume,[3] „ist eine Art *Attraction*, die, wie man finden wird, in der geistigen Welt eben so ausserordentliche Wirkungen hat wie in der physischen und sich in eben so vielen und so verschiedenen Formen zeigt." Auch Hartley, der von seinem Vorgänger keine Kunde gehabt zu haben scheint, vergleicht die *Association* mit der *Gravitation;* was ihn aber vor diesem und den früheren und auch vor Condillac auszeichnet, ist der Umstand, dass er die Wirksamkeit derselben auch auf dem Gebiete der *Gefühle,* der *Leidenschaften,* der *Neigungen* eingehend untersucht; obwohl er beide Sphären nicht genügend unterscheidet. Die *Associationen* lassen sich, ihm zu Folge, auf das einfache Gesetz zurückführen, dass Vorstellungen und Gefühle, die gleichzeitig im Geiste erscheinen, eine Tendenz einander hervorzurufen erlangen, welche mit der Häufigkeit ihres gleichzeitigen Erscheinens in directer Proportion steht.

Durch dieses Princip der *Association* sucht Hartley nun auch das *uninteressirte Wohlwollen* und den *Moral Sense,* welche er als eigenthümliche und von den anderen sehr wohl zu

---

[1] 1705—1757.
[2] *Observations on Man, his Frame, his Duty, and his Expectations. In two parts. London, 1749.*
[3] *Treatise of Human Nature. Book I. part I. sect. 4. Of the connexion or association of ideas.*

unterscheidende Gemüthszustände anerkannt, als das Entwicklungsproduct einfacherer und ursprünglich selbstischer Empfindungen zu erklären; er sucht so gleichzeitig die *Existenz* uninteressirter Gefühle als auch die Art ihrer allmählichen *Entstehung* nachzuweisen. Die verschiedenen einfachen Empfindungselemente, lehrt er, können so unter einander vermischt werden und so verschmelzen, dass daraus ein ganz neues Gefühl entsteht, das allmählich sogar von seiner Wurzel völlig unabhängig und mächtiger als diese werden kann. So entsteht z. B. die Liebe zum Gelde; welche Erscheinung schon Hutcheson zur Erläuterung seiner verwandten Lehre von den „*secundären*" Neigungen benutzt hatte, und die allerdings wohl Wenige als ein *ursprüngliches* Princip der Menschennatur ansehen werden. Aehnlich nun wie den *Geiz* und andere s. z. s. *künstliche* Leidenschaften, bei denen, da der Process ihrer Erzeugung in das selbstbewusste Alter fällt, man an ihrer *abgeleiteten* und gänzlich *secundären* Natur nicht zweifeln kann, — ähnlich will Hartley auch das Wohlwollen und die andern socialen Affecte erklären: „Wie der Geizige das Geld um seiner selbst willen liebt, so kann sich der Wohlwollende über das Wohl seiner Mitmenschen freuen. Sein guter Wille wird so uninteressirt, als ob er dem Menschen ursprünglich eingepflanzt wäre."

So versucht Hartley[1] „die Deduction aller unsrer moralischen Urtheile des Billigens und Missbilligens aus *Association*. Einige Associationen sind schon so früh gemacht, so oft wiederholt, so fest verkettet und haben eine so enge Verbindung mit der gewöhnlichen Natur des Menschen und den Ereignissen des Lebens, die Alle treffen, dass sie, in populärer Redeweise, die Benennung als ursprüngliche und natürliche Dispositionen beanspruchen und wie Instincte erscheinen, wenn man sie mit offenbar künstlichen Dispositionen vergleicht, auch wie Axiome und intuitive Sätze, ewig wahr nach der üblichen Phrase, wenn man sie mit dem moralischen Raisonnement einer verwickelteren Art vergleicht. Aber ich habe zu zeigen versucht (fügt er hinzu), dass alles Raisonnement so wohl als alle Gemüthsbewegung das blosse Resultat der *Association* ist." „Wir können bemerken (erklärt er), dass alle Lust- und Leidgefühle der

---

[1] *Observations on Man.* London, *1749, Part I. propos. 91. p. 499.*

sinnlichen Empfindung, der Einbildungskraft, des Ehrgeizes, des Selbstinteresses, der Sympathie und der Gottesliebe, so weit sie mit einander, mit der Verfassung unsrer Natur und mit dem Laufe der Welt in Uebereinstimmung sind, in uns einen Moralsinn erzeugen und uns zur Liebe und Billigung der Tugend und zu Furcht, Hass und Abscheu vor dem Laster leiten. Dieser Moralsinn führt daher seine eigene Autorität mit sich, insofern er die Totalsumme alles Uebrigen und das letzte Resultat aus ihnen ist und die Kraft und Autorität der ganzen Natur des Menschen gegen einen Theil derselben aufbietet, der gegen die Bestimmungen und Befehle des Gewissens oder moralischen Urtheils rebellirt."[1] — Zu dieser Bildung des moralischen Urtheils trägt auch die Erziehung in hohem Maasse bei, sowohl die der Kinder in der Familie, durch Eltern oder Pfleger, als auch die der Erwachsenen im gesellschaftlichen Leben, unter der Herrschaft der Staatsgesetze und der öffentlichen Meinung.[2]

Es ist nicht zu bezweifeln, dass Hartley die Bedeutung und die Wirkungssphäre der *Associationen* weit überschätzt hat, und dass er in seiner *Simplificirung* des menschlichen Geistes viel zu weit gegangen ist, indem er Triebe und Leidenschaften als abgeleitet darstellt, welche sich als ursprünglich und nicht weiter zerlegbar erweisen. Aber sehr richtig sagt Mackintosh, dass „der Werth dieser Lehre nicht wesentlich beeinträchtigt wird, wenn man eine grössere Anzahl ursprünglicher Principien annimmt, als Hartley that. Das Princip der Association passt ebenso gut auf eine grössere wie auf eine kleinere Anzahl. Es ist eine, dieser mit allen Theorien gemeinsame Bestimmung, dass, je mehr Einfachheit sich, in Uebereinstimmung mit der

---

[1] *And thus we may perceive, that all the pleasures and pains of sensation, imagination, ambition, self-interest, sympathy, and theopathy, as far as they are consistent with one another, with the frame of our natures, and with the course of the world, beget in us the* MORAL SENSE, *and lead us to the love and approbation of virtue, and to the fear, hatred, and abhorrence of vice. This Moral Sense therefore carries its own authority with it, in as much as it is the* SUM TOTAL *of all the rest, and the ultimate result from them; and employs the force and authority of the whole nature of man against any particular part of it, that rebels against the determinations and commands of the conscience or moral judgment.*

[2] *Vgl. Vol. I. p. 494.*

Wahrheit, erreichen lässt, sie desto vollkommener wird. Ursachen sind nicht ohne Noth zu vervielfältigen. Wenn durch eine erhebliche Vermehrung ursprünglicher Begierden das Gesetz der Association auch fast bis auf das Niveau eines Hülfsagens herabsinken sollte, so würde die Philosophie der menschlichen Natur dennoch dem Philosophen beständig verpflichtet bleiben, der durch seinen glücklichen Irrthum die Wichtigkeit jenes grossen Princips klar und augenscheinlich machte."

Was nun Sir JAMES MACKINTOSH[1] selbst anbetrifft, der sich Hartley, neben Shaftesbury und Butler, am meisten anschloss, und dessen Theorie des Gewissens es sich daher gleich an dieser Stelle anzuführen empfiehlt; so stellt er das *Gewissen* als ein „*erworbenes*, aber *allgemein* und *nothwendig* erworbenes Vermögen" dar.[2] „Dankbarkeit, Mitleid, Ahndungstrieb und Scham (erklärt er) scheinen die einfachsten, wirksamsten und gleichförmigsten Elemente in dessen Composition zu sein.[3]" „Im Geiste ist es eben so gewöhnlich wie bei der Materie, dass eine Verbindung Eigenschaften hat, die in keinem der dieselbe constituirenden Elemente zu finden sind. Die Wahrheit dieses Satzes ist eben so gewiss bei den menschlichen Gefühlen wie bei irgend einer materiellen Combination. Es ist daher leicht zu begreifen, dass ursprünglich verschiedene Gefühle durch einen in jedem Geiste vor sich gehenden Process so vollkommen untereinander vermischt werden, dass sie sich nicht mehr von einander trennen lassen, sondern stets zusammenwirken müssen. Das Gefühl des *moralischen Billigens*, das aus vorhergehenden Affecten gebildet ist, kann so völlig unabhängig von ihnen werden, dass wir uns der Art und Weise, in der es gebildet wurde, nicht mehr bewusst sind und den Process, durch den es entstand, in der Praxis nicht wiederholen, wohl aber in der Theorie uns vorstellen können. In diesem reifen und gesunden Zustande unsrer Natur werden unsre Gemüthsbewegungen beim Anblick

---

[1] 1765—1832. — Seine Moraldoctrin ist in der mehrerwähnten *Dissertation on the Progress of Ethical Philosophy* enthalten, welche ursprünglich für die *Encyclopaedia Britannica* verfasst war und 1832 in dieser veröffentlicht wurde, 1836 aber von W. Whewell in einer Separatausgabe edirt wurde. Die Citate sind nach der 4. Aufl. *Edinburgh, 1872.*

[2] S. 170 u. ö.

[3] S. 166 u. ö.

des *Rechten* und *Unrechten* dem *Gewissen* zugeschrieben." *Ein Vermögen entsteht aus jenen Elementen*, weil alle diese Gefühle darin übereinstimmen, dass sie (nicht äussere Objecte sondern) ausschliesslich *geistige Dispositionen* und *Willenshandlungen* betrachten. „Die Dankbarkeit, Sympathie, Rachempfindung und Scham, welche die hauptsächlichsten constituirenden Elemente des *Moral Sense* sind, verlieren so ihre gesonderte Wirksamkeit und constituiren ein gänzlich neues Vermögen, coextensiv mit allen Dispositionen und Handlungen wollender Wesen." Ausserdem tragen zur Bildung des Moralgefühls noch *secundäre* und *auxiliare* Ursachen bei, wie *Erziehung, Nachahmung, öffentliche Meinung, Gesetze* (welche die dauernde Erklärung der moralischen *Indignation* vieler Generationen von Menschen sind) und *Regierung*: Aber diese „setzen sämmtlich das moralische Vermögen voraus: in einem fortgeschrittenen Zustande der Gesellschaft tragen sie mächtig zu seiner Kräftigung bei, und bei einigen Gelegenheiten schwächen, verkehren und verderben sie es; in allen Fällen aber müssen sie selbst am Prüfstein eines ethischen Kriteriums versucht werden."[1] Die moralische Billigung involvirt, ihm zu Folge, keine *Perception* einer wohlthätigen Tendenz, wie Hume wollte; dennoch *coincidirt* auch nach Mackintosh die Stimme des (normalen) Gewissens mit jener Bestimmung: man handelt dem wahren allgemeinen Wohle gemäss, wenn man die Dictate des (normalen) Gewissens befolgt: das eine kann als Prüfstein des andern dienen. Diese Coincidenz hat darin ihren Grund, dass jedes der *Elemente*, aus denen das Gewissen componirt ist, *einen Theil der Glückseligkeit zu seinem Gegenstande hat. Zu diesem Puncte hin convergiren sie alle*:[2] Die socialen Affecte befördern das allgemeine Wohl; die feindlichen Affecte des Resentment, als „Diener der Moral," beseitigen die Hindernisse, die sich diesem entgegenstellen; die selbstischen Affecte beziehen sich auf das Eigenwohl. Mit Butler erklärt auch Mackintosh, dass „das Gewissen sogar den socialen Affecten gegenüber eine rechtmässige Autorität ausübe, und dass es in diese selbst eingehen und mit ihnen verschmelzen sollte."[3] —

---
[1] S. 168 ff.
[2] S. 263 f.
[3] S. 260.

In dieser oder ähnlicher Weise suchte auch die spätere englische Moralpsychologie die Entstehung des Gewissens oder moralischen Vermögens (für dessen *abgeleitete* Natur die zwingendsten Gründe zu sprechen schienen) zu erklären; wobei sie aber, und mit Recht, auf die Bedeutung der „*Erziehung unter Autorität*" für die Bildung des *imperativen* Charakters des Gewissens grösseres Gewicht legte, als Mackintosh. —

Noch einen von den Männern, welche im vorigen Jahrhundert die Humische Lehre fortbildeten und ergänzten, haben wir zu erwähnen: den grössten Juristen der neueren Zeit, JEREMY BENTHAM.[1] „Bei der Uebersicht seiner Leistungen," sagt I. H. Fichte,[2] „kann man sich der Ehrfurcht und Bewunderung nicht erwehren;" und es werden wohl nur Wenige unter den Kennern Bentham's sein, die sich diesem Urtheil nicht anschliessen. Allerdings aber liegen diese erstaunlichen Leistungen im wesentlichen auf dem Gebiete der Jurisprudenz und Legislation; und auch das einzige moralphilosophische Werk, das er selbst veröffentlicht hat, die „*Einleitung in die Principien der Moral und Gesetzgebung,*"[3] ist doch mehr eine „Logik der Gesetzgebung," mehr eine juristische oder rechtsphilosophische, denn eine moralphilosophische Propädeutik. „Bentham's ganze Geschmacksrichtung wies ihn weit mehr auf juristische Untersuchungen hin, als auf Moralphilosophie," sagt auch sein Bewunderer J. S. Mill, dem wir das anerkannt beste

---

[1] 1748—1832.

[2] a. a. O. S. 591.

[3] *An Introduction to the Principles of Morals and Legislation*. Die erste Auflage wurde 1780 gedruckt, aber erst 1789 veröffentlicht; die neueste Ausgabe erschien Oxford, 1876. Eine deutsche Uebersetzung dieses berühmten Werkes ist, auffallender Weise, noch nicht vorhanden; sondern nur eine Uebersetzung der kurzen Bearbeitung desselben von Etienne Dumont (Jeremias Bentham's Principien der Gesetzgebung. Köln, 1833). — „Aus Bentham's Manuscripten" wurde auch eine „*Déontologie*" veröffentlicht, die aber von den bedeutendsten der Schüler Bentham's desavouirt worden ist. Dies Buch wird, wie Mill bemerkt, „kaum jemals von irgend einem Verehrer Bentham's ohne den Ausdruck des tiefsten Bedauerns über seine Veröffentlichung erwähnt ... Es ist unmöglich nachzuweisen, wie viel oder wie wenig Bentham selbst davon angehört." Mill wünschte daher auch, dass dasselbe nicht in die Gesammtausgabe von dessen Werken aufgenommen werden sollte.

Urtheil über jenen grossen Mann verdanken.[1] Er war, wie dieser ferner bemerkt, „in keiner Weise befähigt, sich als Metaphysiker auszuzeichnen; unter seinen charakteristischen Eigenschaften dürfen wir eindringende Feinheit des Geistes oder die Gabe subtiler Zergliederung nicht suchen." Dazu kommt „die Unvollständigkeit seines Geistes als eines Repräsentanten der gesammten Menschennatur: für manche der natürlichsten und stärksten Gefühle des Menschen empfand er nicht die mindeste Sympathie; von vielen der schwerwiegendsten Erfahrungen des Menschenherzens blieb er ganz abgeschnitten, und die Gabe, durch welche der Geist einen Geist verschiedener Art zu begreifen und sich in seine Gefühle hineinzuversetzen vermag, war ihm versagt, weil es ihm an Einbildungskraft fehlte." Seine Kenntniss der menschlichen Natur war daher höchst unvollkommen. „Die schlimmste Seite seiner Schriften liegt aber in seiner entschiedenen Art, Allem, was er nicht sieht, allen Wahrheiten, die er nicht kennt, die Existenz abzusprechen." „Die Gabe, von Andern Licht zu empfangen, besass Bentham nicht." „Den Menschen erkennt er nie als ein Wesen an, das fähig ist, geistige Vollkommenheit als einen Endzweck anzustreben . . . Selbst in der begrenzten Form des Gewissens entgeht diese grosse Thatsache in der menschlichen Natur seiner Wahrnehmung. Es ist höchst merkwürdig, dass er in allen seinen Schriften die Existenz eines Gewissens, das von Philanthropie, von Liebe zu Gott und den Menschen und von persönlichem Interesse in dieser oder jener Welt verschieden ist, nirgends anerkennt . . . Dass es ein Gefühl moralischer Billigung oder Missbilligung im eigentlichen Sinne giebt, deren Gegenstand wir selbst oder unsere Mitmenschen sind, scheint er gar nicht zu ahnen." „Der Mensch, dieses zusammengesetzteste aller Wesen, erscheint in seinen Augen ausserordentlich einfach." „Etwa die Hälfte aller geistigen Eigenschaften, deren der Mensch fähig ist, mit Einschluss aller derer, welche sich unmittelbar auf Zustände des eigenen Geistes beziehen, übersieht er gänzlich."

Es ist offenbar, dass ein derartig individualisirter Geist

---

[1] In seinem Artikel „Bentham" in der Westminster Review von 1838; in der Uebersetzung seiner „Gesammelten Werke" im X. Bd. SS. 130—186. Wir citiren nach dieser Uebersetzung.

nicht im Stande sein konnte, die *Moralphilosophie* (im engeren Sinne, als unterschieden von der *Rechtsphilosophie*) inhaltlich wesentlich zu fördern. Bentham übernahm das sogenannte „*Nützlichkeitsprincip*" (*the principle of utility*), das er später tactvoll „*Princip des grössten Glücks*" (*the greatest happiness principle*) nannte, von Hume und Helvetius;[1] denen er, wie er selbst erklärte,[2] mehr verdankte, als den Juristen. Aber in der Anwendung und Auslegung dieses Princips auf dem Gebiete der Moral war er keineswegs glücklich. Sein „Radical-Irrthum" ist (wie nicht nur Mackintosh[3] sondern auch Mill[4] bemerkt hat) die Bestimmung, dass Jeder auch in allem Detail der Moral beständig auf dieses Princip zu recurriren habe: während doch in den meisten Fällen allein die Beziehung auf allgemeine Regeln und secundäre Zwecke praktisch ausführbar und „*nützlich*" ist. Aber ein noch grösserer Fehler der Bentham'schen Theorie ist ihre zu niedrige Fassung des Begriffs der Glückseligkeit, ihre Missachtung der höheren geistigen, der eigentlich menschlichen Genüsse: der reinen Freude an künstlerischer und wissenschaftlicher Thätigkeit und vor allem des moralisch befriedigten Bewusstseins. Auf „sichtbare und greifbare", sinnliche Objecte legt sie das grösste Gewicht, nicht auf die wirklich bedeutendsten. Dieser epikureisirenden Behandlung des *Princips des grössten Glücks* von Bentham und den orthodoxen „Benthamiten" ist das Vorurtheil, das noch immer viele treffliche Männer gegen dieses Princip hegen, nicht zum kleinsten Theile zuzuschreiben. — Endlich behandelte Bentham, „der nur mit der Absicht, ein Jurist zu werden, Moralist war," die Moral „*zu juridisch*". Dieser Vorwurf Mackintosh's ist in der That nur zu sehr gerechtfertigt; und nur zu viele englische Ethiker sind dem Beispiel des grossen Juristen gefolgt.

Von positivem Werth sind zunächst, in materieller Hinsicht,

---

[1] In seinem, 1759 erschienenen Hauptwerke, *De l'Esprit*, hatte Helvetius David Hume sehr oft citirt: die Censur strich aber, wie er demselben in einem Briefe mittheilte, die meisten dieser Stellen. (Vgl. Burton, *Life and Correspondence of David Hume*.) In der That hat Helvetius das Beste in seinen Morallehren von dem genialen Schotten.

[2] Vgl. Bentham's Principien der Gesetzgebung. Köln, 1833. S. XXXIII.

[3] a. a. O. S. 193.

[4] a. a. O. S. 188.

seine Beweisgründe für das „Utilitätsprincip" und sein scharfsinniger und witziger Nachweis, wie ungeeignet als *Principien* der Moral alle Berufungen auf *Gefühle* irgendwelcher Art oder auf unbestimmte *Phrasen* sind; dass vielmehr dergleichen statt eines Princips in Wahrheit die Negation jedes Princips ist.[1] Dabei ist aber zu bemerken, dass Bentham zwei ganz verschiedene Fragen beständig verwechselt: die Frage nach dem objectiven „*Kriterium*" der moralischen Handlungen (dem „*Princip* der Moral") und die nach der, solche Handlungen billigenden und erzeugenden, subjectiven Quelle, dem „*Vermögen*" (oder „*Fundament* der Moral"); und dass er Ethiker, welche die Wichtigkeit dieses *Fundaments* der Moral geltend machen, mit Unrecht als Gegner des *Princips des grössten Glücks* darstellt, wie z. B. Hutcheson. Gegner desselben werden sie nur dann, wenn sie das *moralische Gefühl*, das „*Fundament*" an Stelle des „*Princips*" oder *Kriteriums* setzen und sich also z. B. bei Streitfragen der *Gesetzgebung* auf *subjective Gefühle* und *Meinungen*, anstatt auf *objective Folgen* berufen wollen.

Von seinen verschiedenen, auch für die Moralphilosophie wichtigen Einzeluntersuchungen mag hier nur auf zwei Hauptstücke besonders hingewiesen werden: auf seine „Tafel der Triebfedern des Handelns"[2] sowie seinen Catalog der Lust- und Leidempfindungen und der Motive des Menschen,[3] und auf seine Unterscheidung der directen oder primären und indirecten oder secundären schlimmen Folgen eines Verbrechens, der Folgen erster, zweiter und dritter Ordnung:[4] „1. Das Uebel, welches den leidenden Theil und die ihm nahestehenden Personen trifft; 2. die Gefahr des Beispiels, und die Beunruhigung oder das peinliche Gefühl der Unsicherheit; 3. die Nachtheile, welche der Industrie und andern nützlichen Beschäftigungen aus der Beunruhigung erwachsen, und die Mühe und Kosten, welche aufgewendet werden müssen, um die Gefahr abzuwenden." —

---

[1] *Introduction.* chap. 2. sect. 14. Diese Stelle citirt auch Mill, Ges. Werke X. Bd. S. 146 ff.

[2] *A Table of the Springs of Action.* (*The Works of Jeremy Bentham.* Vol. I. pp. 195—219.)

[3] *Introduction to the Principles of Morals and Legislation.* Chapters V. u. VI.

[4] *Introduction. Chap. XII.*

Endlich ist noch zu erwähnen, dass Bentham das Verdienst hat, der Erste zu sein, der die Interessen der Thiere in der Moralwissenschaft zur Geltung brachte.

Weit belehrender aber noch als in materieller Hinsicht ist Bentham durch die Form und Methode seiner Untersuchungen. Zwar ist es zu viel gesagt und unbillig gegen die früheren Ethiker, wenn Mill[1] behauptet, „dass Bentham zu erst Bestimmtheit des Denkens in die praktische Philosophie eingeführt habe," was „nichts geringeres sei, als eine Revolution in der Philosophie;" wohl aber ist seine Methode allerdings „ausgezeichnet geeignet, einem Philosophen Klarheit und Sicherheit des Denkens zu geben." Wohl Keiner ist ein abgesagterer Feind aller *Phrasen* und blosser *Schlagwörter* in Untersuchungen der Theorie wie der Praxis. Zu seiner Zeit waren, wie Mill bemerkt, „die Argumente, welche in den wichtigsten politischen und moralischen Fragen den Ausschlag geben sollten, nicht Gründe, sondern Anspielungen auf Gründe, durch das Herkommen geheiligte Ausdrucksweisen, durch die man in ganz summarischer Weise an irgend eine allgemein verbreitete Ansicht oder eine gebräuchliche Lebensregel appellirte, die richtig oder falsch sein mochte, deren Begrenzung aber kein Gegenstand einer kritischen Untersuchung gewesen war." Dass Bentham dabei in seiner Polemik oft sehr schroff und verletzend war, ist ein Fehler, der nicht seiner, den Dingen auf den Grund gehenden Methode, sondern seiner „dictatorischen" Persönlichkeit beizumessen ist. Diese Methode nun bezeichnet Mill im allgemeinen als die der „*Detailuntersuchung*: die ein Ganzes behandelt, indem sie es in seine Theile zerlegt, eine Abstraction, indem sie dieselbe in Dinge auflöst, Classen und Gesammtbegriffe, indem sie die einzelnen Individuen unterscheidet, aus denen sie bestehen, und die jede Frage erst in Stücke bricht, ehe sie dieselbe zu lösen versucht." —

JOHN STUART MILL.[2] ist unter den philosophischen Anhängern Bentham's der bedeutendste. In seinem ausgezeichneten kleinen Werke „*Utilitarianism*",[3] dem gediegensten, das über

---

[1] a. a. O. 150.
[2] 1806—1873.
[3] II. Ed. London, 1864; unter dem Titel „Das Nützlichkeitsprincip"

diesen Gegenstand existirt, bringt er die Controverse über das
„Utilitätsprincip" zu einem relativen Abschluss, indem er, alle
Einseitigkeiten Bentham's und seiner Schüler auf das tactvollste
vermeidend, dasselbe in ächt philosophischer, alle Seiten, der
Sache berücksichtigender Weise auffasst, es gegen alle Angriffe
siegreich vertheidigt und es all' den so häufigen Missverständnissen gegenüber in das rechte Licht stellt.[1] Der interessanteste
Theil dieses Werkes ist das letzte Capitel, das „über den
Connex zwischen Gerechtigkeit und Nützlichkeit"[2] handelt. Er
verbindet hier Hume's[3] und Smith's Theorien der Gerechtigkeit, die ja einander in der That auf das Glücklichste ergänzen:
indem er zwischen dem, was wir *Princip*, und dem, was wir
Fundament genannt haben, m. a. W. zwischen dem *Kriterium*
und dem *Vermögen*, scharf unterscheidet und nachweist, wie
wenig sich beide Bestimmungen in Wahrheit widersprechen, wie
nothwendig es aber ist, sie auseinander zu halten. Das *Princip*
der Gerechtigkeit, wie der Moral überhaupt, ist das allgemeine Wohl; das *Fundament* derselben ein Gefühl, das seine
Energie vom Vergeltungstriebe, von der Rache erhält, seinen
moralischen Gehalt aber der ethischen Cultur und Disciplin
verdankt, durch maassvolle Einschränkung und Regelung desselben im Sinne des allgemeinen Wohlwollens. —

Unter den Fortbildnern der Humischen Morallehre haben
wir endlich noch CHARLES DARWIN[4] zu nennen, in dessen
zweitem Hauptwerk der Darstellung der Entwicklung des *Moral
Sense* ein besonderes Capitel gewidmet ist.[5] Es wird sich um

---

im ersten Bande von Mill's „Gesammelten Werken" (Leipzig, 1869), von
Wahrmund übersetzt, enthalten.

[1] So folgt z. B. nach Mill aus dem *Princip des grössten Glücks* der
Satz, dass „*für jedes Individuum der Charakter selbst das oberste Ziel sein
sollte:*" weil ebendadurch jenes höchste allgemeinmenschliche Ziel *am sichersten*
erreicht wird. (MILL, System der deductiven und inductiven Logik. Uebers.
v. Schiel. 4. Aufl. Braunschweig, 1877. II. Thl. S. 597.)

[2] *Chap. V. of the Connexion between Justice and Utility.*

[3] Es ist merkwürdig, dass Mill Hume so selten erwähnt und meist
von ihm nur so redet, als ob er nichts als „der grösste *negative* Denker
aller Zeiten" gewesen wäre. (So bezeichnet er ihn sogar in seinem Artikel
über Bentham.)

[4] geb. 1809.

[5] *The Descent of Man, and Selection in relation to Sex. London, 1871.*
Vol. I. Chap. III. Vgl. Vol. II. Chap. XXI. p. 391 ff.

so mehr empfehlen, auf Darwin's ethische Ansichten, zum Schluss dieser Skizze, noch mit einiger Ausführlichkeit einzugehen, als zwischen seinen und Hume's Anschauungen eine nicht geringe Verwandtschaft wahrzunehmen ist.[1] Der grosse Forscher, der den Gedanken einer fortschreitenden Entwicklung alles Lebendigen auf unserm Planeten in den Mittelpunct des naturwissenschaftlichen Interesses der Gegenwart gerückt hat, räumt unumwunden ein:[2] „Es könne kein Zweifel darüber sein, dass der Unterschied zwischen dem Geiste des niedrigsten Menschen und dem des höchsten Thieres ein *unermesslicher* ist (*immense*)" — eine Wahrheit, deren Erkenntniss vielen „Darwinianern" abhanden gekommen zu sein scheint.[3] Und er erklärt sich mit dem Urtheile derer völlig einverstanden,[4] „welche behaupten, dass von allen den Unterschieden zwischen dem Menschen und den niederen Thieren der Moralsinn oder das Gewissen bei weitem der wichtigste ist." Dennoch, glaubt er, könne man sich von der allmählichen Entwicklung des menschlichen Geistes und seines moralischen Vermögens aus den untermenschlichen Stufen des psychischen Lebens recht wohl eine Vorstellung machen.

„Der folgende Satz," erklärt er,[5] „scheint mir in hohem Grade wahrscheinlich — nämlich: dass ein jedes Thier mit wohl ausgeprägten socialen Instincten unfehlbar einen Moralsinn oder ein Gewissen erwerben würde, sobald seine intellectuellen Vermögen eben so hoch, oder fast eben so hoch, wie im Menschen entwickelt sein würden. Denn, *erstens*, die socialen Instincte führen ein Thier dahin, an der Gesellschaft von seines Gleichen Lust zu empfinden, einen gewissen Grad von Sympathie mit ihnen zu fühlen und ihnen mannichfache Dienste

---

[1] Darwin beruft sich auch einmal ausdrücklich auf Hume's *Inquiry concerning the Principles of Morals*. (*Descent*. Vol. I. chap. 3. p. 85. note 19.)
[2] *Vol. I. p. 104.*
[3] Obwohl doch selbst LA METTRIE in seiner, das Wort Molière's, *Les bêtes ne sont pas si bêtes que l'on pense*, als Motto führenden, originellen kleinen Schrift, *Les animaux plus que machines*, erklärt: *Il est bon d'humilier de temps en temps la fierté et l'orgueil de l'homme; mais il ne faut pas que ce soit au préjudice de la vérité.* (*Oeuvres philosophiques de M. de LA METTRIE. Nouv. éd. Berlin, 1775. Tome II. p. 27.*)
[4] *Vol. I. p. 70.*
[5] *Vol. I. p. 71 ff.*

zu leisten. Die Dienste können von einer ganz bestimmten und augenscheinlich instinctiven Natur sein; oder es kann nur ein Wunsch und eine Bereitwilligkeit vorhanden sein, ihren Genossen in gewissen allgemeinen Rücksichten beizustehn. Aber diese Gefühle und diese Dienste erstrecken sich keineswegs auf alle Individuen derselben Gattung,[1] sondern nur auf die derselben Gesellschaft (*association*). *Zweitens*, sobald sich die geistigen Eigenschaften hoch entwickelt haben, würden Bilder aller vergangenen Handlungen und Motive beständig durch das Gehirn jedes Individuums ziehen; und jenes Gefühl der Unzufriedenheit, welches, wie wir hernach sehen werden, aus jedem unbefriedigten Instinct stets erfolgt, würde entstehen, so oft bemerkt werden würde, dass die dauernden (*enduring*) und stets gegenwärtigen socialen Instincte einem andern Instinct gewichen wären, der zur Zeit stärker, aber weder seiner Natur nach dauernd ist, noch einen sehr lebhaften Eindruck zurücklässt. Es ist klar, dass manche instinctiven Begierden, wie die des Hungers, ihrer Natur nach von kurzer Dauer sind und, wenn befriedigt, nicht leicht und nicht lebhaft zurückgerufen werden können." Dazu würde, *drittens*, sobald das Sprachvermögen erworben worden, noch der Einfluss des Willens der Gesammtheit kommen; und, *endlich*, würde die Macht der Gewohnheit sich geltend machen.

„Jenes Gefühl der Lust an der Gesellschaft ist wahrscheinlich eine Erweiterung und Ausbreitung der Eltern- oder Kindesliebe; und diese Ausbreitung kann man zum grössten Theile der Natur-Auswahl beimessen, aber zum Theil vielleicht auch der blossen Gewohnheit.[2] Denn bei denjenigen Thieren, die von dem Leben in enger Gesellschaft Vortheile hatten, würden die Individuen, welche die grösste Lust an der Gesellschaft empfänden, verschiedenen Gefahren am besten entgehen; während diejenigen, die sich um ihre Genossen am wenigsten kümmerten und einsam lebten, in grösserer Anzahl umkommen

---

[1] Auch der ausgezeichnete Thierkenner LEROY ist ganz dieser Ansicht. Vgl. seine *Lettres philosophiques sur l'intelligence et la perfectibilité des animaux*.

[2] *The feeling of pleasure from society is probably an extension of the parental or filial affections; and this extension may be in chief part attributed to natural selection, but perhaps in part to mere habit.*

würden. Hinsichtlich des Ursprungs der Eltern- und Kindesliebe, die den socialen Neigungen offenbar zu Grunde liegen, ist jede Speculation hoffnungslos; aber wir können schliessen, dass sie in grossem Maasse durch natürliche Auswahl gewonnen worden sind[1] .... Der hochwichtige Affect der Sympathie ist von dem der Liebe verschieden. Eine Mutter kann ihr schlafendes und rein passives Kind leidenschaftlich lieben, aber man kann dann schwerlich sagen, dass sie Sympathie mit ihm fühlt. Die Liebe eines Menschen für seinen Hund ist von der Sympathie verschieden und eben so die eines Hundes für seinen Herrn .... Sympathie scheint nun ein Instinct geworden zu sein, der sich besonders gegen geliebte Gegenstände richtet, in gleicher Weise wie sich bei den Thieren die Furcht gegen bestimmte Feinde richtet .... Wenn, wie es der Fall zu sein scheint, die Sympathie ein eigentlicher Instinct ist, so würde ihre Ausübung *(exercise)* direct Lust gewähren, eben so wie die Ausübung fast jedes anderen Instincts .... Obwohl der Mensch, wie er jetzt existirt, wenige specielle Instincte hat, indem manche, welche seine früheren Vorfahren besessen haben mögen, verloren worden; so ist dies doch kein Grund, weswegen er nicht aus einer sehr frühen Periode einigen Grad instinctiver Liebe und Sympathie für seines Gleichen behalten haben sollte .... Da der Mensch ein geselliges Wesen ist, so ist es auch wahrscheinlich, dass er eine Tendenz erben würde, seinen Kameraden

---

[1] *With respect to the parental and filial affections, which apparently ly at the basis of the social affections, it is hopeless to speculate; but we may infer that they have been to a large extent gained through natural selection.* Diese „natürliche Selection" oder *Auswahl* („natürliche Zuchtwahl," wie meist, unästhetisch genug, übersetzt wird), d. h. die Auswahl, welche durch die *blinden* Naturmächte unter den Individuen getroffen wird, indem diejenigen unter ihnen, welche *zufällig* die nützlichsten *Abänderungen* erhalten haben, dem *Kampfe um's Dasein* am meisten gewachsen sind und daher die meisten *Chancen* haben, lange zu leben und sich *fortzupflanzen*, in welchem Falle dann ihre nützlichen Abänderungen auf ihre Nachkommenschaft übergehen können, und auf welche Weise dann, durch Summation oder Accumulation der *Vererbungen*, allmählich die wichtigsten Organe gewonnen werden können: — dieses (wahrscheinlich bloss *auxiliare* und nur als *Regulator* der Entwicklung dienende) Princip nimmt Darwin (was wohl allein die orthodoxesten „Darwinianer" werden bezweifeln können) nur allzu stark in Anspruch; wie sich auch bei diesem Gegenstande klar zeigt.

treu zu sein; denn diese Eigenschaft ist den meisten socialen Thieren gemeinsam . . . . Instinctive Sympathie würde ihn auch die Billigung seiner Mitmenschen höchlich schätzen machen; denn, wie Bain klar gezeigt hat, die Liebe des Lobes und das starke Gefühl des Ruhms und der noch stärkere Abscheu vor Schmach und Schande sind den Wirkungen der Sympathie beizumessen."

„Wir haben aber den Hauptpunct, den Angelpunct der ganzen Frage des Moralsinns noch nicht erwogen. Warum wird ein Mensch denn fühlen, dass er dem *einen* instinctiven Verlangen mehr als einem andern gehorchen *sollte?*" Der Grund ist dieser: „Wegen der Thätigkeit seiner Geistesvermögen kann der Mensch die *Reflexion* nicht vermeiden: vergangene Eindrücke und Abbilder ziehen beständig mit Deutlichkeit durch seinen Geist. Nun sind bei den Wesen, welche stets in einer Gesammtheit leben, die socialen Instincte stets beharrlich gegenwärtig . . . So auch bei uns. Ein Mensch, der keine Spur von socialen Gefühlen besässe, wäre ein unnatürliches Monstrum . . . . Da also ein Mensch nicht verhindern kann, dass fortgesetzt alte Eindrücke *(old impressions)* wieder durch seinen Geist ziehen; so wird er gezwungen sein, die *schwächeren* Eindrücke z. B. des *vergangenen* Hungers oder der auf Kosten anderer Menschen *befriedigten* Rache oder *vermiedenen* Gefahr mit dem Instinct der Sympathie und des Wohlwollens für seine Mitmenschen zu vergleichen, welcher *beständig gegenwärtig* und *stets* in einigem Grade in seinem Geiste *wirksam* ist. Er wird in seiner Einbildung dann fühlen, dass ein *stärkerer* Instinct einem solchen gewichen sei, der nun im Vergleich *schwach erscheint;*[1] und dann wird unvermeidlich jene Empfindung der Unzufriedenheit gefühlt werden, mit der der Mensch, wie jedes andere Wesen, ausgestattet ist, damit seinen Instincten gehorcht werde." Durch den zur Zeit stärksten Impuls determinirt, wird der Mensch oft „seine eigenen Begierden auf Unkosten Anderer befriedigen. Aber nach ihrer Befriedigung, wenn die vergangenen und schwachen Impressionen mit den stets beharrenden socialen Instincten contrastiren,

---

[1] Eine *active impression* kämpft jetzt gegen eine *schwache* oder *faint idea*, nach Hume's Terminologie.

wird sicherlich die Vergeltung kommen *(retribution will surely come)*. Der Mensch wird dann Unzufriedenheit mit sich fühlen und, mit mehr oder minder Kraft, den Entschluss fassen, in Zukunft anders zu handeln. Dies ist das *Gewissen;* denn das Gewissen blickt rückwärts und beurtheilt vergangene Handlungen, indem es jene Art von Unzufriedenheit hervorruft, welche wir, wenn sie schwächer ist, Bedauern und Reue, wenn sie stärker ist, Gewissensbiss nennen. Diese Empfindungen sind ohne Zweifel *verschieden* von denen, die man fühlt, wenn andre Instincte oder Begierden unbefriedigt gelassen werden; aber *jeder* unbefriedigte Instinct hat sein *eigenes* antreibendes Gefühl *(prompting sensation)*, wie wir bei Hunger, Durst u. s. w. anerkennen . . . . Das gebieterische Wort *sollte* scheint bloss das Bewusstsein der Existenz eines *beharrlichen* — angeborenen oder zum Theil erworbenen — *Instincts (persistent instinct)* zu impliciren, der dem Menschen als Führer dient, obwohl den Ungehorsam nicht ausschliessend."

„Diese Ansicht über den ersten Ursprung und die Natur des Moralsinns, der uns sagt, was wir thun sollen, und des Gewissens, das uns tadelt, wenn wir ihm nicht gehorchen, stimmt sehr wohl mit dem überein, was wir von der frühen und unentwickelten Beschaffenheit dieses Vermögens in der Menschheit sehen. Die Tugenden, welche auch von rohen Menschen, wenigstens durchschnittlich, geübt werden müssen, damit sie sich überhaupt zu einer Gesellschaft vereinigen können, sind diejenigen, welche wir noch jetzt als die wichtigsten anerkennen. Aber sie werden fast ausschliesslich nur in Beziehung auf die Menschen desselben Stammes ausgeübt; und ihr Gegentheil wird in Beziehung auf die Menschen andrer Stämme nicht als Verbrechen betrachtet. Kein Stamm könnte zusammenhalten, wenn Mord, Raub, Verrath u. s. w. allgemein wären; folglich werden solche Verbrechen innerhalb der Grenzen desselben Stammes ‚durch ewige Schande gebrandmarkt'; erregen aber jenseits dieser Grenzen keine solchen Gefühle. Ein nordamerikanischer Indianer ist sehr mit sich zufrieden und wird auch von andern geehrt, wenn er einen Mann eines andern Stammes scalpirt; und ein Dyak schneidet einer ganz harmlosen Person den Kopf ab und trocknet ihn als Trophäe. Kindermord hat im höchsten Grade in der Welt vorgeherrscht und keinen Tadel gefunden;

aber die Tödtung von, besonders weiblichen, Kindern ist als wohlthätig oder wenigstens nicht als schädlich für den Stamm angesehen worden .... In einem rohen Zustande der Civilisation ist die Beraubung von Fremden allgemein für ehrenvoll gehalten worden. Die grosse Sünde der Sclaverei ist fast allgemein gewesen .... Viele Beispiele liessen sich anführen von der edeln Treue der Wilden gegen einander: aber nicht gegen Fremde .... Die Handlungen werden von den Wilden, und wurden wahrscheinlich auch von den Urmenschen, nur in so weit als gut oder böse angesehen, als sie das Wohl des Stammes in augenscheinlicher Weise beeinflussten, — nicht das der Species, noch das des Menschen als eines individuellen Mitglieds des Stammes. Dieser Schluss stimmt recht wohl mit dem Glauben überein, dass der sogenannte Moralsinn sich ursprünglich aus den socialen Instincten herleitet, denn beide beziehen sich zu erst ausschliesslich auf die Gemeinde. Die Hauptursachen der, nach unserem Maassstab gemessen, niedrigen Moralität der Wilden sind: Erstens, die Beschränkung der Sympathie auf denselben Stamm. Zweitens, ungenügende Fähigkeit zu denken, sodass der Einfluss vieler Tugenden, besonders der das Selbst betreffenden Tugenden, auf das allgemeine Wohl des Stammes nicht erkannt wird. Die Wilden verabsäumen z. B., die vielfachen Uebel zu berücksichtigen, die aus einem Mangel an Mässigkeit, Keuschheit u. s. w. folgen. Und, drittens, schwaches Vermögen der Selbstbeherrschung; denn dies Vermögen ist noch nicht durch lange fortgesetzte, vielleicht vererbte, Gewöhnung, Lehre und Religion gekräftigt worden."
„Sympathie aber über die Grenzen der Menschengattung hinaus, d. i. Humanität gegen die niederen Thiere, scheint eine der spätesten moralischen Erwerbungen zu sein. Sie wird augenscheinlich von den Wilden nicht gefühlt, ausgenommen für ihre Lieblings-Hausthiere. Wie wenig die alten Römer von derselben wussten, zeigt sich in ihren abscheulichen Gladiatoren-Schauspielen."

Was endlich Herbert Spencer's Ansicht von der Vererbung „*moralischer Intuitionen*" anbetrifft, so bemerkt Darwin: dass in Betreff „einer grösseren oder geringeren Vererbung *tugendhafter Tendenzen* nicht die geringste inhärente Unwahrscheinlichkeit" vorauszusetzen ist; dass wir jedoch „bis jetzt schwerlich genügende

Klarheit über diesen Punct haben." „Die hauptsächlichste Quelle meines Zweifels hinsichtlich irgendwelcher derartiger Vererbungen," wie moralischer Intuitionen, fügt er hinzu, „ist der Umstand, dass sinnlose Gebräuche, Superstitionen und Geschmacksrichtungen, wie der Abscheu eines Hindu vor unreiner Nahrung, nach dem nämlichen Princip vererbt werden müssten;" ihm seien aber noch keinerlei Beweise einer solchen Vererbung vorgekommen. —

Es kann in der That keinem Zweifel unterliegen, dass, wenn man jene, die Kant-Laplacische und die Lyell'sche Theorie folgerichtig fortsetzende, durch so gewichtige *aposteriorische* sowohl als *apriorische* Instanzen, durch die bedeutsamsten morphologischen und physiologischen *Thatsachen*, durch die Thatsachen der Embryologie, der comparativen Anatomie, der geographischen Verbreitung und der Paläontologie, nicht minder aber auch durch die Nöthigungen des strengen *Denkens* begründete, „*einzig mögliche wissenschaftliche Hypothese von der Begreiflichkeit der organischen Natur*:"[1] wenn man die *Theorie der Entwicklung* anerkennt — es kann keinem Zweifel unterliegen, dass man dann den obigen Ansichten Darwin's über die Entwicklung der moralischen Anlagen und überhaupt des sittlichen Lebens der Menschheit zum grossen Theil einen hohen Grad von Wahrscheinlichkeit wird zuerkennen müssen. Besonders seine Ansicht von der allmählichen Ausbreitung der moralischen Begriffe und Gefühle von dem engen Umkreise der kleinsten, wohl meist aus Familien erwachsenen und durch Blutsverwandtschaft affectiv und sympathisch verbundenen Stammesgemeinschaft aus, in immer weitere und weitere Kreise der Menschheit, gleichen Schritt haltend mit der höheren Entwicklung der intellectuellen Fähigkeiten und des Vermögens der affectiven Theilnahme an Anderer Gemüthszuständen, wodurch dann *der moralische Maassstab der Menschen selbst allmählich ein immer höherer,*[2] *ihre sittlichen Ideale* selbst immer vollkommener werden müssten: — besonders diese Ansicht, welche mit den entsprechenden An-

---

[1] Vgl. des Vfs. Philosophische Consequenzen der Entwicklungstheorie, S. 2.

[2] *The standard of man's morality would rise higher and higher.* (*Vol. I. p. 103.*)

sichten Hume's,[1] des Historikers von anerkannt erster Grösse, so sehr übereinstimmt: besonders diese Ansicht über die geschichtliche Entwicklung des sittlichen Lebens der Menschheit wird ohne Zweifel immer allgemeinere Anerkennung finden; und gewiss wird „das Princip der Entwicklung" noch auf viele der „verwickelteren Probleme in der Natur des Menschen Licht werfen."[2] Und was jene Annahme einer *Vererbung tugendhafter* sowohl als *lasterhafter Tendenzen* anbetrifft, also einer Art von *Erbtugend* und *Erbsünde*; so müssen wir uns auch dieser Ansicht anschliessen. Gesichtszüge, Leibesbildung, Körperkraft, Krankheiten, Geistesstörungen gehen oft auf Kinder und Kindeskinder über: warum also nicht auch Willenseigenschaften? Wie will man die verschiedenen typisch ausgeprägten Nationalcharaktere anders erklären? welche typischen Charaktereigenschaften sich selbst bei Kindern offenbaren, die in andern Ländern erzogen werden. Jener Lehre von einer Vererbung specieller „moralischer Intuitionen" jedoch treten wir auch ganz mit der Vorsicht und Zurückhaltung Darwin's gegenüber; denn nur zu nahe liegt hier die Gefahr einer Ueberschätzung des „Princips der Vererbung."

Weniger gelungen aber erscheint uns seine Lehre von Natur und Ursprung des *Moralsinns* oder des *Gewissens*, das ihm zu Folge *mit den socialen Instincten principiell identisch ist*.[3] Auch das ist Hume's Lehre, und wir brauchen daher die dagegen schon angeführten Gründe[4] nicht zu wiederholen. Alle Instincte, sagt Darwin, rächen sich, wenn man ihnen nicht folgt, durch ein Gefühl der Unruhe, der Unzufriedenheit; und das Gefühl der Unzufriedenheit, das aus der Nichtbefolgung der „socialen Instincte" folgt, „wird in diesem Falle *Gewissen genannt*."[5] Dem, in diesem Versuche einer möglichst einfachen Lösung des Problems bewiesenen Scharfsinn wird man seine Anerkennung nicht versagen; und man wird auch zugeben, dass die wohlwollenden Neigungen als solche sich bei ihrer Nichtbefolgung durch ein Gefühl der Unzufriedenheit „rächen":

---

[1] Vgl. oben S. 68 f. 74.
[2] Vgl. *Descent. Vol II. p. 385.*
[3] *The moral sense is fundamental identical with the social instincts.* (*Vol. I. p. 97.*)
[4] Vgl. oben SS. 93 ff. 115 ff.
[5] *Vol. I. p. 104.*

nur wird man bezweifeln müssen, dass dieses *allein* schon die *specifische Energie* des *verletzten Gewissens* ergiebt. Smith's sympathisches Rachgefühl erklärt dieses schon weit besser. Und Mill, den Darwin einmal[1] anführt, braucht die Ausdrücke *„moralische Gefühle"* und *„sociale Gefühle"* keineswegs als Synonyma. Darwin's Psychologie wird sich aber wohl überhaupt schwerlich als eine besonders fein ausgearbeitete charakterisiren; seine Bezeichnung der eigentlichen *Affecte* als *„Instincte"* und die häufige Gleichsetzung beider Begriffe scheint wenigstens auch nicht dafür zu sprechen. „Sociale Thiere," sagt Darwin,[2] „werden zum Theil durch einen Wunsch angetrieben, den Mitgliedern derselben Stammesgemeinschaft auf eine allgemeine Weise beizustehen, häufiger aber, *gewisse bestimmte Handlungen zu verrichten*. Der Mensch wird durch denselben allgemeinen Wunsch, seinen Gefährten beizustehen, angetrieben, hat aber *wenige* oder *keine speciellen Instincte*." „Die socialen Instincte," sagt unser Forscher vorher, „sind von einer höchst complexen Natur und geben in dem Falle der niederen Thiere *specielle Tendenzen zu gewissen bestimmten Handlungen*; aber die für uns wichtigeren Elemente sind Liebe und die davon unterschiedene Emotion der Sympathie." Hiergegen ist zu bemerken, dass der wissenschaftliche Sprachgebrauch eben nur diese „*speciellen Tendenzen zu gewissen bestimmten Handlungen*" als *„Instincte"* bezeichnet, nicht aber überhaupt *alle* von den intellectuellen *verschiedenen* Principien des Geistes. Furcht, Hoffnung, Stolz, Nacheiferung, Liebe, Hass, Rache und *affectuum imititio* sind offenbar durchaus andere Gruppen psychischer Phänomene, als der Netzbau der Spinnen und das Saugen auch der Menschenkinder; und man bezeichnet sie daher nicht mit demselben Worte wie diese: da ja Unterschiede zu fixiren der Sprache wie dem Denken nicht minder wesentlich ist, als Allgemeinheiten festzuhalten. „Dich in's Unendliche zu finden," sagt Goethe, „musst *unterscheiden*, und *dann* verbinden."

Was Darwin über die höhere Entwicklung der *intellectuellen* Vermögen als *Bedingung* des Gewissens oder Moralsinns sagt,[3]

---

[1] *Vol. I. p. 71.*
[2] *Vol. II p. 392.*
[3] Vgl. darüber auch *Vol. II. p. 393.*

ist vollkommen richtig und schon von Shaftesbury festgestellt worden, der diese Classe von Gefühlen eben darum, weil sie *Reflexion* und das Vermögen, allgemeine Begriffe zu bilden, oder *Vernunft* als ihre *Bedingung* voraussetzen, *reflex* oder *rational affections* nannte.[1] Aber auch eine grössere Lebhaftigkeit der Phantasie und ein vollkommneres Erinnerungsvermögen sind Bedingungen eines entwickelteren Gewissens, wie Darwin mit Recht geltend macht.

Wenn man die Leistungen der englischen Moralphilosophie des vorigen Jahrhunderts mit denen dieses Jahrhunderts vergleicht, so fällt diese Vergleichung für das unsrige ohne Zweifel sehr ungünstig aus. Mackintosh klagte bitter über die geringe Productivität der englischen Ethik und den Mangel an allgemeinem moralwissenschaftlichem Interesse seiner Zeit; und auch in den ersten beiden Jahrzehnten nach seinem Tode war der Zustand unsrer Wissenschaft in England wohl kaum ein wesentlich besserer. In den beiden letzten Decennien aber scheint auf dem Insellande das Interesse für ethische Untersuchungen wieder erheblich gestiegen zu sein, und gegenwärtig sind auch auf diesem Gebiete mehrere namhafte Forscher erfolgreich thätig, von den ALEXANDER BAIN und HERBERT SPENCER an erster Stelle zu nennen sind. Das Interesse der Britten scheint sich jetzt vornehmlich auf das *summum bonum* zu concentriren: man wird sich daher wohl genöthigt sehen, die antiken Systeme etwas mehr zu berücksichtigen, als die Engländer dieses Jahrhunderts, zu ihrem eigenen Schaden, bisher thaten.[2] Hume, auf dessen Moralwerke sie so stolz sind, nannte die Alten *die besten Muster*; und auch Shaftesbury, Butler und Hutcheson haben es nicht verschwiegen, wieviel

---

[1] In Kant's Psychologie *macht* im Grunde die Vernunft als solche oder das abstracte Denken die moralischen Gemüthsbewegungen; was allerdings recht wunderbar ist.

[2] Nicht wenige englische Schriftsteller sind aber in der That ganz ausser Stande, wirkliche *estime sentie* für Plato zu haben, höchstens *estime sur parole* (nach Helvetius' treffender Unterscheidung).

sie denselben zu verdanken hatten. Und auch die Engländer rechnen diese Männer zu ihren ersten Ethikern: es ist daher auffallend genug, dass sie nicht *auch* jene alten, schwerlich schon erschöpften Quellen benutzen. Den Grund dafür haben wir zum grossen Theil vielleicht darin zu suchen, dass sich ihr Sinn allzu ausschliesslich auf specielle Detailuntersuchungen und auf emsiges Sammeln und Anhäufen empirischen Materials beschränkt hat, bei entschiedenem Zurücktreten einer eigentlich philosophischen Verarbeitung desselben und einer systematischen Combination des durchgeistigten Stoffes. Fragen des reinen logischen Denkens sollen bei Vielen durch blosse „Beobachtung" gelöst werden;[1] und auf tiefere Principienfragen lassen sie sich überhaupt nicht gern ein: obgleich diese in aller Philosophie doch wohl die Hauptsache sind. Kurz, das wissenschaftliche Treiben scheint, um in Bacon's berühmtem Gleichniss zu reden, oft das der *Ameisen* zu sein, nicht das der *Bienen*. Es wäre den Britten daher sehr zu empfehlen, etwas von dem *Spinnen*geiste der deutschen Philosophie in sich aufzunehmen, durch ein fleissiges Studium ihrer Meisterwerke, damit die eine Einseitigkeit durch die andre ergänzt werde. Der Verwirklichung von Bacon's Ideal der Philosophie als Wissenschaft, als eines Systems der wichtigsten Resultate *denkender Erfahrung* und *erfahrenen Denkens*, wird aber auch der Deutsche Geist künftig seine besten Kräfte widmen, indem er jenes Element mehr berücksichtigt, das in der englischen Philosophie einseitig vorwiegt, bei ihm aber bisher meist zurücktrat: das Element der Beobachtung und Erfahrung. Denn allerdings werden, wie ZELLER (Vorträge und Abhandlungen. II. Sammlung. Leipzig, 1877. S. 470) sagt, „die Wege, welche die Deutsche Philosophie für die Zukunft einschlägt, mit denen, auf welchen sie sich in der ersten Hälfte dieses Jahrhunderts bewegte, nicht durchaus zusammenfallen können."

---

[1] Es ist für diese Richtung des — *Denkens* darf man nicht sagen sondern — Experimentirens durchaus charakteristisch, wenn z. B. Henry Travis in seiner „*Introspectiven Untersuchung*" (*Mind V. pp. 22—27*) die Determinismus-Frage rein durch („mehr als zwanzig Jahre" fortgesetzte) „*Observations*" gelöst zu haben glaubt, zu Gunsten des Indifferenz-Standpunctes.

ANHANG.

ÜBER DIE UNIVERSELLE GLÜCKSELIGKEIT ALS OBERSTES MORALPRINCIP.

> *Hoc autem, de quo nunc agimus, id ipsum est, quod* UTILE *appellatur, in quo verbo lapsa consuetudo deflexit de via sensimque eo deducta est, ut honestatem ab utilitate secernens, et constitueret honestum esse aliquid, quod utile non esset, et utile, quod non honestum: qua nulla pernicies major hominum vitae potuit afferri. summa quidem auctoritate philosophi severe sane atque honeste haec tria genera confusa cogitatione distinguunt. quicquid enim justum sit, etiam utile esse censent: itemque quod honestum, idem justum. ex quo efficitur, ut, quidquid honestum sit, idem sit utile.*
>
> CICERO.
> (*de officiis. II. 3.*)

Seit mehr als zwei Jahrtausenden, seit Sokrates giebt es eine Moral*philosophie;* und ungezählte Jahrtausende vor diesem *parens philosophiae* gab es schon eine *Moral:* seit Menschen Menschen sind, unterschieden sie, zu allen Zeiten und allen Orten, zwischen dem, was man *soll,* und dem, was man *nicht soll;* zwischen *Gutem* und *Bösem:* im Paradiese schon stand der Baum der Erkenntniss Gutes und Böses. Die *Moral* ist daher nicht mehr zu *erfinden:* und also auch nicht erst zu *erfinden* das PRINCIP oder der *oberste Grundsatz* der Moral: der Satz, der den Inbegriff aller moralischen Vorschriften und Gesetze, den prägnantesten Ausdruck für den gesammten Inhalt aller Handlungen von moralischem Werth enthält: der Satz, in dem „alle die unzähligen Einzelbestimmungen der Moral als in einem

Mittelpuncte so zusammengefasst sind, dass alle dieselben mit innerer Wahrheit und Leichtigkeit der Schlussfolge aus ihm abgeleitet werden können." "Wer wollte auch," ruft selbst ein KANT aus,[2] "einen *neuen* Grundsatz aller Sittlichkeit einführen, und diese gleichsam zuerst *erfinden?* gleich als ob *vor ihm* die Welt in dem, was Pflicht sei, unwissend oder in durchgängigem Irrthum gewesen wäre!" Nicht zu *erfinden* hat der Moralphilosoph das Princip der Moral: sondern nur zu *finden;* und das Gebiet, durch dessen gründliche Erforschung allein er es finden kann, sind offenbar die jetzt und jemals anerkannten moralischen Bestimmungen und Unterscheidungen selbst: diese hat er zu untersuchen, um ihren gemeinsamen Grund zu finden oder das Princip, das sie *implicite* enthalten.

Und andrerseits, was für ein Moralprincip ein Ethiker auch aufstellen möge: immer wird er verpflichtet sein, es an den wirklichen moralischen Gesetzen und Ueberzeugungen der Menschheit zu bewähren — er wird ihm nicht anders Anerkennung verschaffen *können*, als durch diesen Appell an das thatsächlich schon für Tugend und Laster, für pflichtgemäss und pflichtwidrig, für gut und böse Gehaltene: durch diesen Appell an die sittliche *Erfahrung*. Nicht nothwendig das *Letzte* wird diese für die Wissenschaft sein müssen; denn es wäre an sich sehr wohl denkbar, dass, nachdem man aus der Gesammtheit dieses Materials das höchste Kriterium der Moral rationell inducirt hat, sich durch diese nun zu klarem Bewusstsein erhobene Erkenntniss die einen oder die anderen der sittlichen Einzelbestimmungen *rectificiren* liessen: wohl aber ist sie nothwendig das *Erste.*

Man hat die *Ethik* oft mit der *Logik* verglichen und die Parallelisirung dabei nicht selten zu weit getrieben, indem man durchaus noch in solchen Sphären Gleichartiges finden wollte, wo gerade, der Natur des verschiedenen Gegenstandes gemäss, das Specifisch-Differente vorherrscht. So auch hat man die *Ethik* mit der *Aesthetik* in Analogie gesetzt und sich auch hier

---

[1] J. CHR. FR. MEISTER in seiner lesenswerthen Preisschrift Ueber die Gründe der hohen Verschiedenheit der Philosophen im Ursatze der Sittenlehre bei ihrer Einstimmigkeit in Einzellehren derselben. Züllichau, 1812. S. 25.

[2] Vorrede der Kritik der praktischen Vernunft.

durch Aehnlichkeitsschlüsse irre führen lassen. Aber allerdings werden beide Vergleichungen sich bis zu einem gewissen Puncte durchführen lassen und einander nicht unwesentlich erläutern. Die Grundgesetze und die Normen der *Logik* kann man nun offenbar nur aus dem *wirklichen logischen Denken* der Menschen abstrahiren, das nicht erst von dem Moment an datirt, wo man an die Aufstellung einer wissenschaftlichen Logik dachte. Eine umfassende *Induction* ist also die *conditio sine qua non* eines soliden Systems der Logik; freilich aber noch nicht dieses selbst. Diese *inductive Methode* hat in Wahrheit auch Kant, der der „*Newton der Erkenntniss*" werden wollte, in seiner Kritik des Verstandes befolgt. Und nicht anders wird man die Grundgesetze und die Normen der *Aesthetik* finden können: auch die Theorie des Schönen wird von der allseitigen Erforschung der entsprechenden Seite der (subjectiven und objectiven) *Wirklichkeit* auszugehen haben.

Je gewissenhafter und bewusster man diese *inductive* Methode bei der *Grundlegung* einer Wissenschaft befolgt, desto fester und sicherer wird das ganze Gebäude sein, das sich auf diesem Fundament erhebt. Können wir denn nun zweifeln, dass auch in der *Ethik* das nämliche Verfahren zur Anwendung kommen muss, wenn man überhaupt positiv zuverlässige Resultate gewinnen will? *Woher sonst* kann man denn wissen, was geschehen *soll*, wenn nicht aus irgend einem *Sein*, einem *Geschehen*, einer *Wirklichkeit* selbst? Und diese Wirklichkeit ist ohne Zweifel zunächst die der moralischen Gefühle und Anforderungen, und zwar nicht nur der hier und jetzt, sondern der zu allen Zeiten und aller Orten „erfahrenen." Was hat man, wird gefragt, thatsächlich als Pflicht und Tugend aufgestellt? Die Antwort auf diese Frage giebt uns den *Erfahrungsstoff* zur philosophischen Eruirung des *Sollens*. Und Erkenntnisse, die aus einem solchen *comparativen* Studium der Moral gewonnen sind, werden unzweifelhaft doch grössere Sicherheit haben, als solche, die nur auf die Untersuchung des kleinsten und beschränktesten Kreises basirt sind und daher an allen den individuellen Idiosynkrasien, Befangenheiten und Einseitigkeiten desselben participiren müssen — grössere Sicherheit haben, als wenn nun vollends diese Orientirung an den, schon *vor* der wissenschaftlichen Thätigkeit befestigten, individuellen (oft in ganz specieller Naturanlage und eigenthümlicher Erziehung begründeten) Moralansichten und -Gefühlen oder an denen, die eben jetzt und eben hier allgemein in Geltung sind, — wenn diese Orientirung ganz ohne deutliches Bewusstsein geschähe: ein Schicksal, dem jene (noch stets total misslungenen) Versuche, die Moralgesetze aus rein formellen Verstandesbegriffen *a priori* zu deduciren, vornehmlich ausgesetzt zu sein pflegen.

Durch diese *exacte Methode Newton's*, haben wir nun gesehen, führte Hume den unwiderleglichen *Nachweis:* „dass alle Eigenschaften und Handlungen des Geistes, die jemals allgemein von den Menschen gebilligt und gelobt worden sind, eine Tendenz zu unmittelbarer oder mittelbarer Hervorbringung von Glück, von befriedigtem Bewusstsein in einzelnen oder ganzen Gruppen von Individuen haben"[1] — dass m. a. W. alle Tugenden Bedingungen oder Schöpfer des Glückes, Glück schaffende oder Elend verhütende Potenzen sind, alle Laster dagegen Quellen des Unheils und Störer des öffentlichen und privaten Wohls. Das *allgemeine Wohl* oder die *universelle Glückseligkeit* wurde somit als das oberste Princip der Moral *erwiesen:* ERWIESEN nun, und nicht etwa bloss versuchsweise zum Privatgebrauch als recht annehmenswerth aufgestellt. Und wer dies Princip nicht anerkennen will, der muss erst jenen Beweis widerlegen.

Mit nicht minderer Evidenz, als die Untersuchung der *Tugenden*, führt die Untersuchung der *Moralgesetze* und *Pflichten* zu diesem Resultate. „Wie bei allen *Fundamenten*," sagt Fechner[2] sehr richtig, „ist es leichter, die Bedeutung der moralischen Grundregeln als solcher zu erkennen, wenn man, anstatt auf das zu achten, was steht, so lange sie stehen, auf das achtet, was einstürzt, wenn sie selbst stürzen. Wie nun würde es um den Lustzustand[3] der Welt stehen, wenn jene Regeln aufhörten, gültig zu sein, stehen in einer Welt, wo kein Gesetz der Mässigung waltete, Keiner dem Worte des Andern trauen könnte, Keiner seines Eigenthums, seiner Frau, seines Lebens sicher wäre, keine Gesetze und Obrigkeiten mehr das

---

[1] Vgl. oben S. 115.
[2] G. Til Fechner, Ueber das höchste Gut. Leipzig, 1846. S. 5 ff.
[3] In Betreff dieses (von Fechner stets gewählten) Wortes „*Lust*" werden wir weiter unten Einiges zu bemerken haben.

Leben zu ordnen, zügeln, in sichern Bahnen zu erhalten vermöchten, kein Glaube, keine Liebe, keine Hoffnung zu etwas Göttlichem walteten, wie stehen in einer Welt, in der nur *eine* dieser Regeln faul geworden wäre, nicht wenigstens im Durchschnitt befolgt würde? Und wer mag läugnen, dass, wenn diese Regeln von Allen und überall befolgt würden, auch das Glück, die Lust in der Welt so allgemein und sicher vorbedingt sein würde, als es überhaupt durch Menschen für Menschen sein kann?... Wie nun kann man doch sagen, dass die Regeln, an denen all' dies hängt, bezugslos zur Last seien? Freilich kümmern sie sich nicht um diese oder jene einzelne Lust, nicht um die Lust nun eben hier, nun eben jetzt, und so schliesst der Mensch, der die Lust immer gleich fertig zubereitet in Schüssel und mit Löffel vor sich haben oder wie die Blume am dünnen Stiele greifen möchte, sie kümmern sich um die Lust überhaupt nicht; während das Wahre das ist: sie kümmern sich nicht um die Einzellust, weil sie sich um die Lust des Ganzen im Ganzen kümmern . . . . Geht alle moralischen Grundregeln einzeln durch, bei keiner wird sich ein andres Princip der Lustverkürzung finden, als diese Absicht auf den Lustgewinn im Ganzen. Nur um den Thaler Lust zu gewinnen, gebietet sie uns, den Pfennig Lust hinzuwerfen."

Man hat oft auf die „historische und geographische" Diversität der Moralbestimmungen hingewiesen und darauf skeptische Argumente gegen das Vorhandensein eines gemeinsamen Grundes des Inhalts derselben, also gegen jedes einheitliche *Princip* der Moral gegründet. Allein wir haben an der Hand HUME's schon gesehen, dass diese Verschiedenheiten die Einheit des Grundprincips, aus dem man (oft irrige) praktische Schlüsse zieht, keineswegs ausschliessen.[1] Ja man möchte beinahe im Gegentheil mit MACKINTOSH[2] behaupten: „dass es keinen Gegenstand giebt, in Betreff dessen die Menschen aller Zeiten und Völker in so vielen Puncten übereinstimmen, wie gerade in Bezug auf die allgemeinen Regeln des Handelns und die Eigenschaften des menschlichen Charakters, welche Achtung verdienen. Selbst die ärgsten Abweichungen

---

[1] Vgl. oben SS. 152 ff. u. 29.
[2] a. a. O. S. 8 f.

von der allgemeinen Uebereinstimmung werden bei genauerer Prüfung nicht so sehr als eine Verderbniss der moralischen Gefühle erscheinen, als vielmehr: entweder als Unkenntniss von Thatsachen; oder als Irrthümer hinsichtlich der Folgen des Handelns; oder als Fälle, in denen sich die dissentirende Partei mit anderen Theilen ihrer eigenen Principien im Widerspruch befindet, was den Werth ihrer abweichenden Meinung aufhebt; oder wo jeder Dissentirende von allen andern Dissentirenden verdammt wird, was die gegen ihn stehende Majorität unermesslich vermehrt . . . . Die Stämme, welche neugeborne Kinder aussetzen, verurtheilen die, welche ihre abgelebten Eltern umkommen lassen. Diejenigen, welche Fremde betrügen und ermorden, werden von den Regeln der Treue und Menschlichkeit verurtheilt, welche sie im Verkehr mit ihren Landsleuten selbst anerkennen . . . . Hume hätte (in seinem Dialog) noch erwähnen können, dass fast jede Abweichung, die er der einen jener beiden Nationen zur Last legt, im Widerstreit steht mit Tugenden, die von beiden mit Recht geschätzt werden, und dass die gegenseitige Verurtheilung ihrer bezüglichen Verirrungen, die aus seiner Darstellung erhellt, uns dazu ermächtigt, in Betreff dieser Puncte die Stimmen beider auszustreichen, wenn wir das allgemeine Urtheil der Menschheit constatiren wollen.[1]

Zu allen Zeiten hat man bei der Festsetzung oder Rechtfertigung moralischer Bestimmungen und Gesetze und bei den Collisionen derselben unter einander die Berufung auf das allgemeine Wohl als entscheidend anerkannt. „In unsern letzten Debatten über passiven Gehorsam und das Recht des Widerstandes in der Vertheidigung von Privilegien," bemerkt

---

[1] Dazu führt Mackintosh noch Leibnizens Worte an: *On convient le plus souvent de ces instincts de la conscience. La plus grande et la plus saine partie du genre humain leur rend témoignage. Les Orientaux et les Grecs et les Romains conviennent en cela; et il faudroit être aussi abruti que les sauvages Américains pour approuver leurs coutumes, pleines d'une cruauté qui passe même celle des bêtes. Cependant ces mêmes sauvages sentent bien ce que c'est que la justice en d'autres occasions; et quoiqu'il n'y ait point de mauvaise pratique peut-être qui ne soit autorisée quelque part, il y en a peu pourtant qui ne soient condamnées le plus souvent et par la plus grande partie des hommes.*

HUTCHESON, „war der zwischen verständigen Männern disputirte Punct nur der: ob allgemeine Unterwerfung wahrscheinlich mit grösseren Uebeln verknüpft sein würde, als zeitweilige Insurrection, wenn Privilegien angetastet sind; und nicht: ob auch, was im Ganzen zum allgemeinen Wohl tendire, moralisch gut wäre." —

Das Princip der universellen *Eudämonie* ist also in der That nicht *neu*, auch in der Wissenschaft nichts weniger als neu: und wenn es ein neues wäre, so würde es schon darum nicht als ein wahres erscheinen können. Vielmehr ist es gerade das erste und älteste Princip, das je eine Moraltheorie an ihre Spitze gestellt hat, ja das Princip, das im Grunde noch fast keine Lehre hat entbehren können — die des weltverneinenden Büssers und des mönchischen Asceten, des gläubig frommen Christen und selbst des pflichtbegeisterten Kant so wenig wie die eines Sokrates und Plato und Aristoteles und Cynikers sowohl als Cyrenaikers, Stoikers sowohl als Epikureers.[1] Alle diese Weisen und diese Gläubigen stritten nur über die wahren *Mittel* zur Glückseligkeit, diese selbst aber stellten sie einmüthig als Princip der Moral dar: — und wenn nicht *explicite*, so doch *implicite* — wenn nicht in dieser Welt, so

---

[1] Zur Begründung dieses Satzes braucht man sich nur auf das Urtheil des anerkannt grössten Kenners der classischen Philosophie zu berufen. „Alle griechischen Moralphilosophen," erklärt EDUARD ZELLER, „behandeln die Glückseligkeit als höchsten Lebenszweck, auch Plato, Aristoteles und selbst die Stoiker." Bei Sokrates ist „das Gute nichts Anderes, als das (nach ihm vorwiegend dem Individuum) Nützliche;" „Nutzen und Schaden sind der Maassstab des Guten und Schlechten." Auch Plato setzt voraus, „dass die Glückseligkeit das höchste Gut sei," das letzte Ziel der sittlichen Thätigkeit. „Kein Wissen hat einen Werth, wenn es uns nichts nützt, d. h. wenn es uns nicht glückselig macht." Wenn Plato erklärt, „die Untersuchung über den Staat müsse ohne Rücksicht auf die Glückseligkeit der Einzelnen geführt werden, so bezieht sich dies nur darauf, dass das Wohl des Ganzen dem der Einzelnen vorangehe: dagegen wird für den Staat gleichfalls die Glückseligkeit als höchstes Ziel gesetzt; ebenso wird der *Nutzen* der Gerechtigkeit, die mit jeder Staats- und Seelenverfassung verbundene *Glückseligkeit* oder Unseligkeit zum Grund der Entscheidung über ihren Werth gemacht." (EDUARD ZELLER, Die Philosophie der Griechen in ihrer geschichtlichen Entwicklung. II. Thl. 2. Aufl. SS. 103. 105. 555.)

doch in einem Jenseits[1] — wenn nicht die Glückseligkeit der Andern, der *Gesammtheit*, so doch die eigne, die des *Individuums*.

Aber die Alten hielten in ihrer Wissenschaft die *individuelle*, nicht die *universelle Eudämonie*, die *vita beata* des einzelnen philosophirenden Individuums, nicht die der Gesammtheit, für das oberste Moralprincip. In dieser Hinsicht ist nur der einzige Plato, und auch dieser nicht bedingungslos, auszunehmen: insofern er nämlich in seiner *Republik*, im Zusammenhang mit seiner ganzen Weltanschauung, im wesentlichen den *universalistischen* Standpunct vertritt und auch ausdrücklich erklärt, es komme nicht auf das Wohl Einzelner oder einzelner Classen, sondern der Gesammtheit an. Im *Philebus* dagegen und andern Dialogen folgt auch er ganz der gewöhnlichen *egocentrischen* Untersuchungsweise der Moral des Alterthums. Aber selbst in der *Republik* zeigt sich diese noch in erheblichem Grade: Er vergleicht, um den Begriff der Gerechtigkeit zu gewinnen, das Individuum mit einem Staat; er stellt den einzelnen Menschen als eine Republik von verschiedenen Principien und Impulsen dar, deren gesundes und harmonisches Functioniren sein individuelles höchstes Gut constituirt: die Beziehung auf Andre, auf eine Gesammtheit bleibt doch auch hier nur eine formale und äusserliche — das *summum bonum* bleibt selbst bei dieser Analogie zunächst das des *Individuums*. Wie jeder Staat für sich sorgt, sich selbst gesund, kräftig, schön zu entwickeln trachtet: so soll dies auch das Individuum anstreben. Wenn die *egocentrische* Auffassungsweise hier hätte verlassen werden sollen, so hätten die verschiedenen *Staaten* nicht *isolirt* betrachtet, sondern in *internationale Verbindung* gesetzt werden müssen: nur so, scheint es, hätten sich als die entsprechende *Analogie* die *interhumanen* Verbindungen und Beziehungen, die *altruistische* Form der Moral ergeben. Sonst kann leicht — wie *ein* Staat den andern oft als völlig fremd und gleichgültig betrachtet — das *eine* Ich das andre schlechthin als Nicht-Ich betrachten: anstatt als andres Ich oder als Du. — Ein Gegengewicht gegen diese *individualistische* Denkweise der Alten in

---

[1] Hat aber das Glück im Jenseits den höchsten Werth, warum hier keinen? müssen wir, mit Fechner, diese fragen.

der Moral war aber ihre entgegengesetzte in der eigentlichen
Politik; wobei sie freilich oft nicht scharf zwischen beiden
Gebieten unterschieden.[1]

Die Christliche Moral, die man in einer *philosophischen*
Ethik vornehmlich von ihrer immanenten, rein-menschlichen
Seite zu betrachten hat, wobei man auch, mit Shaftesbury und
Lessing, den nicht seltenen Appell an *selbstische,* wenn auch
feinere selbstische Motive besonders in universell-*pädagogischer*
Rücksicht, als nothwendige Mittel in der „*Erziehung des Menschengeschlechts*" zu wahrer, autonomer Sittlichkeit, zu betrachten hat, — die Christliche Moral, nicht wenig allerdings schon
vorbereitet durch einen Zug der Platonischen und durch die
Stoische, brachte den Gedanken der Einheit des Menschengeschlechts und die Erkenntniss der tiefen ethischen Bedeutung der diese Einheit schaffenden und erhaltenden Grundpotenz in der menschlichen Natur zur Herrschaft: der freien,
uneigennützigen Menschenliebe, die sich bethätigt im Wirken
für Andrer Wohl. Der moralische Schwerpunct lag nun
nicht mehr im Individuum, sondern im Ganzen der einigen Menschheit. Und so sehen wir denn, sobald die Barbarei der nordischen Völker der Civilisation und Gesittung
gewichen war und die Menschheit als Ganzes eine höhere
Stufe der Entwicklung gewonnen hatte, auch die wissenschaftliche Behandlung der Moral in einem sehr wesentlichen Puncte gegen die frühere specifisch verändert: das
höchste Gut, nach dem man forscht und das man bestimmt,
ist nun nicht mehr das des einzelnen Individuums, sondern
aller Individuen: der *Ort* des höchsten Guts ist die *Gesammtheit* — welche Bestimmung mit *ausdrücklichen Worten* wohl
SCHLEIERMACHER[2] zu erst aufgestellt hat, nachdem *thatsächlich*
die Wissenschaft schon längst diese Bahn gegangen war. Alle
Handlungen, denen man *moralische* Bedeutung zuerkennen
sollte, mussten eine Beziehung zu *universellen,* über das Individuum erhabenen Zwecken haben: was z. B. Kant durch die
Formel des kategorischen Imperativs in seiner Weise, nur

---

[1] M. vgl. über diesen Gegenstand den schönen Aufsatz SIDGWICK'S
über *Hedonism and Ultimate Good, in Mind No. V.*

[2] Ueber den Begriff des höchsten Guts. (WW. III. Abth. II.
Bd. No. XII u. XIII. S. 471 u. ö.)

allzu abstract und farblos, ausdrückte. Und wenn man nun dies *summum bonum*, dies letzte *Ziel* alles Wollens und Wirkens, in Uebereinstimmung mit dem unbefangenen und gesunden Sinn der antiken Ethik, in der, ihren Werth unmittelbar selbst bezeugenden, *Glückseligkeit*, in der *Eudämonie* sieht: so ist nun nicht mehr das Wohl des *Individuums*, sondern das *Wohl der Gattung* Princip der Moral. Durch diese fundamentale Wendung — nicht sowohl der modernen *Moralität*[1] als vielmehr — der modernen *Form* der *Wissenschaft* der Moral ward ein unvergleichlich viel klareres Licht über die moralischen Verhältnisse verbreitet, als die antike Ethik je hatte gewähren können. Auf denjenigen, der mit der Leuchte des Princips des *allgemeinen* Wohls an die moraldialektischen Speculationen des Alterthums herantritt, müssen diese oft einen eigenthümlichen Eindruck machen; wenn er z. B. sieht, wie, in den Platonischen Dialogen über das Verhältniss zwischen Glück und Nutzen auf der einen und Tugend auf der andern Seite, die Streitenden beide, der Mann der Tugend sowohl wie der Mann der individuellen Lust und des Eigeninteresses, dicht neben der, nun so einfach erscheinenden, Lösung, wie mit Blindheit geschlagen, vorbeitappen: Der Standpunct der Betrachtung, das bemerken sie beide nicht, ist die menschliche Gesammtheit, nicht dieser oder jener einzelne Mensch; das Wesen der Tugend ist ihre *glückschaffende Kraft:* aber nicht *nur* für den mit dieser Kraft Ausgestatteten selbst, ja nicht einmal in *erster* Linie für diesen. Das glückselige Leben, das befriedigte Bewusstsein überhaupt auf unserm Planeten, nicht das um diesen oder jenen Punct sporadisch aufleuchtende Glück, ist Ziel und Zweck des Erdenlebens.

---

[1] Denn in *praktischer* Hinsicht, *implicite*, durch den Inhalt ihrer Lehren, vertraten auch die grössten alten Ethiker die reine, uneigennützige, selbstlose Moral: deren Verbindung mit dem dennoch *principiell* stets festgehaltenen *individuellen* Glück freilich oft einerseits die grössten Härten und andrerseits die gröbsten, wenn auch gut gemeinten Sophisticationen herbeiführen musste: so besonders augenfällig bei den älteren Stoikern. Bei den späteren Stoikern wurde, und zwar schon vor Beeinflussung durch das Christenthum, der Gesichtspunct auch in formaler Hinsicht allmählich mehr und mehr der *universelle:* wie dies ja auch ganz in der natürlichen Tendenz eines „*dynamisch-teleologischen Pantheismus*" liegt (wie Trendelenburg ihre Weltanschauung bezeichnet).

In der That, was ist das Glück denn Anderes, als das Leben selbst in seiner Vollendung? Was ist es Anderes, als das Bewusstsein selbst in seiner Vollkommenheit? Wenn man daher sagt, dass alle Menschen das Glück wollen, so heisst dies nur sagen, dass alle leben wollen. So lehrte schon ARISTOTELES, den man den „Ethiker im eminenten Sinne" genannt hat.[1] Lust und Leid sind ursprünglichste Thatsachen des Bewusstseins und daher keiner Definition fähig, „so wenig wie das Licht oder die Farbe;" vielmehr verdunkeln in Wahrheit die vorgeblichen Definitionen deren Begriff, anstatt ihn zu erhellen. Und „was Jemand noch davon aussagen möchte, es ist nur etwas um und an der Lust, nicht Lust, die im Gefühle ihrer selbst und nur in diesem uns unmittelbar klar wird."[2] Aber wenn man, mit SPINOZA und LEIBNIZ, eine „Causalerklärung" versuchen will; so wird man sagen müssen, dass Lust das psychische Innewerden einer Steigerung und Erhöhung, Leid die Empfindung einer Hemmung und Minderung des Lebens ist. Oder mit SPINOZA zu reden: *laetitia* ist der Uebergang zu grösserer Realität, *tristitia* der Uebergang zu geringerer Realität.[3] Diese *Realität* nennt SPINOZA „*Vollkommenheit;*" und darin folgte ihm auch LEIBNIZ, der jedoch in seiner *définition causale* von *plaisir* und *douleur* die Bestimmung „Uebergang" fortliess.[4] Nach Beider Darstellung aber ist der *Schmerz*, weil *Folge* einer Minderung des Lebens, auch *selbst* nur eine rein negative Grösse, eine blosse Privation; während er doch offenbar eben so positiv und reell *empfunden* wird wie die Lust: nur dass er s. z. s. das entgegengesetzte *Werthzeichen* hat. Dasjenige, worauf es dem bewussten und empfindenden Wesen aber allein ankommt, ist offenbar nur der Zustand dieses Be-

---

[1] TRENDELENBURG.
[2] G. TH. FECHNER, Ueber das höchste Gut. Leipzig, 1846. S. 21.
[3] SPINOZA, *Eth. III. prop. 11. schol.*
[4] „Vollkommenheit nenne ich alle Erhöhung des Wesens."
(LEIBNIZ, *Op. philos. ed. Erdmann.* p. 672.) *Quoique le plaisir ne puisse recevoir une définition nominale, non plus que la lumière ou la couleur; il en peut pourtant recevoir une causale comme elles; et je crois que dans le fond le plaisir est un sentiment de perfection et la douleur un sentiment d'imperfection.* (*Nouveaux Essais.* II, 21, 40. Erdm. p. 261.)

wusstseins selbst, nicht der von dessen blossen *Bedingungen*. Von LEIBNIZ übernahm die Schule WOLFF'S das Wort „Vollkommenheit;" den Begriff aber, den Jener mit demselben verbunden hatte, hielt sie sich nicht beständig gegenwärtig. Indessen wirkte doch viel von Leibnizens Geiste noch in ihr fort; und so unterschieden sich ihre moralischen Bestimmungen von denen der Glückseligkeitslehre im wesentlichen meist nur in den *Worten*.

Was *für* uns überhaupt da sein soll, mus *in uns* da sein:[1] wir können es ja beständig nur mit Zuständen unsres *Bewusstseins* zu thun haben, da wir aus uns selbst nimmer herauszugehen vermögen — „nicht aus unsrer Haut fahren können," wie ein neuerer Philosoph drastisch sagt. Stets und in jeder Hinsicht heisst es (um es so auszudrücken): „der Geist hört, der Geist sieht — das Uebrige ist taub und blind." *Alle diese Bewusstseinszustände* nun zeigen sich, in den verschiedensten *Qualitäten* und Graden der *Intensität*, unmittelbar in ihrem *Werthe* selbst an, als *befriedigt* oder als *unbefriedigt*: Das heisst als *Lust* und *Leid*: als *Bewusstseinserscheinungen über oder unter dem Nullpunct des Empfindungswerthes*. Alle Geistesthätigkeiten und -Affectionen aber, die sich auf der Scala des Empfindungswerthes von diesem Indifferenzpunct nicht *merklich* entfernen und also keinen entschiedenen *Empfindungswerth* offenbaren, nennt man *gleichgültig*; wobei jedoch an das zu erinnern ist, was schon Leibniz und Hume bemerkt haben.[2] Die sogenannte „Schmerzlosigkeit" Epikur's und die „Gemüthsruhe" Demokrit's z. B. kennzeichnen sich, wenn man die Sache selbst genauer ansieht, als wesentlich positive Empfindungszustände: das andauernde behagliche Gefühl der Gesundheit und das genugthuende Gefühl eigner Rechtschaffenheit und eignen Verdienstes stehen durchaus nicht, als gleichgültig, bloss auf dem Nullpunct des Empfindungswerths. Aber allerdings ist uns „ohne unsre *Impressionen* und *Gefühle* Alles in der Natur vollkommen indifferent."[3] Und Bedeutung und Interesse erlangt das

---

[1] J. G. FICHTE, Grundlage des Naturrechts, Einleitung. (WW. III. Bd. S. 1.)

[2] Vgl. oben S. 50.

[3] *Without our impressions and sentiments every thing in nature is perfectly indifferent to us.* (HUME, *Treatise*. III. II, 2.)

Bewusstsein für uns nur, indem es uns unmittelbar *afficirt*, also durch alle befriedigten und unbefriedigten Gefühle.[1]

Was überhaupt einen *Werth für uns* haben soll, das muss in *uns* einen *Werth* haben: das muss sich in unserm Bewusstsein unmittelbar als werthvoll zu erkennen geben und bezeugen, muss als werthvoll *empfunden, gefühlt* werden. Aller *Werth* setzt ein *innewerdendes und messendes Bewusstsein* voraus, und es giebt eine *Scala der Werthe* nur weil und nur so weit es eine *Scala der Empfindung* giebt. Alle Werthschätzung und überhaupt alle Bedeutung in der Welt wäre ohne diese Beziehung auf irgend ein befriedigtes oder unbefriedigtes Bewusstsein undenkbar. Was soll man also zu dem bizarren Einfall sagen, der unserm Jahrhundert und unserm Lande vorbehalten blieb: die hohe Weisheit darein zu setzen, dass man bei den Bestimmungen der *Werthe* und der *Güter* gerade von den Bewusstseinszuständen positiver und negativer Empfindungsgrade, d. h. von aller Lust und allem Leid, aller Freude und allem Schmerz, allem Wohl und allem Wehe, von aller Glückseligkeit und allem Elend in der Welt vollständig absieht — wonach man somit das *Gleichgültige* für das ächt Werthvolle und wahrhaft Gute erklären muss! Was soll man dazu sagen, wenn eine (besonders Fichtische Lehren weiter ausführende und in mehrfacher anderer Hinsicht auch recht verdienstliche) „*Güterlehre*" aufgestellt wird, während man gleichzeitig gegen alle Beziehungen auf Wohl und Wehe fast fanatisch polemisirt! Nicht nur das eigne, sondern auch *Andrer* Glück und Elend ist demnach in ethischer Hinsicht irrelevant: eine Lehre, aus der sich offenbar, wenn sie mit Consequenz practicirt wird, eigenthümliche Folgen ergeben können. Kein Wunder daher, wenn derselbe Ethiker (den man als *Religionsphilosophen* sehr hoch stellen kann, ohne darum verpflichtet zu sein, ihm auch als *Moralphilosophen* eine annähernd ähnliche Bedeutung beizumessen) — kein Wunder, wenn er die Systeme der Engländer, die das Wesen der Tugend in das Wohlwollen setzen, zu ironisiren für gut findet — das Wohlwollen, „aus dem (setzt er charakteristisch hinzu), *wie sie sagen*, eine eigne Lust entspringt." Immer noch lieber als das Wohlwollen

---

[1] Vgl. SHAFTESBURY, *Characteristics*. Vol. *III. p. 195.*

scheint er das egoistische Interesse als Moralfundament haben zu wollen, da er nicht ansteht zu erklären, die Lehre des Helvetius sei der der „anglicanischen Schule" weit vorzuziehen. — In allen jenen, breit genug angelegten Ausführungen über die „Güter" erfährt man dabei von ihm niemals recht, was denn eigentlich im Grunde ein „Gut" überhaupt ist! obgleich doch in Philosophie die „Bestimmung der letzten Gründe und Zwecke" anerkannt die Hauptsache ist! Nun „erstreben, wollen, begehren und wünschen wir aber etwas nicht darum, weil wir es für *gut* halten: sondern im Gegentheil halten wir nur darum etwas für *gut, weil wir es erstreben, wollen, begehren und wünschen.*" So sagt Spinoza, und dasselbe meint auch Fichte.[1] Vom Subject, vom Bewusstsein hat man also stets auszugehn. Allein das ficht Schleiermacher nicht an: Systeme, die „nicht auf ein so Sein oder so Thun selbst, sondern nur auf eine bestimmte Beschaffenheit des *Bewusstseins* von einem Sein oder Thun" gerichtet sind, nennt er „Systeme der Lust" und stellt ihnen als die wahren Tugendsysteme die „Systeme der Thätigkeit" gegenüber, die von aller Beziehung auf ein *Subject*, ein *Bewusstsein*, von allem *Bewusstseinswerth* gänzlich absehen sollen! Solche Systeme muss man aber zum mindesten *Etiquetten-Systeme* nennen, insofern es ihnen zu Folge in der Welt nur auf „Etiquette", „nur auf Realisirung von Thatbeständen formeller Art" ankommen soll, darauf, „dass an die Stelle des einen factischen Zustandes, der Niemand wohl oder wehe that, ein andrer Zustand gesetzt werde, der gleichfalls für Niemand in der Welt einen Zuwachs an Gut enthält."[2] Diese Benennung als Etiquetten-System und Etiquetten-Ceremoniel ist aber eigentlich noch nicht genau genug: vielmehr scheint die *Maschinenarbeit* das wahre Analogon jener „Systeme der Thätigkeit" zu sein, und *Maschinen-Systeme* wäre ihre adäquate Bezeichnung.

Um in der Philosophie zu unerschütterlicher Gewissheit zu gelangen, ging Descartes auf die Urthatsache des *Bewusstseins* als das zunächst allein Unbezweifelbare zurück: *Cogito ergo sum!* Sollte es nicht auch in der Moral einen solchen

---

[1] Vgl. oben S. 61.
[2] Die Stelle ist aus Lotze's Mikrokosmus.

Cartesianischen Ausgangspunct geben? Liegt es nicht sogar schon in den methodologischen und erkenntnisstheoretischen Anforderungen an ein wahres wissenschaftliches Princip, dass dieses von *unmittelbarster Evidenz* und daher mit der *Grundverfassung des Bewusstseins* zugleich gegeben sein muss? Aber in der That haben wir diesen Cartesianischen Ausgangspunct auch schon gefunden! Denn das Urphänomen von Lust und Leid ist völlig eben so evident wie Descartes' *Je pense donc je suis:* oder vielmehr nur eine gewisse Seite ebendesselben Satzes! „Freude" ist ja nicht Eines und „Bewusstsein" ein Anderes, sondern Freude ist selbst eine Bewusstseinserscheinung, deren sich unmittelbar selbst aussprechender und bezeugender Werth (um im obigen Bilde zu bleiben) erheblich *über* dem Indifferenzpunct des Gefühls liegt: „BEFRIEDIGTES *Bewusstsein."* So wenig wie ein Mensch sich ernsthaft fragen kann: *cogito?* so wenig auch kann er ernsthaft fragen: warum will ich überhaupt glücklich werden? Sagt doch selbst Kant: „Glücklich zu sein, ist nothwendig das Verlangen jedes vernünftigen aber endlichen Wesens, und also ein unvermeidlicher Bestimmungsgrund seines Begehrungsvermögens."[1] „Fraget einen Menschen," sagt Hume,[2] „warum er sich Bewegung macht, und er wird antworten: weil er seine Gesundheit zu erhalten wünscht. Wenn ihr dann fragt, warum er die Gesundheit wünscht, wird er erwiedern: weil Krankheit *schmerzhaft* ist. Wenn ihr eure Nachforschungen noch weiter treibt und einen Grund verlangt, weshalb er den Schmerz hasst, ist es unmöglich, dass er je einen angeben kann. Dies ist ein letzter Zweck und wird nie auf ein anderes Object zurückgeführt. Vielleicht hätte er auf eure zweite Frage: warum er Gesundheit begehrt, auch geantwortet: dass sie für die Ausübung seines Berufs erforderlich ist. Wenn ihr fragt: weswegen er darum besorgt ist, wird er antworten: weil er Geld zu erwerben wünscht. Wenn ihr fragt: warum? Es ist das Mittel zum *Vergnügen,* sagt er. Und noch hierüber hinaus

---

[1] Kritik der praktischen Vernunft. § 3. Anm. 2. — *Vernünftig* nämlich pflegt Kant alles zu nennen, was er billigt, und also auch dies Streben nach Glück, sowie auch das Strafbedürfniss bei einer bösen That.

[2] Man wolle die Wiederholung der schon oben S. 148 angeführten Stelle gestatten.

nach einem Grunde zu fragen, ist eine Absurdität. *Es ist unmöglich, dass es einen Progress in infinitum geben und ein Ding stets der Grund davon sein kann, weswegen ein anderes gewünscht wird.* Etwas muss um seiner selbst willen und wegen seiner unmittelbaren Uebereinstimmung mit dem *Gefühl* und der *Neigung* des Menschen zu begehren sein." Stets können wir so bei den *Zwecken* der Menschen immer weiter fragen, bis wir endlich an *selbst-evidenten Endzwecken* angekommen sind, die keiner weiteren Beziehung *bedürfen* und sogar jede weitere ernsthafte Frage *unmöglich* machen.

Dieses Eine, das nie um eines Anderen willen, sondern stets nur um seiner selbst willen begehrt und erstrebt wird, dieses letzte Ziel, auf das alle Objecte bezogen werden, das selbst aber nie auf etwas Anderes bezogen wird, ist die Glücksempfindung, das unmittelbar in sich selbst befriedigte Bewusstsein. Dies ist die stets in sich vollendete, und nichts ausser sich suchende *Selbstgenugsamkeit*, die *Autarkie* der Glückseligkeit, nach dem Ausdruck des Aristoteles. Sie ist, von der rein begriffsmässigen Seite betrachtet, ein *finis*, ein *extremum*, ein *ultimum*, ein *summum*, ein Höchstes, oder Aeusserstes, oder Letztes:[1] *„dasjenige, worauf Alles bezogen, das selbst aber auf nichts Andres bezogen wird."*[2] Sie ist für die Wissenschaft der *feste centrale Punct*, an dem die Kette der Deductionen und Schlussfolgerungen zu befestigen ist: also auch ganz abstract betrachtet ist sie von der höchsten Wichtigkeit für die theoretische Wissenschaft, als vervollständigender und abschliessender Grenzbegriff und als erster Ausgangspunct von Reihen; und wir können so an die Aufstellung eines *einheitlichen Moralsystems*, *„eines vollendeten, befriedigenden Systems aus Einem Puncte"*[3] wenigstens denken. — Auf praktischem Gebiete kann es so wenig einen *progressus in infinitum* geben, wie auf theoretischem. „Wenn Jemand spricht: er wisse; so fragen wir mit Recht: woher er wisse?" Und dann muss der

---

[1] Ein solches ist aber selbst bei KANT die *Pflicht* nicht: sie würde sich sonst nichts zu „*postuliren*" brauchen. Ob aber die Wissenschaftlichkeit mehr gewahrt wird, wenn man das wahre *Summum* aus dem Diesseits in's Jenseits versetzt?

[2] CIC. *de fin. II*, 2. *cf. I. 13. III*, 7.

[3] Ein Wort FICHTE'S. WW. IV. Bd. S. 69.

Gefragte sich unvermeidlich zuletzt, in *materialer* Hinsicht, auf die unmittelbare Evidenz der *Anschauungen*, oder, in *formaler* Hinsicht, auf zwingende *Denknothwendigkeiten* berufen. „Der sinnlichen Anschauung entgegen," sagt der geistreiche JACOBI, „über den Manche aburtheilen, die keine Zeile von ihm selbst gelesen haben, indem sie sich nur an gewisse *Worte* halten, die sie von ihm anführen gehört haben,[1] — „der sinnlichen Anschauung entgegen gilt keine Demonstration, indem alles Demonstriren nur ein Zurückführen des Begriffes auf die ihn bewährende (empirische oder reine) sinnliche Anschauung ist." Nach gewissen Denkern „sollte es durchaus nicht wahr

---

[1] Aber allerdings hat Jacobi solche Urtheile nicht zum geringsten Theile selbst veranlasst, da er jene beiden Gebiete, die Sphäre des *Denkens* auf der einen (formalen) Seite und die der *Sinne* und *Affecte* auf der andern (materialen) Seite in einen ganz unwahren *Gegensatz* stellte, indem er die ganz verschiedenen *Functionen* derselben confundirte und durch „Gefühl" und „sinnliche Evidenz" beweisen wollte, was sich der Natur des Gegenstandes gemäss gerade nur durch strenges Denken feststellen lässt. Mit Recht suchte er die (äussere oder innere) *Erfahrung* zur Geltung zu bringen gegen Schulen, die Alles und Jedes in blosse *logische* Bestimmungen auflösen wollten; mit Recht legte er auf die bedeutungsvollen *subjectiven Wirklichkeiten*, besonders auf die *höhere emotionale Seite* des Menschen Gewicht (die er „Vernunft" zu nennen beliebte, nicht beachtend, dass „die Namen nicht mehr herrenlos" sind): mit Unrecht aber führte er diese sogenannte „Vernunft," d. h. in gewöhnlicher Sprache, den (*religiösen*, oder *moralischen*, oder *ästhetischen*) *Affect* gegen den „Verstand" in's Gefecht, und beschwerte sich dann, dass man *seine* „Vernunft zu Verstande bringen" wollte. Ein Zwiespalt zwischen Gefühl und Leidenschaft und dem Verstande kann nur dann eintreten, wenn jene ihr Gebiet überschreiten und sich, in der Sphäre des Verstandes, Entscheidungen anmassen, die gar nicht vor ihr Forum gehören. Mit Recht darf man z. B. für die Anerkennung der *religiösen Emotionen* und *Bedürfnisse* des Menschen eintreten, als eines selbstständigen Gebietes in unsrer geistigen Ausstattung, das man nicht antasten kann, ohne den Geistesreichthum zu verringern; mit Unrecht aber wird man *gewisse bestimmte Einzelvorstellungen und Begriffe*, an die man zu einer bestimmten Zeit an einem bestimmten Orte jene Gemüthsbewegungen zu knüpfen sich gewöhnt hat, durch diese unmittelbar bewiesen ausgeben. Man denke an den Widerstreit unter den so verschiedenartigen mythologischen Vorstellungen der Völker, denen doch immer ähnliche Gefühle und Bedürfnisse zu Grunde liegen. — Vgl. FRIEDRICH HARMS, Ueber die Lehre von Friedrich Heinrich Jacobi (E. A. aus den Abhandlungen der Königl. Akademie der Wissenschaften zu Berlin, 1876) und Die Philosophie seit Kant (Berlin, 1876) S. 86 ff.

sein, dass es ein Wissen aus der ersten Hand gebe, welches alles Wissen aus der zweiten (die *Wissenschaft*) erst bedinge, ein Wissen *ohne Beweise*, welches dem Wissen *aus Beweisen* nothwendig vorausgehe, es begründe, es fortwährend und durchaus beherrsche." Jene aber wollten „die unmittelbare Erkenntniss der mittelbaren, das Urbild dem Abbild unterordnen.... Nichts sollte fortan mehr für wahr gelten, als was sich *beweisen, zweimal weisen* liesse," und „im *Worte* sollte wahrhaft die *Sache* liegen."[1] Und so erklärt auch FICHTE: „Aller Beweis setzt schlechthin Unbeweisbares voraus ... Wenn überhaupt Wahrheit, insbesondre mittelbare (durch Folgerung vermittelte) Wahrheit ist, muss es ein *unmittelbar* Wahres geben."[2] Dieses *unmittelbar* Gewisse sind die in unsrer eignen *Existenz* und *Essenz* wurzelnden *centralen Principien*, an denen die Ketten alles *mittelbar* und *abgeleitet* Gewissen hängen. Alles *Erklären* aber ist ein Zurückführen auf etwas Besserbekanntes, auf klarere, ursprünglichere Einsichten, und alle *Deductionen* setzen über jeden Zweifel erhabene, unmittelbar evidente Erkenntnisse oder *Axiome* voraus, die mit unserm Sein und Leben zugleich gegeben sind. „Daher ist der Ausdruck unsrer Ueberzeugung von der Realität eines Dinges der: *so wahr ich lebe, so wahr ich bin, ist dieses oder jenes*."[3]

Und wie unbeweisbare *theoretische Axiome*, so muss es auch unbeweisbare, allen Beweisen vielmehr selbst zu Grunde liegende, *praktische Axiome*, — wie ein *theoretisches Apriori*, so muss es auch ein *praktisches Apriori* eigner Art geben. Der wesentliche Unterschied zwischen dem *a priori* und dem *a posteriori* ist ja nicht etwa der, dass das eine Erfahrung ist und das andre keine Erfahrung — da man mit FICHTE fragen muss: „Haben wir denn überhaupt etwas Anderes, als die Erfahrung?"[4] und da wir doch stets bei den *Thatsachen des Bewusstseins* und den *aus diesen geistigen Erfahrungen zu inducirenden Gesetzen* der psychischen Vorgänge werden stehen bleiben *müssen*. Sondern es ist der subjective Zwang, etwas so darstellen zu müssen, und der überschwängliche, „alle empi-

---

[1] F. H. JACOBI, WW. II. Bd. SS. 4. 11 f. 59 f.
[2] J. G. FICHTE, WW. V. Bd. S. 181.
[3] Das. III. Bd. S. 3.
[4] Das. II. Bd. S. 473.

rische Widerlegung schlechthin ausschliessende, jede empirische Bestätigung aber durchaus überflüssig machende,"[1] Grad von Gewissheit, der dem Apriorischen innewohnt und es vor allem bloss Empirischen oder Aposteriorischen auszeichnet. Solche Grundbestimmungen wurzeln eben fest in „typischen Intellectualgesetzen."

Nun, wenn es Ein *praktisches Axiom*, Ein *praktisches Apriori*, Ein *principe inné de pratique* giebt; so ist es sicherlich dieses: dass *Leid zu fliehen, Lust zu erstreben* ist. Es ist dem *empfindenden* Wesen *unmöglich*, daran zu zweifeln. „So wahr ich lebe, so wahr ich bin," ist in der That der Ausdruck dieser Gewissheit. Der Trieb, von einem Schmerz befreit zu werden, oder ein gegenwärtiges Glück zu bewahren, ist ja unmittelbar mit der Empfindung selbst gegeben. —

Man wird gegen das Glück als Princip der Moral nicht einwenden wollen, dass es nichts beständig *Seiendes*, sondern ein stets nur neu *Werdendes* und *Vergängliches* sei. Denn auch das psychische Leben und das Leben überhaupt, und nicht nur das individuelle sondern auch das allgemeine Leben auf den Planeten ist ein stets Werdendes und ist den Gesetzen aller Entwicklung unterworfen. Das Bewusstsein, sagt FICHTE, ist ja kein *Ding*: „die objective Beschaffenheit eines Ich ist keineswegs ein Sein oder Bestehen; denn dadurch würde es zu seinem Entgegengesetzten, dem Dinge. Sein Wesen ist absolute Thätigkeit, und nichts als Thätigkeit." „Im Ich als Ich fällt Sein und Bewusstsein zusammen." „Unser Wesen ist nämlich nicht ein materielles Bestehen, wie das der leblosen Dinge, sondern es ist ein Bewusstsein." „Die Vernunft ist nicht ein Ding, das da sei und bestehe, sondern sie ist Thun, lauteres, reines Thun."[2]

Auch wird man es nicht als einen Fehler, sondern gerade als einen Vorzug ansehen, dass unser Princip kein blosser logisch-abstracter, rein formaler und also inhaltsleerer Begriff ist. Der Ursatz der Moral soll ja ein solcher sein, in dem

---

[1] OTTO LIEBMANN, in seinem geistreichen Werke *Zur Analysis der Wirklichkeit* (Strassburg, 1876. S. 222), in dem nur leider der moralphilosophische Theil der bei weitem am wenigsten gelungene ist.
[2] J. G. FICHTE, WW. IV. Bd. SS. 29. 47. 57. 105.

„alle die unzähligen Einzelbestimmungen der Moral als in einem Mittelpuncte so zusammengefasst sind, dass alle dieselben mit innerer Wahrheit und Leichtigkeit der Schlussfolge aus ihm abgeleitet werden können." Aus einem bloss *formalen* Satze sind aber solche Deductionen ein Ding der Unmöglichkeit; und nur durch (oft genug nicht einmal feine) *Erschleichungen* hat man scheinbar einen Inhalt aus ihnen hervorholen können (*ex pumice aquam*). Wenn man, mit BACON, das System einer Wissenschaft mit einer Pyramide vergleichen will, deren krönende Spitze ihr höchstes Princip vertritt; so wird man in unserm Falle das Moralprincip nicht in Analogie setzen mit dem obersten Schlussstein einer Pyramide aus todtem Gestein, von dem sich jener eben nur durch seine Lage unterscheidet: sondern mit dem zündenden Brennpunct eines Strahlenkegels hätte man es zu vergleichen, der alle Gluth und alle Helligkeit in sich vereinigt, durch die sammelnde Linse einer umfassenden Induction. Denn das Princip der Moral soll die wahre Quintessenz des gesammten reichen Inhalts des sittlichen Lebens der Menschheit sein und dieses selbst gleichsam *potentiâ* in sich enthalten, sodass es wiederum aus ihm zu deduciren wäre.

Eine fernere Erwägung wird unsere Ueberzeugung noch verstärken. „Offenbar gehören wir der grossen NATUR zu, der wir in Trieben und Neigungen, selbst wider unsern Willen, uns nicht entziehen mögen," urtheilt HERDER mit vollkommenem Recht. Der Mensch ist Kind und Werk der Natur. Wenn es daher *überhaupt natürliche Zwecke* des Menschenlebens giebt; so muss, sofern sich auch die Weltanschauungen des *Satanismus* (bez. *Pansatanismus*) und des *Manichäismus* als wissenschaftlich unhaltbar erweisen, die *geistige Organisation* des Menschen, die Grundverfassung der *activen Principien* seiner Natur auf jene Zwecke *angelegt* sein. Man wird daher in diesem Falle im Stande sein müssen, durch ein eindringendes Studium der „*Anatomie des Geistes*" (Shaftesburyanisch zu reden) die *Functionen* seiner verschiedenen Organe und somit diese bestimmten Naturzwecke zu erkennen. Und was wir so als den Endzweck des Menschenlebens rationell erschliessen, das wird das höchste Moralprincip sein. So dachten auch die Alten, zumal die Stoiker.

Nun belehrt uns die Untersuchung der affectiven Ausstattung des geistigen Organismus des Menschen sehr bald, dass das ganze System der Triebe, Begierden, Leidenschaften und Neigungen zur *Erhaltung* und *Förderung* des Lebens des *Individuums* wie der *Gattung zweckmässig* beschaffen ist. Die Function der activen Grundprincipien des Geistes ist zunächst die blosse *Erhaltung der Existenz* des eignen *Selbst* und der *Gattung*, garantirt in erster Linie durch die beiden allgemein-animalen Triebe, nach Nahrung und nach Fortpflanzung. Denn das blosse *Dasein* ist die *Bedingung* alles Weiteren: ohne *Dasein* kein *Wohlsein*. Gleichzeitig aber sehen wir schon hier mit der blossen *Erhaltung* die positiv empfundene *Förderung* des bewussten Lebens verbunden. Noch mehr zeigt sich dies bei den höheren Emotionen; und auch an diesen gewahren wir jenen durchgehenden Unterschied in den Functionen der Triebfedern der menschlichen Seele, die Beziehung auf die Erhaltung und Förderung des eignen Lebens und des Lebens Anderer (*self-regarding and extra-regarding principles*, nach Bentham).

Alle diese Affectionen des Geistes sind nun entweder Gefühle der Freude oder Lust, oder Gefühle der Unlust oder des Schmerzes. Die letzteren, der Grund der Klagen über Welt und Menschenschicksal, sind die *conditio sine qua non* alles empfindenden Lebens überhaupt: „Alle die als Gefühle des *Schmerzes* bewusst werdenden Hemmungen des psychischen Lebensspiels sind nur die unvermeidlich mit eintretenden Folgen der Einführung des Bewusstseins in das System der Dinge."[1] Und sie sind, in allen ihren Qualitäten und Graden, die wichtigsten „Regulatoren" der Lebensprocesse und die mächtigsten Hebel zum Fortschritt. PETRARCA's Wort: *Nimis faciles sumus ad accusandam naturam*, müssen wir auch hier wohl beherzigen. Denn sogar ein VOLTAIRE trat als der optimistische Rechtfertiger des Schmerzes auf:

C'est à la douleur même
Que je connais de Dieu la sagesse suprême.

---

[1] Philosophische Consequenzen. S. 58.

Ce sentiment si prompt dans nos corps répandu,
Parmi tous nos dangers sentinelle assidu,
D'une voix salutaire incessamment nous crie:
„Ménagez, défendez, conservez votre vie."[1]

Ueberall sehen wir durch die allgemeinen Gesetze im Getriebe der Affecte die Totalsumme von Wohl in der Welt nach Möglichkeit erhöht, die Totalsumme von Wehe nach Möglichkeit vermindert; und diesem grossen Zwecke müssen auch die *repulsiven*, feindlichen und mit einem Gefühl der Unlust empfundenen Affecte dienen, nicht nur die *attractiven*, freundlichen, angenehmen. Unsre Blicke werden auf Hoffnung, auf Liebe, Dankbarkeit und Achtung stets gern verweilen; aber das weitersehende Auge wird auch die Furcht, den Hass, die Rache und die Verachtung als unter bestimmten Verhältnissen wohlthätig wirkend erkennen. „Keine Leidenschaft, mit der uns Gott ausgestattet hat, kann an sich selbst böse sein," sagt bei seiner Untersuchung des Ahndungstriebes der fromme Bischof Butler, dessen Beiträge zu einer *Teleologie der Affecte*, neben denen Shaftesbury's, Hutcheson's und Smith's, von so hohem Werth sind. Aber auch der consequente Pantheist muss in diesem Puncte mit dem consequenten Theisten vollkommen übereinstimmen: denn wenn *Deus = Natura*, so ist auch *Natura = Deus*.[2]

„Auf das Streben nach in sich befriedigtem psychischem Leben sind alle animalen Organismen angelegt, und zwar in Folge der individuellen Vereinzelung dieser Bewusstseins-Centren, jedes Subject nothwendig zunächst nur für sich selbst: Diese Natureinrichtung, welche der Pessimist nach seiner Weise den ‚grenzenlosen *Egoismus* in der ganzen lebendigen Welt' nennt und bitter verurtheilt, ist nichts anderes als die nothwendige und einzige Form, durch die Natur ihr Ziel zu erreichen vermag."[3] „Selbstliebe", erklärt der Philosoph des reinen Wohlwollens, „ist in Wahrheit zum Wohle des Ganzen eben so nothwendig, wie das Wohlwollen; so wie jene Attraction, welche die Ursache der Cohäsion der Theile ist, zum

---

[1] Voltaire, *Discours sur l'homme.*
[2] Vgl. Seneca, *de beneficiis. IV,* 8.
[3] Philosophische Consequenzen. S. 58.

regulären Zustande des Ganzen eben so nothwendig ist, wie die Gravitation."[1] Die Natur, die alle Lebendigen erhalten will, konnte diesen Zweck nicht besser als dadurch erreichen, dass sie jedes Wesen zunächst und hauptsächlich sich selbst anvertraute und mit sich selbst befreundete: *„weil der Schutz aus der Nähe der sicherste ist,"* und *„sie nicht unverletzt bleiben könnten, wenn sie es nicht wollten."*[2] So lehrten schon die Stoiker. „Alle Affecte sind daher im niedersten Thierreich *idiopathisch*, nach dem treffenden Ausdruck der Cyrenaiker, *self-affections* nach Shaftesbury, d. h. sie haben ihren Schwerpunct im eignen Subject. Allein sobald in der ‚Reihe der Lebendigen' ein Zusammenleben der beiden Geschlechter und ihr Verhältniss zu einer für sich hülflosen Nachkommenschaft eintritt, und sobald vollends, wie schon bei vielen Thiergattungen, ein Zusammenleben Vieler in Horden sich bildet: so erscheinen auch, neben diesen, im eigenen Subject ihren Schwerpunct habenden Affecten solche, die in Anderen ihren Schwerpunct haben, die sog. socialen oder sympathischen Affecte — als, durch das Medium der Empfindung wirkende, positive Beziehungen des einen Geschlechts zum andern, der Eltern zu den Kindern, und der Einer Horde Angehörigen zu einander."[3] Die Natur hat vor Allen die Menschen unter einander in natürliche sympathische Verbindungen gesetzt, zunächst und in besonders hohem Grade im allerengsten Kreise, der Familie, sodann der Blutsverwandtschaft und der Stammesgemeinschaft; jedoch auch in ganz allgemeiner Hinsicht ist der Mensch dem Menschen nicht gleichgültig. Die „Selbstsucht" der Menschen ist von satirischen Schriftstellern oft arg übertrieben worden. Denn nur bei wenigen Menschen liegt, wie Hume schon im *Treatise* sagt, der Schwerpunct ihrer Neigungen und Interessen *nicht* ausserhalb ihres eigenen Ich. Wohl mag es sein, bemerkt Adam Smith einmal, dass uns die Nachricht, in China seien Tausende von Menschen verunglückt, weniger nahe geht, als wenn wir uns etwa den kleinen Finger

---

[1] Hutcheson, *Inquiry*. S. 290.
[2] *Primum sibi ipsi conciliatur animal: debet enim aliquid esse, ad quod alia referantur. — Quia tutela certissima ex propinquo est, sibi quisque commissus est. — Non poterant salva esse, ni vellent.* (Seneca, *ep. 121.*)
[3] Philosophische Consequenzen. S. 58 f.

verletzt hätten — und daraus wird der Pessimist sogleich die egoistische Grundnatur des Menschen erkennen wollen, da wir doch so wenig Mitleid zeigen. Aber was würde dann geschehn, wenn wir nicht mehr in unthätigem Zustande zu verharren brauchten, sondern es in unsre Macht gestellt wäre, durch Aufopferung unsers kleinen Fingers jene Tausende von Menschen vom Untergange zu *erretten?* Würden dann nicht, aller Wahrscheinlichkeit nach, Tausende von Ebendenselben, die vorher so kalt und theilnahmslos schienen, freudig jenes Opfer auf sich nehmen, *bloss* um jene Tausende zu *erretten*, also auch ohne irgend welcher Motive des Lobes oder der Vortheile in dieser oder jener Welt zu bedürfen?

Ziehen wir nun das Resultat aus dem Angeführten, so finden wir, dass alle Triebe, Affecte und Neigungen der Menschen in ihrem normalen Auftreten auf Sicherstellung und Förderung des bewussten Lebens und zwar des Lebens überhaupt, des *allgemeinen* Wohls, und nicht nur des individuellen, angelegt erscheinen. „Es giebt keinen Trieb," sagt FECHNER[1] mit vollem Recht, „der nicht darauf zielte, Lust zu erzeugen oder zu erhalten, Unlust zu beseitigen oder zu verhüten." „Es lässt sich in den so unsäglich mannichfaltigen Motiven und Zwecken des Menschen gar nichts andres Gemeinsames finden, als dieser Bezug zur Lust" — eigener sowohl als Anderer, muss man hinzusetzen.[2]

---

[1] a. a. O. S. 22.
[2] Originell ist KANT'S Argumentation gegen unser Princip; „In den Naturanlagen eines organisirten, d. h. zweckmässig zum Leben eingerichteten Wesens," erklärt er (Grundlegung zur Metaphysik der Sitten. I. Abschn. WW. hg. v. Hartenstein. 1867. IV. Bd. S. 243), „nehmen wir es als Grundsatz an, dass kein Werkzeug zu irgend einem Zwecke in demselben angetroffen werde, als was auch zu demselben das schicklichste und ihm am meisten angemessen ist. Wäre nun an einem Wesen, das Vernunft und einen Willen hat, seine Erhaltung, sein Wohlergehen, mit einem Worte seine Glückseligkeit der eigentliche Zweck der Natur; so hätte sie ihre Veranstaltung dazu sehr schlecht getroffen, sich die *Vernunft* des Geschöpfs zur Ausrichterin dieser ihrer Absicht zu ersehen. Denn alle Handlungen, die es in dieser Absicht auszuüben hat, und die ganze Regel seines Verhaltens würden ihm weit genauer durch Instinct vorgezeichnet und jener Zweck weit sicherer dadurch haben erhalten werden können, als es jemals durch Vernunft geschehen kann . . . . Die *Natur* würde nicht allein die Wahl der Zwecke, sondern auch der Mittel selbst übernommen haben."

Und wie durch eine teleologische Betrachtung des menschlichen Geistesorganismus ein helles Licht über die Phänomene des Lebens verbreitet und ein tieferes Verständniss derselben ermöglicht wird; so ist andrerseits auch noch nie in einem Moralsystem die Kategorie des Zweckes verachtet worden, ohne dass sich die nachtheiligen Folgen davon bemerkbar gemacht hätten. „Es ist," erklärt TRENDELENBURG, „eine Thatsache in der Geschichte der Philosophie, welche Sokrates und Plato und Aristoteles bekunden, dass mit dem Begriffe des Zweckes in der Natur die innere Bestimmung des Menschen tiefer erkannt wurde und die Begriffe des Organischen und Ethischen sich gegenseitig vertieften und aufhellten." „Die Ethik kann den Zweck nicht lassen, ohne sich selbst zu stürzen." „Dem Triebe liegt der Zweck im Hintergrunde .... Die Misshandlung des Zweckes, des edelsten aller Naturbegriffe,

---

Allein zunächst muss man diesem schroffen, diesem willkürlichen und ungerechtfertigten Dualismus von „Natur" und „Vernunft" SPINOZA'S Satz entgegenstellen: *Quod ad mentem humanam attinet, eam etiam partem naturae esse censeo.* Sodann aber ist auf die obigen Erörterungen (S. 29 u. 45 ff.) über die Functionen der (eigentlichen!) *Vernunft*, d. i. des *Denkens*, und der *Triebe* (in der weitesten Bedeutung des Wortes) Bezug zu nehmen; wobei noch zu bemerken ist, dass das *Denken*, das zunächst blosses *Mittel*, ein *Organon* für die Zwecke der Triebe ist, nur dadurch, dass es (und nur in so weit es) *selbst Trieb* ist, *Wissenstrieb*, Endzwecke, weil gefühlte Befriedigungen, *eigner Art* hat: „Aus der Wahrheit Feuerspiegel lächelt sie den Forscher an," sagt der Dichter von der Freude. Endlich aber — und dies ist der Hauptpunct — liefert Kant's Argument ein wahrhaft classisches Beweisstück für den alten Grundsatz, dass, wie alle Wahrheiten untereinander zusammenhängen, daher eine gewonnene Erkenntniss stets andere herbeiführt: so auch ein Irrthum derartig mit dem andern verschwistert ist, dass keine einzige irrige Meinung isolirt bleibt, sondern die eine immer andre im Gefolge hat. Denn was kann irriger sein, als das ganze Thun und Treiben auch der höchsten Thiere durch blossen Instinct regiert darzustellen, mit Ausschluss aller Verstandesprocesse! Welcher Thierkenner wird sich mit einer solchen Behauptung einverstanden erklären können? Und wenn denn auch die höheren Thiere in einigem Grade Verstand besitzen, den Hund z. B. kein Hundesbesitzer als aller Intelligenz bar wird darstellen wollen: wozu haben sie dann den Verstand? Und diese seltsame Thierpsychologie soll eine Hauptwaffe gegen die Lehre sein, dass das Wohl der Menschen der höchste Zweck des Menschen ist — dass der Mensch dann seine moralische Bestimmung erfüllt, wenn er nach allen seinen Kräften, unter Anspannung seiner intellectuellen Vermögen, zum Glücke der Gesammtheit wirkt!

rächt sich bei Spinoza an den Folgen . . . . Die Vernichtung des Zweckes . . . ist das bedeutsamste Kennzeichen des Spinozischen Systems, und könnte viel mehr der Atheismus desselben heissen, als der gefürchtete Satz, dass Gott die immanente Ursache der Dinge sei." Weil er die objective Wirklichkeit des Zweckes läugnet, hat Spinoza „eine Nothwendigkeit ohne Leben und Liebe." „*Spinoza's schroffe Härten sind ein indirecter Beweis für die Bedeutung des Zwecks in unsrer Weltansicht.*"[1] Man könnte nun einwenden, auch Hume sei kein Teleologe: und dennoch sei er ein grosser Ethiker. Ohne Zweifel! Allein er war wenigstens auch kein dogmatischer Gegner der Teleologie, wie Spinoza; ihm schien die finale Betrachtung nur „ziemlich unsicher und unphilosophisch" zu sein:[2] nicht aber stellte er, wie jener, den positiven Lehrsatz auf, die Natur kenne überhaupt keine Zwecke. Er verzichtete eben schlechthin auf eine jede „Metaphysik" (oder besser „Ontologie"[3]), auf eine antiteleologische (wenn der Ausdruck gestattet ist) so gut wie auf eine teleologische. Aber Hume würde auch noch mehr geleistet haben, wenn er in seinem System die Kategorie des Zweckes zur Anwendung gebracht hätte. Wir haben ja mehr als einmal wesentliche Mängel seines Systems als *Folgen* dieses Fehlers erkennen müssen.

In der That liegt „dem Triebe der Zweck im Hintergrunde;" und da nun die Triebe ursprüngliche Naturausstattungen der lebenden Wesen sind; so muss, scheint es, die Kategorie des Zweckes eine ontologische Bedeutung haben. Nach der modernen Weltanschauung, welche die kosmischen

---

[1] ADOLF TRENDELENBURG, Logische Untersuchungen. II. Bd. 3. Aufl. Leipzig, 1870. SS. 40. 44 f. 80. 161.

[2] *I cannot agree to your sense of ‚natural,'* schrieb er an Hutcheson: *'tis founded on final causes, which is a consideration that appears to me pretty uncertain and unphilosophical.* (BURTON, a. a. O. Vol. I. p. 113.)

[3] Denn allerdings ist, wie MACKINTOSH (a. a. O. p. 3) sagt, „der Terminus *Metaphysik* ein Specimen aller Fehler, die sich in dem Namen einer Wissenschaft vereinigen lassen."

Entwicklungen in Analogie mit der Entwicklung jedes lebendigen Individuums auffasst, ist das Menschenleben aus der untermenschlichen Natur und die Welt des Bewusstseins aus der bewusstlosen hervorgesprossen, mit Nothwendigkeit emporgetrieben: und wenn für ein Verständniss der psychischen Lebenserscheinungen sich die Finalbetrachtung als unentbehrlich erweist; so werden wir Grund haben, auch in den niederen Stufen des Daseins, in denen doch jene wurzeln, nach finalen Beziehungen zu forschen. Aller principielle Dualismus widerstreitet ja dem Begriffe einer wahrhaft einheitlichen Weltanschauung; und man darf daher nicht annehmen, dass ganze Kategorien der Auffassung, die dort so viel Licht verbreiteten und zum völligen Verständniss des Gegenstandes sich als unentbehrlich erwiesen, hier absolut unanwendbar sein sollten.

Aus dem nämlichen Grunde aber setzt andrerseits auch die *Ethik*, sobald sie nicht auf alle metaphysische Tiefe verzichten will, nothwendig eine teleologische „*Physik*" voraus; und insofern forderte Chrysippos ganz mit Recht, dass, wer über Gutes und Böses reden wolle, mit „Zeus" oder der Einrichtung des Weltganzen anfangen müsse. Die Ethik wurzelt in der Physik: man darf daher die eine nicht völlig fremd der andern gegenüberstellen, sondern muss sie so auffassen, dass sie sich beide in ein einheitliches Gedankensystem einzufügen vermögen. Zwei Arten von Systemen haben dies versucht, welche TRENDELENBURG sehr passend mit den Namen *Demokritismus* und *Platonismus* bezeichnet: jener „*naturalisirt*" (in der schlechten Bedeutung des Wortes) die Ethik, dieser „*ethisirt* in gewissem Sinne die Natur:"[1] vielmehr *anerkennt* er nur (so wollen wir diese, auch in der vorliegenden Schrift vertretene, Ansicht lieber ausdrücken) das *Ethische im Physischen*: er „*idealisirt*" nicht das Reale, sondern ignorirt nur nicht das Ideale *im* Realen. Jenes *ideale* Element anzuerkennen, gehöre, meint er, auch zur *interpretatio naturae*.

Die Mehrzahl unsrer Naturforscher sind zur Zeit noch Gegner aller finalen Naturbetrachtung, indem sie in ihrem Gedankengange in einen sehr charakteristischen Fehler ver-

---

[1] ADOLF TRENDELENBURG, Historische Beiträge zur Philosophie. II. Bd. Berlin, 1855. S. 25.

fallen. „Ausgehend nämlich von dem anzuerkennenden Bestreben, den Zweckbegriff aus der Natur*erklärung* zu verbannen, wo er in der That, wie Spinoza sagt, nur ein *asylum ignorantiae* sein und, wie Bacon erklärt, die *Wissenschaften corrumpiren* würde (da ja eben nur die Zurückführung auf den Satz vom Grunde eine wissenschaftliche Erklärung abgeben kann), wähnen sie nun, derselbe sei überhaupt zu beseitigen: wie in der speciellen Naturerklärung, so auch in der allgemeinen Weltanschauung. Sie meinen, dass die Lehre vom Zweck und die Lehre von der Nothwendigkeit, Finalität und mechanische Causalität einander widersprechen. Es kann aber der eisernste Nothwendigkeitsdenker sehr wohl Zwecke in der Natur annehmen, und jene einfach auf das naheliegende Beispiel hinweisen, das unsre Maschinen geben: in welchen jeder einzelne Theil mit einer ‚mechanischen‘ *Nothwendigkeit*, die nichts zu wünschen übrig lässt, zu einem bestimmten Zwecke hinarbeitet: der aus der Betrachtung des Ganzen erhellt."[1]

Die *Finalbeziehung*, das Verhältniss der Correlatbegriffe *Mittel* und *Zweck*, ist nur eine besondre Art der allgemeinen *Causalbeziehung*, des Verhältnisses von *Ursache* und *Wirkung*. Was, causal aufgefasst, *Ursache* ist, ist in manchen Fällen gleichzeitig, final aufgefasst, *Mittel*; und eben so, was in jener Hinsicht *Wirkung*, ist in dieser Hinsicht *Zweck*. Die allgemeine Form der Causalität beherrscht ohne Ausnahme alles Geschehen: zu dieser Annahme zwingt uns nicht nur die Erfahrung, sondern weit mehr noch das reine Denken, die Verfassung unsres eignen Verstandes. Bei allen Veränderungen müssen wir fragen: *wodurch?* was ist die *Ursache* davon? Nicht so drängt sich uns stets die Frage *wozu?* die Frage nach dem *Zwecke* auf. Die Finalauffassung wird aber dann dem natürlichen, unbefangenen Denken unabweisbar, wenn, nach vollständiger Darlegung des Causalzusammenhanges, doch noch ein unverstandener, räthselhafter Rest, oder vielmehr ein *Plus* übrig zu bleiben scheint, so lange man die Glieder der Causalkette nur einzeln oder nur die Verbindung zwischen je zwei aufeinanderfolgenden betrachtet: während sich uns über den ganzen Vorgang sofort ein helles Licht verbreitet

---

[1] Philosophische Consequenzen. S. 9.

und jenes *Plus* von uns verstanden wird, sobald wir die ganze Reihe der Ursachen mit ihrer Gesammtwirkung *zusammen* auffassen. In der That wird uns so ausser der allgemeinen Causation noch etwas Weiteres *erklärt*, klar gemacht; und die Beziehung von *Mittel* und *Zweck* erweist sich als eine besondre, die der blossen Causalität ergänzende, *Auffassungs-Kategorie*.

Zweierlei ist an den unzweideutigen und vollständigen Zweckvorgängen zu unterscheiden, oder genauer, viererlei: die *subjective* und die *objective* Seite der Sache, ein Element des Bewusstseins, bestimmter des *Willens*, und ein äusseres *Geschehen*; und in beiden wieder *Mittel* und *Zweck*. Wir wollen Etwas (1. Wollen des Zwecks) und darum mittelbar ein Anderes, das jenes im Gefolge hat (2. Wollen des Mittels); das letztere wird in's Werk gesetzt (3. Mittel-Ursache) und führt das Gewollte wirklich herbei (4. Zweck-Wirkung). Jedes frühere Glied dieser Kette ist die Ursache jedes späteren;[1] die Causalverbindung wird dabei so wenig gelockert oder gar zerrissen, wie in allem übrigen Geschehen. Diese Kette ist aber häufig eine sehr lange: eine ganze Reihe von Zwischengliedern muss oft zwischen dem Wollen des Zwecks (1) und der schliesslichen End-Wirkung (4) durchlaufen werden: aber gerade in solchen complicirteren Fällen wird die Zweckbeziehung besonders evident, durch das Licht, welches durch die resultirende Wirkung auf den gesammten früheren Hergang zurückgeworfen wird: dessen causale Abfolge als in den *Dienst* eines *Zweckes* genommen erscheint. Spinoza fasste den Zweckvorgang durchaus unvollständig auf, indem er gerade die Hauptsache, die Correlation zwischen *Mittel* und *Zweck*, vollkommen ignorirte und ausschliesslich eine Hälfte der halben Seite der Sache, der *subjectiven*, in's Auge fasste, das *Verlangen* nach Etwas (1), „*appetitus*," alle andern Bestimmungen aber übersah. Wenn man nun gewisse Naturvorgänge und ganze Gruppen von Naturvorgängen *adäquat* beschreiben will; so wird man bei ihnen jene *objective* Seite des Zweckwirkens anzuerkennen haben, jenes *einmüthige Zusammenwirken mehrerer Causalitätsreihen zu Einem*

---

[1] Vgl. H. KRATZ, Spinoza's Ansicht über den Zweckbegriff. Leipzig, 1871. S. 29 f.

Puncte hin (den wir eben als *Ziel* auffassen), jenes (nicht Parallel-Laufen sondern) *Convergiren* der Reihen s. z. s. zu *Causalitäts-Bündeln*. Der Gegenstand oder Vorgang *erscheint* dem betrachtenden Subject, *wie wenn* er mit Absicht gewirkt wäre, nach Kant's treffender Bemerkung: eben weil das *objective* Verhältniss dem bei unsrer Zweckthätigkeit *analog* ist. Ueber eine *subjective* Seite der Sache, über ein Mitwirken irgend eines Bewusstseinselements ist damit noch gar nichts ausgesagt, und wir sind in keiner Weise zu ihrer Annahme genöthigt. Diese *objective* Beziehung in den Finalverknüpfungen liess aber Spinoza z. B. unberücksichtigt.

Andrerseits implicirt die Annahme von Zwecken in der Natur auch keineswegs die Annahme, dass diese Zwecke stets ohne Ausnahme erreicht werden; vielmehr sind dies zwei ganz verschiedene Fragen. Gerade Aristoteles z. B., der grösste Teleologe, meinte, dass die Natur ihre Zwecke oft verfehle. Und so muss man nicht glauben, mit dem Hinweis auf Missgeburten, Krankheiten und andre Unregelmässigkeiten die Realität der Zweckbeziehungen in der Natur widerlegt zu haben: — man müsste denn ganz aus dem nämlichen Grunde auch die menschliche Zweckthätigkeit läugnen wollen. Aber dieses Zweckverfehlen im Einzelnen ist als die *conditio sine qua non* der Ausprägung einer reichen Mannichfaltigkeit verwickelter und vollkommener Gestalten zu betrachten: Wenn die Combination von Kräften, die mit allgemeiner und für den einzelnen Fall keine Ausnahme gestattender Gesetzmässigkeit wirken, eine Fülle verschiedenartig individualisirter Formen gewährleisten sollte; so musste das Vorkommen auch unvollkommener Gebilde im Einzelnen s. z. s. mit in den Kauf genommen und also indirect mit gewollt werden. Vom Standpunct des Ganzen aus und mit Rücksicht auf die nothwendigen Folgen einer allgemeinen Gesetzmässigkeit im Geschehen überhaupt erscheint daher auch dieses teleologisch begreiflich.

Nicht das ist jenen Naturforschern zum Vorwurf zu machen, dass sie in ihren Specialforschungen von allen Finalbetrachtungen *absehen:* sondern dass, wenn sie das Feld der eigentlichen (sich absichtlich auf den Satz vom Grunde beschränkenden) „Naturwissenschaft" verlassen und zu *philosophiren* beginnen, sie alle Teleologie in die Acht erklären und positiv und dogmatisch *bekämpfen*. — Sehr mit Recht sagt K. E. v. BAER, „dass es keineswegs eine des Naturforschers[1] unwürdige Aufgabe ist, die *Ziele* in den Vorgängen der Natur in's Auge zu fassen; dass es vielmehr auf einer Verirrung beruht, wenn man jede teleologische Erörterung verdammt: so wie es umgekehrt eine Verwirrung der Begriffe ist, wenn man durch Nachweisung des *Zieles*, d. h. teleologisch, die bedingenden *Ursachen* angeben zu können glaubt." Diese „*Teleophobie* der Naturforscher," bemerkt er, ihre „Furcht vor Zwecken" sei nichts als ein „wissenschaftlicher Aberglaube:" „Man muss nur die Frage auf das *wozu?* nicht für eine Antwort auf das *wodurch?* halten."[2]

FRITZ SCHULTZE zeigt in seiner Schrift über „Kant und Darwin" (1875) den Naturforschern, „wie viel sie bereits aus Kant hätten lernen können, *und wie viel sie in Zukunft noch werden von ihm zu lernen haben.*" Wenn sie doch vor Allem

---

[1] sc. sobald er zu philosophiren beginnt und von der „Physik" zur „Metaphysik" übergeht, in welcher selbst *Bacon* die Bedeutung der Teleologie nicht läugnen wollte. („Metaphysik" nehmen wir aber, um es nochmals hervorzuheben, stets nur im Sinne der „philosophia prima.")

[2] KARL ERNST V. BAER, Studien aus dem Gebiete der Naturwissenschaften. 1873 erschien die erste Hälfte dieses Werkes, 1876 die zweite, besonders interessante (SS. 171—480), mit den beiden Abhandlungen: „Ueber Zielstrebigkeit in den organischen Körpern insbesondere," und „Ueber Darwin's Lehre." K. E. v. Baer rechnet sich weder zu den „Antidarwinianern" noch zu den „Darwinianern," da er, im Gegensatz zu Darwin, in der Geschichte der Organismen eine wirkliche Entwicklung anerkennt. „So wenig ich auch die Transmutation abzuläugnen vermag (erklärt er), so stehe ich doch nicht an, der Art, wie Darwin sich dieselbe denkt, entschieden zu widersprechen." Wenn man mit dem Begriffe der Entwicklung Ernst machen und sich nicht nur mit dem Worte schmücken will, muss man „einen *Fortschritt* zu einem *Ziele*" annehmen. Denn Entwicklung ist „Erfolg einer inneren, zu einem Ziele führenden Nothwendigkeit, nicht aber ein Resultat verschiedener *unzusammenhängender* Einflüsse." „Die Entwicklung kann nicht alles Mögliche erzeugen, um durch eine fremde Macht, oder ein fremdes Verhältniss, das Gute auswählen zu lassen." „*Soll der Darwin'schen Hypothese wissenschaftliche Berechtigung zuerkannt werden, so wird sie sich dieser allgemeinen Zielstrebigkeit fügen müssen.*" — In seinem, kurz vor der Veröffentlichung der zweiten Hälfte von Baer's „Studien" (dessen erste Hälfte ihm bis dahin gleichfalls unbekannt war) im Buchhandel erschienenen Versuch über die Philosophischen Consequenzen der Lamarck-Darwin'schen Entwicklungstheorie nahm Vf. eine ähnliche Stellung zum Darwinismus ein.

Das von unserm tiefsten Denker lernen wollten: „dass sich eine grosse und sogar allgemeine Verbindung der mechanischen Gesetze mit den teleologischen in den Erzeugungen der Natur denken lässt, ohne die Principien der Beurtheilung derselben zu *verwechseln* und eines an die Stelle des anderen zu setzen!" Möchten sie doch jene Auffassung des *Kosmos* als eines „Systems der Zwecke," welches mit dem der wirkenden Ursachen im letzten Grunde *identisch* ist, einer reiflicheren Ueberlegung würdigen! Möchten sie doch erwägen, ob K. E. v. Baer mit seiner Ueberzeugung nicht im Rechte sein kann: „dass alle Nothwendigkeiten und (psychischen) Nöthigungen in der Natur zu Zielen führen, und dass alle Zielstrebungen nur erreicht werden durch Nothwendigkeiten," — dass sich die Harmonie der Natur „auflöst in Ziele, und Naturgesetze als Mittel zur Erreichung derselben." Sagt doch selbst der pessimistische Schopenhauer[1]: Ganz zufriedengestellt wären wir nur, wenn überall causale und finale Erklärung zugleich gegeben wäre, vermöge welcher Conspiration „das Beste als ein ganz Nothwendiges eintritt, und das Nothwendige wieder, als ob es bloss das Beste und nicht nothwendig wäre."

Die Extreme berühren sich auch hier wieder: In dem, schwerlich rühmlichen, Bestreben, die Natur aller Würde, den Kosmos alles Schmuckes zu berauben, zeigt sich die in Rede stehende Richtung unter den modernen Naturforschern in vollkommenster Uebereinstimmung mit den naturfeindlichen Theologen des Mittelalters.

Warum aber soll der Stoische Satz denn nicht wahr sein, dass *die ganze Natur vernünftig* ist: da doch unsre Vernunft, wie gerade angenommen wird, ewigen Gesetzen der Welt gemäss, mit Nothwendigkeit aus dem Ganzen hervorgetrieben wird und also im System der Dinge *angelegt* sein muss? Warum überhaupt soll „Atelie" begreiflicher sein als Teleologie? ein Weltprocess mit immanentem Plan wissenschaftlich weniger haltbar, als ein Weltprocess ohne solchen Plan? Warum sollen, um bildlich und mit Epikur zu reden, die Atome ihrer Natur nach nicht, eben so gut wie parallel, nach einem bestimmten Ziele convergirend herabfallen? Warum soll, wer vom Walten einer

---

[1] WW. III. Bd. S. 381.

unwandelbaren Nothwendigkeit überzeugt ist, nicht annehmen dürfen, dass diese *Nothwendigkeit* eine *glückliche* ist? Warum soll er nicht an eine systematische Weltverfassung denken, deren allgemeinste Kräfte und Gesetze nach Zielen und Zwecken *in sich abgemessen* sind? Warum soll eine möglichst niedrig gefasste, *chaotische* Weltanschauung philosophischer sein? Warum sollen, um jener paradoxen Ausdrucksweise Galiani's zu folgen, *die Würfel der Natur* NICHT *gefälscht* sein? Weswegen soll diese Annahme denn mehr im Interesse immanenter Wissenschaft liegen, als die entgegengesetzte?

Man braucht ja, falls man den entschiedensten Immanenzstandpunct vertreten will, gar nicht zu sagen: sie sind „gefälscht" *worden* — sondern: sie *sind* nun einmal thatsächlich „gefälscht," waren es, und werden es sein, von Ewigkeit zu Ewigkeit! *Zweckmässige* Systeme brauchen ja nicht nothwendig stets selbst wieder *hervorgebracht* zu sein durch *Zweckthätigkeit* — genug, sie SIND *zweckmässig*. „Wollte man dagegen behaupten," erklärt ZELLER, „diese Einrichtung selbst lasse sich gleichfalls nur aus einer Zweckthätigkeit ableiten, so geriethe man in den Widerspruch, dass man schliesslich auch die absolute, weltschöpferische Vernunft wieder von einer höheren ableiten müsste. Denn wenn in der Einrichtung der Welt die höchste Zweckmässigkeit zum Vorschein kommt, so muss der Geist, der dieses unendlich zweckmässige Ganze zu denken und hervorzubringen vermochte, mindestens eben so zweckmässig organisirt sein, wie jenes; sollte daher das Zweckmässige nur das Werk einer Zweckthätigkeit sein können, so müsste für ihn wieder eine nach Zweckbegriffen wirkende Ursache vorausgesetzt werden, und so in's Unendliche."[1]

Die eigentlichen Theisten andrerseits mögen wohl in Erwägung ziehen, was in seiner „allgemeinen Naturgeschichte und Theorie des Himmels" der Theist IMMANUEL KANT erklärt: „dass man eine höhere Vorstellung von der göttlichen Wirksamkeit erhalte, wenn man die Natur als ein *geordnetes Ganze* betrachtet,

---

[1] EDUARD ZELLER, Ueber teleologische und mechanische Naturerklärung in ihrer Anwendung auf das Weltganze. (E. A. aus den Abhandlungen der Königl. Akademie der Wissenschaften zu Berlin 1876. S. 37.) In den Vorträgen und Abhandlungen. II. Sammlung. Leipzig, 1877. S. 548.

das kraft seiner *eigenen Gesetze* das Schöne und Zweckmässige hervorbringt, als wenn man meine, die allgemeinen Naturgesetze bringen an und für sich selber nichts als Unordnung zuwege, und alle Zweckmässigkeit der Natureinrichtung könne nur von einem *wunderbaren Eingreifen* der Gottheit herrühren." Es kommt nur darauf an zu entscheiden, *ob der Entwurf der Einrichtung des Universums von dem höchsten Verstande schon in die wesentlichen Bestimmungen der Natur gelegt und in die allgemeinen Bewegungsgesetze gepflanzt sei*, um sich aus diesen auf eine der vollkommensten Ordnung angemessene Art ungezwungen zu *entwickeln*."

Nun strebt unverkennbar die ganze physische Entwicklung unsres Planeten der Offenbarung eines sich zu immer höheren Formen potenzirenden psychischen Lebens zu. "Es mag ausgesprochen werden," sagt LYELL (am Schlusse seines Werkes über das Alter des Menschengeschlechts), "dass, weit entfernt, eine materialistische Tendenz zu haben, die angenommene, sich allmählich steigernde Einführung von Leben, Empfindung, Instinct, Verstand der höheren Säugethiere, und zuletzt der vervollkommnungsfähigen Vernunft des Menschen selbst auf die Oberfläche der Erde in auf einander folgenden Perioden sich uns unter dem Bilde einer stets anwachsenden Herrschaft des Geistes über den Stoff darstellt." „Dieses psychische Leben wird aber eben nur durch das harmonische Hinwirken aller Sphären des Naturwaltens *möglich*: der Mensch ist ‚aus den Tiefen der Natur emporgestiegen', eben nur *weil* die *Natur* solche einmüthige Kräfte und Gesetze hat, welche die immer vollkommner werdende Manifestation geistigen Lebens gestatten.¹" Zu diesem grossen Ziele convergirt Alles. Der Baum des Lebens mit den Blüthen des Bewusstseins erscheint somit als der wahre letzte Zweck der Natur: *Tout le reste n'est fait que pour eux*, sagen wir mit LEIBNIZ.² Und dieser eine allgemeine Weltzweck, das befriedigte Bewusstsein oder das Glück, (das ist denen zu erwiedern, welche derartige Betrachtungen als transscendent und darum nicht wissenschaftlich verwerfen) ist ja selbst ein durchaus immanenter, und seine Verwirklichung wird als das Resultat in wandelloser

---

¹ Philosophische Consequenzen S. 83.
² *Système nouveau de la nature*. §. 5. Op. ph. Erd. p. 125.

Gesetzmässigkeit wirkender Naturkräfte gedacht. „Die ganze Schöpfung sollte durchgenossen, durchgefühlt werden" von „Millionen Geschöpfen, deren jedes, von besonderem Sinn und Triebe, eine eigne Welt geniesst:" in ihnen aber „fühlt die allbelebende, allgeniessende Mutter sich selbst." So suchte sich auch HERDER die Erscheinung des *Bewusstseins* in der Welt auszulegen.

Als „*Willen zum Leben*" hat der Pessimist von Frankfurt das „Innere der Natur" aufgefasst: und es ist an sich eine der Ethik günstige Ansicht, vom Walten eines Willens in der Welt überzeugt zu sein. Eine tief und grossartig angelegte Moral könnte sich auf diesem Grunde erheben. Alles *Sollen* setzt ja ursprünglich den *Willen* eines Anderen, Höheren, voraus: ein Sollen von *metaphysischer* Bedeutung daher eine Potenz im Grunde der Dinge, die mit dem Willen des Menschen wenigstens nicht ohne alle Analogie ist. Auch mit der Bezeichnung „Wille zum *Leben*" kann man sich einverstanden erklären: wenn man die Aristotelische Auffassung von Leben, Thätigkeit und Glück hat. Alles Grosse, Schöne und Edle im Menschenleben, alle seine idealen Schöpfungen sind das Werk des Willens, sind Aeusserungen des Lebens. Der Wille im Grunde der Dinge, der der Urgrund der Welt und daher auch jener Schöpfungen sein soll und zugleich auch aller Intelligenz und aller Vernunft, die auf unserm kleinen Planeten doch sicherlich nicht ihre höchste Vollendung erreicht haben wird,[1] — dieser Wille müsste ein guter und weiser sein: und dies ist auch stets der Glaube derer gewesen, die in der einen oder andern Form ihr eingebornes[2] religiöses Bedürfniss befriedigten.

Aber das ist freilich nicht Schopenhauer's „Wille zum Leben." Ganz anders charakterisirt er das Weltprincip. Er sieht im „Willen in der Natur" nicht einen guten Geist, einen

---

[1] An diesem Puncte ist SCHOPENHAUER in der That vorcopernicanisch und KANT weit moderner als er.

[2] Denn allerdings ist, wie SHAFTESBURY sagt, der Mensch zur Religion *geboren*. Erklärt doch selbst BOLINGBROKE den Menschen für „ein eben so wohl *religiöses* als *geselliges* Geschöpf." (*Man is a Religious as well as Social creature.* Citirt von LELAND, *A view of the principal deistical writers. 4. ed. Vol. I. p. 83.*)

weisen Geist; sondern sein „Weltgeist"[1] ist schlecht, ist vernunftlos, ist ein böses, zu vernichtendes Princip. Wie überhaupt aus diesem dunkeln, irrationalen Grunde das Licht der Intelligenz aufleuchten konnte, wie überhaupt eine seiner zahllosen Erscheinungen gut werden konnte, weiss man freilich nicht. Grau in Grau sieht der düstere Denker das Bild der Welt: *farbenblind* für alle freundlichen Seiten des Daseins ist sein trübes Auge. Alles Leben soll beständig begleitet sein von einem Gefühl des Leidens: das sagte der Mann, der bis in sein Alter fast beständig physisch gesund war. Nicht psychisch gesund: denn schwerlich doch kann man gesund das Temperament eines *„Dyskolos"* nennen, der über einer einzigen dunkeln Seite einer Sache neun helle für nichts achtet.[2] Krankhaft reizbar müssen Organe sein, die auf jeden Eindruck mit einem Schmerzgefühl antworten.

Schilderungen, die, nach Art des Voltaire'schen „Candide," dadurch *die Einbildungskraft zu überwältigen suchen,* dass sie alle Uebel, die sie nur immer in der Welt haben entdecken können, um Einen Punct herum aufhäufen, alles Gute und Schöne aber geflissentlich davon fernhalten, solche Schilderungen sollen für philosophische Argumente gelten. Aehnlich wie wenn ein Botaniker alle Fluren der Erde durchstreifte und mit der grössten Sorgfalt alle Giftpflanzen sammelte, sie zu Einem Strausse wände und nun, durch ihren tödtlichen Hauch uns zu betäuben trachtend, und uns zugleich verschweigend, dass selbst diese Gewächse zum Theil, wegen ihrer heilkräftigen Wirkungen, zu den wohlthätigsten gehören, diesen Strauss mit den Worten uns darreichte: „Seht, das sind die Pflanzen der Erde!" Ein Schriftsteller, der hinreichende Phantasie und philosophische Bildung besässe, würde sich ein grosses Verdienst erwerben, wenn er, im entgegengesetzten Sinne, aber mit gleich viel Esprit, und mit mehr Gemüth, einen *„Anti-Candide"* verfassen würde.

Quietistischer Pessimismus ist die Welt- und Lebens-Ansicht eines derartig organisirten, unglücklichen Geistes. Er starrt das ihm furchtbare Antlitz der Natur an, und erstarrt. Ohne *Glauben* an den Werth des Daseins, ohne *Hoffnung* auf einen

---

[1] denn dieser Name findet sich, obwohl selten, auch bei ihm.
[2] Vgl. SCHOPENHAUER, WW. V. Bd. S. 345.

Fortschritt, auf die Möglichkeit eines Besserwerdens, eines Bessermachens (da aller Zeitverlauf nur Schein sein soll, der das Wesen der Dinge nicht berührt), legt der Mensch müssig die Hände in den Schooss; und die *Liebe* allein, die er haben mag (zumal wenn sie auf das Mitleid reducirt ist und nicht einmal Mitfreude kennt), wird ihn aus dieser tödtlichen Lethargie nicht herausreissen. Ein Volk, dass jenen Glauben und jene Hoffnung verloren hat, und wenn es das mitleidigste von der Welt wäre, geht unter ohne Rettung. Aber so lange ein Volk Thatkraft und geistige Gesundheit besitzt, mangelt ihm auch jener Glaube und jene Hoffnung, jener Lebensmuth und jene Arbeitsfreudigkeit nimmer: und diese Energie haben die Nationen des Nordens. Wo diese Thatkraft mangelt, wo das Volk in Erschlaffung versunken ist, in den Ländern der Tropen ist jene Weltansicht heimisch: in unsern gesunderen Klimaten aber, unter strebenden und kräftig regsamen Menschen, kann dieses lebensfeindliche, exotische Gewächs nicht frei gedeihen; und nur unter der künstlichen Nachhülfe der launischen Mode, unter treibhausartigen Bedingungen, mag es hier und da sich eine Weile fortentwickeln und durch seine unheilvolle Ausdünstung die umgebende Atmosphäre inficiren.

Fern sei es von uns, einen *quietistischen* Optimismus loben zu wollen, der ja die Maxime des *laissez aller, laissez faire*, kurz, seine *Faulheit* (um den Kraftausdruck nicht zu vermeiden) mit dem Pessimismus gemein hat. Diese Abart des Optimismus, die zuweilen nicht einmal das Mitleid des Pessimismus hat, ist oft nur der Ausdruck egoistischen Behagens an eigner Wohlfahrt, bei kalter Theilnahmslosigkeit für Andrer Leiden. Und wie der Pessimist mit seiner Lehre, dass die Welt selbst von Grund aus schlecht sei, seine eigne Schlechtigkeit sehr wohl beschönigen kann, da er ja eben nur dem allgemeinen Zuge folgt und nur keine Ausnahme macht von dieser universellen Schlechtigkeit; so liegt andrerseits auch in einer falschen Auffassung des Optimismus die Gefahr der Beschönigung des Schlechten und Bösen nahe.

Der verständige Optimist verschliesst sein Auge keineswegs vor den Uebeln des Lebens, deren höchster Grad die moralischen sind. Ja, er wird unter Umständen sogar einen kleinen pessimistischen Zug optimistisch zu würdigen wissen und mit der Unzufriedenheit zuweilen zufrieden sein: denn „des Menschen Geist kann allzuleicht erschlaffen." Aber er verneint nicht die Welt; sondern nur gegen das Böse und Schlechte in ihr richtet er seine Indignation, und freudig bejaht er in ihr alles Gute und Schöne. Und diese Verneinung und Verwerfung, diese Bekämpfung und Besiegung des Schlechten, erkennt er, ist in der Verfassung der Welt selbst angelegt: überall kann er die Kräfte beobachten, die demselben beständig entgegenarbeiten — und zu diesen Kräften gehört vor allen die bewusste Menschenkraft. Eben nur weil er die Hebel bemerkt, an denen er nur kräftig mitanzufassen braucht, um das universelle Getriebe wirksam zu fördern; eben nur weil er sieht, dass auf die Arbeit und Thätigkeit des Menschen selbst im Naturhaushalt an erster Stelle gerechnet ist, und die Uebel als Sporn und Stachel zum energischen Streben nach Fortschritt durch eigne Kraft aufzufassen sind: nur darum ist und bleibt er Optimist. Nur darum beruhigt er sich und befreundet er sich durchaus mit dieser Welt, wie sie nun einmal vor ihm steht als eine feste Thatsache und letzte Wirklichkeit, und söhnt er sich aus mit den Uebeln des Daseins: weil er arbeitet und weil er den Erfolg der menschlichen Arbeit sieht; nur dabei findet er Trost und Zuversicht und das Vermögen in sich, alle skeptisch-schwankende Haltungslosigkeit und ewig im Halben verbleibende Unschlüssigkeit kraftvoll zu überwinden. Religiöse *Resignation*, in der, wie auch der grösste Englische Religionsphilosoph, der ehrwürdige Bischof Butler erklärt,[1] das Ganze der Frömmigkeit besteht, — diese fromme Ergebung in den Weltlauf tritt nur dem wirklich Unabänderlichen gegenüber bei ihm ein: wo die angestrengteste Kraft und That des Menschen zur Hebung der Uebel noch nicht hinreicht. Denn Resignation darf nicht zum Quietismus führen. Aber er hofft auf die Zukunft und glaubt: dass „alle grossen Quellen menschlicher Leiden in einem hohen Grade, viele derselben sogar nahezu gänzlich, durch menschliche Sorge und Anstrengung zu heben sind." (Mill.) Einen Theil dieser Aufgabe aber hat Jeder auf sich zu nehmen. Viel Jammer giebt es in der Welt, wird er mit dem weisen

---

[1] *Resignation to the will of God is the whole of piety. Sermons*, p 522.

Mirza Schaffy des Westens sagen — aber er wird mit diesem hinzusetzen:

> Doch treibt den Jammer aus kein Jammern
> Aus den bedrängten Herzenskammern:
> Drum, wer ihm nicht will unterliegen,
> Muss kämpfen, um ihn zu besiegen;
> Denn unser Ziel muss sein auf Erden,
> Den Jammer möglichst loszuwerden,
> Statt salbungsvoll durch dunkle Lehren
> Des Lebens Trübsal noch zu mehren.

Jene Resignation aber wird er zuerst seinem eigenen Schicksal gegenüber beweisen; an seine eigne Person zu erst wird er die Stoische Forderung stellen: *Nihil indignetur sibi accidere, sciatque, illa ipsa quibus laedi videtur ad conservationem universi pertinere, et ex his esse quae cursum mundi officiumque consummant. Placeat homini quidquid Deo placuit.* (Sen. ep. 74, 20.)

Auf der Bejahung des Lebens ruht alle Moral: eine Moral des Pessimismus ist nur durch Inconsequenz möglich — gerade das völlige Widerspiel aller *Moral* (im Sinne der bisherigen Menschheit) ist die wahre ethisch-logische Consequenz des Pessimismus. Denn wenn es, wie Schopenhauer erklärt, „der einzige angeborene" Irrthum ist, dass die Menschen da sind, um glücklich zu werden, vielmehr Alles in der Welt darauf angelegt ist, sie von diesem Urtheil von Grund aus wieder abzubringen, und als der wahre Zweck der Welt, wenn man überhaupt einen annehmen dürfte, das Leiden erscheint, welches das sicherste Mittel zu ihrer Vernichtung ist, — welche Vernichtung der Welt gerade das ist, was jeder Menschenfreund, wegen des allem Leben wesentlichen und demselben unabänderlich anhaftenden Elends, von tiefstem Grunde seines Herzens wünschen muss: — so muss er nothwendig alles das billigen, was zur baldmöglichsten Erreichung dieses so sehnlich herbeizuwünschenden Zieles der Welt am geeignetsten erscheint, und missbilligen muss er, mit logischer Consequenz, alles das, was nur immer auf dem Wege zur Erreichung jenes Zieles ein Hemmniss und Hinderniss ist. Und seine sittliche Thätigkeit wird darin bestehen müssen, das, was er billigt, auch selbst zu thun, was er missbilligt, auch selbst zu verhindern. Nun ist nach der Lehre dieser finstren Weisheit das *Leiden*, das *grösste* Leiden das sicherste Mittel zur Weltverneinung: je grösser das Leiden in dieser nun doch einmal unheilbar verderbten Welt wird, desto näher kommt sie diesem herbeizusehnenden Ziele. Die Quellen des Leidens muss man also mit Aufbietung aller seiner Kräfte reichlicher fliessen machen und die ergiebigsten Quellen am meisten nähren: alles dagegen, was ihnen seiner Natur nach durchaus entgegenwirkt, zu vernichten trachten. Diese ergiebigsten Quellen des Leidens sind die Laster und deren grösste Widersacher die Tugenden. Die Moral des Pessimismus mus daher alle Laster billigen und möglichst auszubreiten suchen, alle Tugenden aber verwerfen und womöglich aus der Welt zu schaffen trachten. Diese furchtbare Consequenz des Pessimismus,[1] gegen welche die Apologie des Lasters nach Art eines Mandeville noch unschuldig erscheint, haben unsre Pessimisten nun freilich bisher nicht zu ziehen gewagt: — allein was folgt daraus? — Doch kehren wir zu unsrer allgemeineren naturphilosophischen Betrachtung zurück.

Wenn wir die Stufenleiter der Lebendigen und die allmähliche Steigerung des Bewusstseins vom Protozoon bis zum Menschen als Ganzes überschauen und dabei erwägen, dass sich nach der modernen Weltansicht dieser „*aus jenem*" „*entwickelt*" haben soll; so muss sich jene Verwunderung alsbald einstellen, von der, nach der Meinung der „Classiker der Ethik," alle Philosophie anhebt. Blosse *Summation* oder *Addition* von wenn auch Millionen und aber Millionen Bewusstseinsfünkchen jener ersten vitalen Wesen, so erkennen wir klar, kann die auch *qualitativ* so reichgestalteten Bewusstseinserscheinungen der Menschenwelt nimmer ergeben. Aber man braucht vom Urthier nicht gleich bis zum vollkommensten der uns bekannten Wesen, von der untersten nicht gleich bis zur obersten Stufe des Lebens, vom niedrigsten nicht gleich bis zum höchsten Grade der Bewusstseins-Scala aufzusteigen, um sich zu überzeugen, wie in der geschichtlichen Aufeinanderfolge der Wesen *qualitativ* immer *Neues* in die Wirklichkeit eintritt, das aus seinen Vorstufen nicht völlig verständlich, nicht völlig ableitbar ist, so weit es eben in der That etwas *Neues* ist: und das in so fern

---

[1] Vgl. Hume über das böse Princip der Manichäer, oben S. 92 f.

also allerdings nicht ganz „*erklärlich*" erscheint — wenigstens wenn man diesen Begriff wie gewöhnlich fasst. Ist denn, muss man fragen, kein *qualitativer Unterschied* zwischen Infusoriumsgeist und Elephantengeist, nur ein *arithmetischer* des blossen *Mehr* und *Minder?* Es mag ja sein, dass sich z. B. alle Sinne aus dem Gemeingefühl heraus „entwickelt" haben: sind aber darum Sehen und Hören und Riechen und Schmecken nicht *qualitativ* und *specifisch* von einander *verschieden*, welche Verschiedenheit sich nimmermehr durch blosse *mathematische* Begriffe decken lässt? Die Rose entspriesst dem Zweige, doch ist sie darum dem Zweige nicht gleichartig. Der Eichbaum entwickelt sich aus der Eichel, aber er ist nicht mehr Eichel. Im Embryo ist vieles, was im Ei noch nicht war, im Menschenkinde vieles, was im menschlichen Embryo noch nicht war, und im Manne vieles, was im Kinde noch nicht war: qualitativ immer Neues erscheint in jeder fortschreitenden *Entwicklung*. Nehmen wir nun etwa noch, wie die grosse Mehrzahl der Forscher, welche an einer Entwicklung der vitalen Welt nicht zweifeln können, eine Urzeugung an, ein Hervorgehen des Organischen und Beseelten aus Anorganischem und Unbeseeltem; so wird das Erscheinen immer *neuer* Potenzen auf unserm Planeten noch evidenter. Ein um die Sonne, von der er sich abgelösst hat, kreisender Nebelball verdichtet sich zu einer feurigen Kugel; dieselbe kühlt sich ab und erhält eine feste Rinde, auf der sich sodann das Wasser der Atmosphäre niederzuschlagen beginnt: und plötzlich, in einem ganz bestimmten Zeitpuncte, erscheint eine völlig *neue* Potenz, ja eine völlig *neue Seite der Natur* auf dem Weltkörper, ein Innerliches, ein Fürsich-sein, ein *Bewusstsein*. Was heisst nun: *aus* dem Anorganischen ist es hervorgegangen? *Nachdem* die Erde ausschliesslich diese niedere Daseinsstufe hatte, ohne Zweifel, und ohne Zweifel unter ganz bestimmten Bedingungen nach ganz bestimmten Gesetzen. *Verursacht* aber, scheint es, ist es durch die Gesetze oder *Kräfte eigner Art*, *bedingt* nur ist es durch jene bestimmte Anordnung der materiellen Unterlage. Diese ist also in der That nur, um Geulincx' und Malebranche's Ausdruck zu gebrauchen, die „*Gelegenheitsursache*" zur Manifestation *besonderer Gesetze*; nur diese Gelegenheitsursache: aber auch nicht weniger. Und nicht anders scheint es sich auch bei der weiteren *Entwicklung* des Lebens zu verhalten: und nur wenn man den Muth hat, das Auftreten eines wirklich *Neuen* und mithin jedes *Entstehen*, jede wahre *Veränderung*[1] in der Geschichte der Erde, von ihrem Zustande als Nebelball bis zur Gegenwart, in jeder Hinsicht gänzlich in Abrede zu stellen, wird man im Stande sein, jener Consequenz sich zu entziehen. Und dann hätte die Lehre von dem „Ein und Alles" die allerdings überraschende Auslegung erhalten: „Es ist Alles *einerlei!*" Wirklich versichert auch, mit bewundernswerther Kühnheit, ein bekannter philosophirender Zoologe unsrer Tage: dass die Natur überall *gleich sehr belebt* sei; wonach, scheint es, das gestern geschlachtete Thier heut noch eben so beseelt ist, wie gestern. In der That liegt aber jene Auffassung ganz im Geiste einer jetzt sehr verbreiteten Richtung in der Naturwissenschaft. Die Forderung, das Höhere aus dem Niederen zu „*erklären*," legt man so aus, dass das Höhere in jeder Hinsicht auf das Niedere *reducirt* werden muss; wobei man dann die *Unterschiede* — einstweilen ignorirt, oder aber, was noch schlimmer ist, positiv läugnet. So führt man denn das Vollkommenste auf das Allerunvollkommenste zurück, indem man von jenem immer mehr und mehr abzieht, bis der Rest fast gleich Null ist. Aus diesem Rest soll dann das Vollkommenste „erklärt" worden sein! Man reducirt immer eine Stufe des Daseins auf die nächst tiefer liegende, bis man am Ende auf der alleruntersten angekommen ist, wo man denn (leider!) nicht mehr weiter hinabsteigen kann. Diese unterste Stufe ist das leerste Abstractum: die Fiction einer *eigenschaftslosen* Materie, welche in der That, wie SCHOPENHAUER bemerkt,[2] der „Wechselbalg der wirklichen Materie" ist und das wahre „*caput mortuum der Natur, daraus sich ehrlicherweise nichts machen lässt:*" — aus diesem aber will man nun

---

[1] Denn wenn sich etwas *verändern, anders werden* soll, so muss zu dem beharrenden Alten (oder zu einem Theile des Alten) ein *Neues* hinzutreten, durch das sich der spätere Zustand vor dem früheren eben *unterscheidet*.

[2] Dessen Verdienst es ist, den gekennzeichneten — muss man nicht fast sagen *nihilistischen* — Reducirungs- und Depotenzirungs-Versuchen mit Nachdruck entgegengetreten zu sein; — obwohl er dabei auch wieder in eine falsche Reducirung und Simplificirung, nur andrer Art, verfallen ist, in die nämlich auf einen „Weltwillen," der das wahre Ding an sich, und dessen „verschiedene Stufen der Objectivation" die Naturkräfte sein sollen.

dennoch Alles in der Welt *erklärt* haben — „ein All *ohne* irgend ein Merkmal soll der Grund einer realen Welt *mit* unendlich mannichfaltigen bestimmten Merkmalen sein" (JACOBI): — wobei man den uralten Grundsatz ignorirt, dass aus Nichts Nichts wird und sich mit Nichts auch Nichts machen lässt. In der That aber haben wir hier wieder den Versuch vor Augen, *aus Nichts die Welt zu schaffen.* Denn viel mehr als ein reales Nichts kann doch eine *eigenschaftslose* Materie nicht sein.

Man hat am Ende jener Reducirung allerdings eine ziemlich *reducirte* Weltanschauung gewonnen; und seiner eigenen Wirklichkeit, die doch von jenem schemenhaften Abstractum gänzlich *verschieden* zu sein nur *scheinen* soll, ist man gar nicht mehr so gewiss! Gespenstisch fast kommt dem Forscher selbst die also reducirte Welt nun vor, und folglich auch die volle, wirkliche Welt, die ja mit jener depotenzirten und degradirten identisch sein soll. Und so wäre man, möchte es beinahe scheinen, an jenem Stadium des Denkens oder vielmehr „Erklärens" bereits angelangt, das JACOBI, auf ein Paradoxon LICHTENBERGS anspielend, prophezeite: *Die Welt,* meinte er, *wird noch so fein werden, bloss noch an Gespenster zu glauben!*

In seinem berühmten Gespräche mit LESSING bemerkt JACOBI[1] sehr wahr: „Ungemessene Erklärungssucht lässt uns so hitzig das Gemeinschaftliche suchen, dass wir darüber des Verschiedenen nicht achten; wir wollen immer nur verknüpfen, da wir doch oft mit ungleich grösserem Vortheile trennten." Er beruft sich dabei auf das GOETHE'sche Wort: „Wir sollten, dünkt mich, immer mehr beobachten, worin sich die Dinge, zu deren Erkenntniss wir gelangen mögen, von einander unterscheiden, als wodurch sie einander gleichen. Das Unterscheiden ist schwerer, mühsamer, als das Aehnlichfinden, und wenn man recht gut unterschieden hat, so vergleichen sich alsdann die Gegenstände von selbst. Fängt man damit an, die Sachen gleich oder ähnlich zu finden, so kommt man leicht in den Fall, seiner Hypothese und seiner Vorstellungsart zu lieb, Bestimmungen zu übersehen, wodurch sich die Dinge sehr wesentlich von einander unterscheiden." Und auch HEGEL[2] erklärt:

---

[1] WW. IV. Bd. I. Abth. S. 72 f.
[2] Encyklopädie. II. Thl. Einl. § 249. WW. VII. Bd. I. Abth. S. 35 f.

„Die Identität festzuhalten, ist wichtig: das Andere ist aber, den Unterschied; dieser ist zurückgestellt, wenn nur von quantitativer Veränderung die Rede ist; und das macht die blosse Vorstellung der Metamorphose ungenügend.... Der Begriff unterscheidet nach qualitativer Bestimmtheit und macht insofern nur Sprünge."

Die *Erklärung* der so unendlich mannichfaltigen Naturerscheinungen kann nicht darin bestehen sollen, dass man nun alle diese Verschiedenheiten und Veränderungen *wegerklärt*, sondern nur darin, dass man die constanten Regeln zu erkennen sucht, welche die Natur in diesen Vorgängen beobachtet, die „Gesetze," kraft welcher die bestimmten Erscheinungen nothwendig herbeigeführt werden, und dass man dann die einzelnen zu erklärenden Phänomene auf diese Gesetze oder Kräfte, als deren Wirkung, zurückführt. „Die Naturforschung," erklärt ein grosser Forscher und Denker, „hat die Gesetze der Thatsachen zu suchen. Indem wir das gefundene *Gesetz* als eine die Vorgänge der Natur beherrschende Macht anerkennen, objectiviren wir es als *Kraft*, und nennen eine solche Zurückführung der einzelnen Fälle auf eine unter *bestimmten Bedingungen* einen *bestimmten Erfolg* hervorrufende Kraft eine ursächliche *Erklärung* der Erscheinungen.¹" „Ein Naturgesetz bleibt bloss die der Natur abgemerkte Regel, nach der sie unter bestimmten Umständen, sobald diese eintreten, jedes Mal verfährt: daher kann man allerdings das Naturgesetz definiren als eine allgemein ausgesprochene Thatsache, *un fait généralisé*; wonach denn eine vollständige Darlegung aller Naturgesetze doch nur ein completes Thatsachenregister wäre." So sagt Schopenhauer.² Doch wohl nicht nur dieses: sondern eben zugleich die Angabe der *Ordnung*, und der *Einheit* in der Ordnung dieser Thatsachen. Aber jenes „*doch nur*" in den Worten des Frankfurter „*Metaphysikers*"³ soll freilich auch hierauf gehen. Er verstand unter „*Erklären*" etwas ganz Mystisches, man weiss nur nicht recht was, jedenfalls eine Art von jenem *Wegerklären*. Alle Wissenschaft aber, scheint uns, will das Wirkliche erkennen, wie es

---

[1] H. HELMHOLTZ, Das Denken in der Medicin. Berlin, 1877. S. 31 f.
[2] WW. II. Bd. S. 167.
[3] Metaphysikers im übeln, nämlich transscendenten Sinne des Wortes.

ist, d. h. die Thatsachen in die Sprache des Bewusstseins übersetzen und die allgemein-gesetzmässigen Beziehungen zwischen denselben auffinden, welche die Einheit in deren Vielheit herstellen. Das Wirkliche muss sie aber stehen lassen und will sie auch stehen lassen und nicht zum Unwirklichen machen. Erkennen heisst nicht wegräsonniren, Erklären nicht Wegerklären, die Welt erforschen nicht, die Welt aus Nichts schaffen, oder aus Eigenschaftslosem alle Eigenschaften deduciren. Die Forderung einer einheitlichen Weltanschauung ist nicht die Forderung, Alles in der Welt *Eins* zu machen.

Man muss mit dem Begriffe der *Entwicklung* also Ernst machen und das Wort nicht unnützlich führen. Wahre und wirkliche, nicht, wie *lucus a non lucendo*, bloss so genannte, *Entwicklung* implicirt ein *ursprünglich angelegtes, gesetzmässiges, planmässiges Fortschreiten* zu einem bestimmten *Ziele*. Ohne alle diese Begriffe, *Anlage, Gesetzmässigkeit, Plan, Fortschritt, Ziel*, wird der Begriff der *Entwicklung* nicht erfüllt, und man darf, wo man alles dieses ausser der Gesetzmässigkeit läugnet, ja auch wo man nur eine dieser Bestimmungen in Abrede stellt, eigentlich gar nicht mehr von *Entwicklung* reden. Wenn man daher von einer Entwicklung der Welt oder (besser) von einer Entwicklung der „Weltinseln" oder „Weltsysteme" spricht; so darf man nicht von einem *Chaos* ausgehen, sondern von ursprünglicher Anlage und Ordnung, von einem „Welt*ei*." Der Begriff der *Anlage* ist freilich ein sehr schwieriger: aber doch verbinden wir einen mehr oder minder bestimmten Gedanken damit, wenn wir von der Anlage eines entwickelten Wesens in seinem Saamen reden. Die Annahme eines Stufensystems von, in ihrem Inkrafttreten oder ihrer Wirksamkeit an ganz bestimmte zeitliche, räumliche und materielle Bedingungen gebundenen, in ganz bestimmter Reihenfolge einander übergeordneten Kräften, von (in Schopenhauer'scher Weise völlig rationell und modern aufgefassten — und ebendarum freilich kaum noch als „Platonische" zu bezeichnenden) sog. „Platonischen *Ideen*," scheint durch diesen Begriff gefordert zu sein; und es ist nicht ersichtlich, dass Gründe der Erfahrung oder des logischen Denkens einer solchen Annahme widerstritten. Von einem *Entwicklungsgesetz* im Singularis aber kann man dabei, wie Liebmann[1] mit Recht bemerkt, im strengen Sinne des naturwissenschaftlichen Begriffs von *Gesetz* nicht reden; da jedes einzelne Stadium der Entwicklung schon nach einer Mehrheit von Gesetzen erfolgt. Alle diese, die Entwicklung bewirkenden Kräfte haben „Aeternität und Ubiquität." Sie regeln von Ewigkeit zu Ewigkeit alle die unzähligen Entwicklungsvorgänge des Universums, indem gleichzeitig auf den ungezählten Schauplätzen des Lebens alle Stadien der Entwicklung stets vertreten sind. Denn „das All gleicht einem jener südlichen Bäume, an denen zu derselben Zeit hier eine Blüthe aufgeht, dort eine Frucht vom Zweige fällt," nach Strauss' schönem Bilde. Und diese fallenden Früchte enthalten den Saamen künftiger Entwicklung; der Phönix ersteht wieder aus der Asche.[2] *Certis eunt cuncta temporibus: nasci debent, crescere, exstingui:*[3] aber neues Leben folgt allem Erlöschen.

Alle Naturforscher, auch diejenigen, welche die Zweckbetrachtung principiell geächtet haben, brauchen häufig Worte wie *nieder* oder *höher*, *vollkommen* oder *unvollkommen*, *Fortschritt*, *Function*, *Verrichtung*, *Leistung* u. s. w., welche sämmtlich diese Zweckbetrachtung voraussetzen: ein Zeichen, wie unabweisbar dem natürlichen Denken diese Kategorie der Auffassung ist; daher wirklicher Zwang und Anstrengung erforderlich ist, wenn man sie dennoch absichtlich *à tout prix* von sich abwehren will.

„Die Natur ist unendlich viel mehr, als der Physiker, der Chemiker, ja auch der Physiolog sich bei diesem Worte zu denken pflegt," erklärt Liebmann[4] sehr richtig. Sie ist aber auch noch unendlich viel mehr als der Zoolog und der Thierpsychologe, sofern er bloss das ist, sich bei diesem Worte denkt. Und so ist es denn, bei der jetzigen, bis zu einem gewissen Grade so wünschenswerthen, Arbeitstheilung unter den Forschern, begreiflich, dass diejenigen unter den wissenschaftlichen Fachmännern, die sich für gewöhnlich in ihren Untersuchungen absichtlich auf gewisse niedere Stufen des Daseins beschränken, zuweilen aber — ohne dabei doch die nöthige logische und

---

[1] a. a. O. S. 326.
[2] Vgl. Kant, Allgemeine Naturgeschichte und Theorie des Himmels. III. Thl.
[3] Seneca, *ep. 71, 12.*
[4] a. a. O. S. 497.

philosophische Schulung zu besitzen — zu *philosophiren* anfangen, nur zu oft alle höheren Sphären der Natur zu kurz kommen lassen und gerade die höchste Stufe des Weltdaseins, das *Specifisch-Menschliche*, in seiner Eigenthümlichkeit aufzuopfern nicht anstehen. So z. B. haben gewisse „Darwinianer" geglaubt, nur durch *Degradation*, bez. Zoologisirung alles Menschlichen (um es milde auszudrücken) der Theorie der Entwicklung Anerkennung verschaffen zu können. Dürfen sie sich dann aber wundern, dass Mancher nun mit Abscheu und Entrüstung ihre Lehre zurückweist, welche ja, anscheinend auch nach ihrer Meinung, von jener Voraussetzung ausgehe, dass der Mensch, falls er „vom Affen abstammt," *Affe ist?* Speciell in der Ethik ist von solchen Leuten, die, ehe sie mit ihren Productionen das Publicum beglückten, durchaus kein Bedürfniss gefühlt hatten, sich mit den Ergebnissen des fortgesetzten Nachdenkens der grössten und edelsten Geister zweier Jahrtausende über die wichtigsten Fragen des Menschenlebens auch nur einigermassen vertraut zu machen, ja sie überhaupt auch nur im mindesten zu berücksichtigen, das Bedauerlichste geliefert worden. Es ist daher die besondere Pflicht derjenigen Forscher, die ihre Kräfte vorzugsweise der Ergründung der höchsten Stufen des Daseins widmen, allen solchen Depotenzirungsversuchen der Natur von Seiten unphilosophischer Specialisten mit Entschiedenheit entgegenzutreten.

„Unglücklicher Weise für die Fortschritte unsrer Erkenntnisse," sagt Lamarck [1] sehr wahr, „sind wir beinahe immer extrem, und es geschieht nur zu allgemein, dass wir einen Irrthum zerstören, um uns nachher in einen entgegengesetzten Irrthum zu stürzen." So ist denn nun auf eine Periode gänzlicher Nichtachtung und völliger Verkennung des untermenschlichen Seelenlebens der rächende Rückschlag gefolgt: die extremste Unterschätzung des menschlichen Geistes im Interesse der Werthschätzung des thierischen, bei manchen philosophirenden Zoologen. —

Schopenhauer's [2] Versuch, gewisse Elemente der *Ideenlehre* Plato's in wissenschaftlich modernisirter Gestalt naturphilosophisch zu verwerthen, war an sich sehr anerkennenswerth.

---

[1] Zoologische Philosophie. Uebers. v. Lang. Jena, 1876. S. 269.
[2] Die Welt als Wille und Vorstellung. 1. Aufl. 1819.

Er fasste die „Ideen" im Sinne von, über alle Zeit und allen Raum erhabenen, gesetzmässig wirkenden Kräften auf; und auch Plato hatte dieselben als „wahrhaft seiend, ungeworden und unvergänglich" und als etwas eminent Kraftthätiges, als wirkende Kräfte, ja als die allein wirksamen Ursachen der Dinge dargestellt. Auch Schopenhauer's Bestimmung, dass die „Ideenwelt" als ein „Stufensystem" von einander übergeordneten „Ideen" oder Kräften aufzufassen sei, ist wohl nicht völlig unplatonisch; obgleich nach Plato das Verhältniss der Ideen zu einander mehr dasjenige unsrer *Begriffe* ist: wie ja die Ideen überhaupt nichts andres als die *hypostasirten Begriffe* sind.[1] Aber am wichtigsten und fruchtbarsten ist Plato's Darstellung der Ideen als *ewiger Urbilder des Seienden*, denen alles Andere *nachgebildet* ist, kurz als idealer *Normen* und *Typen:* da er damit in den Naturprocessen ein Streben nach Hervorbringung bestimmter Gestalten oder *Typen* anzuerkennen scheint. So gefasst unterscheiden sich jedoch die „Ideen" wieder sehr wesentlich von den „Naturgesetzen" im eigentlichen, exacten Sinne des Wortes: — in Betreff dieses Verhältnisses von *Naturgesetz* und *natürlichem Typus* zu einander aber hat auch der moderne Philosoph keine klare Bestimmtheit zu erreichen vermocht. Endlich ist bei Plato die höchste aller Ideen die Idee des Guten, welche im Grunde mit der Göttlichen Vernunft, mit der Gottheit identisch ist, als die absolute Ursache alles Seins. Aber bei diesem Puncte, „in welchem die Stufenreihe des Seins zum Abschluss kommt," verlässt Schopenhauer die antike Lehre; da sie hier, wo sie gerade ethisch am bedeutsamsten wird, mit seinem Pessimismus unverträglich ist: er giebt uns eine Ideenlehre mit abgebrochener Spitze. Allein „so lange Schopenhauer das Gute als absolute Idee verneint und einen trivialen Begriff nennt," erklärt Trendelenburg,[2] „so lange sind seine Ideen nicht Plato's Ideen; denn das Haupt derselben ist die Idee des Guten, die nicht aus dem blinden Willen, sondern aus dem königlichen Verstande stammt, und, wie man sich leicht aus Plato's Phädon überzeugen kann, den Begriff des inneren Zweckes

---

[1] Vgl. Zeller, Philosophie der Griechen. II. Thl.
[2] Logische Untersuchungen. II. Bd. 3. Aufl. Leipzig, 1870. S. 265.

stillschweigend in sich trägt." Die Ideenlehre hat bei Schopenhauer für die Ethik überhaupt keine Bedeutung: bei Plato eine sehr wesentliche; und der Zusammenhang von dessen Ethik mit seiner, durch die „krönende Idee des Guten" verklärten „Physik" ist oft und mit Recht als ihr Vorzug gerühmt worden.

Gerade für die Ethik aber hat SCHLEIERMACHER eine gewisse Seite der Ideenlehre und der Psychologie Plato's zu benutzen gesucht, in seiner akademischen Abhandlung: „Ueber den Unterschied zwischen Naturgesetz und Sittengesetz."[1] „Das Sittengesetz," erklärt er hier, „soll nicht auf dieselbe Weise ein Gesetz sein wie das Naturgesetz, so dass dieses auf dem Gebiet der Natur eben so viel gälte als jenes auf dem Gebiete der praktischen Vernunft; sondern das Naturgesetz soll eine allgemeine Aussage enthalten von etwas, was in der Natur und durch sie wirklich erfolgt, das Sittengesetz aber nicht ebenso, sondern nur eine Aussage über etwas, was im Gebiete der Vernunft und durch sie erfolgen soll. So dass in dem einen Fall Gesetz eine Aussage wäre über ein Sein, ohne dass im eigentlichen Sinne ein Sollen daran hinge, in dem andern eine Aussage über ein Sollen, ohne dass demselben sofort ein Sein entspräche. Dass also das Wort *Gesetz*, so verstanden, in der einen Zusammensetzung eine andere Bedeutung hat, als in der andern, das ist für sich klar." Es zeigt sich nun aber, dass vermöge des Sittengesetzes „doch immer etwas geschehen muss, sonst wäre es auch kein Gesetz:" „Wenn in keinem Menschen die geringsten Anstalten gemacht würden, demselben zu gehorchen, und das, was Kant die Achtung für das Gesetz nennt, gar nicht vorhanden wäre — denn diese ist doch immer schon ein, wenn auch unendlich kleiner, Anfang des Gehorchens: — so wäre auch das Sollen kein Gesetz, sondern nur ein theoretischer Satz." Daher man also nicht sagen kann: „Das Sittengesetz würde gelten, wenn auch nie etwas demselben gemäss geschähe." „Das Gesetz ist also nur Gesetz, insofern es auch ein Sein bestimmt, und nicht als ein blosses Sollen. — Können wir also hier auf dem Gebiet des Vernunftgesetzes das Sollen nicht trennen von der

---

[1] WW. z. Philos. II. Bd. SS. 397—417.

Bestimmung des Seins; ist die Vernunft nur praktisch, sofern sie zugleich lebendige Kraft ist: wie wird es nun auf der Seite des Naturgesetzes stehn? Werden wir dort dieses, dass das Gesetz wirklich das Sein bestimmt, ganz trennen können davon, dass dem Gesetz auch ein Sollen anhängt? Freilich, wenn man allein dabei stehen bleibt, dass das Sollen eine Anmuthung an den Willen enthält: so kann hier von keinem Soll die Rede sein, weil in der Natur kein Wille gesetzt ist. Alsdann ist aber durch den Unterschied, von welchem wir handeln, auch keine Verschiedenheit zwischen Natur*gesetz* und Vernunft*gesetz* ausgedrückt, sondern nur zwischen Natur und Vernunft. Es liegt aber allerdings in dem Sollen, ausserdem dass es eine Anmuthung an den Willen ausdrückt, auch noch dieses, dass bei demselben zweifelhaft bleibt, ob der Anmuthung wird Folge geleistet werden, oder nicht. Wenn wir nun nachweisen, dass Naturgesetze auch eine Anmuthung enthalten, wenn gleich freilich an ein willenloses Sein, aber doch eine solche Anmuthung ebenfalls, bei welcher zweifelhaft bleibt, ob sie wird in Erfüllung gehen, oder nicht: dann wäre das Verhältniss zwischen Sollen und Seinsbestimmung in beiderlei Grenzen so sehr dasselbe, als es bei der Verschiedenheit von Natur und Vernunft nur möglich ist. Die Gesetze nun, welche sich auf die Bewegungen der Weltkörper beziehen, und welche die Verhältnisse der elementarischen Naturkräfte und Urstoffe aussagen, wollen wir in dieser Hinsicht übergehen."[1] „**Alle Gattungsbegriffe der verschiedenen Formen des individuellen Lebens sind wahre Naturgesetze.**" Zunächst bestimmen sie offenbar ein Sein. „Wenn wir aber nun auf der andern Seite gefragt werden: hängt diesem Gesetz auch ein Sollen an? so werden wir so viel ebenfalls bejahen müssen, dass wir das Gesetz aufstellen für das Gebiet, ohne dass in der Aufstellung zugleich mitgedacht werde, dass Alles rein und vollkommen nach dem Gesetz verlaufe. Denn das Vorkommen von Missgeburten als Abweichungen des Bildungsprocesses, und das Vorkommen von Krankheiten als Abweichungen in dem Verlauf irgend einer Lebensfunction nehmen wir nicht auf in das Gesetz selbst, und diese Zustände verhalten sich zu dem Natur-

---

[1] Sehr begreiflich!

gesetz, in dessen Gebiet sie vorkommen, gerade wie das Unsittliche und Gesetzwidrige sich verhält zu dem Sittengesetz." Nun erkennen wir, dass „mit der *Vegetation* ein neues Princip, nämlich die specifische Belebung, in das Leben der Erde eintritt, ein Princip, welches, in einer Mannichfaltigkeit von Formen und Abstufungen erscheinend, sich in seinem Umfange den chemischen Process sowohl als die mit der Bildung der Erde gegebene Gestaltung unterordnet und beides auf individuelle Weise fixirt." Hier erscheinen nun Missbildungen, welche ihren Grund „in einem Mangel der Gewalt des neuen Princips über den chemischen Process und die mechanische Gestaltung" haben. „Weitergehend, werden wir dann sagen müssen, mit der *Animalisation* trete abermals ein neues Princip, nämlich der specifischen Beseelung ein, welches sich in seiner ganzen Erstreckung, wenn gleich nicht überall in gleichem Maasse, sowohl den vegetativen Process als auch das allgemeine Leben unterordnet." Die, aus einem Mangel an Gewalt des neuen Princips über die niederen hervorgehenden Abweichungen sind auf diesem Gebiet schon complicirter, als auf dem der Vegetation. „Und können wir nun wohl noch umhin, der Steigerung die Krone aufzusetzen, indem wir sagen, mit dem *intellectuellen* Process trete nun abermals ein neues, denn wir brauchen nicht zu behaupten das letzte, Princip in das Leben der Erde, welches jedoch nicht in einer Mannichfaltigkeit von Gattungen und Arten, sondern nur in einer Mannichfaltigkeit von Einzelwesen einer Gattung erscheine, sodass eine Mannichfaltigkeit der Gattungen nicht gedacht werden kann, als nur in Verbindung mit der Mehrheit der Weltkörper." Dieser „intellectuelle Process" nun wird sich „nicht nur den der eigenthümlichen Beseelung und Belebung, sondern auch das allgemeine Leben unterordnen und aneignen." Hier zeigen sich nun die meisten und bedeutendsten Abweichungen, als Folgen des Mangels an Herrschaft des höchsten Princips über die untergeordneten. „Und das Gesetz, welches hier neu aufgestellt werden muss, sodass es die ganze Wirksamkeit der Intelligenz vollständig verzeichnet, wird das wohl etwas anderes sein als das Sittengesetz? und die neuen Abweichungen, in welchen die *Begeistigung* unzureichend erscheint gegen die Beseelung, werden sie etwas anderes sein, als das was wir böse nennen und unsittlich?" So erweist sich denn das Sittengesetz als „das höchste individuelle Naturgesetz."

Der allgemeine, ohne Zweifel durch das Studium Plato's angeregte, Gedanke, der unserm Denker bei diesen Ausführungen vorschwebte, erscheint von entschiedenem Gehalt. Die moralischen Regelwidrigkeiten und Charaktermissbildungen mit den organischen Abweichungen, den Krankheiten, Missgeburten u. s. w., in Analogie zu setzen, war ein sehr natürlicher Gedanke, der ja auch den Alten schon durchaus nicht fremd war. Und andrerseits in den organischen Schöpfungen der Natur die Unterschiede der typisch rein ausgeprägten, vollendeten Formen von den anormalen und unvollkommenen Gebilden als den Unterschied eines gleichsam Gewollten und Nichtgewollten, also als eine Vorstufe der ethischen Unterschiede anzusehen, dürfte auch nichts weniger als unphilosophisch sein. Gerade durch solche Erwägungen, scheint es, würde die Annahme einer metaphysischen Bedeutung des Begriffs des Sollens wesentlich unterstützt und — Schleiermacher's eigene Ansicht, derselbe sei ein zufälliger und der Ethik nicht wesentlicher, als um so mehr unhaltbar dargethan werden.

Allein die nähere Ausführung dieses Gedankens und im besondern der Versuch, „Naturgesetz" und „Sittengesetz" einander möglichst nahe zu bringen, ja fast zu identificiren, ist keineswegs als gelungen zu bezeichnen. Zunächst mangelt Schleiermacher vollständig der Begriff des *Naturgesetzes* im modernen, exacten, wissenschaftlichen Sinne des Wortes. Naturgesetze, die ihre Erscheinungen nicht stets und unabänderlich auf gleiche Weise, „allgemein und nothwendig" hervorrufen, sind eben keine „Naturgesetze." Charakteristisch ist in dem versuchten Nachweise, dass alle Naturgesetze eine Anmuthung enthalten, bei der es zweifelhaft bleibe, ob sie wird in Erfüllung gehen, seine Bemerkung: er wolle in dieser Hinsicht die Gesetze der Mechanik, Physik und Chemie *übergehen!* Schleiermacher bemerkt gar nicht, dass (um mit seinen eigenen Worten zu reden) „das Wort *Gesetz*, so verstanden, in der einen Zusammensetzung eine andre Bedeutung hat, als in der andern:"[1] dass, was *er* „Naturgesetz" nennt, ein ganz anderer

---

[1] Vgl. oben S. 293.

Begriff ist, als der, den die moderne Naturwissenschaft mit jenem Worte verbindet. Und da verschiedene Begriffe verschieden bezeichnet werden müssen, könnte man für Schleiermacher's Begriff den besonderen Namen *Idealgesetz, Normalgesetz* oder Gesetz des *Typus* wählen: wobei denn „Gesetz" wieder in einer dem *ursprünglichen* Sinne des Wortes, dem des bürgerlichen Gesetzes, verwandten Bedeutung gebraucht werden würde.[1] Während er anscheinend die Ethik „naturalisirt", „ethisirt" er vielmehr die Natur:[2] und das wäre vortrefflich — wenn er sich nur selbst über diese Unterschiede klar geworden wäre. „Schleiermacher's Begriff von der Natur," bemerkt HARMS treffend, „ist antik, griechisch, indem er Naturgesetze glaubt annehmen zu können, welche nicht allgemeingültig sind, sondern das Individuelle berücksichtigen. *Er überträgt vielmehr das Sittengesetz auf die Natur, als dass er nachweist, das Sittengesetz sei ein Naturgesetz.*"[3]

Wenn wirklich — was Schleiermacher, wie wir gesehen haben, zu behaupten nur scheint — kein wesentlicher Unterschied zwischen (eigentlichem) Naturgesetz und Sittengesetz bestände, die Sittengesetze vielmehr nur die *Naturgesetze* des Geisteslebens wären: dann würde alle Moral, weil aller Unterschied von gut und böse, aufgehoben werden. Denn den *Naturgesetzen* des Geistes gemäss geschehen in der That *alle* Handlungen: eben so wenig wie Krankheiten und organische Missbildungen durchbrechen böse Handlungen die allgemeine Naturgesetzlichkeit. Den (wirklichen) *Naturgesetzen* zuwider zu handeln, ist nicht unrecht, sondern einfach unmöglich. Wenn es also nur darauf ankäme, dass etwas *diesen* Gesetzen gemäss geschähe, so wäre in der That, *„was nur immer ist, recht"*[4] — die grausenvollste Unthat nicht minder als die edelmüthigste Handlung, die hochherzige Aufopferung seiner selbst für das Vaterland nicht mehr, als die Aufopferung des Vaterlandes für die nichtswürdigsten egoistischen Zwecke.

---

[1] Ueber die verschiedenen Bedeutungen des Wortes *Gesetz* vgl. des Herzogs von ARGYLL, *The Reign of Law*. London, 1867. p. 63 ff.

[2] Vgl. oben S. 271.

[3] FRIEDRICH HARMS, Die Philosophie seit Kant. Berlin 1876. S. 485.

[4] *Whatever is, is right*, wie POPE im *Essay of Man* den optimistischen Grundsatz sehr schief ausdrückt.

In Wahrheit aber *ethisirt* Schleiermacher gerade das *Physische*. Er nähert die untergeistigen Sphären des Daseins den geistigen nur dadurch, dass er jene erhebt, oder vielmehr höher fasst, als oft geschieht: indem er auch im untermenschlichen Naturwalten die Existenz von *Idealgesetzen* nachweist; nicht aber versucht er jene Näherung dadurch zu bewirken, dass er das Menschliche erniedrigt. Ob freilich die Analogie zwischen physischen und ethischen Idealgesetzen nicht von Schleiermacher bereits zu weit getrieben und die moralischen Abweichungen und Charaktermissbildungen mit den Krankheitserscheinungen dadurch in eine[1] viel zu nahe, bedenklich nahe Parallele gestellt worden sind, ist eine andre Frage, die hier keineswegs zu Schleiermacher's Gunsten beantwortet werden soll. Dagegen erscheint, zumal wenn man von der Wahrheit der Entwicklungstheorie ausgeht, an sich der Versuch, die niederen Stufen des Daseins, weil Vorstufen der höheren, als diesen nicht absolut ungleichartig darzustellen, durchaus anerkennenswerth. Denn mit vollem Recht bemerkt A. Braun, „dass in einer lebendigen Entwicklung nicht bloss der Anfang die nachfolgenden Schritte, sondern auch umgekehrt das Ziel die vorausgehenden beleuchtet."[2] Und auch in jener Polemik Schleiermacher's gegen Kant's *leeres*, dem Sein vollkommen fremd gegenüberstehendes *Sollen* müssen wir uns Schleiermacher anschliessen; vermögen dabei aber seine weiteren Argumente gegen die wesentliche Bedeutung des Begriffs des *Sollens* überhaupt für die Ethik nicht als stichhaltig anzuerkennen. Nur so viel scheint zugegeben werden zu müssen: dass der Begriff des *Sollens* und der verwandte Begriff der *Pflicht* nicht auf *alle* ethischen Bestimmungen und Verhältnisse auszudehnen ist. Die grosse That eines Arnold von Winkelried z. B. oder das Verhalten eines Sokrates war nicht „*blosse Pflicht und Schuldigkeit:*" — und wer auch diese und überhaupt alle hochherzigsten Thaten als „blosse Pflicht und Schuldigkeit" darstellt; wer den aus moralischer Begeisterung entsprungenen Handlungen überschwänglichen Edelmuths nur „kalte Billigung" entgegenzubringen heischt und den Affect moralischer Bewunderung

---

[1] wie leider neuerdings eine Zeit lang geradezu Modesache war —
[2] Alexander Braun, Ueber die Bedeutung der Entwicklung in der Naturgeschichte. Berlin, 1872. S. 10.

ausschliessen will; wer sich vollends gar dahin verirrt, diese glorreichsten Erscheinungen im Leben der Menschheit, weil nicht „um der Pflicht willen" geschehen, für moralisch werthlos zu erklären: der scheint uns das Moralische selbst *herabzuwürdigen*.

„Die Gründung einer ethischen Weltansicht ist der Charakter, der Inhalt und der Wille der Deutschen Philosopie," sagt FRIEDRICH HARMS. Mit diesem Willen eines Kant und Fichte wissen wir uns vollkommen in Uebereinstimmung. Allein Alles wird nun darauf ankommen, zu bestimmen, wie diese *ethische Weltansicht* näher zu fassen sei: und hier ist an erster Stelle das Verhältniss zur *Natur* entscheidend. In diesem Puncte aber, in der Naturauffassung liegt unser Hauptgegensatz zu Kant und Fichte. Eben in so weit deren Weltanschauung im Grunde *unethisch* ist, müssen wir uns gegen dieselbe erklären. Denn wie doch könnte man *ethisch* jenen wahren „*Naturhass*" nennen, der selbst Fichte's Verehrern (wie z. B. auch seinem Sohne) an seiner Lehre aufgefallen ist?[1] Dieser *naturfeindliche Zug* derselben aber dringt tief in sie ein, und lässt sich ihr nicht nehmen, ohne dass die ganze Lehre sehr wesentlich umgestaltet wird: und dann wäre sie doch eben nicht mehr *Fichte's* Lehre. Und wir protestiren auch gegen jenen schroffen Dualismus zwischen *Ideal* und *Wirklichkeit* bei Kant und dem durch diesen nur allzusehr beeinflussten Schiller. Wir meinen: gerade *aus* dem *Realen* wird das *Ideale* mit Nothwendigkeit *hervorgetrieben*: es *drängt sich* in's Dasein, weil es in diesem selbst *angelegt* ist. Wenn man „Ideal" und „Wirklichkeit" völlig unvermittelt einander gegenüberstellt, entzieht man der Wirklichkeit ihre Würde und dem Ideal seinen Halt. Und dieser Gegensatz, diese dualistische Trennung ist schon darum unwahr, weil die Wurzel des Strebens nach dem Idealen in der wirklichen *Natur* des Menschen selbst liegt.

FICHTE nimmt, indem er damit in Betreff der Lehre von der Idealität[2] der Zeit in eine (wohlthätige) *Inconsequenz* ver-

---

[1] Vgl. auch ERDMANN. Versuch einer wissenschaftlichen Darstellung der Geschichte der neueren Philosophie. III. Bd. I. S. 636. II. SS 11. 31.

[2] In der That macht speciell die moralische Seite des Menschen allen ernsthaften theoretischen Idealismus, der consequent zum theoretischen Egoismus führen muss, welcher seinerseits den praktischen Egoismus zur

fällt, wie LESSING einen *ethischen Fortschritt* an; und es braucht nach allem Vorangegangenen kaum noch besonders gesagt zu werden, dass wir darin ganz mit ihm einig sind. Auch mit seiner Formel für den höchsten sittlichen Zweck: „dass die Vernunft und nur sie in der Sinnenwelt herrsche," welche an das Bibelwort erinnert: „Herrschet über die Erde und machet sie euch unterthan," — also mit der Forderung allgemeiner „Vernunftherrschaft" oder „Rationalisirung der Erde," könnten wir uns, ihrem wirklichen *Sinne* nach, wohl einverstanden erklären: da hier, wie so häufig seit Kant, unter „*Vernunft*" eben *alles höhere geistige Leben* gemeint zu sein scheint. Die Welt des Geistes also ist möglichst auszubreiten. Fichte hat der Sache nach ja ganz Recht: nur dass wir freilich den „*Geist*" nicht fremd der „*Natur*" entgegenstellen dürfen, da er damit in Wahrheit wie ein *Gespenst* aufgefasst werden würde; — nur dass die gütige Vorsehung gewollt hat, dass dieses Leben der „*Vernunft*" nicht kalt und frostig, nicht todt, nicht *gleichgültig* verläuft, sondern mit dem lebendigen Gefühl des Daseins, d. i. der Freude: das Werthurtheil über sich unmittelbar mit sich führend. Es wäre seltsam, an diesem *cogito ergo sum* der Moral das eben so evidente Werthurtheil zu ignoriren. — Und wenn wir ferner, mit KANT und FICHTE, einen an sich *unbegrenzten Fortschritt* annehmen; so dürfen wir nicht sagen, dass das *Ziel* der sittlichen Thätigkeit *in der Unendlichkeit* liege — also im Grunde *überhaupt niemals* zu erreichen ist: sondern dieses *Ziel* muss stets *in einem gewissen Grade* auch wirklich zu erreichen sein und erreicht werden. Es ist uns gar nicht so unbegreiflich, wie dem Königsberger Denker, dass HERDER jene Lehre desselben als eine *Blasphemie* bezeichnen konnte. Das *Ziel* wird nur darum niemals *vollkommen* erreicht werden können, weil der *Fortschritt* eben auch darin besteht, dass, sobald wir uns diesem idealen Ziele genähert haben, wir uns selbst *weitere* Ziele setzen

---

logischen Folge hat, zu einer baren Unmöglichkeit. Der *Verstand* allein könnte vielleicht die ganze Welt in blosse Phantome verflüchtigen und auch jene Menschen-Bilder und -Schatten da vor dem Ich und um das Ich lediglich als *Nicht-Ich* betrachten: der *Trieb* erst, das *Gefühl*, der *Affect* giebt den wandelnden Schatten Fleisch und Blut und eine empfindende Seele und macht aus dem Nicht-Ich ein *Du*. Der Mensch hat nicht nur ein Auge, sondern auch ein Herz.

und unsre Ideale *erhöhen*. Alles sollte fortschreiten und vollkommener werden, nur nicht die Begriffe von Vollkommenheit *selbst*? Immer moralischer sollte das Menschengeschlecht werden, nur das messende, richtende, *moralische Vermögen*, das *Gewissen* sollte, wie aus Fichte's Lehre folgen würde, immerdar dasselbe bleiben, nie *vollkommner* werden, und seit den Urzeiten des Menschengeschlechts auch nicht vollkommener *geworden* sein? — —

Resumiren wir kurz die bisherigen Erörterungen. Aus jenem, an das unmittelbare Bewusstsein appellirenden, „Cartesianischen" Argument ergab sich, dass überhaupt das *befriedigte Bewusstsein* oder die *Glückseligkeit* das Princip der Moral sein muss; und durch die anderen Argumente, aus der comparativen Betrachtung der Moral und der Moralsysteme, sowie aus der Untersuchung der Grundelemente des Willens, und endlich aus unsern letzten, kosmologischen und ontologischen Erwägungen, durch die wir auch den ganz allgemeinen Nachweis zu führen suchten, dass die Natur *überhaupt* Zwecke verfolge (was die nothwendige Voraussetzung einer jeden Ethik von ontologischer Bedeutung ist),[1] — durch diese Argumente wurde die *Glückseligkeit* näher bestimmt als die *allgemeine, universelle, höchstmögliche*. *Die höchstmögliche universelle Glückseligkeit*, oder (wie Hutcheson und Bentham denselben Begriff ausdrücken) „*das grösste Glück der grössten Anzahl*," oder (wie man in Bentham's Schule zuweilen auch sagt) „*die Maximisation des Glücks*" ist mithin das Princip der Moral. Wir wählen den einfachen Ausdruck: *universelle Glückseligkeit*, da sich die nähere Bestimmung: *höchstmögliche*, im Grunde von selbst versteht, und es sich weder empfiehlt, in eine technische Bezeichnung des Moralprincips ohne Noth ein Wort mehr aufzunehmen, noch dasselbe beständig nach Art einer Rechenformel auszudrücken: denn dass die Wahrheiten der Arithmetik auch für die Moral gelten, braucht doch nicht stets noch besonders hervorgehoben zu werden.

---

[1] Aus diesem einen *praejudicium* der Menschen, dass es objectiv Zwecke gebe, erklärt SPINOZA: ex hoc orta sunt PRAEJUDICIA de bono et malo, merito et peccato, laude et vituperio, ordine et confusione, pulchritudine et deformitate, et de aliis hujus generis. (*Ethica. Pars I. appendix.*)

Alle jene so verschiedenartigen Gedankenreihen convergiren zu dem einen Puncte; und man muss annehmen, dass nur *Missverständnisse* es waren, welche die allgemeine Anerkennung der universellen Glückseligkeit als oberstes Moralprincip bisher verhindern konnten.

Diese *Missverständnisse* nun sind zunächst oft schon durch die Wahl eines unpassenden *Wortes* zur Bezeichnung dieses Princips herbeigeführt worden; denn es zeigt sich gerade bei unserm Gegenstande recht deutlich, wie sehr die irren, welche meinen, dass die Wahl eines wissenschaftlichen Terminus eine ganz unerhebliche Sache sei: „Die Menschen glauben," sagt Bacon, „dass ihre Vernunft den Worten gebiete; jedoch es geschieht auch, dass die Worte ihrerseits eine Macht über den Verstand ausüben." Aber in der That muss man zugestehen, dass eine adäquate Bezeichnung unsres Gedankens mit einem oder zwei Worten nicht so leicht ist. Die Volkssprache, in der allerdings unendlich viel Weisheit liegt, ist doch zunächst nur aus den concreten Bedürfnissen des allgemeinen Lebens hervorgewachsen; und sie hat daher keineswegs einen Ueberfluss an, sehr weite Abstractionen ausdrückenden Worten. Dies macht sich ganz besonders auch in der Moral bemerkbar und erschwert deren exacte Behandlung sehr wesentlich. Freilich, „neue Worte zu künsteln, wo die Sprache schon so an Ausdrücken für gegebene Begriffe keinen Mangel hat, ist eine kindische Bemühung, sich unter der Menge, wenn nicht durch neue und wahre Gedanken, doch durch einen neuen Lappen auf dem alten Kleide auszuzeichnen." So erklärt Kant einmal, und ohne Zweifel hat er Recht. Allein gerade bei unsrer Frage zeigt sich ein wirklicher Mangel an einem passenden und gangbaren Ausdrucke für den Begriff. Wir haben das älteste in der Ethik dafür gebrauchte Wort gewählt, das zugleich noch immer das beste ist: *Glückseligkeit*, εὐδαιμονία bei den Griechen. „Eudämonismus" aber wollten wir die hier vorgetragene Ansicht darum nicht nennen, weil, der Ueberlieferung des Alterthums gemäss, unter jener Bezeichnung diejenige Lehre gemeint wird, welche die *individuelle* Eudämonie als oberstes Moralprincip aufstellt; wie ja auch alle die Argumente gegen den „Eudämonismus" nur gegen die *individuali-*

stische Gestalt desselben sich richten, oder doch, wenn man sie näher prüft, sich als nur gegen diese von Gewicht erweisen, der *universalistischen* Auffassung desselben gegenüber sich aber völlig machtlos zeigen. Und da nach dem wissenschaftlichen Sprachgebrauch die Charakterisirung als *individualistisch* bereits im Namen „*Eudämonismus*" selbst liegt, so erschien auch die Bezeichung als „*universeller Eudämonismus*" nicht passend. Den Ausdruck *Glückseligkeit* haben wir gewählt, obwohl der entsprechende Begriff eigentlich ein zu hohes, niemals völlig realisirbares *Ideal* ist: da „des Lebens ungemischte Freude keinem Sterblichen zu Theil wird," *Glückseligkeit* aber eben diese „ungemischte Freude" eigentlich bedeutet. Aber auch dem höchsten Ideale kann man sich doch nach Möglichkeit, nach Kräften zu nähern suchen, kann man mehr oder minder fern bleiben.[1] Und dadurch, dass man ein so hohes Ideal aufstellt, wird die Gefahr vermieden, das *summum bonum* zu niedrig zu fassen. Einen Idealbegriff überhaupt aber wird stets die Formel enthalten müssen, welche alle höchsten Ziele des Menschenlebens durch Einen Begriff auszudrücken sucht. Endlich verbindet doch Jeder mit jenem Worte einen ganz bestimmten Begriff: man wird wenigstens *verstanden* — und darauf kommt es doch an erster Stelle an, besonders hier bei der Bezeichnung des *Moralprincips*. Kein andres Wort findet sich, das diesen Zweck so vollkommen erreichte.

Man könnte unser Princip das Princip des *allgemeinen Wohls* nennen und würde auch dann vielleicht verstanden werden. Allein der diesem Worte genau entsprechende Begriff wäre nicht mehr derselbe, sondern ein wesentlich niedrigerer: das Ideal wäre zwar leichter zu realisiren, aber man wäre damit zugleich jener Gefahr ausgesetzt, das Moralprincip *zu niedrig* zu fassen. Man könnte für die Wahl gerade jenes Wortes zum *terminus technicus* anführen, dass dadurch epikureisirenden Missverständnissen vorgebeugt werde; indem jener Ausdruck das Moment der organischen und psychischen *Gesundheit* geltend

---

[1] Es war daher verfehlt, wenn Einige die *Glückseligkeit* darum als ungeeignet zum Moralprincip erklärten, weil ihre Erreichung unmöglich sei, was aber unmöglich sei, auch nicht unser Ziel sein könne.

mache. Und in so fern hätte man auch ganz Recht; es wird sich daher in der That empfehlen, jene Bezeichnung in den ethischen Erörterungen zuweilen zu gebrauchen: denn in Wahrheit ist ja dieser Begriff im Princip der universellen Glückseligkeit *mitenthalten*. Aber dieses besagt noch ein *Mehreres*. Gerade von den höchsten menschlichen Thätigkeiten könnte Mancher abstrahiren und einen Zustand der Gesellschaft, dem diese Bethätigungen fehlten, der aber dabei vollkommen organisch und geistig gesund wäre, als das wahre Ideal darstellen: denn in ihm sei wirklich der Begriff des allgemeinen Wohls realisirt. *Menschliche Glückseligkeit* aber sicherlich nicht. — Wer nun endlich, wie neuerdings in England einige Denker, nicht einmal das allgemeine *Wohl*, sondern nur die allgemeine *Gesundheit* als solche als höchstes Princip der Moral aufstellt, der vergisst jene Cartesianische Grundwahrheit: denn nach ihm soll es in Wahrheit nur auf die *Bedingungen* des befriedigten Bewusstseins ankommen, nicht aber auf dieses selbst: das doch für ein *bewusstes* Wesen in letzter Hinsicht allein von Interesse sein kann. *Gesundheit* ist kein *summum bonum*.[1]

Den Ausdruck „*befriedigtes Bewusstsein*" würden wir gern gewählt haben, da er in wissenschaftlicher Hinsicht vielleicht der genaueste und bestimmteste ist: wenn er nur eben nicht ein ungewöhnlicher wäre und daher noch einer Erklärung bedürfte — was ihn, scheint es, zur technischen Bezeichnung des obersten Moralprincips ungeeignet macht. Seine Vorzüge ergeben sich schon aus dem oben über den *Cartesianischen Ausgangspunct* in der Moral Gesagten.[1] Es ist ein, das ganze in Frage kommende Gebiet erschöpfend bezeichnender und keine Sphäre desselben willkürlich und ungerechtfertigt ausschliessender Ausdruck. Er begreift den Augenblick so gut wie Ewigkeiten in sich; und er bewahrt vor dem schlimmen Missverständnisse, als ob die Ethik nicht auf Wohl und Wehe auch der *Thiere* Rücksicht zu nehmen habe: in welcher doppelten Hinsicht er dem Terminus *universelle Glückseligkeit* noch vorzuziehen ist; obwohl wir mit dem Beiworte „*universell*" (das wir gerade aus diesem Grunde, anstatt „*allgemein*," wählten)

---

[1] Vgl. oben Hume S. 148.
[1] Vgl. S. 255 ff.

ebendiese allesumfassende Weite des Begriffes ausdrücken wollten. Denn wir sind mit A. Riehl vollkommen einverstanden, wenn er erklärt: „Ich möchte es geradezu als den Prüfstein moralischer Theorien betrachten, in wie weit es ihnen gelingt, die Pflichten des Menschen gegen die Thiere abzuleiten. Wie einfach folgt z. B. aus Bentham's Princip der Maximisation des Glücks das Verbot der zwecklosen Verletzung oder Tödtung der Thiere."

Nur mit Bewusstseinserscheinungen haben wir es zu thun. Zu wählen sind diejenigen unter denselben, welche, über dem Nullpunct des Empfindungswerthes liegend, sich unmittelbar selbst als zu wählen bezeugen. Diese Positivität solcher Bewusstseinszustände schien durch das Wort „*befriedigt*" am passendsten ausgedrückt zu werden, da sie nichts mehr ausser sich suchen und keines Weiteren bedürfen und völlig sich selbst genügen;[1] und da zudem noch alle specifischen Glücksempfindungen das Vorhandensein *zu befriedigender Bedürfnisse* in der That vorauszusetzen scheinen: welche Bedürfnisse zwar stets ein gewisses Gefühl des Mangels in sich enthalten, das aber meist so äusserst gering ist, dass es sich, den übrigen gleichzeitigen Empfindungen gegenüber, in seinem negativen Empfindungswerth nicht bemerkbar macht.[2] Der Ausdruck *befriedigtes Bewusstsein* zeigt ferner an, dass es nicht nur, um mit Mill's Worten zu reden, auf das einzelne blitzartige Aufleuchten, sondern auf die ruhige, stetige Flamme des Lebens an-

---

[1] „Vergnügen."
[2] Hierüber hat Leibniz in den *Nouveaux Essais* Vortreffliches bemerkt, was zugleich alle die pessimistischen Argumentationen aus jener Thatsache in ihrer ganzen Unhaltbarkeit darthut. Wenn uns das Essen gut schmecken soll, so ungefähr sagt Leibniz, müssen wir *Appetit* haben. *Appetit* aber ist durchaus kein *Schmerz*, wenn auch das Differential eines solchen: potenzirt erst wird er zum *Hunger*, und dann erst wird er *unangenehm* empfunden; an sich aber stört der Appetit unser Wohlbefinden keineswegs. So gewähren allen gesunden Menschen (die keine Nahrungssorgen haben) ihre Mahlzeiten positiven Genuss, ohne dass sie denselben durch Schmerz zu erkaufen hätten — und keine Pessimismus-Sophistik wird an diesem Thatbestande etwas ändern. Aehnlich aber kann der Einsichtige, der die Sachen selbst genau ansieht und nicht beständig bei blossen Worten bleibt, die meisten der scheinbaren Argumente, welche der Pessimismus aus der Grundverfassung des bewussten Lebens selbst hernimmt, unschwer widerlegen.

kommt. So stetig zusammenhängend in ihrer Succession die Bewusstseinserscheinungen des Lebens überhaupt sind (traumloser Schlaf natürlich ausgenommen), so wenig ist den *befriedigten* Bewusstseinszuständen das s. z. s. atomistische, sprunghafte, blitzartige Auftreten *wesentlich;* vielmehr wird dies nur für deren Culminationspuncte gelten. Und so wenig ferner die *gesammten* Erscheinungen des bewussten Lebens einerlei Qualität haben, so wenig gleichartig sind auch die entsprechenden Gefühle von Lust und Leid. Die befriedigten Bewusstseinszustände sind, einer natürlichen und unbefangenen Auffassungsweise gemäss, ohne Ausnahme schätzenswerth: die Verachtung irgend einer Art derselben wäre in Wahrheit eine durch nichts zu rechtfertigende *Undankbarkeit gegen die Natur* und eine Verirrung. Vielmehr haben wir — was ZELLER an der Platonischen Ethik so rühmt — *alles in der menschlichen Natur Angelegte zu achten,* und es kann sich bei der Feststellung des Begriffs der *vita beata* nur um die *Werthunterschiede* derselben, nach *Qualität, Dauer* und *Intensität,* handeln. Nichts, das zur menschlichen Natur überhaupt gehört, die alle Stufen des Lebens in sich vereinigt, schliesst das Princip von sich aus; aber am höchsten[1] stellt es das Specifisch-Menschliche und von diesem am höchsten das Moralische: und auch diese Bestimmung schien durch jene zwei Worte angedeutet zu sein.

Der wahre Gegensatz davon ist in dieser Hinsicht das Wort *Lust.* Und es wäre in der That ganz unbegreiflich, wie dennoch Viele, die sich keineswegs zur Aristippischen Lebensauffassung bekennen wollten, gerade dieses Wort haben wählen können, wenn es ihnen nicht jene Vorzüge zu besitzen *schiene,* die wir an jener andern Bezeichnung hervorgehoben haben: als das abstracteste (ja das einzige völlig abstracte) Wort der Sprache in seiner allesumfassenden Weite das ganze in Frage kommende Gebiet zu bezeichnen und auch den Augenblick und alle Aeusserungen des Lebens ohne Ausnahme zu berücksichtigen. Allein dem widerspricht der allgemeine Sprachgebrauch; welcher hier entscheidet, da „die Worte nicht mehr herrenlos sind." *Lust* (wie ähnlich ἡδονή und *voluptas*[2]) ist in der all-

---

[1] Vgl. CIC. *de fin.* V, *13 f.*

[2] während *pleasure* und mehr noch *plaisir* vielleicht etwas abstracter gebraucht werden.

gemeinen Sprache kein solches weites Abstractum, sondern wesentlich concreter: es bedeutet vorzugsweise gerade den *Augenblick* (und nicht längere Dauer) und vorzugsweise gerade die *niederen*, animalen Genüsse (und nicht die specifisch-menschlichen).[1] Kein Wunder daher, wenn, wie FECHNER[2] klagt, „das Wort *Lust* einen *bösen* Klang in der Sittenlehre" hat — nicht „*gewonnen* hat," wie er sagt, sondern stets gehabt hat.[3] Und wer trotzdem gerade dieses Wort wählt, hat kaum ein Recht, bei Missverständnissen ungehalten zu werden: denn „wer verstanden werden will," muss man mit HERDER sagen, „der rede verständlich." Oder will man wirklich sprechen, „um seine Gedanken zu verbergen?" Die einzigen gangbaren abstracten (aber allerdings noch nicht hinlänglich abstracten) Worte, welche die Sprache für unsern Begriff hat, sind *Glück* und *Glückseligkeit;* und diese scheinen freilich nicht völlig die obigen Vorzüge zu besitzen: aber so sehr die Dauer dem Augenblick und das menschliche Bewusstsein dem thierischen vorzuziehen ist, so sehr, kann man doch sagen, ist das Wort *Glückseligkeit* dem Worte *Lust* vorzuziehen. Dass die Cyrenaiker und Epikureer dieses Wort wählten, war ganz angemessen, da sie es auch in der gewöhnlichen, der *ordinären* Bedeutung nahmen, die dem Worte durch den allgemeinen Sprachgebrauch angewiesen worden ist. Aber eine Lehre, die sich nicht mit jener grob-hedonistischen identificirt wissen will, sollte nicht durchaus ein unedles *Wort* zu adeln suchen; sondern ihre *Gedanken* eben adäquater und darum *edler bezeichnen.*

FRIEDRICH DER GROSSE erklärt:[4] *Les épicuriens, abusant du terme de volupté, énervèrent sans y penser la bonté de leurs principes, et fournirent, par cette équivoque même, des armes à leurs disciples pour dénaturer leur doctrine.* Allein diejenigen, welche der königliche Weise eigentlich meint, sind nicht die Epikureer, und diesen gerade durfte er die Wahl jenes Terminus eigentlich nicht zum Vorwurf machen: denn die Prin-

---

[1] Vgl. SHAFTESBURY, *Characteristics.* Vol. II. p. 232.
[2] a. a. O. S. 4.
[3] *Verbum ipsum voluptatis non habet dignitatem,* sagt CICERO (*de fin. II, 23*): *invidiosum nomen est, infame, suspectum.* (Das. II, 4. vgl. I, 13. desgl. SEN. *ep. 59, 1. de vita beata. 7, 1. 9, 3.*)
[4] *Oeuvres. Tome IX. p. 89.*

cipien *ihrer* wissenschaftlichen Lebensauffassung bestanden eben darin, nur *sinnliche* Genüsse (die Lust des Essens, Trinkens und Sich-Propagirens, kurz „*des Bauches*," wie Metrodor, Epikur's Lieblingsschüler, sagte) und die selige Erinnnerung[1] an solche Genüsse und die Hoffnung auf zukünftige als das wahre *summum bonum* darzustellen. Die körperliche Lust, erklärten sie, sei die letzte Quelle aller Lust. Auf diesem Fundamente suchten sie nun zwar ein Gebäude aufzurichten, das in seiner Erhabenheit mit dem Stoischen wetteifern sollte; allein es war doch nur ein Schein, dass dieses Gebäude gerade von *jenen*, den von *ihnen* angegebenen Fundamenten getragen werde. Und wenn die letzten Ergebnisse ihrer Moral von denen der Stoischen weit weniger verschieden waren, als man hätte erwarten sollen; so liegt der Grund davon doch nicht in ihrer soliden theoretischen Begründung derselben, sondern nur in ihrem soliden praktischen Sinn und Verhalten: ihr Charakter und Wille (um es so auszudrücken) war besser als ihre Intelligenz, ihr Verstand — oder vielmehr: ihr Verstand wusste die Thätigkeiten des Willens nicht besser zu verstehen, sich nicht besser auszulegen, als in jener groben Weise. Aber wenn man von den Principien der Moralwissenschaft der Epikureer spricht, hat man eben nur die in ihrer Theorie wirklich angegebenen Principien zu berücksichtigen und nicht die Gründe ihrer persönlichen Praxis. Der „*Epikureïsmus*" im übeln, vulgären Sinne des Wortes ist weit eher die wahre Consequenz ihrer *wissenschaftlichen Principien*, als das persönliche edle Verhalten der älteren Epikureer dies war: und wenn die späteren „*Epikureer*" sich von jenen so wesentlich unter-

---

[1] Ein wirklicher Glückszustand aus einer solchen Wiedererinnerung ist aber nach der Natur des Menschen einfach unmöglich. Sinnliche Lustempfindungen können eben vom Erinnerungsvermögen so gut wie gar nicht reproducirt werden. „Wie insipid und freudlos sind die Reflexionen über vergangene Lust!" ruft Hutcheson aus. Da man nun nicht annehmen kann, dass die Epikureer ein ganz absonderlich geartetes Erinnerungsvermögen hatten; so kann man ihre bezügliche Ansicht nur daraus erklären, dass sie die Erinnerungen an geistige Befriedigungen, die mit körperlichen Genüssen verbunden waren, gleichzeitig waren, mit diesen selbst verwechselten: so z. B. in der angenehmen Erinnerung an ein Mahl oder Banket, an dem sie im heiteren Kreise von Freunden theilgenommen.

schieden, so lag dies nicht zum kleinsten Theil gerade darin, dass der wahre Zug der Principien der Epikurischen Moraltheorie mehr und mehr die moralische Praxis beeinflusste. — EPIKUR hatte eine *reducirte Lebensauffassung*, wie er eine *reducirte Weltanschauung* hatte: und beides stammt aus ganz der nämlichen Quelle: — aus „jener Liebe (nicht sowohl zur *Einheit* als vielmehr) zur *Simplicität*, welche," wie HUME nur zu wahr bemerkt, „die Quelle vieles falschen Raisonnements in der Philosophie gewesen ist."[1] Denn wie in der schon oben[2] erörterten Epikureischen *simplificirten* (oder wenn man lieber will *versimpelten*) Naturauffassung die höheren Naturerscheinungen dadurch erklärt werden, dass man sie *wegerklärt*, dass man alle höheren Stufen der Natur auf die allerniedrigste *reducirt*: ganz ebenso *reducirt* auch die Epikureische Lebensauffassung alle höheren Sphären des Lebens auf die allerniedrigste. Und so sehen wir auch diese (wissenschaftlich ganz consequente) Vereinigung von reducirter Weltanschauung mit reducirter Lebensauffassung in der ganzen Geschichte der Philosophie in der That fast beständig wiederkehren: und eine derartige Vergesellschaftung kann offenbar keine bloss zufällige sein.

Endlich hat man unser Princip auch das *Nützlichkeits-Princip* genannt, und in England ist diese Benennung seit einigen Decennien sogar die allgemein übliche.[3] Aber auch dieser Terminus ist kein glücklicher — kein „*nützlicher.*" Der Erste, der sich in seinen ethischen Untersuchungen vorzugsweise des Wortes *Nutzen, Nützlichkeit (use, utility)* bediente, war DAVID HUME. Er gebrauchte das Wort, das er wissenschaftlich genau zu definiren unterliess (wie er ja überhaupt auch den blossen Schein von schulmässigen Formen oder irgend welcher „Pedanterie" nur allzu ängstlich zu vermeiden suchte), in seiner populären Bedeutung, in welcher es

---

[1] *that love of* SIMPLICITY, *which has been the source of much false reasoning in philosophy.* (*Principles of Morals, sect. II.*)

[2] S. 286 ff.

[3] *the Principle of Utility.* Die entsprechende Theorie wird *Utilitarianism* genannt und deren Anhänger heissen *Utilitarians* (von J. S. MILL zuerst gebrauchte Ausdrücke: vgl. dessen *Utilitarianism, p. 9. note*).

dem *Angenehmen* gegenübergestellt wird: indem er durch diese Unterscheidung, als *nützlicher* und als *unmittelbar angenehmer*, eine natürliche Classification der Tugenden zu gewinnen hoffte. „Tugend und persönliches Verdienst (erklärte er) besteht ganz und gar in dem Besitze solcher Eigenschaften, welche der Person selbst oder Andern *nützlich* oder *angenehm* sind. Was auf irgend eine Weise werthvoll ist, classificirt sich so natürlich unter die Eintheilung des *Nützlichen* oder *Angenehmen*, des *utile* oder *dulce*, dass man sich nicht leicht vorstellen kann, weswegen man dann je noch weiter nachforschen sollte." Alle Eigenschaften und Handlungen des Geistes, welche allgemein gebilligt worden sind, haben, wie er zeigt, dieses Gemeinsame, dass sie das menschliche Wohl befördern. Diejenigen unter ihnen, welche diese *Tendenz (tendency)* im höchsten Maasse haben, obwohl dieselbe nicht stets direct und nicht in jeder einzelnen Handlung zu Tage zu treten braucht, nannte er *nützlich*. So besteht nach ihm das Wesen der Gerechtigkeit in ihrer *Nützlichkeit*: die *Tendenz* der Rechtsbestimmungen ist die Förderung des allgemeinen Wohls; im einzelnen Falle aber kann ihre *unmittelbare* Wirkung die Zufügung eines Leides sein, während dabei doch ihre *mittelbaren* Wirkungen höchst wohlthätig sind: sie ist mithin nicht „*unmittelbar angenehm*," sondern „*nützlich*." „Die *Nützlichkeit*," erklärt er selbst, „*ist nur eine Tendenz zu einem gewissen Zwecke*;"[1] er würde also, falls er ein vollständiges System der Moral aufgestellt hätte (deren *inductive Grundlegung* er ja nur unternahm), jenen Ausdruck schwerlich zur Bezeichnung des *höchsten Princips*, des *summum bonum*, des *letzten Zweckes* benutzt haben. Denn obwohl auch der Ausdruck *the Principle of Utility* gelegentlich einmal bei ihm vorkommt, so bediente er sich desselben doch nicht zur technischen Bezeichnung jenes Gipfelpuncts der Wissenschafts-Pyramide. Den *letzten Zweck* der Menschen nennt er *Glückseligkeit (Happiness)*; was ausserdem noch Werth haben soll, muss hierzu ein *Mittel* sein. Die vornehmsten *Mittel* zu jenem *Zwecke* sind, wie er zeigt, die *Tugenden*: aber *ausserdem*, dass sie diese *Mittel* sind, sind sie an sich selbst *letzte Zwecke* und werden somit *selbst* in das *summum bonum*,

---

[1] *Utility is only a tendency to a certain end.* (*Principles*, Appendix I.)

als dessen *werthvollste Componenten, mitaufgenommen:* dadurch nämlich, dass sie (ähnlich wie diejenigen Eigenschaften, welche wir *schön* nennen) *unmittelbar ein Gefühl specifischer Befriedigung* in ihrem Betrachter erwecken. In so fern sind sie also, nach Hume's Terminologie, nicht nur „*nützlich,*" sondern auch „*unmittelbar angenehm.*"[1] Durch diese Bestimmung, worin Hume mit Shaftesbury ganz einverstanden war: dass, aus jenem Grunde, der Verfassung der menschlichen Natur gemäss, *die Tugend selbst ein Component* (und zwar der wichtigste) *der Glückseligkeit* ist, unterscheidet sich Hume sehr wesentlich von späteren „Utilitariern," wie Bentham und Paley (während z. B. S. Mill hierin vollkommen Hume's Ansicht war). Die moralisch rechte Beschaffenheit zeigt sich also auch nach Hume gerade darin, dass die Tugenden *um ihrer selbst willen* und als *letzte Zwecke* erstrebt werden, und so auch jede einzelne moralische Handlung.

Der Moralist, der den Ausdruck *the principle of utility* von Hume übernahm, denselben jedoch als förmlichen *terminus technicus* für das oberste *Moralprincip* eigentlich zu erst gebrauchte, war BENTHAM. Aber es ist bezeichnend, dass gerade Dieser, dem jenes Wort seine Popularität in England hauptsächlich verdankt, sich später selbst gegen diese Benennung erklärte und für dieselbe die Bezeichnung: *das Princip des grössten Glücks (the greatest happiness or greatest felicity principle)* substituirte. „Den Mangel an einer hinlänglich offenbaren Verbindung zwischen den Vorstellungen von *Glück* und *Lust* auf der einen Seite und *Nützlichkeit* auf der andern Seite habe ich (erklärte er) beständig hie und da, und mit nur zu viel Kraft, als ein Hinderniss der Annahme dieses Princips wirken gefunden, welche demselben sonst vielleicht zu Theil geworden wäre."[1] In der That ist ja das Wort *nützlich* keine Bezeichnung eines *Endzwecks*, sondern nur der *Mittel*, der *Tendenz* zu diesem Zwecke; es bedeutet nicht einen *absoluten*, sondern bloss einen *relativen* Begriff. Mithin ist es schon *formell* fehlerhaft, wenn man zur Bezeichnung des *höchsten Zweckbegriffs* der Moral, des *festen Punctes*, auf den Alles in

---

[1] Vgl. *Appendix I. Concerning Moral Sentiment.*
[2] *Introduction to the Principles of Morals and Legislation.* London. 1876. p. 1.

ihr in letzter Hinsicht bezogen werden soll, ein Wort wählt, das selbst nur ein *Mittel*, eine *Tendenz*, eine *Relation* zu diesem Zwecke ausdrückt. Aber ebenhieraus ergiebt sich noch ein weiterer, wesentlicherer, *materieller* Nachtheil. Wenn man nämlich sagt, dass eine gewisse Theorie des Lebens die „*Nützlichkeit*" als höchstes Kriterium alles Handelns und aller Thätigkeit aufstelle; so wird dies (nach dem allgemeinen und darum eben zu respectirenden Sprachgebrauch) leicht so verstanden werden können, als ob z. B. die *moralischen Handlungen* einzig und allein *nur* darum, weil sie *Mittel* zu etwas *ausser* ihnen sind, die *wissenschaftliche Thätigkeit* und das *künstlerische Schaffen* nur darum, weil sie *Mittel* zu etwas *Anderem* sind, zu schätzen seien: ihr *absoluter Werth*, d. h. die UNMITTELBAREN *Befriedigungen*, die in diesen Thätigkeiten selbst liegen, scheinen somit *ignorirt* oder sogar geläugnet, und ihnen durchaus nur eine *relative* Bedeutung zugestanden zu werden. Nun ist aber diese Thätigkeit im *Guten*, *Wahren* und *Schönen*, wie der edlere Theil der Menschheit bisher geglaubt hat, gerade die Manifestation der *höchsten Potenzen des geistigen Lebens:* indem man also diese *höchsten Potenzen* als blosses *Mittel* für die *niederen* ausgiebt, depotenzirt man recht eigentlich das geistige Leben — ganz wie die *Epikureer*. Und diese *epikureisch-„reducirte*," d. h. „*herabgezogene*" Lebensauffassung haben auch in der That nicht Wenige von Denen, welche sich „*Utilitarier*" nennen: Bentham selbst z. B. stand derselben wenigstens nicht fern, und die rechtschaffene, aber herzlich nüchterne Prosa-Seele eines Paley noch näher. Aber zuvörderst schon könnte man sagen, dass ein solcher Sachverhalt, wo die zu dem wichtigsten Zweck wesentlichsten *Mittel* (gesetzt auch, sie wären nur dieses) nicht auch *um ihrer selbst willen* erstrebt würden, der *Analogie der übrigen Natur widersprechen* würde. Denn sehr richtig sagt ADAM SMITH,[1] dass die Natur bei allen den Zwecken, welche besonders wichtig sind, den Menschen nicht nur mit einer Begierde nach dem *Endzwecke*, den sie vorgesetzt, sondern auch mit einer Begierde nach den *Mitteln*, durch welche allein jener Zweck verwirklicht werden kann, *um ihrer selbst willen* und unabhängig von ihrer Tendenz,

---

[1] Vgl. oben S. 211.

denselben zu realisiren, ausgestattet hat. Aber, genauer noch, muss man sagen, dass sich die bewunderungswürdige „Oekonomie der Natur" gerade darin zeigt: dass das, was *einerseits* selbst wirklicher letzter Zweck ist, *andrerseits* ausserdem noch eine bestimmte Function ausübt, *zugleich noch* Mittel zu etwas Weiterem ist. Die specifisch befriedigten Gefühle, welche, als solche, sich als letzte Zwecke anzeigen, tragen zugleich noch durch ihre weiteren Folgen zur Förderung des organisch-einheitlichen Gesammtsystems des Lebens bei. Jener Richtung unter den „Utilitariern" darf man daher auch nicht einmal die kleine (s. z. s. metaphysische) Concession machen, die in Smith's Raisonnement enthalten ist. Aber man hat gar nicht nöthig, sich auf solche Analogie-Schlüsse zu stützen; sondern braucht sich nur direct auf die Erfahrung und auf die, dieselbe am richtigsten auslegende, Aristotelische Theorie von den *Befriedigungen specifischer Energien* oder *Geistesthätigkeiten* zu berufen. So machten im Alterthum die Stoiker gegen die Epikureer geltend, dass dem Menschen ein *specifischer Wissenstrieb* angeboren sei, wie sich schon in dessen erster Jugend offenbare. *Cibus humanitatis* nennt daher Cicero[1] die geistige Thätigkeit. Er weist auf die *Astronomie* hin und fragt: „Welchen Nutzen oder welchen Vortheil erstreben wir, wenn wir das uns Verborgene zu wissen begehren, auf welche Weise etwa und aus welchen Ursachen sich die Himmelskörper bewegen?"[2] Der Wissenstrieb, der *philosophische Eros* ist somit ein wahrer *Naturtrieb;* wie ja auch Kant anerkennt. Es wäre nun keineswegs eine *menschenfreundliche* Auffassung, wenn wir den „*praktischen Nutzen*" der Wissenschaften, das materiellpraktische *regnum hominis*, Baconisch zu reden, das sie zur Folge haben, irgendwie gering achten wollten: aber jenen Missschätzungen des *geistigen, ideellen* „*regnum hominis,*" jenen (im schlechten Sinne) *Utilisirungen* der Wissenschaft wird man doch Aristoteles' Ansicht immer noch vorziehen dürfen: „Die reine *Theorie* ist das Schönste, *weil sie nichts* „*nützt!*" Und Spinoza, der das *suum* utile *quaerere* als ethischen Grundsatz

---

[1] *de fin.* V, 19.
[2] *Quam vero utilitatem aut quem fructum petentes scire cupimus illa quae occulta nobis sunt, quo moveantur quibusque de causis ea versentur in coelo?* (*de fin. III, 11.*)

aufstellte, erklärte doch (denn er verstand unter *utile* etwas Anderes, als viele *Utilitarier*): „Nicht irgend eines (weiteren) Zweckes wegen werden wir zu erkennen streben, sondern im Gegentheil wird der Geist, in so fern er vernünftig verfährt, nur das als für ihn gut begreifen können, was zum Erkennen führt."[1] Wo die Theorie als solche kein Interesse erweckt und Alles durchaus nur als Mittel zur Praxis geschätzt wird, da ist eine erfolgreiche wissenschaftliche Thätigkeit überhaupt nicht zu erwarten: das sehen wir z. B. in Amerika. — *Wozu die Kunst*, die doch wohl „unpraktisch" ist? Die Antwort auf diese eine Frage wird die ganze Auffassungsweise eines Menschen vom Geistesleben am meisten charakterisiren. Sie ist in der That ein wahrer Prüfstein auch der ethischen Systeme.[2]

Aber nun kommen andere „*Utilitarier*" und klagen über arge *Missverständnisse*: Sie seien mit uns ja vollkommen einverstanden, und jene Depotenzirungen des Menschlichen seien ihnen ja gar nicht in den Sinn gekommen. Allein solche „*Missverständnisse*" sind doch verzeihlich, da man zunächst wohl immer annehmen darf, dass die Worte der Sprache, als welche „nicht mehr herrenlos" sind und daher nicht mehr souverain mit sich schalten lassen, in dem Sinne gebraucht werden, den man sonst allgemein mit ihnen verbindet. Es ist also nicht gerechtfertigt, wenn z. B. MILL, in seinem (bis auf den Titel!) vorzüglichen Essay „*Utilitarianism*," solchen „*Missverständnissen*" (die man durch die Wahl eines völlig unpassenden Wortes doch selbst *herbeigeführt* hat) mit etwas massiven Ausdrücken entgegentritt. „Nur beiläufig (erklärt er[3]) verdient eine Bemer-

---

[1] *Nec alicujus finis causa res intelligere conabimur, sed contra mens quatenus ratiocinatur, nihil sibi bonum esse concipere poterit nisi id quod ad intelligendum conducit.* (*Eth. IV. prop. 26. dem.*)

[2] „Glückseligkeit," sagt PALEY, „besteht nicht in Sinnenlust (*the pleasures of sense*), in welchem Ueberfluss und welcher Abwechslung dieselben auch genossen werden möge. Unter *Sinnenlust* verstehe ich eben so wohl die animalen Genüsse des Essens, Trinkens und derer, durch welche die Gattung fortgepflanzt wird, als auch die feineren Vergnügungen der Musik, Malerei, Architektur, Gartenkunst, glänzenden Gepränges, Theatervorstellungen, und endlich die Vergnügungen activer Sports, als des Jagens, Schiessens, Fischens u. s. w." (*Moral and Political Philosophy. Book I. chap. 6.*)

[3] S. 8 f. In der deutschen Uebersetzung, nach der die Stelle angeführt ist, S. 132 f.

kung die auf baarer Unwissenheit beruhende Voraussetzung,[1] als ob Diejenigen, welche für die Nützlichkeit als für den Maassstab *(test)* von Recht und Unrecht eintreten, dies Wort nur in jenem beschränkten Sinne gebrauchen, wie es eben nur in der Umgangssprache üblich ist, welche den *Nutzen* dem *Vergnügen* entgegensetzt[2]. Ich muss hier die philosophischen Gegner des Utilitarianismus um Entschuldigung bitten, damit es auch nicht einen Augenblick scheine, als verwechsele ich sie mit Denen, welche eines so absurden Missverständnisses fähig sind[3] .... Immer wieder verfällt man in dies seichte Missverständniss.[4] Haben sie einmal das Wort *utilitarisch* aufgefasst, so drücken sie, weil sie abgesehen vom Klange des Wortes Nichts darüber wissen, durch dasselbe in der Regel die Verwerfung oder Vernachlässigung des Vergnügens in einigen seiner Formen aus, nämlich des Schönen, des Gefälligen oder des Vergnüglichen[5] .... Dieser verkehrte Gebrauch[6] ist der einzige, in welchem das Wort allgemein bekannt ist, und der einzige, aus welchem die neue Generation ihre Kenntniss vom Sinne desselben schöpft." Man sollte nun meinen, wenn dieser Gebrauch doch "*der einzige ist, in welchem das Wort allgemein bekannt ist:*" so werde man seinen *Gedanken* eben auf *andere*, auf *allgemein verständliche* Weise auszudrücken haben. Mill aber setzt seltsamer Weise seinen ganzen Ehrgeiz darein, um jeden Preis *das Wort* zu retten — also auf die Gefahr hin, nach wie vor "missverstanden" zu werden; obwohl doch gerade er ausser jenem Bedenken, welches Bentham gegen dasselbe hatte, noch ebendieses fernere haben musste, dass es im Sinne jener Reducirungen und Depotenzirungen *(miss-)*verstanden werde.

---

[1] *the ignorant blunder of supposing.*
[2] Vgl. Hume's Classification der Tugenden.
[3] *so absurd a misconception.*
[4] *this shallow mistake.*
[5] *of beauty, ornament and amusement.*
[6] *this perverted use.*

Wenn man nun unser Princip, auf jene, wie uns scheint, angemessenste Weise, als das Princip der *universellen Glückseligkeit* bezeichnet; so wird dadurch denjenigen Missverständnissen vorgebeugt werden, welche nur durch die Wahl eines unpassenden Terminus veranlasst worden waren: — Missverständnisse überhaupt aber werden freilich auch dadurch nicht unmöglich gemacht. Es wird jetzt unsre Aufgabe sein, den wahren Sinn des Princips etwas mehr im Einzelnen darzulegen und dasselbe, zum Schluss, vor den Missverständnissen und den, grossentheils nur auf diesen beruhenden, Angriffen möglichst zu schützen, denen es am meisten ausgesetzt erscheint. Die bisherigen Erörterungen haben uns in diesen Beziehungen schon wesentlich vorgearbeitet.

Was überhaupt, wird gefragt, ist *Glückseligkeit* und worin besteht sie? Glückseligkeit ist der Zustand eines beständig im höchsten Grade allseitig befriedigten Bewusstseins; und ein Menschenleben wird sich diesem *Ideal* um so mehr annähern, je mehr sein Bewusstsein in Hinsicht auf *Qualität, Dauer* und *Grad* ein befriedigtes ist. Diese drei Momente sind genau zu unterscheiden, und besonders darf man gegen die *quantitative*, s. z. s. bloss *mathematische* Seite (*extensive* und *intensive Grösse*) nicht die *qualitative*, *specifische* und *inhaltliche* vernachlässigen oder ignoriren. „Es wäre ungereimt vorauszusetzen," bemerkt MILL, „dass, während bei der Abschätzung aller andern Dinge die Qualität eben so wohl in Betracht kommt, als die Quantität, die Werthbestimmung des Glücks von der Quantität allein abhängig sei:" — um so ungereimter, können wir hinzusetzen, als doch alle Werthbestimmung schon an sich selbst eine Beziehung auf ein empfindend-messendes Bewusstsein ausdrückt. Diese qualitativen Verschiedenheiten hindern aber, wie schon die tägliche Erfahrung lehrt, ein gegen einander Abwägen derselben durchaus nicht. „Ein Knabe wird sich nicht in Verlegenheit finden," sagt FECHNER treffend, „zwischen einem Apfel und einem Buche zu wählen, weil es sich dort um sinnliche, hier um geistige Lust handelt, als ob er sich in die Vergleichung derselben nicht zu finden wüsste. Und wie hätte sich der allgemeine Tauschhandel der Menschen mit Lustmitteln, wo Jeder das, was ihm minder lieb ist, um das giebt, was ihm lieber ist, ausbilden und einen gemeinschaftlichen Maassstab im Gelde finden können, wenn die verschiedene Qualität der Lust diese Vergleichung hinderte. Und nicht bloss die Vergleichung, sondern auch die Summirung der verschiedenartigsten Lust ist dem Menschen eben so möglich als geläufig. Ein Tag bringt meist andere Lust und Unlust mit sich als der andere, und doch wird der Mensch wohl wissen, welchen von verschiedenen Tagen er am glücklichsten zugebracht." Ueber das Werthverhältniss der befriedigten Bewusstseinszustände von verschiedener Qualität zu einander kann nun offenbar nur direct aus ihnen selbst geurtheilt werden. Es ist aber klar, dass nur Diejenigen in dieser Hinsicht ein competentes Urtheil abgeben können, welche den in Rede stehenden Gegenstand wirklich vollkommen kennen, die Befriedigungen aus den höheren Fähigkeiten so wohl wie die sinnlichen Genüsse.[1] Das Gefühl und das Urtheil dieser einzig competenten Richter spricht sich nun (um uns MILL's Worte zu bedienen) „dahin aus, dass Befriedigungen, die aus unsern höheren Fähigkeiten fliessen, der Art nach und ohne Rücksicht auf die Frage ihrer Stärke, denjenigen vorzuziehen sind, für welche die thierische Natur, entkleidet der höheren Fähigkeiten, empfänglich ist." „Es ist eine unzweifelhafte Thatsache, dass Diejenigen, welche mit zwei Vergnügungen in gleicher Weise bekannt und gleich fähig sind, dieselben zu schätzen und zu geniessen, einen sehr entschiedenen Vorzug derjenigen Art des Seins geben, welche ihre höheren Fähigkeiten in Anspruch nimmt." „Man kann hier einwenden (setzt er hinzu), dass Viele, welche höherer Genüsse fähig sind, gelegentlich, unter dem Einflusse der Versuchung, denselben die niederen vorziehen. Aber dies ist mit einer vollen Würdigung der inneren Vorzüglichkeit der höheren recht wohl verträglich. Menschen entscheiden sich oft aus Charakterschwäche für die Wahl eines näher liegenden Gutes, obgleich sie wissen, dass es das weniger schätzbare ist; und dies geschieht eben so wohl, wenn die Wahl zwischen zwei körperlichen Vergnügen, als wenn sie zwischen körperlichen und

---

[1] Vgl. PLATO, Rep. IX. SHAFTESBURY, Characteristics Vol. II. p. 102. f.

geistigen stattfindet. Sie geben sich zum Schaden ihrer Gesundheit sinnlichen Genüssen hin, obgleich sie sehr wohl wissen, dass Gesundheit das höhere Gut ist." Ausser ihrem qualitativ höheren Werthe haben die geistigen Befriedigungen aber noch die weiteren Vorzüge, dass sie von unvergleichlich grösserer Dauer sind, vom Zufall und äusseren Schicksal viel weniger abhängen, und sich auch in ihren Folgen noch als für uns oder Andere wohlthätig erweisen, als Quellen ferneren Glücks.

Der Ethiker vor Allen muss ein ganzer *Mensch* sein, nichts *Menschliches* darf ihm völlig fremd sein. Und ebendaraus, dass diese erforderliche *Vielempfänglichkeit* nicht wenigen Ethikern abging, daraus, dass sie im obigen Sinne „competente Richter" *nicht* waren, erklären sich ihre oft so einseitigen Urtheile. Wem das Auge fehlt oder das Ohr, für den ist die Welt der Farben oder der Töne nicht vorhanden: er lebt in einer wesentlich ärmeren Welt. Wer alles Sinnes für Kunst, oder Litteratur, oder Wissenschaft bar ist, für den existiren eben diese idealen Gebiete des menschlichen Lebens nicht: das Leben, das er kennt, ist um so viel leerer, öder und dürftiger. Alle diese Erscheinungen in Sinn und Gemüth der Menschen sind wichtige *Facta* für die Ethik: wie doch also könnte diese Wissenschaft allseitig gefördert werden, wo ganze Reihen solcher Facta, ganze Sphären des Lebensinhalts unbekannt sind?

So mannichfaltig die Bewusstseinserscheinungen auf unserm Planeten überhaupt sind, so mannichfaltig sind auch die *befriedigten* Bewusstseinszustände. So sehr sich der menschliche Geist vom thierischen unterscheidet, so sehr unterscheidet sich auch das *Glück* des Menschen von dem entsprechenden Zustande des thierischen Lebens. Die allmählich immer zunehmende Steigerung des Bewusstseins in der Entwicklung des psychischen Lebens auf unserm Weltkörper[1] ist nicht nur eine quantitative Gradation einer

---

[1] Und mithin auch anderer Weltkörper: was man wohl thun wird in ethischen Betrachtungen zuweilen ausdrücklich hervorzuheben, um den Schein zu vermeiden, als wolle man sich in seinen moralischen Grundbestimmungen in jeder Hinsicht auf unsern Planeten beschränken. Nicht ohne Grund stellte der Verfasser der Naturgeschichte des Himmels „den bestirnten Himmel über uns" zusammen mit dem „moralischen Gesetz in uns"; und sein Versuch, der Moral s. z. s. eine *kosmische* Ausdehnung zu geben, war an sich nichts weniger als mystisch. Wenn Schopenhauer ihn

in ihrer Beschaffenheit stets gleichartigen Erscheinung; sondern ausser dieser arithmetischen Steigerung erscheinen in der Entwicklung auch qualitativ immer neue und höhere Potenzen. Ausser den GRADEN *der psychischen Existenz oder Realität* haben wir daher auch die VOLLKOMMENHEIT, bez. *Vollständigkeit der psychischen Existenz oder Realität* in's Auge zu fassen. Die Stoiker lehrten, dass dasjenige, welches in der chronologischen Succession der Entwicklungsvorgänge, so lange diese Entwicklung eben fortschreitet, *spaeter* erscheint, das *Werthvollere* sei;[1] und diese, wie es scheint, im allgemeinen ganz richtige Bestimmung können wir auch überhaupt auf das sich immer höher entwickelnde Leben auf unsrer Erde übertragen: wobei wir auf jenen Gedanken eines *Stufenreichs* (nun *innerlich-psychisch* gefasster) *„Platonischer Ideen"* Bezug zu nehmen haben.

Den Gipfelpunct der Stufenleiter der beseelten Wesen auf unsrer Erde nimmt der Mensch ein. Um nun die *„Idee,"* den idealen Typus des Menschen zu bestimmen, werden wir, nach den vorangegangenen Erwägungen, vor allen gerade diejenigen Potenzen in's Auge zu fassen haben, welche mit seiner Erscheinung auf unserm Gestirn neu in's Dasein getreten sind als die höchsten, und seine Existenz vor allen *untermenschlichen* qualitativ und specifisch auszeichnen. Jedes lebende Wesen, lehrten schon die Stoiker, hat seine eigenthümliche Natur und daher auch seine eigenthümliche Trefflichkeit. Das „naturgemässe Leben," das als oberster Grundsatz der Ethik aufgestellt wird, ist also bei verschiedenen Wesen *verschieden*.

---

in dieser Beziehung zu ironisiren für gut fand, so zeigte er damit eben nur, dass er sich in der Moral (wie auch sonst oft) noch auf *vorcopernicanischem* Standpuncte befand. (Vgl. über Kant's Moral des Vfs. Philosophie Shaftesbury's S. 46 ff.)

[1] „Die mannichfachen Principien des menschlichen Handelns," erklärt auch MACKINTOSH (a. a. O. S. 173), „steigen im Werthe, der Ordnung entsprechend, in welcher sie nach einander entspringen. Dann nur können wir in einem Zustande so vieler Befriedigungen sein, als wir offenbar zu erlangen fähig sind, wenn wir das Interesse den ursprünglichen Genüssen vorziehen — die Ehre dem Interesse — die Vergnügungen der Einbildungskraft denen der Sinne — die Dictate des Gewissens der Lust, dem Interesse und dem Ruf — das Wohl der Mitmenschen unserem eigenen: mit einem Worte, wenn wir das moralisch Gute und das Glück der Gesellschaft hauptsächlich und um ihrer selbst willen verfolgen."

„Naturgemäss leben" bedeutet beim *Menschen* also: „leben nach der in allen Beziehungen vollkommenen und nichts vermissenden Natur des Menschen."[1] Vollkommen, bez. vollständig aber wird die Natur des Menschen in erster Linie gerade durch jene höchsten Potenzen: und die *Wirksamkeit* und *Thätigkeit* derselben wird die Quelle der vornehmsten Elemente der menschlichen *Glückseligkeit* sein. Denn ARISTOTELES' Lehre, dass alles Glücksbewusstsein nicht ein *Zustand* (ἕξις), sondern die innerliche Seite der Vollendung einer *Thätigkeit* (ἐνέργεια) ist, und dass die ungehinderte, ihren eigenen Normen gemässe *Bethätigung* jeder *eigenthümlichen Kraft* mit einem Gefühl *specifischer Befriedigung* empfunden wird, *gut leben,* mithin *gut handeln* heisst: diese tiefsinnige Lehre gehört zu den grössten und wichtigsten Wahrheiten, welche die gesammte ethische Forschung überhaupt entdeckt hat; und man möchte schon darum fast geneigt sein, Trendelenburg's Bezeichnung des Philosophen von Stagira als des „Ethikers der Jahrtausende" für nicht so durchaus überschwänglich zu erklären. Je zahlreicher und je vollkommener nun die Kräfte eines Wesens sind, so lehrte auch der englische Erzbischof KING, desto grösser in gleichem Verhältnisse ist auch seine, aus deren Bethätigung resultirende, Glückseligkeit. Das dem Menschen *eigenthümliche Werk* wird die Quelle der werthvollsten Elemente seiner Glückseligkeit sein; ja es ist eigentlich überhaupt nur eine *Abstraction* von einer und derselben Sache, wenn man jenes *Glück* und jene *Geistesthätigkeit* streng von einander unterscheidet.[2] Diejenigen daher, welche, einseitig nur die äusserliche, objective Seite der Sache, die rein formale Action in's Auge fassend und von der innerlichen, subjectiven Seite, dem entsprechenden befriedigten Lebensgefühl absehend, nur jene „*naturgemässe Thätig-*

---

[1] *Homini id esse in bonis ultimum, secundum naturam vivere; quod ita interpretemur: vivere ex hominis natura undique perfecta et nihil requirente.* (CIC. *de fin.* V. 9.)

[2] Kant, bemerkt TRENDELENBURG (Historische Beiträge zur Philosophie. III. Bd. Berlin. 1867. S. 160), „stellt die Lehre des Epikur und die Lehre der Stoiker als eine Alternative einander gegenüber, und beide genügen nicht. *Aber zwischen beiden liegt die Lehre des Aristoteles,* der weder die Tugendgesinnung mit dem Beweggrunde selbstischer Lust befleckte, noch das Sittliche in falsch verstandener Erhabenheit von der Lust schied, noch Gesinnung und Neigung entzweite."

keit" rein als solche als den letzten *Zweck* des Menschenlebens dargestellt haben, werden doch der Sache nach oft ganz Dasselbe gelehrt haben wie die, welche das aus dieser Thätigkeit gewonnene oder unmittelbar in ihr liegende befriedigte Bewusstsein als *finis bonorum* auffassten. Ja mehr noch: wenn Jene die Bedeutung der Thätigkeit gerade derjenigen Potenzen zur Anerkennung zu bringen suchten, welche das Menschenleben vor aller übrigen psychischen Existenz specifisch auszeichnen; so werden sie, obwohl sie dabei von der subjectiven Seite, dem Bewusstsein, absahen und nur die objective Seite in Betracht zogen, doch inhaltlich sogar oft richtigere und dem menschlichen Glück gemässere Bestimmungen festgesetzt haben, als Diejenigen, welche zwar, an sich philosophischer, direct auf das Glück selbst ausschauten, die feineren und geistigeren Gestalten desselben dabei aber übersahen und nur die gröberen und sinnenfälligeren berücksichtigten.

Die Lebensenergie, die sich in der activen Theilnahme an den Angelegenheiten der Gesammtheit oder des Staats bethätigt, gewährt ganz an sich selbst Befriedigung: und in sofern ist der Staat und das Leben im Staate nicht bloss ein Mittel zu vielen anderen Zwecken, sondern auch selbst Zweck: Wie ja so vielfach in der Oekonomie des Lebens, was einerseits blosses Mittel, andrerseits zugleich wirklicher letzter Zweck ist, und was einerseits letzter Zweck ist, noch zudem als Mittel zu Anderem functionirt. Der Staat hat keineswegs jene seltsame Aufgabe, die ihm ein grosser Philosoph hat zuweisen wollen: „sich selbst überflüssig zu machen!" Vielmehr gehört das Leben im Staate und die organische Einfügung in das lebendige Ganze einer Gesammtheit recht eigentlich zum Wesen des Menschen und daher auch zum „höchsten Gut:" der Mensch ist in der That ein seiner Natur nach politisches Wesen. Auch im sog. Naturzustande sind die Menschen keineswegs vereinzelte Atome und auch nicht nur durch eheliche und elterliche Bande einzeln verknüpft; sondern auch in diesem unvollkommenen Zustande ist dem Individuum das Leben in einer Gesammtheit wesentlich: ja in seinem Opfermuth und seiner selbstvergessenen Hingabe an das Wohl des Stammes oder der Horde beschämt der Naturmensch oft civilisirte Menschen. Durch die sympathische Theilnahme an allen Interessen der Gesammtheit, als deren Glied der Einzelne geboren ward und sich fühlt, und die noch fortbestehen wird, wenn er längst nicht mehr unter den Sterblichen weilt, erweitert sich seine Lebenssphäre und erhöht sich mithin sein Lebenswerth in's Ungemessene. Denn er existirt nicht mehr nur in sich und nur für sich, sondern wesentlich auch in der „beseelten Gesellschaft" und für dieselbe: und noch der Abend seines Lebens wird ihm, dessen *persönliche* Interessen sich beständig verringern, durch die stets lebendige Theilnahme an dem unsterblichen Leben des Gesammtwesens verklärt. Und man kann nicht „guter Weltbürger" sein, wenn man nicht zuvor „guter Staatsbürger" ist. Man wird nicht auf einer wüsten Insel geboren bloss als „Mensch" schlechthin und dankt, was man ist und hat und erlangt, nicht bloss der „Menschheit:" sondern als Gesellschaftsglied wird man geboren, als Theil eines speciellen politischen Organismus: als dessen organischer Theil man daher wirken muss. Dem Vaterlande vor Allem dankt man das Meiste von dem, was das Leben lebenswerth macht: und ihm schuldet man daher seine volle Dankbarkeit und seine Kraft, die man nicht auf ein Grenzenloses richten darf, wenn als dessen begrenzte *centrale* Sphäre nicht das eigne Vaterland gedacht wird. Die Pflicht des Weltbürgers erfüllt man vornehmlich gerade dadurch, dass man seine Pflicht als Staatsbürger erfüllt: denn das universelle Wohl wird, wie auch Hume sagt,[1] dann am meisten befördert, wenn Jeder dem Wohle seines Staates sich widmet.

Hume selbst nun hat überhaupt kein vollständiges System der Moral aufgestellt; und so wird der Vorwurf, den man sogar seiner Ethik, obwohl sie einen so entschieden *altruistischen* Charakter hat, doch noch in einigem Grade machen könnte, sehr wesentlich gemildert: der Vorwurf nämlich, dass sie, Alles in Allem, zu individualistisch ist, indem sie das Individuum zu sehr nach Art eines *Atoms* und zu wenig als *Glied eines Organismus* betrachtet.

Alle Berufsthätigkeit ist, als Bethätigung einer Lebenskraft und als Förderung der Existenz Anderer, ein positives Gut; und speciell hinsichtlich des Lebens in Wissenschaft und

---

[1] *Principles of Morals. Sect. V note 4.*

Kunst brauchen wir zu dem schon früher Erörterten nichts weiter hinzuzusetzen. So war es denn an sich ein verdienstliches Werk, wenn SCHLEIERMACHER, zum Theil an FICHTE sich anlehnend, eine vollständige Güterlehre aufzustellen suchte. Die in jenen Thätigkeiten erzeugten, qualitativ verschiedenen, befriedigten Bewusstseinszustände lassen sich in ihrer Eigenthümlichkeit ja nicht anders, als durch Angabe der *Objecte*, auf welche ihre Energie sich richtet, bezeichnen: wobei doch immer klar bleibt, dass ein Object nur durch Beziehung auf ein *Subject* ein „*Gut*" sein kann. Wenn man aber allen Ernstes von jenen gesammten Thätigkeiten den Bewusstseinswerth abziehen wollte, was anders bliebe dann noch übrig als, wie wir es zu nennen uns gezwungen sahen, bedeutungslose „Maschinenarbeit," und zwar Maschinenarbeit *für Niemanden?* In Wahrheit jedoch haben gewisse („stoisirende") Systeme, die jenes versuchten, nur *scheinbar* von der Beziehung auf irgend ein Glück, ein befriedigtes Bewusstsein abstrahirt: und wenn es zuweilen auch nur das Wohlgefühl des Stolzes, ja oft selbst des Hochmuths und des „Uebermuths"[1] und sogar der Selbstvergötterung war, auf welches im Grunde der äussere

---

[1] „Uebermuth der selbstbewussten Thatkraft," wie HERBART einmal sagt. — Die Lehre eines genialen Mannes „will alles, was ihr zu bewundern, zu begehren, zu fürchten pflegt, vor eurem Auge in Nichts verwandeln, indem sie auf ewig eure Brust der Verwunderung, der Begier, der Furcht verschliesst. Ihr sollt euch nur zum Bewusstsein eures reinen sittlichen Charakters erheben; und ihr werdet, verspricht sie euch, ihr werdet finden, wer ihr selbst seid; und werdet finden, dass dieser Erdball mit allen den Herrlichkeiten, welcher zu bedürfen ihr in kindischer Einfalt wähnet, dass diese Sonnen, und die tausendmaltausend Sonnen, die sie umgeben, dass alle die Erden, die ihr um jede der tausendmaltausend Sonnen ahnet, und die in keine Zahl zu fassenden Gegenstände alle, die ihr auf jedem dieser Weltkörper ahnet, wie ihr auf eurer Erde sie findet, dass dieses ganze unermessliche All, vor dessen blossem Gedanken eure sinnliche Seele bebt und in ihren Grundfesten erzittert — dass es nichts ist, als in sterbliche Augen ein matter Abglanz eures eigenen, in euch verschlossenen und in alle Ewigkeiten hinaus zu entwickelnden Daseins. Ihr werdet, verspricht sie euch, bloss selbstthätiges Princip, und allein durch euer pflichtmässiges Handeln bestehend — den Genuss nicht entbehren, sondern verschmähen.... *Du* bist wandelbar (werdet ihr zum Weltall sagen), nicht *ich*; alle deine Verwandlungen sind nur mein Schauspiel, und ich werde stets unversehrt über den Trümmern deiner Gestalten schweben." — Dies ist nicht die

Thatbestand bezogen wurde: so ist dies doch eben auch ein (nur sehr einseitig, bez. abnorm) befriedigtes Bewusstsein.

In Beziehung auf den Inhalt ist bei weitem kein so grosser Unterschied unter den Moralsystemen, wie man vielleicht glauben könnte, wenn man bloss auf die verschiedenen Ausdrucksweisen sieht, deren dieselben sich bedienen. Und dies ist auch kein Wunder: sind ja doch die Elemente dieser verschiedenen Systeme stets aus der wirklichen Moral der Menschheit abstrahirt, welche im Wesentlichen und in den Grundzügen nur eine ist. Und so *widerspricht* auch andrerseits unser Princip den meisten der sonst aufgestellten Principien nicht, sondern ist nur, wie Fechner mit vollem Rechte sagt, *„die letzte, klarste Auslegung derselben,* — sei es auch, dass deren Urheber selbst dies nicht zugeben mögen."

„Sich bestimmen zu lassen durch die *Idee der Gattung*," ist nach Hegel das ethische Hauptgesetz. Diese (nicht ganz präcise) Formel kann einen doppelten Sinn haben, einen *„altruistischen"* und einen *praktisch-idealistischen*. Sie kann sagen: wenn man über die Moralität seiner Handlungen urtheilen will, habe man dieselben in ihrer Beziehung zum Wohl der Gesammtheit aufzufassen; oder aber: man habe sie an dem Urbild oder idealen Typus der Menschheit zu prüfen. Es ist offenbar, dass sich beides recht wohl vereinigen lässt, und dass diese Formel in beiderlei Bedeutung ihrem Inhalte nach mit unserm Princip congruirt.

Die „letzte, klarste Auslegung" ist dieses vor allen von dem (etwas vieldeutigen und unbestimmten) „Princip der *Vollkommenheit.*" Wenn wir anstatt: „universelle Glückseligkeit" sagen wollten: „universelle[1] Vollkommenheit;" so würden wir

---

Rede eines Gottes zu Göttern, sondern Fichte's an seine Mitgeschöpfe. (Appellation an das Publicum gegen die Anklage des Atheismus. WW. V. Bd. S. 236 f.)

[1] Universelle, Anderer, und nicht bloss die individuelle, eigene, wie Kant grundloser Weise will und mit den allerhinfälligsten Argumenten darzuthun bestrebt ist. Jeder Vater und jede Mutter, jeder Pfleger, jeder Lehrer, jeder Geistliche und jeder Künstler sucht, in dieser oder jener Hinsicht, mehr oder minder, *Andere zu vervollkommnen*: und überhaupt beginnt bei den Meisten (und sollte bei Jedem beginnen) die Vervollkommnung weit früher durch Andere, als durch das eigene Selbst. Vor allen aber

inhaltlich dasselbe sagen, diesem Gedankeninhalt aber nur einen weniger klaren Ausdruck geben. Ist ja doch das Bewusstsein das Vollkommenste, was wir in der Natur kennen, und das am meisten und vielseitigsten befriedigte Bewusstsein das vollkommenste Bewusstsein. Und im Menschenleben sind, nach dem oben Vorgetragenen, alle Stufen des Lebens, die in ihm einheitlich zusammengefasst sind, ohne Ausnahme zu erhalten und zu veredeln: von der „Pflanzenseele" an (Platonisch zu reden) oder dem Grunde der organischen Vorgänge, als der Unterlage alles Höheren — bis zur „Thierseele" oder dem Grunde des allgemein-animalen Sinnes- und Trieblebens, als der Vorbedingung der höchsten Stufe — bis endlich zu dieser, der specifisch-menschlichen Sphäre. Diese höchste aller Stufen aber ist in erster Hinsicht zu cultiviren, ihrer harmonischen Ausbildung und weiteren Vervollkommnung ist die meiste Arbeit zu widmen, doch auch den tieferen diese in einigem Maasse zuzuwenden. Dies ist die bedeutungsvollste ethische Consequenz der Entwicklungstheorie.

Dass Jedermann seine Pflicht thun soll, das heisst, *thun soll was er thun soll*, darin sind alle Systeme vollkommen einverstanden. Alle sagen sie mit FICHTE[1]: „Handle stets nach bester Ueberzeugung von deiner Pflicht; oder: Handle nach deinem Gewissen. Dies ist die *formale* Bedingung der Moralität unsrer Handlungen." Es kommt also nur darauf an zu bestimmen, *was* denn nun im einzelnen Falle Pflicht ist, m. a. W., was „das *Materiale*" der Pflicht ist. Und in dieser Hinsicht wäre es für die Wissenschaft offenbar ein schlechter Ersatz, wenn man jene von Allen anerkannte Lehre beständig wiederholen und nachdrücklich einschärfen wollte: *seine Pflicht zu thun* — ohne dabei jenes *Was* oder ihren *Inhalt* genau zu bestimmen. Soll doch schon eine populäre Moralpredigt ein

---

befördert eine gute Obrigkeit die universelle Vervollkommnung: als der allgemeine „nationale Erzieher," wie sie auch Bentham nennt.

[1] WW. IV. Bd. S. 156.

Mehreres enthalten: und ein wissenschaftliches Moralsystem, das ja wohl keine blosse Moralpredigt ist, sollte sich damit begnügen dürfen?

Einige Systeme (wie z. B. das Butler'sche und das der Common-Sense-Schule) verweisen in Beziehung auf diesen Inhalt lediglich an ein *inneres Gefühl*, einen *Moralsinn*, ein *Gewissen*. „Was dieses jedesmal bestätigen wird, ist Pflicht, und dieses irrt nie, wenn wir nur auf seine Stimme aufmerken," erklären sie mit FICHTE[1]. Und in der That kann es der Volkslehrer hierbei *im Allgemeinen* bewenden lassen. Man würde einen Menschen, der in klarem und zusammenhängendem Denken nicht geübt ist, in vielen Fällen nur unsicher und irre machen in seinem Verhalten, und daher mehr schaden als nützen, wenn man, anstatt ihn der Leitung seines unmittelbaren Pflichtgefühls und Gewissens anzuvertrauen, überhaupt von ihm verlangen würde, irgend einem objectiven Princip oder Kriterium gemäss zu handeln — sei dies nun das Kantische, das Fichtische, das Stoische, oder ein anderes.

Allein, ganz abgesehen davon, ob der Fichtische Satz[2]: „*Das Gewissen irrt nie, und kann nicht irren*," in dieser Allgemeinheit überhaupt *wahr*[3] ist; so ist doch so viel gewiss, und wird auch von diesem Philosophen[4] anerkannt, dass der Wissenschaft eine solche (allerdings sehr bequeme!) Berufung auf

---

[1] Das. S. 208.
[2] Das. S. 174.
[3] WOLFF z. B., der sich durch seinen richtigen moralischen Tact vor vielen Ethikern auszeichnet, zweifelte nicht im mindesten daran, dass es *irrende Gewissen* gäbe, hielt auch nicht dafür, dass Jedermann im Stande wäre, dasselbe zu rectificiren; was vielmehr „eine Fertigkeit im Demonstriren" voraussetzte. „Da nun aber (bemerkt er) dergleichen Leute, die ihr irriges Gewissen für richtig halten, darnach verfahren; so sind sie um so viel standhafter, das Böse zu vollbringen, je grösser ihr Eifer für das Gute ist, und richten dadurch viel Verderben und grossen Schaden an. Wer dem Unglück nachdenket, was irriges Gewissen noch heut zu Tage anrichtet, der wird, was ich behaupte, auch in der Erfahrung gegründet finden." (Vernünftige Gedanken von der Menschen Thun und Lassen, zu Beförderung ihrer Glückseligkeit, den Liebhabern der Wahrheit mitgetheilet von CHRISTIAN Freiherrn von WOLFF. N. A. Halle, 1747. § 96.)
[4] Obgleich derselbe, wie Schleiermacher wohl nicht mit Unrecht bemerkt, in seinem System nur allzuviel noch durch das Gewissen besorgen lässt, was festzusetzen Sache der Wissenschaft gewesen wäre.

ein *Gefühl*, das jedesmal im Einzelnen zu entscheiden hätte, was recht und gut sei, nicht genügen kann. Dies wäre in der That, anstatt eines Princips, *die Negation jedes Princips*. „Seicht" nennt auch KANT die blosse Berufung auf ein moralisches Gefühl, „indem Diejenigen, die nicht *denken* können, sich durch's *Fühlen* auszuhelfen glauben: so wenig auch Gefühle, die dem Grade nach von Natur unendlich von einander verschieden sind, einen gleichen Maassstab des Guten und Bösen abgeben, auch Einer durch sein Gefühl für Andere gar nicht gültig urtheilen kann."[1] Und so war z. B. auch Hutche-

---

[1] Grundlegung zur Metaphysik der Sitten. 2. Abschn. WW. hg. v. Hart. 1867. IV. Bd. S 290. Vgl. 3. Abchn. S. 308: „Das moralische Gefühl, welches fälschlich für das Richtmaass unserer sittlichen Beurtheilung von Einigen ausgegeben worden." — Hieraus wie aus weiteren Bemerkungen Kant's erhellt übrigens auch, dass OTTO LIEBMANN nicht berechtigt war, Kant zum Verfechter des, von ihm selbst bisher vertretenen, *Subjectivismus* der Moral zu machen — aus welchem *Subjectivismus* die logische Folge eine Auffassungsweise ist, die sich vom *Moralskepticismus* gar wenig unterscheidet. In seinem trefflichen Werke „Zur Analysis der Wirklichkeit" (Strassburg, 1876) erklärt jener Forscher: „Seit Sokrates, nach einem bekannten Ausspruche Cicero's, die Philosophie vom Himmel herabrief und in die Wohnungen der Menschen hineinführte, ... stimmen alle tiefer denkenden Philosophen darin überein, dass sie die Ethik als das bedeutungsvollste Thema menschlichen Nachdenkens betrachten, gleichsam als den Gipfel und Schlussstein einer in sich abgeschlossenen Weltanschauung." So Liebmann; und darin sind auch die meisten der philosophischen Zeitgenossen ganz mit ihm einig. Aber trotz dieser hohen formellen und s. z. s. officiellen Anerkennung, die der Ethik noch immer allgemein zu Theil wird, trifft sie eine nicht geringe materielle Vernachlässigung. Und wie in dem in Rede stehenden Werke von 619 Seiten kaum 46 auf die Ethik kommen, so geht es dieser königlichen Wissenschaft bei uns schon seit einigen Jahrzehnten leider überhaupt: Die philosophische Thätigkeit wendet sich ihr nur im allergeringsten Maasse zu, und an eine positive Förderung derselben wird fast nie gedacht. Auch in Liebmann's interessantem Werke verhält sich der Inhalt des Abschnitts über die Ethik zum übrigen Inhalt des Werkes dem Werthe nach kaum anders, als sich der Umfang jenes zum Umfang dieses verhält. Nicht nur sollen Jedem in seinem persönlichen Verhalten die Aussprüche seines individuellen Gewissens die höchste Instanz sein und bleiben, die keinerlei Appellation zulässt: sondern auch die *Wissenschaft* soll sich über diesen *Subjectivismus* nicht erheben können, und ein objectives, allgemeingültiges Princip oder Kriterium nicht zu finden sein. „Und wenn darnach (erklärt Liebmann) die ganze Ethik auf den trivialen Satz hinauszulaufen scheint: Thue Jeder das, was *er* für *seine* Pflicht hält; so ist eben dieser Satz in der That gar

son, wie wir früher gesehen haben, weit davon entfernt, den Moralcodex bloss aus den jedesmaligen Entscheidungen des *Moral Sense* ableiten zu wollen. Alle Verständigung und Einigung in ethischen Fragen, die das Allgemeine betreffen, wäre auf immer ausgeschlossen, wenn es keine Appellation an ein Allen gemeinsames objectives Kriterium gäbe; sondern sich Jeder nur auf die Aussprüche seines, nicht weiter zu rechtfertigenden und zu begründenden, subjectiven Gefühls zu berufen hätte. Dies wäre in der That ein „Zustand allgemeiner Anarchie."

Was sind das für Handlungen, die das Gewissen billigt? wird man doch fragen dürfen. Oder sind in der That die moralischen Handlungen durch nichts weiter charakterisirt, haben sie keine weitere Eigenschaft als diese, dass sie eben vom Gewissen gutgeheissen werden? Fordert das Gewissen eben nur *dies* und *das*, man weiss nicht *warum?* Hat das Gewissen gar keine besondre *Function*, keinen *Zweck?* Christus lehrte, der Mensch sei nicht um des Sabbaths willen da, sondern der Sabbath um des Menschen willen. — Die Geschichte der Ethik hat gelehrt, dass die Folge einer solchen, wenn auch in der allerbesten und moralischsten Absicht aufgestellten, Lehre, welche kein objectives Kriterium anerkennt, sondern beim blossen Pflichtbewusstsein als solchen stehen bleibt, leicht der extremste ethische Nominalismus und Skepticismus werden kann. Einen *objectiven* Grund der Unterscheidung des *Guten* und *Bösen* gebe es überhaupt nicht, ward gesagt; Alles hänge von den willkürlichen Satzungen positiver Mächte und Autoritäten ab, welche der Moral allein den Inhalt geben. Das Gewissen aber entspreche überall den bestehenden positiven Gesetzen und Sitten des Landes, indem es gänzlich durch die

---

nicht so trivial, sondern, ernsthaft gesprochen, in einfältiger Form das höchste Normalgesetz für unsern Willen. Richteten sich Alle immer darnach, es stünde gut auf diesem Erdball!" Ganz recht! Aber für die Wissenschaft folgt aus jener „geographisch-geschichtlich-ethnologischen Mehrzüngigkeit des Gewissens" nach Liebmann, was er am Schluss seines Werkes (S. 618) sagt: „Ganz gewiss existirt ein letzter Grund dafür, dass die Menschheit sich der Unterscheidung von Gut und Böse, wiewohl mit veränderlichen Grenzlinien, durchaus nicht entschlagen kann, und dass sie diesen Unterschied für den unbedingt wichtigsten hält. *Jedoch wir kennen jenen Grund nicht.*"!

Erziehung geschaffen werde: und Sitte, Gesetz und Erziehung selbst hätten gar keine Norm, kein Kriterium einer Werthschätzung.[1]

SOKRATES, der „Vater der Ethik," forderte *begriffsmässiges* Handeln, Handeln aus *Erkenntniss* und *Einsicht*. FICHTE fordert, dass, wie das Kind sich verhält gegen die Gebote der Eltern, so der gebildete Mensch sich verhalte gegen das Sittengesetz.[2] Die Kinder aber, erklärt er, haben das Verbotene zu unterlassen und das Gebotene zu thun, *darum, weil* die Eltern es verboten oder geboten haben. „Denn sind die Kinder selbst von der Güte und Zweckmässigkeit des Befohlenen überzeugt, so überzeugt, dass schon ihre eigene Neigung sie dahin treibt, so ist kein Gehorsam da, sondern Einsicht. Gehorsam gründet sich nicht auf die besondere Einsicht in die Güte desjenigen, was nun eben befohlen ist, sondern auf den kindlichen Glauben an die höhere Weisheit und die Güte der Eltern . . . . Unbedingt ist jeder Gehorsam und auch blind; denn sonst wäre er nicht Gehorsam . . . . Wer nur in billigen Stücken gehorcht, gehorcht gar nicht. Es muss ihm ja dann ein Urtheil zukommen, was billig sei oder nicht. Thut er nur das Billige, als solches, so thut er dasselbe aus eigener Ueberzeugung, und nicht aus Gehorsam." „Wir sollen," fordert FICHTE[3], „schlechthin thun, was die Pflicht gebeut, ohne über die Folgen zu klügeln." Es ist „Pflicht, so oder so zu handeln, ohne Klügelei über die Folgen, indem gar nicht auf Folgen in der sichtbaren, sondern in der unsichtbaren und ewigen Welt gerechnet ist."[4] Dem Religiösen „sind die Folgen seiner Handlungen in der Welt der Erscheinungen völlig gleich-

---

[1] Diese Lehre wird heutzutage unter directer Berufung auf Kant vorgetragen; welche Berufung in der That verfehlt, aber doch in einer gewissen Rücksicht durchaus charakteristisch ist.

[2] Wörtlich sagt Fichte (WW. IV. Bd. S. 339): „Wie der gebildete Mensch sich verhält gegen das Sittengesetz überhaupt, und gegen den Ausführer desselben, Gott, so verhält das Kind sich gegen das Gebot seiner Eltern und die Person derselben." Diese Vergleichung aber durften wir, den Gesetzen der Logik gemäss, auch umkehren: und dadurch wird Fichte's eigentliche Meinung weit klarer.

[3] WW. IV. Bd. S. 339.

[4] V, 207.

gültig."[1] — Man kann anerkennen, dass aus diesen Sätzen ein gewisser Pflicht-Enthusiasmus spricht: aber ohne Zweifel muss man auch anerkennen, dass SCHLEIERMACHER und HERBART nicht Unrecht hatten, wenn sie vor derartigen Lehren als recht gefährlichen warnten: denn allerdings könnte ein solcher Enthusiasmus gar leicht in blinden Fanatismus umschlagen. In anderen Moralsystemen war „*die Vernunft*" und „*die Intelligenz*" zwar nicht immer das dritte Wort, und sie beriefen sich auch nicht auf dieselbe (wie Andre auf den *Common Sense*) wie auf ein Orakel: aber sie suchten dieselbe „durch Thaten zu beweisen," und lehrten eine *vernünftige* Pflichterfüllung: welche gerade darin bestehe, dass man auf die *Folgen* der Handlungen achtet: und auf diese Folgen zu achten, lehrten sie, sei *Pflicht*.

Man darf nun wohl fragen, ob jenes von Fichte gegen das Sittengesetz geforderte Verhalten der Würde des intelligenten und selbstbewussten Wesens entspreche, die er doch so sehr hervorhebt; ja ob auch nur die moralischen Bestimmungen selbst dadurch an Ansehen gewinnen, oder nicht vielmehr verlieren müssen! In jenem Falle könnten die moralischen Bestimmungen und Unterscheidungen gar leicht als rein willkürlich, grundlos und capriciös erscheinen. So viel aber ist jedenfalls sicher, dass ein solches Verhalten nichts weniger als *Sokratisch* sein würde

Das Gewissen soll in Allen *unfehlbar* sein! Aber muss man sich denn nicht wundern, wie Jemand, der mit der Natur und Geschichte seiner Gattung nicht völlig unbekannt ist, *mit gutem Gewissen* sagen kann, dass es *kein irrendes Gewissen* gebe? Sind denn die sog. Naturmenschen nicht auch Menschen? Die Indianer z. B. sind sehr mit sich zufrieden, wenn sie Angehörige eines andern Stammes scalpirt haben, und werden deswegen auch von Andern geachtet. Menschenopfer sind von fast allen rohen Völkern ihren Göttern mit gutem Gewissen dargebracht worden. Ja wir brauchen uns gar nicht auf die „Wilden" zu berufen: haben doch schon einigermassen civilisirte Völker aus der Ausrottung von Andersgläubigen und dem Morden selbst ihrer Kinder und Säuglinge

---

[1] V, 212.

eine eigentliche Gewissenssache gemacht. „Das Gewissen irrt nie und kann nie irren:" und dieses Dogma will Kant auch speciell der Handlungsweise jenes alten Weibes gegenüber, das auf Huss' Scheiterhaufen noch ein Stück Holz legte, aufrecht zu erhalten suchen. Wenn man ihr vorgehalten hätte, ob sie ihre ewige Seligkeit wohl auf die Moralität jener Handlung verwetten wollte; so würde sie jene Handlung, meint er, gewiss nicht gewagt haben: und daraus folge, dass es im Grunde nie ein irrendes Gewissen gebe. Fichte führt diese Argumentation mit Beifall an. Allein man wird es zunächst sehr wahrscheinlich finden dürfen, dass im Gegentheil jenes alte Weib die Wette unbedenklich und in aller Gewissenszuversicht eingegangen wäre. Sodann aber ist klar, dass bei einem so ungeheuren Wagniss in vielen Fällen, wo doch ein Handeln gefordert ist, jeder Verständige von allem Handeln Abstand nehmen müsste, und nur der Unbesonnenste und Leichtsinnigste handeln und die unermessliche Gefahr dabei auf sich nehmen würde. Ein derartiger Prüfstein würde uns mithin nicht grössere Sicherheit in unserm Handeln verleihen, sondern oft zu absoluter Unthätigkeit verurtheilen, wo doch nach der Ueberzeugung aller Menschen ein Handeln sonst Pflicht wäre — nicht mehr aber Pflicht, wenn die ewige Seligkeit möglicher Weise auf dem Spiele stände. Wo der Glaube, dass eine Handlung gut und ihre Unterlassung unrecht ist, neun hundert neun und neunzig mal grösser ist als der, dass sie Unrecht und ihre Unterlassung Pflicht ist, fordert die Pflicht, jene Handlung zu vollbringen: aber bei jenem *Test* würden wir von ihr abstehen müssen, wenn auch jener Glaube zu diesem sich verhielte wie eine Billion zu Eins! Es ist offenbar, dass ein Dogma auf schwachen Füssen stehen muss, wenn man zu einem derartigen Argument seine Zuflucht zu nehmen genöthigt ist.

ARISTOTELES, dieser wunderbare Genius und höchst liebenswürdige Charakter, fand in der Institution der Sclaverei nichts Verwerfliches: sein Gewissen billigte dieselbe vollkommen. Aber das Gewissen ist nach Kant und Fichte unfehlbar! Wenn doch Diejenigen, die in ihrem System, von der Moral des wirklichen Menschen handelnd, die Natur des Menschen und die empirische Welt, in der er handeln muss, ignoriren zu dürfen, ja zu sollen wähnen, sich nun wenigstens auch enthalten wollten, Behauptungen aufzustellen, welche empirische Gegenstände betreffen! Ob es irrende Gewissen giebt oder nicht, ist einfach *matter of fact*; und Thatsachen lassen sich weder durch apriorische Deductionen noch durch Machtsprüche aus der Welt schaffen.

Es unterliegt keinem Zweifel, dass, wer bei den unmittelbaren Dictaten des eignen Gewissens und den moralischen Ueberzeugungen des derzeitigen Volksbewusstseins als einem absolut Letzten und Höchsten auch in der Wissenschaft stehen bleibt, wohl eher dazu angethan ist, bestehende Irrthümer und Missbräuche zu rechtfertigen (wie z. B. Aristoteles die Sclaverei), als die Moral zu reformiren und zu vervollkommnen. Und in der That erklärt auch Kant, dass die „praktische Philosophie" hierzu gar nicht im Stande sei. Ohne Philosophie könne man sich „eben so gut Hoffnung machen, es recht zu treffen, als es sich immer ein Philosoph versprechen mag, ja ist beinahe noch sicherer hierin, als selbst der letztere." Der praktische Werth der Wissenschaft sei hier s. z. s. nur ein negativer: Der Mensch brauche sie nicht, um positiv von ihr zu lernen, sondern nur, um wider die Vernünfteleien gegen die strengen Gesetze der Pflicht geschützt zu sein.[1] — Was wohl SOKRATES zu dieser Ansicht von der Bedeutung der wissenschaftlichen Ethik gemeint haben würde?

Man kann mit einer Elle ganz genau messen, mit einem Pfunde ganz genau wiegen, ob sie nun richtig sind oder falsch: zu entscheiden, ob die Elle, ob das Pfund der richtige Maassstab sind, erfordert eine andre Untersuchung.[2] Diese bestand darin, dass man die vielen einzelnen Ellen oder Pfunde am Landesfuss oder -Pfund prüfte. Civilisirte Nationen haben sich später vereinigt, einen einzigen, unveränderlichen Maassstab allgemein anzuerkennen: die Grösse des Erdumfangs, bez. das Gewicht des Wassers. — Sollte es nicht auch in der Moral eine allgemeine feste höchste Norm geben, an der die vielen einzelnen moralischen Normen selbst zu prüfen sind? Sollte

---

[1] Grundlegung zur Metaphysik der Sitten. Schluss des I. Abschnitts.
[2] Vgl. LOCKE, *Essay concerning Human Understanding*. Book II. chap. 28. Schluss.

es für die Moral durchaus keine „Einheit der Maasse und Gewichte" geben?

Nach der Ethik SHAFTESBURY'S unterliegt der Mensch einer doppelten moralischen Werthschätzung, einer *bedingten* oder *subjectiven* (wenn man so sagen kann) und einer *unbedingten* oder *objectiven*: in *formaler* nämlich und in *materialer* Hinsicht. Zunächst sind seine Handlungen an seinem *eigenen Gewissen* zu prüfen, ob sie diesem *gemäss* sind, oder nicht; und falls der Mensch nur überhaupt *gewissenhaft*, d. h. seinem *eigenen Gewissen gemäss* handelt, dürfen wir ihm unsre Achtung niemals ganz versagen. Es wäre unbillig, das Handeln eines Australnegers mit dem ethischen Maassstabe hochcultivirter Nationen zu messen und auf die niedrige Entwicklungsstufe seiner Race und die dem entsprechende Individualität *seines* Gewissens gar keine Rücksicht zu nehmen. Andrerseits aber darf man sich durch diese Rücksichtnahme auch nicht dazu verleiten lassen, den barbarischen Wilden, der — seinem, durch die absurdesten Superstitionen beeinflussten, Gewissen dabei *völlig gemäss* handelnd — Menschenopfer seinen Göttern darbringt und zu deren Ehre Menschen verzehrt, — in moralischer Hinsicht auf eine Stufe zu stellen mit einem Kalokagathos aus den schönsten Zeiten der Griechen. Denn auch das Gewissen selbst ist Gegenstand der sittlichen Werthschätzung, indem es an einer allgemeinen höchsten Norm geprüft wird. Mit anderen Worten: es kommt nicht nur darauf an, dass das Gewissen Macht und Kraft genug hat, sich als das regierende Princip des menschlichen Handelns zu bethätigen; sondern auch darauf kommt es an, dass es Recht hat, dass es sich in der rechten Verfassung befindet, dem idealen Typus des Menschen entspricht: wir haben s. z. s. nicht allein das *Quantum*, sondern auch das *Quale* des Gewissens zu untersuchen. —

„Was Pflicht sei," versichert KANT, „bietet sich Jedermann von selbst dar."[1] Das wäre also wohl ein empirisches Factum: denn es wird doch nicht als eine apriorische Wahrheit aufgestellt. Allein die Erfahrung widerspricht dem nur allzu sehr. In den gewöhnlichen Fällen des Lebens zwar ist es uns meist nicht zweifelhaft, was pflichtgemäss, was pflichtwidrig ist:

---

[1] Kritik der praktischen Vernunft. § 8.

aber auch die Fälle gehören nicht zu den Seltenheiten, wo auch der vom redlichsten Willen Beseelte, nichts als seine Pflicht zu thun, lange unentschlossen bleibt, was jetzt der Pflicht entspreche, und in dem Conflicte verschiedenartiger moralischer Erwägungen nur schwer zu einer festen, endgültigen Ueberzeugung gelangen kann. Ja, wie sollte er überhaupt zu einer solchen Entscheidung kommen können, wenn jedes der moralischen Einzelgesetze, schlechthin für sich bestehend, ein absolut Höchstes und Letztes wäre und sie nicht insgesammt unter einem obersten Schiedsrichter ständen, an den man bei ihrem Widerstreit in letzter Instanz appelliren könnte und sollte? Dass aber solche Collisionen vorkommen, lehrt die gewöhnlichste Erfahrung deutlich genug. Man nennt sie sogar oft „Collisionen der *Pflichten:*" mit Unrecht aber; denn *Pflicht* ist in Wahrheit stets das, was dem einen obersten Princip der Moral am meisten entspricht: daher also immer nur *eine* Handlungsweise die beste und also Pflicht[1] sein wird. Collidirende Rücksichten machen sich hier geltend und collidirende Einzelgesetze: aber es existirt ein höchstes Princip, das diesen Widerstreit entscheidet. Wahre Collisionen der *Pflichten* könn-

---

[1] *Pflicht* haben wir hier in jenem von Kant beständig festgehaltenen, weitesten Sinne gebraucht, in welchem dieses Wort das ganze Gebiet der moralisch guten Handlungen bezeichnet. Im engeren, genaueren und strengen Sinne des Wortes sind aber eigentliche *Pflichten* nur diejenigen Handlungen, zu deren Erfüllung Jemand mit Recht gezwungen werden kann, und deren blosse Unterlassung ein Recht Anderer verletzt; weshalb Pflichten eingetrieben werden können, „wie man eine Schuld eintreibt," und ihre Unterlassung nach unserm Bewusstsein Strafe verdient. Pflichterfüllung hat daher in der That nur auf „kalte Billigung" Anspruch; denn sie entspricht nur dem Begriffe der Gerechtigkeit. Regeln der *Pflicht* im engeren Sinne sind solche, deren wenigstens durchschnittliche Befolgung die *conditio sine qua non* der blossen *Existenz der Gesellschaft* ist. Aber es giebt andre Handlungen, deren Ausübung die sympathische Dankbarkeit und die Liebe und Bewunderung jedes normalen moralischen Gefühls erwecken: Handlungen der Hochherzigkeit und des Edelmuths, deren Unterlassung nicht Strafe, sondern deren Vollbringung Belohnung zu verdienen scheint. Solche edle Handlungen nennt die allgemeine Sprache, der an Festhaltung und Bezeichnung der natürlichen Unterschiede gelegen ist, nicht „Pflichten." Wer nur eigentliche *Pflichten*, nur „Pflicht und Schuldigkeit" anerkennt, wie gewisse juridische und Alttestamentliche Moralsysteme, löst ebendamit alle Moral in blosse Gerechtigkeit auf. (Vgl. oben SS. 298 f. 84 f. 203 ff.)

ten nur dann eintreten, und müssten dann unausweichlich eintreten, wenn alle jene Einzelgesetze *letzte* und *oberste, inappellabele* Principien wären, die gleichsam als eben so viele, mit einander in gar keiner Beziehung stehende, *Gottheiten* aufgefasst werden müssten, welche keinen *Zeus* über sich haben: anstatt als abgeordnete *Engel*, die nur die allgemeinen Intentionen des einen höchsten Wesens ausführen und in Fällen der Uneinigkeit unter sich dieses direct befragen heissen. Ethische Systeme, die davon ausgehen, dass die Befolgung der sämmtlichen Einzelgesetze (etwa der im Mosaischen Dekalog aufgeführten) absolut unter allen Umständen Pflicht sei, müssten der Erfahrung die Ehre geben und wahre Collisionen von Pflichten anerkennen, in denen der Mensch der rathlosesten Unsicherheit überantwortet sei und bleibe. Das wollen sie nun aber nicht zugestehen und behaupten, beide Bestimmungen — dass es keine Collisionen der Pflichten gebe und dass unter allen Umständen die Befolgung der Einzelgesetze Pflicht sei — mit einander vereinigen zu können. Dass ein solches Unternehmen sich jedoch nicht durchführen lässt, ohne dass bald der Erfahrung direct in's Gesicht geschlagen, bald das gesunde moralische Gefühl überhört oder verachtet, bald das Mittel gröbster (wenn auch sehr gut gemeinter) Sophistik nicht verschmäht wird, haben die bisherigen derartigen Versuche mehr als hinlänglich bewiesen: und anstatt, wie man doch wollte, die Sicherheit des moralischen Handelns zu vergrössern, die Würde der Moral zu erhöhen und ihr Ansehen zu befestigen, konnten solche Lehren nur das gerade Gegentheil bewirken. Wissentlich, absichtlich die Unwahrheit zu sagen, ist pflichtwidrig, so lautet eine der Hauptbestimmungen jeder Moral. Aber Systeme, die ein oberstes Moralprincip anerkennen, setzen hinzu: sofern dies nicht dem obersten Princip offenbar widerstreitet; — und um alle Unsicherheit unmöglich zu machen, halten sie es für ihre Aufgabe, die (seltenen) Fälle ganz bestimmt zu bezeichnen, in welchen eine Ausnahme von jener Regel (nicht etwa nur erlaubt sondern) Pflicht ist. Und auch ein normales Gewissen wird in bestimmten Fällen solche Ausnahmen schlechthin fordern, und wird sich durch Gewissensbisse rächen, wenn etwa eine verkehrte Theorie hier die moralische Praxis beeinflussen sollte, und z. B. auch nicht um eines

Menschenlebens willen die hier unbedingt geforderte Ausnahme von der allgemeinen Regel der Wahrhaftigkeit gemacht worden ist. **Es ist die Pflicht und Schuldigkeit des Arztes z. B. am Krankenbette, die Unwahrheit**[1] **zu sagen**, wenn er bei einer verhängnissvollen Frage schon durch sein blosses Schweigen oder durch die Weigerung zu antworten das Leben des Patienten in Gefahr bringen könnte. Es giebt ja nicht bloss *restrictive* Moralgesetze, *Verbote* (du sollst nicht!), sondern auch *positive Gebote* (du sollst!): und nur dadurch, dass sie diese **positiven Gesetze vollkommen ignorirten**, dadurch, dass sie in der Moral weit mehr den **Alttestamentlichen**[2] als den **Neutestamentlichen** Standpunct vertraten, konnten die charakterisirten Moraltheorien auch den blossen Schein noch aufrecht erhalten, als gäbe es keine Collisionen unter den einzelnen Moralregeln. Die Verbote sind allerdings das Erste und Nothwendigste, und darum musste die Moral des Alten Testaments der des Neuen vorangehen: aber sie sind nicht das Höchste — und die Moral des Neuen Testaments darf nicht gegen die des Alten zurückgestellt werden. Menschenliebe steht höher als blosse Gerechtigkeit.

---

[1] „Du sollst nicht *lügen!*" lautet das siebente Gebot — und an dem Wortlaut dieses Gesetzes ist nichts zu ändern: nur sind die Fälle genau festzustellen, in welchen die *Unwahrheit* sagen **nicht** mit dem Verdammungsworte „*Lüge*" bezeichnet werden darf.

[2] Besonders in der Physiognomie der **Kantischen Moral** tritt dieser *Alttestamentliche* Zug scharf hervor; wie ja auch Schiller schon angedeutet hat. Aber auch die **religiösen Vorstellungen** Kant's erinnern bei weitem mehr an das Alte, als an das Neue Testament. Man wolle in dieser Hinsicht nur folgende Stelle aus dem Schluss des ersten Theils der „Kritik der praktischen Vernunft" (WW. V. Bd. S. 152 f.) erwägen: „Die unerforschliche Weisheit, durch die wir existiren, ist nicht minder verehrungswürdig in dem, was sie uns versagte, als in dem, was sie uns zu Theil werden liess." Gesetzt, wir hätten diejenige Einsichtsfähigkeit, die wir gern besitzen möchten: „was würde allem Anschein nach wohl die Folge hiervon sein? ... **Gott und Ewigkeit mit ihrer furchtbaren Majestät** würden uns unablässig vor Augen liegen .... Die mehrsten gesetzmässigen Handlungen würden **aus Furcht**, nur wenige aus Hoffnung und gar keine **aus Pflicht** geschehen." (Die gesperrt gedruckten Worte sind auch im Original hervorgehoben). — In ihrem Herzen sind viele Menschen weit davon entfernt, bemerkt Bentham einmal, an die unendliche Güte der Gottheit wirklich zu glauben, die sie bebenden Mundes an Ihr rühmen, aus Furcht, Sie sonst zu erzürnen.

Dem braven Manne ist sein blosser sittlicher Tact in vielen Fällen des Lebens ein immer noch weit zuverlässigerer Führer, als die Satzungen mancher Schulen ihm sein könnten. Sogar von dem Gebote: „Du sollst nicht tödten," wird bei dem gegenwärtigen Zustande des Menschengeschlechts eine Ausnahme moralisch gefordert — im Kampfe für's Vaterland: und dem sittlich Trefflichen wird diese Ausnahme, deren Nothwendigkeit er freilich schmerzlich beklagt, sein Gewissen zu machen gebieten. Und von dem Gebot: Du sollst nicht absichtlich die Unwahrheit sagen, sollte niemals eine Ausnahme ethisch gefordert sein? Es ist bezeichnend, dass sich die ganze Kantische Schule wohlweislich zu hüten pflegt, jener, doch so bald sich aufdrängenden, Frage nach der Rechtmässigkeit des Kampfes für die Existenz und die Ehre des Vaterlandes in's Antlitz zu schauen! Von einer Ethik darf man aber doch fordern, dass sie für diesen bedeutungsvollen Fall des Lebens eine positive Entscheidung treffe. Dadurch, sagen wir mit HUME,[1] dass *Jeder* dem Wohle *seines* Vaterlandes sein Leben weiht, wird das *universelle* Wohl am meisten befördert: und so wird jener Fall im Sinne des allgemeinen Volksbewusstseins entschieden.

Allgemeinheit und Nothwendigkeit müssen nach Kant den moralischen Bestimmungen zukommen. („Nothwendigkeit" ist hier *abusive* gebraucht für „strenge Verbindlichkeit.") Aber man muss eben in die moralischen Bestimmungen jene Unterordnung der verschiedenen Einzelgesetze unter ein oberstes Princip und die dadurch bewirkten, genau bestimmten Ausnahmen, die von ihnen zu machen geboten ist, selbst mitaufnehmen. Man soll mit den Begriffen der „Allgemeinheit und Nothwendigkeit" nicht *hölzern* operiren und sie nicht als blosse *Schlagworte* und tönende *Phrasen* zu Declamationen benutzen, zu denen man seine Zuflucht nimmt, sobald die Gründe zu Ende gehen. Man wird wohl thun, diese „Allgemeinheit und Nothwendigkeit" so zu fassen, dass man dabei z. B. den Kampf für das Vaterland mitberücksichtigt. Oder will man es wirklich unternehmen, denselben ethisch zu verurtheilen? Diejenigen, welche mit dem Vorwurf: man „läugne die Allgemeinheit und Nothwendigkeit der sitt-

---

[1] *Principles of Morals.* sect. V. note 4.

lichen Verbindlichkeiten," sofort bei der Hand zu sein pflegen, wenn man erklärt, dass von den allgemeinen Regeln der Moral bestimmte Ausnahmen zu machen seien, wollen doch belieben, sich über jenen Punct einmal klar und unzweideutig auszulassen.

Die verschiedenen Pflichten und Moralgesetze stehen nach dem allgemeinen moralischen Bewusstsein der Menschen durchaus nicht als *Pares* neben einander auf gleicher Linie, sondern in einer sehr wesentlichen Rangordnung. Die Pflicht, nicht zu tödten, ist doch wohl bedeutender, als die Pflicht, nicht zu lügen? Die eignen Gewissensbisse und die moralische Verurtheilung von Seiten Anderer werden in beiden Fällen ohne Zweifel eminent verschieden sein. Es giebt mithin sehr verschiedene Grade der Immoralität, denen ein sehr verschiedenes Strafmaass entspricht. Wollen die Systeme, die bei der Pflicht und dem Gesetz bloss als solchen stehen bleiben, es auf sich nehmen, die Existenz einer solchen *Rangordnung* in Abrede zu stellen (wie es ja manchmal fast den Anschein hat)? Wollen sie wirklich behaupten, dass, einer Lüge sich schuldig gemacht zu haben, kein geringeres Verbrechen ist, als das, einen Mord auf dem Gewissen zu haben — und dass ein Mord gar nicht böser ist, als eine Lüge?! Wohl schwerlich würden sie das verantworten können und wollen vor ihrem Gewissen. Wenn sie nun aber diese Rangordnung anzuerkennen sich, wohl oder übel, genöthigt sehen: was folgt daraus? Doch zunächst eine Regel der Präcedenz bei Collisionen. Wie aber ferner wollen sie das Vorhandensein jener Rangordnung erklären, wenn sie bloss bei der Pflicht als Pflicht und dem Gesetz als Gesetz stehen bleiben und, nach ihrer Art, alle Handlungen schlechthin nur in zwei Classen eintheilen wollen, nämlich einfach in pflichtgemässe und pflichtwidrige — s. z. s. nur in schwarze und weisse — die unendlich verschiedenen *Grade* der Moralität und Immoralität dabei nicht anerkennend? Weist aber nicht gerade dieser Unterschied in der Bedeutung und Wichtigkeit der einzelnen Gebote und Verbote unmittelbar auf ein Oberstes hin, dem einzelne Classen von Handlungen in weit höherem Grade gemäss oder entgegen sind, als andere — kurz, auf ein solches Princip der Moral, das gradweise Annäherungen und Entfernungen zulässt?

Die Wissenschaft hat das gesammte moralische Leben der Menschheit, das ganze Gebiet der Tugenden und Pflichten zum Gegenstand einer inductiven Untersuchung gemacht, um, ihrem Begriffe gemäss stets ausschauend auf Ordnung und Einheit, die Allem zu Grunde liegenden Principien und zuletzt das höchste Princip zu entdecken. Als dieses eine höchste Princip wurde durch eine solche umfassende Induction das allgemeine Wohl oder die universelle Glückseligkeit erkannt; und anderweitige Untersuchungen bestätigten die so gewonnene, wichtigste aller moralischen Erkenntnisse. Sämmtliche *Grundtriebe* in der Natur des Menschen *tendiren* zu dem einen Ziele: und ebendarum findet sich jene grosse Uebereinstimmung unter den moralischen Bestimmungen aller Zeiten und Völker, obwohl jenes Ziel keineswegs immer mit vollem Bewusstsein rationell erstrebt wurde. Die Natur hat eine so wichtige Sache nicht bloss der langsamen Vernunft und dem mühsamen Nachdenken anvertraut; sondern schon in die ursprünglichsten Componenten des Willens die Tendenz nach jenem grossen Ziele gelegt. Aber je bewusster, besonnener und überlegter dieses erstrebt wird, mit um so grösserer Sicherheit ist seine vollkommnere Verwirklichung zu erwarten. Und eben weil dieses klare Bewusstsein oft fehlte, finden sich unter den Bestimmungen der Völker über das Gebiet des Guten und Bösen hier und da im Einzelnen manche Abweichungen und Verirrungen, die aber der allgemeinen Uebereinstimmung gegenüber nur eine verschwindende Minorität ausmachen: daher jene das *gesammte* Gebiet erforschende Induction sie nur als *Ausnahmen* berücksichtigen durfte, deren Erklärung im Einzelnen zu versuchen ist.

So erweist sich also die Moral als die allgemeine grosse „*Kunst des Lebens*," wie schon die Alten sie nannten. Sie ist, sagt Locke[1] sehr richtig, „*die eigentliche Wissenschaft und Sache der* MENSCHHEIT *im Allgemeinen.*" Schon Jahrtausende haben an ihrer Vervollkommung gearbeitet und die Resultate

---

[1] *Essay. Book IV. chap. 12. § 11: Morality is the proper science and business of mankind in general.*

dieser (oft freilich halb instinctiven) Arbeit in ihren Gesetzbüchern, ihrer allgemeinen Sitte, ihren Weisheitsmaximen niedergelegt.

Wenn nun ein System die **universelle Glückseligkeit** (nicht etwa nur als ein recht anzuempfehlendes Privatprincip, sondern) als *das Princip der Moral* an seine Spitze stellt; so wäre es von Grund aus verfehlt, wenn man dieses System der bisherigen Moral oder den „Systemen der *Pflicht*" irgendwie entgegensetzen wollte. Denn sein Princip ist ja *aus* den Bestimmungen und Regeln der vorhandenen Moral selbst inducirt und als deren gemeinsamer Grund, als deren nährende Wurzel erkannt. „Wer im Sinne der anerkannten moralischen Grundregeln handelt," sagt Fechner mit vollem Recht, „handelt nothwendig eben so im Sinne unsers Princips, als, wer im Sinne unsers Princips handelt, genöthigt und sicher ist, im Sinne der moralischen Grundregeln zu handeln: weil ja *unser* Princip nur das allgemeine Princip *dieser Regeln selbst* ist. Wer da glaubt, dass sich beides je scheiden könne, hat entweder das Princip oder die Regel oder Beides missverstanden. Es können aber beide wechselseitig dienen, sich zu erläutern."

Es wäre daher auch kein stichhaltiger Einwand, wenn man gegen unser Princip geltend machen wollte, dass es dem Menschen eine zu schwere Aufgabe stelle, indem die Berechnung der Folgen der Handlungen für die universelle Glückseligkeit bei unsrer Kurzsichtigkeit im einzelnen Falle ein Ding der Unmöglichkeit für uns sei. Aber das höchste Gut ist auch nicht vom einzelnen *Individuum* hervorzubringen, müssen wir mit Schleiermacher erwiedern: An der Vervollkommnung der universellen Kunst des Lebens hat ja in der That die ganze bisherige Menschheit schon gearbeitet und uns die besten, erprobtesten Regeln zur Realisirung des *summum bonum* überliefert. Diesen Regeln gemäss haben wir zu handeln. „Die Leute pflegen so zu reden," bemerkt S. Mill, „als ob Einer in dem Augenblick, wo er sich versucht fühlt, in das Eigenthum oder das Leben eines Andern einzugreifen, zum ersten Mal darüber nachzudenken anfangen müsste, ob Mord und Diebstahl der menschlichen Glückseligkeit nachtheilig seien. Ich glaube zwar auch in diesem Falle nicht, dass er die Lösung der Frage sehr schwierig finden würde; aber, wie die Dinge stehen, hat er die Entscheidung bereits fertig zu Händen." „Niemand wird behaupten, dass die Schifffahrtskunst nicht auf Astronomie begründet sei, weil die Seeleute nicht in der Lage sind, den nautischen Almanach zu berechnen. Da sie vernünftige Wesen sind, so gehen sie zur See mit dem bereits ausgerechneten Almanach in der Tasche: und alle vernünftigen Wesen gehen auf die See des Lebens mit einem über die gewöhnlichen Fragen von Recht und Unrecht eben so gut aufgeklärten Geiste, wie über viele der weit schwierigeren Fragen nach dem, was weise und was thöricht ist."

Unsre Theorie giebt dem denkenden und selbstbewussten Wesen die (von ihm, als einem solchen, mit Fug und Recht von der Philosophie verlangte) Einsicht in den tiefsten Grund aller dieser Regeln; und indem sie als diesen Grund jenen höchsten und erstrebenswerthesten Gegenstand aufweisst, befestigt sie das Ansehen und die Heiligkeit dieser Regeln vor der Vernunft: da nun jeder Schein, als ob sie bloss willkürliche, *grund- und zwecklose* Satzungen seien, verschwinden muss.

Wenn man das Fundament eines Gebäudes blosslegt, so wird, sei das Fundament auch noch so gediegen, Manche stets ein gewisses Gefühl des Bangens beschleichen, als könne das Gebäude nun in's Schwanken kommen. Wenn man das Princip der Moral aufzeigt, auf dem alle die verschiedenen Einzelgesetze als ihrer gemeinsamen tiefsten Basis ruhen; so wird, sei das Princip nun welches es wolle, Manche stets ein Gefühl der Unsicherheit überkommen, indem sie gewahren, dass jene einzelnen Gesetze, die sie sonst als ein schlechthin Letztes und Absolutes, s. z. s. nur in sich selbst Gegründetes anzusehen gewohnt waren, selbst noch von einem Fundament getragen werden, das ihnen bisher nicht sichtbar war. Wenn Diejenigen, welche die moralische Erziehung des werdenden Menschen bestimmen, demselben stets nur die Heiligkeit des Oberbaues zum Bewusstsein bringen: ist es dann zu verwundern, wenn die Heiligkeit des Fundaments nicht sofort eben so mächtig vom Gefühl eines Jeden empfunden wird? Wenn jenes Argument irgend etwas bewiese, so würde es gegen *jedes* Princip beweisen: was aber gegen die Aufstellung eines *Princips* der Moral *überhaupt* sprechen würde, das darf man nicht als einen

Einwand, der speciell *unser* Princip treffe, darstellen. Sucht jedem Menschen von Kindheit auf das Bewusstsein der Einheit mit seinen Mitmenschen tief und immer tiefer einzuprägen, sucht alle die ursprünglichen Potenzen in seiner Natur, welche ihn diese Einheit bereits empfinden machen, mehr und immer mehr zu verstärken, sucht in ihm ein religiöses Gefühl von der Heiligkeit des höchsten Princips der Moral zu entwickeln — und er wird nicht länger zweifelnd fragen können: *Warum* soll ich zur *allgemeinen* Glückseligkeit handeln? In wessen Herzen diese Gefühle mächtig sind, der wird so wenig auf diese Frage einer Antwort bedürfen, wie auf die andere Frage: Warum will *ich* glücklich werden? Sache der Staaten wäre es, auf die Bildung und Entwicklung der, noch so bildsamen, kindlichen und jugendlichen Gemüther in diesem Sinne mehr Sorgfalt zu verwenden, als sie bisher für nöthig erachtet haben.

Jenes Gebäude der Moral nun ist in seiner Grundanlage und seinen untersten Stockwerken ein wahres Naturproduct; es ist nicht von Menschen gemacht, sondern der Mensch ist selbst ihm entsprechend geworden. Mit andern Worten: die Grundverfassung der activen Natur des Menschen ist selbst systematisch angelegt auf jene grossen Ziele; und es giebt ein *natürliches* System der Moral, weil es ein natürliches System der menschlichen Triebe, Leidenschaften, Affecte und Neigungen giebt. Der Mensch hat die Liebe der Eltern zu ihren Kindern, hat Furcht und Hoffnung, Dankbarkeit und Rache, Stolz und Kleinmuth, Sympathie und Aemulation[1], Ehrgefühl und Scham nicht gemacht; sondern diese selbst machen einen wesentlichen Theil des Menschen aus: es sind ursprüngliche *Elemente* seiner eignen *emotionalen* und *activen Natur*. Er hat sie so wenig gemacht oder erfunden, wie er die physikalischen Elemente seines Leibes gemacht und deren eigenthümliche Kräfte erfunden hat. Alle jene *Elemente* seiner activen Natur wirken aber nach ganz bestimmten Naturgesetzen zu ganz bestimmten Zwecken, verbinden sich nach ganz bestimmten Naturgesetzen und schaffen durch diese natürlichen Verbindungen zweckmässig angelegte Gebilde. Und so sind von den mora-

---

[1] d. h. Mit*fühlen* und Mit*streben*, *affectuum imitatio* und *cupiditatum imitatio*, nach Spinoza.

lischen Grundregeln vor allen die Grundregeln der Gerechtigkeit, wie wir uns schon früher überzeugten, als ein unmittelbarer Ausfluss der ursprünglichen Menschennatur zu betrachten. Nicht alle Grundregeln freilich sind ein solcher *unmittelbarer Ausfluss*: aber sie sind darum nicht weniger ein *natürlicher, nothwendiger, aller Willkür und allem Zufall entzogener*. Die Regeln werden zahlreicher, entsprechend dem Anwachsen und der Complication der gesellschaftlichen Verbindungen der Menschen: und unter den nun verwickelteren Verhältnissen wird die eigene bewusste Arbeit der denkenden Menschen erforderlich. Sie haben, um im obigen Bilde zu bleiben, dem Gebäude die obersten Stockwerke selbst aufzusetzen. Und dabei werden sie nicht immer fest genug bauen: der Fall wird eintreten, dass sie einzelne Theile wieder abtragen und neu werden errichten müssen, nachdem die Erfahrung sie von deren Unhaltbarkeit oder Zweckwidrigkeit belehrt hat. An der Vervollkommnung und Höherführung jenes Baues aber wird zu arbeiten sein, so lange denkende Menschen existiren: und dieses Bauen selbst gehört wesentlich zum Leben und zum moralischen Fortschritt der Menschheit.

Die Fundamente und die untersten Stockwerke des Gebäudes sind in der That „*ewig und unveränderlich.*" Aber von ethischer Weiterentwicklung und moralischem Fortschritt der Menschheit würde nicht viel zu reden sein, wenn das ganze Gebäude schon auf einmal fertig dastände, „ewig und unveränderlich" in starrer Versteinerung. *Eines* allerdings wird auf jeder Entwicklungsstufe der Menschheit das *Beste* sein; aber die Menschheit wird nicht immer und ewig auf derselben *Entwicklungsstufe* verbleiben. Und jenes Eine ist uns nicht ohne unser Zuthun gegeben, sondern ist der Zielpunct unsres denkenden Strebens. Der Plan des Gebäudes ist uns nicht in fertiger Ausführung direct vom Himmel herabgeworfen worden; sondern wir sind vom Himmel dazu angelegt, durch eigne bewusste Thätigkeit ihn zu entwerfen, allmählich immer mehr und mehr der Vollkommenheit seines idealen Urbilds näher zu bringen, und unserm Entwurfe gemäss zu bauen und zu wirken. Es hat zwar stets Ethiker gegeben, welche diesen Plan irgendwo bis in's Detail fertig ausgeführt anzutreffen hofften; ja einige haben sich sogar geschmeichelt, ihn irgendwo wirklich fertig vorgefunden zu haben: allein was sie uns davon mitgetheilt haben, erwies sich meist nur als ein, oft selbst recht unvollkommener, Umriss von dem nach Zeit und Ort gerade Geltenden, mit allen Mängeln desselben behaftet. Und wenn es mehr war als dieses, dann haben wir es nicht dem Umstande zu verdanken, dass sie etwas schon Fertiges aufzufinden gesucht hatten, sondern dass sie das Neue selbst geschaffen. Dieses Neue aber war nur in dem Falle ein Werthvolles, wenn sie dabei die *Erfahrung* der Vergangenheit benutzt hatten, welche, wie der Dichter sagt, „die beste Weisheit jeder Zeit" ist.

Eines wird auf jeder Entwicklungsstufe der Menschheit *für diese Entwicklungsstufe das Beste* sein: — „*ewig und unveränderlich*" würde es das Eine Beste sein, wenn der Mensch die Jahrtausende hindurch selbst *ewig und unveränderlich dasselbe Wesen* bliebe, ohne alle *Fortentwicklung*, ohne wahre *Geschichte*. Und so entspricht jene Auffassung ganz den geschichtslosen Systemen, welche nur die bewegungslose Ruhe eines immerdar sich gleich bleibenden *Seins* anerkennen und dem *Werden* keine Bedeutung beimessen. Der Mensch bleibt dann, was er ist, und wird sein, was er gewesen ist, immer derselbe. Wer aber eine *Entwicklung des Menschengeschlechts* und eine wahre *Geschichte* anerkennt, der wird sich auch in der Ethik nicht mit jener Betrachtung befreunden können. Die *Entwicklung* des Menschengeschlechts besteht nun darin, dass in der menschlichen Natur allmählich *neue* Potenzen hervortreten — nicht den bisherigen Potenzen entgegengesetzte oder widersprechende, sondern das Bisherige vermehrende, ergänzende, vervollständigende Potenzen: der Mensch ist jetzt *mehr*, als er früher war, nicht nur quantitativ, sondern auch qualitativ. Und so wenig dem Kinde dieselben Regeln angemessen sind wie dem vollentwickelten Manne, oder diesem dieselben Regeln wie jenem: so wenig darf man für Menschen auf ganz verschiedenen Entwicklungsstufen ganz dieselben Regeln aufstellen wollen und ganz Dasselbe als das *eine Beste* — indem man etwa auch hier den Satz von dem „Allgemeinen und Nothwendigen" falsch auslegt. Die Entwicklung des Menschengeschlechts ist nichts Willkürliches und Zufälliges: und so ist auch die Höherentwicklung der demselben stets leitend vorausschwebenden moralischen Ideale nichts Willkürliches und Zufälliges. Aber man darf nun aus dem Satze vom „Allgemeinen und Nothwendigen" nicht folgern, dass der fortschreitenden Menschheit ewig und unveränderlich dieselben ethischen Ideale vorschweben und vorschweben sollen. Sie werden in ihren Grundzügen noch alle wesentlichen früheren Elemente enthalten: aber sie werden *mehr* sein und *Neues* und *Edleres* wird zu dem Alten hinzugekommen sein. So verhält sich die Moral des Neuen zu der des Alten Testaments. Das Menschenleben und -Bewusstsein ist ein gesteigertes und reichhaltigeres geworden: und so schliesst auch die Glückseligkeit des höherentwickelten Wesens die des niederen in sich; aber ihre werthvollsten Componenten sind die, welche sie vor dieser auszeichnen. So wird denn auch, um jenes Bild noch einmal zu benutzen, das Bauen der Menschheit am Kunstwerk des ethischen Lebens weniger ein Umbauen, nach völliger Beseitigung des Früheren, sein, als vielmehr ein Ausbauen und Höherbauen, ein Aufführen höherer Stockwerke: wobei freilich zuweilen ein theilweises Abtragen der Vorstufe, zum Behuf gediegenerer Wiederaufführung, geboten sein wird.

Das Alte nun zu vervollkommnen und künstlerisch auszugestalten und das Neue zu schaffen, mit Benutzung der gesammten bisherigen *Erfahrung* und *Erkenntniss* des Menschen und seiner Welt, ist vor Allem Sache der Ethik. Sie hat sich zunächst rein theoretisch zu verhalten, das Wirkliche betrachtend, wie es ist, das Geschehende beobachtend, wie es geschieht, um aus einer umfassenden Beobachtung und Erfahrung die natürlichen Gesetze des Lebens und im Besondern des ethischen Seins und Werdens zu ermitteln. Zunächst rein theoretisch hat sie sich zu verhalten: denn die Erfahrung hat genugsam gelehrt, wie unpraktisch die Wissenschaft war, wo sie sogleich wollte praktisch werden. Gesetze nun aber werden nicht durch Augen und Ohren und (im weitesten Sinne des Wortes) „Handarbeit" ermittelt: sondern durch den Verstand, auf Grund der Data der Sinne und der Ergebnisse solcher „Handarbeit," welcher vorherige Kopfarbeit die Richtung gegeben hatte. Und Der ferner würde gewiss ein recht unkünstlerischer Baumeister des Lebens sein, der bei der Arbeit an seinem Werke zwar Sinn und Verstand agiren liesse, jene mächtige gestaltende Kraft in seinem Innern aber unthätig liesse: die schöpferische Phantasie; welche zwar nicht „das Grundprincip des Weltprocesses" ist, wohl aber ein sehr wesentliches Grundprincip der menschlichen Natur — ohne welches wir nicht bloss keine Kunst, sondern selbst auch keine Wissenschaft haben würden. Das freie Bilden und Schaffen der Phantasie hebt die strengere Thätigkeit des prüfenden Verstandes und die Besonnenheit nicht auf.

Der Wissenschaft ist aufgegeben, die Moral positiv zu fördern; und durch die Staatsgesetzgebung, durch öffentlichen Unterricht und Lehre kann sie das Leben und die allgemeine Meinung beeinflussen. Das Individuum als solches, als einzeln handelnde Person, wird wissen, dass es der Sokratischen Forderung, den Gesetzen und Sitten seines Landes Folge zu leisten, dabei stets nachzukommen habe, sofern diese nicht bereits allgemein als verderblich und darum als umzugestalten angesehen werden. Denn das allgemeine Wohl und also das oberste Moralprincip, welches das Individuum selbst anerkennt, verlangt, dass sich dasselbe durch subjective Meinungen und Ueberzeugungen nicht dazu verleiten lasse, die allgemeine Ordnung und das gesetzmässig-einträchtige Handeln der Gesellschaft, deren Theil es ist, durch seine private Willkür zu stören: es würde dadurch ein *schädliches* Glied des gesellschaftlichen Organismus werden, während das Princip gebietet, dass es ein *nützliches* sei. Aber Gesetze selbst werden umgeändert, werden aufgehoben, und neue werden gegeben: und wer berufen ist, an diesem Werke activ Theil zu nehmen, der wird die Gesetze selbst an dem höchsten Kriterium des Rechten und Guten zu prüfen haben, er wird direct und ohne alle Vermittlungen das allgemeine Wohl, d. h. das grösste Glück des in Betracht kommenden Theiles der Menschheit, in's Auge zu fassen haben. —

Sehr viele Einwendungen, die man gegen unser Princip vorgebracht hat, sind dadurch charakterisirt, dass sie *indirect die Wahrheit und Unentbehrlichkeit des Principis selbst anerkennen:* und sind daher im Grunde eben so viele *Bestätigungen* desselben. Sehr richtig aber erklärt Hume,[1] dass „ein im Widerspruch zum System so abgenöthigtes Zugeständniss mehr Autorität hat, als wenn es für dasselbe gemacht worden wäre."

---

[1] Vgl. oben S. 70.

Diese allerdings wunderlichen Einwendungen bestehen nämlich darin, dass man zu zeigen sucht, das Princip des grössten Glücks sei ein *schädliches* und *gefährliches* — und sie bekämpfen das Princip mit Gründen, die sie *eben dem Princip selbst* entnehmen! Das Princip des allgemeinen Wohls, habe ich sagen hören, ist ein gefährliches Princip, bemerkt BENTHAM einmal: es ist gefährlich, es bei manchen Gelegenheiten zu consultiren. Dies heisst eben so viel sagen, als: es entspricht dem öffentlichen Wohl nicht, das öffentliche Wohl zu consultiren, — „kurz, dass man es *nicht* consultirt, wenn man es consultirt." Ein Princip kann man doch nicht durch *falsche* Consequenzen und durch *falsche* Anwendungen widerlegen, die man von demselben macht. Oder hat der Satz der Identität und des Widerspruchs in der Ethik keine Gültigkeit? In der That hätten die Gegner sich bei *gutem Willen* und ein klein wenig *Nachdenken* alle die von ihnen vorgebrachten *derartigen* Bedenken und Einwendungen selbst sehr bald beseitigen können. „Man wird sagen," bemerkt FECHNER, „unser Princip schliesse den verderblichen und verwerflichen Satz ein, dass ein guter Zweck böse Mittel heilige. Bringe nur der Erfolg einer Handlung überwiegende Lust oder Nutzen, der sich ja nach unsrer Ansicht in letzter Instanz immer in Lustfolgen auflöst; so könne man die schlechtesten Handlungen begehen, z. B. einem Reichen Brod stehlen, um einen hungrigen Armen damit zu sättigen: der Reiche spüre es nicht, bei dem Armen werde viel Leid dadurch gestillt oder abgewehrt. Es habe aber dieser Grundsatz in den Händen der Jesuiten und anderwärts Unheil genug in die Welt gebracht; und ein Princip sei nicht zu rechtfertigen, was ihn sanctionire. Nun aber, wenn es wahr ist, dass durch Anwendung *dieses* Grundsatzes *Unheil* genug in die Welt gekommen: so kann er ja eben deshalb keine Folgerung *unsers Princips* sein, sondern nur *das Gegentheil*, und man kann das Princip natürlich nicht durch *falsche* Folgerungen widerlegen. Unser Princip lässt ja *seiner Natur nach* nichts zu, was das *Glück* der Welt *im Ganzen* mehr benachtheiligt, als fördert. Brächte aber jener Grundsatz nicht wirklich mehr *Unheil* als Heil in die Welt, und alles Unheil wird sich zuletzt in Unlust auflösen, so würde ihn auch Niemand je getadelt haben. Folgendes ist zu erwägen: die

Anwendung schlechter Mittel zu guten Zwecken kommt näher angesehen im Allgemeinen darauf zurück, dass wir dabei zwar etwas Einzelnes, und wäre es auch selbst weitgreifendes, Gute zu erreichen suchen, aber durch Verletzung göttlicher Gebote die allgemeinsten und sichersten *Grundlagen des Guten selbst* und somit die *festesten Stützen* des Lustzustandes der Menschheit erschüttern, Consequenzen im Ganzen herbeiführen, die mehr schaden, als im Einzelnen damit gewonnen werden kann."

Jedes Princip und *jede* Lehre kann man *missbrauchen*; durch *jedes* Princip und *jede* Lehre kann man die eigne Schlechtigkeit vor seinem Gewissen und vor Andern casuistisch zu rechtfertigen versuchen. Besonders Fälle einander widerstreitender moralischer Erwägungen und Verbindlichkeiten werden bei allen Lehren zur Beschönigung des pflichtwidrigen Verhaltens ausgebeutet werden können: Das System, das ein oberstes, universelles, allen Egoismus seiner Natur nach schlechthin ausschliessendes Kriterium zur Entscheidung aller Conflicte anerkennt, wird unredlicher Casuistik sicherlich mehr vorbeugen, als solche Systeme es vermögen, die den Menschen in solchen Fällen rathlosem Schwanken überlassen, da sie einen höchsten Schiedsrichter zur Entscheidung collidirender Moralgesetze nicht kennen.

Die Anhänger des Princips des grössten Glücks, hat man gesagt, wären oft geneigt, ausschliesslich bei den äusseren, den äusserlich-sichtbaren, palpabeln Vortheilen der Tugend und guter Handlungen zu verweilen und die unmittelbare innere Befriedigung und Seligkeit, die der moralisch tüchtigen Gesinnung selbst einwohnt, und den wohlthätigen Einfluss guter Handlungen auf die Verfassung des eignen Geistes gänzlich zu übersehen. Das eigenthümliche, *inhärente* Glück der moralisch gesunden und trefflichen Gemüthsverfassung, dieser allerwesentlichste und werthvollste Bestandtheil der Glückseligkeit, sei völlig ignorirt worden. Und andrerseits hätten Viele auch nur die äusseren, sinnenfälligen Nachtheile des Lasters oder böser Handlungen in's Auge gefasst, das oft noch weit wesentlichere Moment aber, die dauernde innerliche Selbstempfindung der Gemüthszerrüttung und Willensverderbniss und die zerstörende Rückwirkung, welche schlechte Handlungen direct auf den

Charakter des Handelnden selbst, in Folge des Princips der Gewöhnung, ausüben, gar nicht bemerkt. Auch wären Anhänger des Princips in den gefährlichen Irrthum verfallen, particuläre anstatt allgemeine Consequenzen vorzugsweise zu berücksichtigen und, anstatt *Willensbeschaffenheiten, Charaktereigenschaften* und allgemeine *Moralregeln,* direct die einzelnen Handlungen an dem höchsten Kriterium zu prüfen: ein Verfahren, durch das die Anwendung zweifelhafter Mittel zu einem Zwecke, der gut scheint, und das häufige Ausnahmemachen von den allgemeinen Regeln leicht werde gerechtfertigt werden können.

Dies ist Alles wohl begründet; denn in der That sind zuweilen „Utilitarier" (aber keineswegs *die* Utilitarier) in diese Fehler verfallen. Allein es ist doch klar, dass dies keine Gründe wider das Princip selbst sind, sondern dass sie sich nur wider die schlechte Anwendung oder zu niedrige Auffassung desselben richten. Alle jene Argumente zudem, die auf den Hinweis auf irgendwie „gefährliche" und „schädliche" Folgen hinauslaufen, werden sofort durch die Geltendmachung der Natur des Princips selbst widerlegt. „Das Bestreben, den Werth der Handlungen durch eine directe Bezugnahme auf das menschliche Glück zu ermitteln," erklärt der ‚Utilitarier' S. Mill,[1] „führt gewöhnlich dahin, dass man nicht jenen Wirkungen, die in der That die wichtigsten sind, sondern denjenigen die grösste Wichtigkeit beilegt, die sich am leichtesten verfolgen und im einzelnen Falle nachweisen lassen." Es folgt daher *aus Gründen des allgemeinen Wohls,* d. i. *aus unserm Princip,* dass die Handlungen in den gewöhnlichen Fällen des Lebens nicht direct an diesem *letzten* und *obersten* Princip, sondern an den, in die Eigenthümlichkeiten der verschiedenen Lebenssphären näher eingehenden, aus jenem abgeleiteten *secundären Principien,* d. h. an den einzelnen *Moralgesetzen,* zu prüfen sind. Diese Moralgesetze sind die *besten Wege,* die zu jenem hohen *Ziele* führen; die *besten* Wege aber brauchen nicht immer die *kürzesten* zu sein. Die Berufung unmittelbar auf jenes höchste Princip wird nur dann erforderlich, wenn durch diese Einzelgesetze der moralische Werth oder Unwerth eines concreten Falles nicht bestimmt entschieden wird, — sei es

---

[1] In seinem trefflichen Essay über Bentham. Ges. WW. X. I. S. 180.

nun, dass dieser Fall so eigenthümlich individualisirt ist, dass die nur auf die allgemeinsten Verhältnisse berechneten Moralgesetze hier nicht ausreichen oder gar nicht anwendbar sind; oder dass in dem speciellen Falle verschiedene Moralgesetze collidiren.

Solche Fälle des Lebens aber, welche nicht *genau* unter eine der allgemeinen Moralregeln fallen, werden in der That sogar stets die überwiegende Mehrzahl ausmachen, so sehr man sich auch bemühen möge, alles und jedes Detail des Lebens auf Regeln zu bringen. Die *Pflichtenlehre* ist ja auch nicht das *Ganze*, sondern nur ein *Abschnitt* der Ethik: — eine Wahrheit, die bei der völlig einseitigen *juridischen* Behandlung der Ethik von Seiten so vieler englischer Ethiker *seit dem Juristen* BENTHAM leider nicht berücksichtigt worden ist: welche Ethiker sich bestrebt haben, das System der Ethik ganz und gar auf einen möglichst detaillirt ausgeführten *Moralcodex* zu reduciren. Nimmer aber wird man die unendlich mannichfaltig individualisirten Fälle des concreten Lebens genau „auf Regeln bringen" können — und das Leben selbst wäre auch in der That ein gar armseliges weil einförmiges Ding, wenn man wirklich dieses vermöchte. Das Menschenleben ist kein Automatenspiel, wo jeder Figur unter den genau abgezählten und abgemessenen Umständen gewisse genau abgecirkelte Gesticulationen maschinenmässig zu executiren obläge. Und je mehr ein *Moral Code* sich bemühen wird, nun doch trotz alledem das Unmögliche möglich zu machen, um so mehr wird er eben nur das werden, was ADAM SMITH von den entsprechenden Versuchen mittelalterlicher Casuisten einmal sagt: *so unnütz, wie langweilig*.[1] Eine höchste Richtschnur, einen Compass, ein Steuer, allgemeine Principien, leitende Gesichtspuncte hat die Ethik zur Ergänzung ihrer, nur die allgemeinsten und wichtigsten Fälle des Lebens bestimmenden Pflichtenlehre an die Hand zu geben; nicht aber hat sie das eigene Denken und Urtheilen zu einer völligen Ueberflüssigkeit zu machen, indem etwa stets nur zu handeln wäre nach *Thl. x, Tit. y, § z des allgemeinen Moralcodex.*

---

[1] *Books of casuistry are generally as useless as they are commonly tiresome.* (Gegen den Schluss der *Theory of Moral Sentiments*.)

ADAM SMITHS Genie war auf die *philosophische Ethik* ohne allen Zweifel bei weitem mehr angelegt, als das des *grossen Juristen* BENTHAM: und jener *grosse Ethiker* erklärt (wobei er sicherlich die volle Zustimmung seines Freundes DAVID HUME, des „Vaters des Utilitarianismus," gehabt haben wird: wie sich aus dessen Bemerkungen über den *Unterschied* zwischen der *Gerechtigkeit* und den *anderen* Tugenden klar ergiebt) — ADAM SMITH[1] erklärt: „Die allgemeinen Regeln fast aller Tugenden, die allgemeinen Regeln, welche festsetzen, was die Pflichten der Klugheit, der Menschenliebe, des Edelmuths, der Dankbarkeit, der Freundschaft sind, sind in mehrfacher Hinsicht unbestimmt und ungenau, lassen viele *Ausnahmen* zu, erfordern so mancherlei *Modificationen*, dass es kaum möglich ist, unser Verhalten gänzlich ihnen gemäss einzurichten. Die gewöhnlichen sprüchwörtlichen Klugheitsmaximen sind, da sie sich auf die allgemeinste Erfahrung gründen, vielleicht die besten allgemeinen Regeln, die dafür gegeben werden können. Dennoch aber würde es offenbar die absurdeste und lächerlichste *Pedanterie* sein, wenn man darnach trachten wollte, sich ganz genau und buchstäblich an sie zu binden." Auch die besten solcher Regeln „lassen noch zehn tausend Ausnahmen zu." „*Eine* Tugend giebt es aber, deren allgemeine Regeln jede äussere Handlung, welche sie fordert, mit der grössten Genauigkeit bestimmt. *Diese Tugend ist die Gerechtigkeit.* Die Regeln der *Gerechtigkeit* sind im höchsten Grade genau und lassen nur solche Ausnahmen und Modificationen zu, welche sich eben so genau wie die Regeln selbst bestimmen lassen, und welche in der That mit ihnen aus ganz denselben Principien fliessen . . . . Obwohl es daher linkisch und pedantisch sein kann, ein zu strictes Festhalten an den allgemeinen Regeln der Klugheit oder des Edelmuths anzustreben; so ist doch keine Pedanterie dabei, sich fest an die Regeln der *Gerechtigkeit* zu binden. Im Gegentheil gebührt ihnen die heiligste Ehrfurcht; und die Handlungen, welche diese Tugend fordert, werden nie so angemessen und richtig vollführt als dann, wenn das Hauptmotiv derselben eine ehrerbietige und religiöse Achtung vor den Regeln ist,

---

[1] *The Theory of Moral Sentiments*. part. III. chap. 6, II. London, 1875. p. 267 sqq.

welche sie fordern. Bei der Ausübung der *anderen* Tugenden sollte unser Handeln mehr durch eine gewisse Vorstellung von Angemessenheit, durch einen gewissen Geschmack geleitet werden, als durch die Rücksicht auf eine präcise Maxime oder Regel; und wir sollten mehr auf den G r u n d und den Z w e c k der Regel sehen, als auf die Regel selbst. Anders aber verhält es sich hinsichtlich der *Gerechtigkeit:* der Mann, der in dieser am wenigsten vernünftelt und mit der unerschütterlichsten Standhaftigkeit den allgemeinen Regeln selbst anhängt, ist der lobenswürdigste und zuverlässigste . . . . Die Regeln der *Gerechtigkeit* können mit den Regeln der Grammatik verglichen werden; die Regeln der *anderen* Tugenden mit den Regeln, welche die Kunstrichter zur Erlangung des Erhabenen und Eleganten in der Composition aufstellen. Die einen sind präcis, genau und unverbrüchlich; die andern sind unbestimmt, vag und schwankend, und stellen uns mehr eine allgemeine Idee der Vollkommenheit vor, nach der wir streben sollen, als dass sie uns eine gewisse und unfehlbare Anleitung geben, dieselbe zu erwerben. Jemand kann durch Regeln grammatisch richtig schreiben lernen, mit der absolutesten Unfehlbarkeit; und so kann er vielleicht auch gelehrt werden, *gerecht* zu handeln. Allein es giebt keine Regeln, deren Beobachtung uns unfehlbar eine elegante oder erhabene Diction erlangen liesse; obwohl es einige giebt, welche uns einigermassen dabei behülflich sein können, die vagen Ideen, die wir sonst von diesen Vollkommenheiten gehabt haben möchten, zu berichtigen und fest zu bestimmen. Und es giebt keine Regeln, durch deren Kenntniss uns unfehlbar gelehrt wird, bei allen Gelegenheiten mit Klugheit, mit der wahren Grossmuth oder angemessenen Wohlthätigkeit zu handeln: obwohl es einige giebt, welche uns befähigen, in mehrfachen Beziehungen die unvollkommenen Vorstellungen, die wir sonst von jenen Tugenden gehabt haben möchten, zu berichtigen und fest zu bestimmen." —

Aus dem *Princip der universellen Glückseligkeit* folgt nun keineswegs, dass Jeder stets an dies allumfassende Ziel zu *denken* hat: sondern es kommt nur darauf an, dass er in seinem Falle *demselben gemäss handelt.* Die Handlungen der Menschen entspringen in den meisten Fällen unmittelbar und unvermittelt aus ihren Affecten, Gefühlen, Neigungen, Gewöhnungen, ihrer constanten Gemüthsverfassung und Charaktereigenthümlichkeit; während der Fall, dass man erst noch mit Bewusstsein an ein Gesetz, eine Regel, eine Maxime denkt, im Allgemeinen der seltnere ist: und auch in dem Falle, wo nach einer Regel gehandelt werden kann oder soll, werden, der Natur des Menschen gemäss, wieder jene Affecte und Charaktereigenschaften in Betreff des Handelns den Ausschlag geben, nicht aber das blosse abstracte Denken und das Vorstellen der Regel als solches. Jemehr daher jene unmittelbaren *Quellen des Handelns* im Sinne des Princips fliessen, jemehr die *Willensdispositionen* diesem entsprechen, um so mehr wird sich der Mensch als ein werthvolles „*Vehikel des Sittengesetzes*" (um es Fichtisch auszudrücken) erweisen. Und daraus folgt, dass, wie der ‚Utilitarier' Mill,[1] mit Recht erklärt, „für das Individuum der Charakter selbst das oberste Ziel sein sollte:" *aus Gründen der universellen Glückseligkeit!* Und *aus den nämlichen Gründen* wird der besonnene Moralist dem einfachen Manne, der ihm mit der Frage entgegentritt: *Was soll ich thun?* einfach antworten: Deine Pflicht! Handle gewissenhaft! Wenn aber dein Pflichtgefühl, dein Gewissen dir den Fall durchaus nicht sollte zu entscheiden vermögen, wenn du so ganz rathlos bleiben würdest, dann erwäge, was zum Wohl deiner Gemeinde oder deines Vaterlandes am meisten beiträgt. Niemals aber thue, was dir dem allgemeinen Wohl zu entsprechen zwar scheint, was dein Gewissen und dein Pflichtgefühl aber missbilligt oder verurtheilt. — Der Reactionsmodus des Gewissens ist bei den Meisten weit schärfer und feiner, als die Operationen ihres Verstandes es sind; er ist weit lebhafter und energischer, als ihr allgemein menschliches Wohlwollen: weit mehr als dieses relativ schwache Princip ist das Moralgefühl, ist der Gewissensaffect im Stande, in den kritischen Momenten alle die mächtigen Impulse selbstischer Affecte siegreich zu überwinden. Und so wird in den meisten der wichtigen Fälle des Lebens die Mehrzahl der Menschen weit sicherer durch ihr unmittelbares Gewissen dem höchsten Princip gemäss geleitet werden, als durch „rationelles Wohlwollen," d. h. durch das

---

[1] System der deductiven und inductiven Logik. Uebers. v. Schiel. 4. Aufl. Braunschweig, 1877. II. Thl. S. 597.

(meist relativ schwache) universelle Wohlwollen, welches das vom Verstande aufgezeigte Allgemein-Wohlthätige affectiv billigt und dadurch zum Motiv macht, das entsprechende Handeln herbeiführend. Es ist ja gerade die eigenthümliche *Function* des *Gewissens* oder „*Moralsinns*," — eines Vermögens, das, unter dem Einflusse moralischer Erziehung sich entwickelnd, das recht eigentliche *subjective Correlat* der Moralgesetze ist, — es ist die *Function* des Gewissens, in der Verwicklung menschlicher Verhältnisse dem allgemeinen Wohl am Meisten entsprechend zu leiten.

Es kommt nur darauf an, dass man der *universellen Glückseligkeit* gemäss *handelt*, nicht, dass man an dies grosse Ganze stets *denkt*. Dieses Ganze besteht ja aus Theilen, und das Ganze wird dadurch selbst gefördert, wenn man auch nur einzelne dieser Theile fördert. Wer seine Liebe, sein Wohlwollen im engen Kreise der Familie, der Gemeinde, gegen den Bruder, gegen den Freund, gegen den Nachbar, gegen den Fremden bethätigt, handelt im Sinne unsers Princips, sofern er sich nur vergewissert, dass er durch dieses Wohlthun gegen Jene die Rechte Anderer nicht verletzt. Nur in den seltenen Gelegenheiten, wo man directen Einfluss auf das Ganze als solches ausüben kann, ist es geboten, das allgemeine Wohl in seiner Totalität in Betracht zu ziehen. Wenn Jeder sein eigenthümliches Talent im Interesse der Sphäre, in der er lebt und auf die er Einfluss hat, ausbildet und ausübt, Jeder sein specielles Pfund für diesen Kreis wuchern lässt, „ein Jeglicher dem Anderen dienet mit der Gabe, die er empfangen hat," Jeder einen, allgemeine Zwecke der Gesellschaft fördernden Beruf wählt, für den er individualisirt ist, und diesen Beruf gewissenhaft ausfüllt: dann handelt Jeder, als ein *nützliches Glied der Gesellschaft*, im Sinne unsers Princips.

Specielle Moralgesetze und -Regeln können nicht in allen den unendlich verschiedenen Lagen des Lebens genau bestimmen, was hier recht und gut und wie hier zu handeln sei; und in solchen Fällen wird, wer im Sinne des Princips handeln will, dieses direct zu befragen haben und durch die angespannteste Thätigkeit seiner Intelligenz zum besten Zwecke *die besten Mittel* ausfindig zu machen suchen. In allen Angelegenheiten, — in denen, die Andrer Wohl und Wehe betreffen nicht weniger, als in denen, welche sich auf die eigne Wohlfahrt beziehen, — soll der Mensch mit Einsicht und Besonnenheit verfahren, die Folgen seiner Handlungen, so weit er sie zu übersehen vermag, berücksichtigen: er soll „*vernünftig*" handeln. „Die Menschen haben Vernunft erhalten," erklärt Hutcheson, „um über die Tendenzen ihrer Handlungen zu urtheilen, damit sie nicht stupide dem ersten Anschein von öffentlichem Wohl folgen sollten." „Der Gebrauch unsrer Vernunft ist eben so erforderlich, um die angemessenen Mittel zur Beförderung des öffentlichen Wohls, als um die des eignen Wohls zu finden." Und Fechner: „Wann haben die vernünftigen Wesen je anders gehandelt, als in Bezug auf die voraussichtlichen Folgen ihrer Handlungen und den Einfluss dieser Handlungen auf ihr Glück und Unglück; und wenn sie hierbei täglich irren, so ist immer die Antwort zu wiederholen, dass sie sich nur bestreben müssen, täglich weniger hierin zu irren, den Vorblick immer sicherer zu machen — statt ihn ganz aufzugeben, um mit blinden oder geschlossenen Augen ihres Wegs zu gehen." —

Unser Princip lehrt, dass Aufopferung eigner Interessen und selbst des Lebens für Glück und Leben Anderer edel und gross, zuweilen selbst geboten ist: aber die Aufopferung an sich sieht es nicht als ein Gutes, sondern als „Verschwendung" an. Unsre Theorie betrachtet die *Fähigkeit*, Selbstverläugnung auszuüben, als eins der wesentlichsten Kennzeichen wahrer Tugend, d. h. desjenigen Charakters und der Gesinnung, die dem höchsten Princip entsprechen. Denn nur dann, wenn die Willens- und Gemüthsverfassung des Menschen eine solche ist, dass die *uneigennützigen* Triebfedern seiner Natur die *selbstischen* zu überwinden im Stande sind; nur dann, wenn *Pflichtgefühl* und *Menschenliebe* die regierenden Principien sind, und wenn in kritischen Momenten der *Egoist* im Menschen wider sie nicht aufzukommen vermag: nur dann ist der Mensch ein Segensquell, nur dann ist ein Handeln möglich, das dem *summum bonum* gemäss ist. Der Mensch verläugnet aber, wie der (freilich hier nicht philosophisch genaue) Sprachgebrauch es will, „*sich selbst*," wenn er *dem Egoisten in sich* zuwiderhandelt, d. h. wenn er dem Pflicht-

gebot und der Stimme der Menschenliebe folgt, obwohl der
Ruf der selbstischen Affecte in ihm dem widerstreitet; denn
egoistisch ist das selbstische Handeln nur dann, wenn es dem
Gewissen und der Menschenliebe *widerspricht*. Die *Fähigkeit*,
selbstverläugnend zu handeln, ist eine Tugend: aber Selbstverläugnung ist nicht *um der Selbstverläugnung willen* auszuüben, d. h. zwecklos, zu Niemandes Nutzen und Frommen:
und nimmermehr wird die Ethik ein Verhalten wie das der
indischen Büsser und Säulenheiligen gutheissen: Ethik ist
nicht Ascetik, und Ascetik ist nicht Ethik, sondern antiethisch.
Man soll die eigne Glückseligkeit oder einen Theil von ihr
nicht aufopfern, um keines weiteren Zweckes willen, als *bloss
um sie aufzuopfern:* sondern nur um *Anderer Wohl* willen,
nur wenn die *universelle* Glückseligkeit dadurch gewinnt, soll
man sie aufopfern. Wer in einem Falle, in dem sein eignes
Wohl mit dem eines Andern collidirt, sittlich, dem obersten
Moralprincip gemäss handeln will, der wird seinen Fall im
Sinne eines *unparteiischen, wohlwollenden Dritten* zu entscheiden
haben. Aber welches Handeln, fragt man, wäre in jenem
bekannten Beispiele Kant's und Fichte's das gute: in jenem
Falle nämlich, wo bei einem Schiffbruch sich zwei Menschen
auf eine Planke retten, welche nur einen zu tragen vermag?
Beide, sagten Jene, sollen sich an der Planke festklammern,
obwohl sie, falls nicht im nächsten Augenblick Hülfe zur
Stelle ist, bei diesem Verhalten Beide untergehen müssen:
dem Himmel bleibt überlassen, im Moment einen Retter zu
senden — wozu freilich meist ein Wunder vonnöthen sein
würde. Nicht nur sollen sie nicht um den Besitz der Planke
mit einander kämpfen: sondern auch nicht freiwillig soll Einer
von ihnen selbst die Planke loslassen, um den Andern so zu
erretten. So müssen denn, tausend gegen eins gesetzt, Beide
zu Grunde gehen, was Beide wissen. Nicht so entscheidet
unser Princip. Sondern diesem gemäss wird der von Beiden
zu erhalten sein, der das werthvollere „Vehikel des Sittengesetzes" ist: und edel und gross wird der handeln, der, von
dem höheren Werthe des Andern für die menschliche Gesellschaft überzeugt, freiwillig den Tod wählt, damit Einer, damit
der Bessere erhalten bleibe, und der nicht wartet, dass der
Himmel sich öffne und ein Wunder geschehe, der nicht wartet,

ob nicht doch noch im letzten Moment am Horizont ein Segel auftauche, — nicht wartet, bis es zu spät ist. Nach Kant und Fichte ist sein Handeln moralisch zu verwerfen, und zu verwerfen auch die grosse That eines Arnold von Winkelried: aber wir zweifeln nicht, dass das gesunde, unbefangene moralische Gefühl im Sinne unsers Princips empfinden und sein edelmüthiges, hochherziges Verhalten nicht nur achten, sondern bewundernd verehren wird. Und wir zweifeln nicht, dass schon oft ein braver Mann ähnlich wird gehandelt haben, der, alt vielleicht und kinderlos, sein Leben opfert, weil nur dadurch das Leben seines jüngeren Bruders oder Freundes zu retten war, auf den Weib und Kind als auf ihren Schützer und Ernährer harrten. Und können wir denn zweifeln, dass dieses Verhalten auch im Sinne der sittlichen Weltordnung ist, an die wir glauben und auf die wir vertrauen? Wer an eine allgütige Gottheit glaubt, muss der nicht, wie die ausgezeichneten Theologen, welche schon aus diesem einen Grunde sich zu unserm Moralprincip bekannten, überzeugt sein, dass, was diesem entspricht, auch dem Willen des Höchsten Wesens gemäss sei? —

Gegen unser Princip kann es, nach allem Angeführten, so wenig religiöse wie moralische Bedenken geben: die Dictate der universellen Glückseligkeit sind ja nichts andres als die „Dictate der ausgebreitetsten und erleuchtetsten Menschenliebe," und „die Liebe ist des Gesetzes Erfüllung," und „Gott ist die Liebe." So dürfen wir denn auf die Zustimmung von Freunden des Wahren und Guten hoffen, die, „aus welcher Schule sie auch seien, sich immer in offener oder geheimer Geistesverwandtschaft begegnen."

Breslau, Eduard Trewendt's Buchdruckerei
(Setzerinnenschule).

www.ingramcontent.com/pod-product-compliance
Lightning Source LLC
Chambersburg PA
CBHW030404230426
43664CB00007BB/744